O CHIP E O CALEIDOSCÓPIO
reflexões sobre as novas mídias

Dados Internacionais de Catalogação na Publicação (CIP)
(Câmara Brasileira do Livro, SP, Brasil)

O chip e o caleidoscópio : reflexões sobre as novas mídias
/ Lucia Leão, organizadora. – São Paulo : Editora Senac
São Paulo, 2005.

Vários autores.
Bibliografia.
ISBN 85-7359-420-9

1. Comunicação de massa I. Leão, Lucia.

05-1332   CDD-302.23

Índice para catálogo sistemático:
1. Novas mídias : Meios de comunicação :
    Sociologia   302.23

O CHIP E O CALEIDOSCÓPIO

reflexões sobre as novas mídias

LUCIA LEÃO

organizadora

ADMINISTRAÇÃO REGIONAL DO SENAC NO ESTADO DE SÃO PAULO
Presidente do Conselho Regional: Abram Szajman
Diretor do Departamento Regional: Luiz Francisco de Assis Salgado
Superintendente Universitário: Luiz Carlos Dourado

EDITORA SENAC SÃO PAULO
Conselho Editorial: Luiz Francisco de Assis Salgado
Luiz Carlos Dourado
Darcio Sayad Maia
Clairton Martins
Marcus Vinicius Barili Alves

Editor: Marcus Vinicius Barili Alves (vinicius@sp.senac.br)

Coordenação de Prospecção Editorial: Isabel M. M. Alexandre (ialexand@sp.senac.br)
Coordenação de Produção Editorial: Antonio Roberto Bertelli (abertell@sp.senac.br)
Supervisão de Produção Editorial: Izilda de Oliveira Pereira (ipereira@sp.senac.br)

Preparação de Texto: Alice Kobayashi
Revisão Técnica: Lucia Leão
Revisão Técnica das Traduções: Lucia Leão, Nadine Fajerman
Revisão de Texto: Ivone P. B. Groenitz, Jussara Rodrigues Gomes,
Kimie Imai, Luiza Elena Luchini
Projeto Gráfico, Capa e Editoração Eletrônica: Lato Senso Design
Impressão e Acabamento: Cromosete Gráfica e Editora Ltda.

Gerência Comercial: Marcus Vinicius Barili Alves (vinicius@sp.senac.br)
Supervisão de Vendas: Rubens Gonçalves Folha (rfolha@sp.senac.br)
Coordenação Administrativa: Carlos Alberto Alves (calves@sp.senac.br)

Proibida a reprodução sem autorização expressa
Todos os direitos desta edição reservados à
Editora Senac São Paulo
Rua Rui Barbosa, 377 – 1º andar – Bela Vista – CEP 01326-010
Caixa Postal 3595 – CEP 01060-970 – São Paulo – SP
Tel. (11) 2187-4450 – Fax (11) 2187-4486
E-mail: editora@sp.senac.br
Home page: http://www.editorasenacsp.com.br

© Lucia Isaltina Clemente Leão, 2003.

Sumário

: :
Nota do editor, 9

: :
Apresentação, 11
LUCIA LEÃO

: :
Novas mídias como tecnologia e idéia: dez definições, 23
LEV MANOVICH

: :
A arqueologia da mídia, 51
SIEGFRIED ZIELINSKI

: :
A história dos meios de comunicação, 73
FRIEDRICH KITTLER

: :
O que é multimídia, de uma vez por todas, 101
RANDALL PACKER

: :
Ciberespaço: análises e reflexões para a construção de modelos descritivos de sistemas hipermidiáticos, 109
ERNESTO G. BOCCARA

: :
A interatividade e a construção do sentido no ciberespaço, 123
EDUARDO CARDOSO BRAGA

: :

Escrita no ciberespaço: notas sobre narrativa nômade, net arte e *prática de estilo de vida*, 133

MARK AMERIKA

: :

Paradigmas cinemáticos para o hipertexto, 147

ADRIAN MILES

: :

Contribuições para a questão da formação do designer de hipermídia, 165

EDSON DO PRADO PFÜTZENREUTER

: :

O design como interface de comunicação e uso em linguagens hipermidiáticas, 183

JULIO CÉSAR DE FREITAS

: :

Dez dicas para escrever a rede viva, 197

MARK BERNSTEIN

: :

Um diálogo entre a ética e a prática do profissional de tecnologia em design de multimídia, 211

SIMONE ALCÂNTARA FREITAS E SONIA AVALLONE

: :

Design genético, 217

ROGER TAVARES

: :

Arte como pesquisa, 233

STEPHEN WILSON

: :

Panorama da arte tecnológica, 247

LUCIA SANTAELLA

: :

Gênesis, 281

EDUARDO KAC

: :

Panorama da ciberarte no Brasil, 295

PRISCILA ARANTES

SUMÁRIO

: :
As traduções na poesia digital, 311
JORGE LUIZ ANTONIO

: :
Teoria narrada: projeção múltipla e narração múltipla (passado e futuro), 331
PETER WEIBEL

: :
O cinema digitalmente expandido: o cinema depois do filme, 353
JEFFREY SHAW

: :
Os mitos do cinema interativo, 365
PETER LUNENFELD

: :
Fronteiras em mudança, 385
TIMOTHY DRUCKREY

: :
O fenômeno único de uma distância, 393
KEN GOLDBERG

: :
Plissando o texto: origens e desenvolvimento da arte telemática, 415
ROY ASCOTT

: :
VR Webcams: distorções de tempo como aspectos construtivos, 431
MICHAEL NAIMARK

: :
MUDs e identidades alteradas, 441
HOWARD RHEINGOLD

: :
Da geração X à geração "ctrl alt del": consumindo tecnologia, reiniciando a cultura, 487
ROSE DE MELO ROCHA

: :
Cibercultura, cultura audiovisual e *sensorium* juvenil, 495
RITA DE CÁSSIA ALVES OLIVEIRA

: :
Introdução à net.art (1994-1999), 505
ALEXEI SHULGIN E NATALIE BOOKCHIN

: :

O embarque para Cíber: mitos e realidades da arte em rede, 513
EDMOND COUCHOT

: :

Poéticas do ciberespaço, 531
LUCIA LEÃO

: :

Apêndice – Resenhas de livros na área, 551
Dez textos essenciais sobre a arte em novas mídias – 1970-2000, 553
LEV MANOVICH
Textos sobre escrita eletrônica, 561
JORGE LUIZ ANTONIO
Oito livros sobre arte e novas mídias, 575
LUCIA LEÃO

: :

Sobre os autores, 587

: :

Índice onomástico, 599

Nota do editor

Com o advento das novas tecnologias da informação e comunicação, a cultura se transforma surpreendentemente. Temas como ciberespaço, hipermídia, realidade virtual, ciberarte estão cada vez mais presentes em nosso cotidiano.

Escrever sobre transformações da atualidade é o grande desafio. Requer uma atitude aberta às mudanças tecnológicas, e, ao mesmo tempo, uma postura crítica.

O presente livro agrega traduções de artigos fundamentais sobre novas mídias e a pesquisa de autores brasileiros.

Nesta coletânea, as novas mídias são abordadas sob o enfoque de professores, artistas e pesquisadores expressivos da cibercultura, estabelecendo, assim, um relevante panorama sobre a época atual.

Dois aspectos nortearam a escolha dos artigos: o tecnológico – representado pelo *chip* – e as dinâmicas imprecisas, lúdicas, subjetivas, artísticas – presentes na imagem do *caleidoscópio*. A intenção é contrapor esses dois aspectos. A articulação dessas duas dimensões da cultura contemporânea – devidamente representadas em seus 31 artigos – faz deste livro uma importante contribuição do Senac São Paulo à reflexão sobre as novas tecnologias e constitui referência para profissionais e estudantes da área e para aqueles que se interessam pelas novas mídias.

Apresentação

Lucia Leão

O chip e o caleidoscópio: reflexões sobre as novas mídias é uma antologia que reúne artigos de pesquisadores de várias áreas. A idéia original do projeto desta coletânea foi mapear questões emergentes. Entre os tópicos que focaram as escolhas dos artigos estão: história das mídias; novas mídias como linguagem; conceituação e definição de ciberespaço; hipermídia e design; design de hipermídia; design de interfaces; design genético; produção de sites; arte tecnológica; ciberarte; arte telemática; net arte; cinema interativo; telepresença; telerrobótica; cinema digital expandido; arte transgênica; webcams; realidade virtual; poesia eletrônica; comunidades virtuais; cibercultura; entre outros.

Fico muito feliz com a realização de mais esta empreitada, em especial por causa do enorme benefício que ela trará aos estudantes de graduação e pós-graduação. Como professora há vários anos na área de novas mídias, sei da dificuldade para encontrarmos textos em língua portuguesa. Além disso, o projeto da coletânea envolveu a realização de textos inéditos elaborados por especialistas.

"Novas mídias como tecnologia e idéia: dez definições", texto-mapa de Lev Manovich, abre a coletânea com dez definições. As propostas apresentadas pelo artista e crítico são: definição de novas mídias e contraposição com o conceito de cibercultura; novas mídias como tecnologia computacional usada para distribuição; novas mídias como dados digitais controlados por softwares; novas mídias como software;

novas mídias como um mix entre convenções culturais existentes e convenções de software; novas mídias como a estética que acompanha todos os primeiros estágios das tecnologias da comunicação; novas mídias como uma forma de execução mais rápida de algoritmos que eram executados previamente com outras tecnologias; novas mídias como metamídia; novas mídias como desenvolvimento de práticas artísticas radicais da década de 1960; e, finalmente, novas mídias como arte. Na última definição, Manovich propõe: o software é a vanguarda.

Um apelo eloqüente à subjetividade artística está presente no ensaio de Siegfried Zielinski, "A arqueologia da mídia". Segundo o diretor da Kunsthochschule für Medien (KHM) – Academia de Artes Midiáticas de Colônia, Alemanha –, precisamos pensar em novas concepções que renunciem aos enraizados dualismos. Em Zielinski, temos o alquimista que elabora combinações com elementos do passado das tecnologias e das mídias, textos esotéricos, "ciberarte medieval", projetos digitais, enfim, uma estimulante mistura que nos tonifica com inspiração e história.

Friedrich Kittler, em "A história dos meios de comunicação", dá continuidade às análises de Marshall McLuhan e nos oferece um panorama rico e instigante das transformações ocorridas. Em seu mapa, Kittler analisa o processo evolucionário a partir de dois blocos: a história da escrita e a dos meios técnicos. A distinção básica entre esses dois blocos reside no fato de que os meios técnicos não se utilizam dos códigos da linguagem do dia-a-dia, mas sim de formulações matemáticas. No tópico dedicado à escrita, Kittler criou as subdivisões script e imprensa. Nas discussões sobre meios técnicos, Kittler inicia sua argumentação discorrendo sobre o telégrafo e outras tecnologias analógicas. Seu subtema final se dedica a analisar as tecnologias digitais.

"O que é multimídia, de uma vez por todas" é o artigo de Randall Packer. Nada mais oportuno do que buscarmos definir conceitos tão borbulhantes e mutantes. E Randall Packer é a pessoa mais indicada para realizar essa tarefa. Co-organizador, com Ken Jordan, da antologia *Multimedia: from Wagner to Virtual Reality*,[1] Packer tem sido um dos pes-

---

[1] Randall Packer & Ken Jordan (orgs.), *Multimedia: from Wagner to Virtual Reality* (Nova York: W.W. Norton and Company, 2001).

APRESENTAÇÃO

quisadores que mais arduamente buscaram compreender essa nova linguagem. Na definição de Jordan e Packer, a multimídia não é apenas algo que tenha surgido com o CD-ROM. Para eles, já havia multimídia desde os tempos pré-históricos. Quando o homem primitivo elaborava as pinturas das cavernas, associava a essas imagens sons de tambores, iluminação das fogueiras e os aromas da carne assada. Em resumo, na definição oferecida pela dupla, já havia multimídia em Wagner assim como existe hoje multimídia nas instalações de realidade virtual.

O texto de Ernesto G. Boccara, "Ciberespaço: análises e reflexões para a construção de modelos descritivos de sistemas hipermidiáticos", parte de duas analogias para descrever essa nova linguagem: o Anel de Moebius e a teoria da física quântica. Segundo Boccara, o hipertexto, à medida que conecta descontinuidades (informações), se assemelha ao Anel de Moebius que rompe com o tradicional dualismo entre dentro e fora. Na analogia com a descrição quântica, Boccara aponta, entre outras características, a multiplicidade de planos ou realidades paralelas em estado sempre crescente no ato da medição. Não é exatamente isso que percebemos ao navegar pelo ciberespaço?

Eduardo Cardoso Braga, em "A interatividade e a construção do sentido no ciberespaço", nos oferece um interessante texto que busca caracterizar o ciberespaço com suas propriedades: interface, interatividade e rede de informações. Após esta caracterização, Braga apresenta a relação entre estas propriedades e suas conseqüências para a criação de um design para este ambiente. Finalmente, conclui sobre como a interatividade proporciona uma nova modalidade de design e como este design poderá contribuir para a criação de uma lógica do sentido na experiência do ciberespaço.

O texto de Mark Amerika, "Escrita no ciberespaço: notas sobre narrativa nômade, net arte e *prática de estilo de vida*", fala do processo criativo deste interessante investigador em novas mídias. Segundo Amerika, precisamos repensar a prática artística e questionar termos como net arte, cinema interativo, narrativas nômades e escrita digital. Além desses questionamentos, o artigo de Amerika também é uma reflexão sobre seu projeto Filmtext.

Adrian Miles apresenta uma abordagem diferente para a teoria do hipertexto. Em seus textos canônicos, a teoria hipertextual costuma se fundamentar nas teorias literárias, como, por exemplo, as pesquisas conduzidas por Jay David Bolter (1991), Michael Joyce (1995), George Landow (1992) e Richard Lanham (1993), entre outros. Em "Paradigmas cinemáticos para o hipertexto", Miles argumenta que existam relações entre as teorias do filme e do hipertexto, entre os processos de edição cinematográfica e os de linkagem. Traçando paralelos com o pensamento de Gilles Deleuze, Miles propõe um método de escrita hipertextual que se foque na unidade do hipertexto, o link.

O que é design, quais são as definições mais usadas, quais são as áreas de atuação do design, como podemos associar o conceito de design ao de hipermídia? Essas e outras questões estão levantadas no artigo de Edson do Prado Pfützenreuter. "Contribuições para a questão da formação do designer de hipermídia" também nos oferece uma metodologia para o projeto em hipermídia.

O texto de Julio César de Freitas se concentra no design de interfaces. Segundo ele, projetar uma interface requer um trabalho de interdisciplinaridade que envolve conhecimentos que abarcam campos do próprio design, da teoria da comunicação, da percepção, entre outros. Além disso, o design de interfaces aponta para várias mudanças de paradigmas que ainda não se concretizaram, pois continuamos nos fundamentando em metáforas importadas do mundo real. Se pararmos para pensar, constatamos que essas metáforas não correspondem com as complexidades que o mundo virtual nos oferecem.

Se, há pouco tempo, publicar páginas na WWW com rapidez e facilidade era um sonho que povoava os pensamentos de muita gente, os weblogs estão aí tornando isso realidade. O problema é que criar e manter um blog interessante requer várias qualidades. "Dez dicas para escrever a rede viva", de Mark Bernstein, nos oferece um guia com sugestões valiosas. Originalmente publicado no List Apart,[2] uma publicação na

---

[2] Disponível em http://www.alistapart.com/stories/writeliving/.

WWW voltada para quem faz sites, esse texto se foca na natureza dinâmica da rede viva, aquela que está mudando a toda hora.

O artigo de Simone Alcântara Freitas e Sonia Avallone pretende correlacionar a prática do profissional em design de multimídia com a ética. Traçou-se um pequeno panorama a respeito da legislação em vigor, em votação no Brasil e no cenário internacional, e argumentou-se a respeito da necessidade de regulamentação profissional dessa nova carreira. Relatou-se a experiência do Núcleo de Estudos e Trabalhos em Design de Multimídia (NETDM), constituído na Faculdade Senac de Comunicação e Artes, no curso de Design de Multimídia.

Com as possibilidades abertas pelas ciências da vida, muitos paradigmas estão se transformando. Junto com essas mudanças, questões de ordem ética estão sendo levantadas e territórios de investigação interdisciplinar como a bioética se tornam espaços necessários para o debate. Roger Tavares parte do conceito de design e de seu próprio processo evolucionário para propor uma nova categoria, o "Design genético". Tavares propõe que pensemos não só a engenharia genética, mas também os projetos. E, nesse sentido, surge a importância de um novo profissional que atue lado a lado com os cientistas, participando ativamente no projeto dessas transformações.

Stephen Wilson nos presenteia nessa antologia com o magistral "Arte como pesquisa". Para ele, o artista deve ter um método de pesquisa científico, assumindo sua vocação inata de pesquisador. Além disso, deve buscar sua inspiração em discussões de tópicos científicos e técnicos, ampliando os limites de abordagem e explorando potenciais de pesquisa inusitados.

"Panorama da arte tecnológica", de Lucia Santaella, é uma fantástica cartografia estética. Inicia com uma revisão a respeito do conceito de arte, caminha da arte moderna e seus esforços na desconstrução do passado à emergência das tecnologias eletrônicas e o alvorecer da era digital. Um artigo de fôlego que abrange as mais diversas manifestações artísticas, das instalações interativas às web-instalações, das redes de sensores encarnados à realidade virtual.

"Gênesis", de Eduardo Kac, descreve o projeto de arte transgênica que navega por territórios pulsantes de nossa época. Bioética, internet, interatividade e genética são alguns dos tópicos que essa instigante instalação nos convida a refletir.

O texto de Priscila Arantes oferece um panorama da ciberarte no Brasil. A pesquisadora organizou sua seleção de artistas de acordo com os suportes utilizados. Entre as expressões artísticas analisadas estão: CD-ROM, arte telemática, ambientes imersivos, instalações interativas e arte biológica.

Jorge Luiz Antonio apresenta uma seleção de poesias digitais de vários autores. Seu texto inicia contextualizando a tradução como parte essencial das atividades humanas: "nossas relações com o mundo passam por uma conversão entre os mais diferentes códigos. Precisamos de elementos intermediários e equivalentes para poder comunicar nossas idéias e realizar o que idealizamos". A seguir, Antonio propõe diversos tipos de traduções (intralingual, interlingual, intersemiótica, cultural, etc.) e oferece vários estudos de casos.

Peter Weibel fala de experimentos com narrativas com várias telas (*multiple screen*) tanto em experiências no passado (cinema expandido, videoinstalações em múltiplos monitores, etc.), bem como na contemporaneidade. No tópico intitulado "Narração rizomática reversível", Weibel analisa as instalações interativas de Bill Seaman (*Passages sets*) e Frank Fietzek (*Tafel*). No primeiro estudo de caso, o algoritmo de acesso randômico permite que textos e imagens se interliguem de forma aleatória. Em *Tafel*, a estética do palimpsesto é revisitada.

O artigo de Jeffrey Shaw, "O cinema digitalmente expandido: o cinema depois do filme", fala de cinema expandido, espaços imersivos e narrativas distribuídas. Uma leitura clara e bem organizada que também oferece uma reflexão sobre algumas das obras desse artista inovador: *Movie movie*, *conFiguring the Cave* e *Place-ruhr*.

O artigo de Peter Lunenfeld explora os mitos que estão por trás da idéia de cinema interativo (IC). Na busca de definição para o conceito, Lunenfeld nos apresenta três exemplos: um experimento de Glorianna Davenport, diretora do Grupo de Cinema Interativo do MIT; o trabalho

APRESENTAÇÃO

Sonata, do artista Grahame Weinbren; e *I'm Your Man*, dirigido por Bob Bejan. Este último, de 1992, é considerado o primeiro cinema interativo mundial. Em *I'm Your Man*, o visitante escolhe seguir o personagem que quiser da história. De acordo com a escolha, a história se desenvolve de modo particular e leva a conclusões diferentes. Na obra *Sonata*, inspirada na história de Tolstói, o visitante pode escolher o ângulo de visão da cena. Nas pesquisas de Davenport, comentadas por Lunenfeld, a idéia é inovar a narrativa a partir da utilização de banco de dados que disponibilizam diferentes seqüências visuais. A interação do visitante é que irá definir o roteiro da história. Apesar desses exemplos nos apontarem para possíveis caminhos em cinema interativo, o texto de Lunenfeld caminha mais adiante e propõe associações e definições inesperadas.

Timothy Druckrey, em "Fronteiras em mudança", começa por afirmar que muitas das nossas hipóteses sobre arte e suas relações com as tecnologias, a comunicação, a mídia, os meios de distribuição e temporalidade foram abaladas e dispersadas a partir dos efeitos gerados pelos meios eletrônicos. Por outro lado, algumas das produções artísticas que se utilizam de novas tecnologias se encontram em uma fase bastante madura. Nesse sentido, é preciso que se pense em uma outra estética, ou, em suas palavras, em uma telestética. Druckrey nos fala que as mídias digitais estão transformando várias tradições, entre elas: a montagem, a narrativa, a temporalidade, etc. E finaliza afirmando que, enquanto as questões de espaço e tempo dominaram o discurso da modernidade, as de interface e duração se tornam emblemáticas da pósmodernidade.

O artista, engenheiro e especialista em telerrobótica Ken Goldberg fala das tecnologias que atuam sobre as distâncias. Introdução da antologia organizada pelo mesmo autor, "O fenômeno único de uma distância" apresenta questões fundamentais em telepistemologia ao mesmo tempo em que nos oferece um mapa comentado sobre os artigos de seu livro. Para Goldberg, telepresença e realidade virtual (RV) têm características bem diferentes. RV lida com simulação, ou seja, mundos sintéticos desenvolvidos por programadores e percebidos a partir de aparatos tecnológicos. Telepresença, por sua vez, apesar de também exigir aparatos tecnológicos, é um fenômeno que não envolve simulação. A rigor, telepresença lida com eventos reais e transmissão em tempo real (ao vivo) desses eventos.

"Plissando o texto: origens e desenvolvimento da arte telemática", de Roy Ascott, descreve e analisa seu projeto pioneiro em arte telemática, La plissure du texte. Escrito em tom autobiográfico, o artigo é um grande mapa que nos orienta pelos meandros do processo criativo de Ascott. La plissure du texte foi um projeto de storytelling colaborativo que ficou ativo por doze dias em 1983, durante a exposição Electra, curada por Frank Popper e exibida no Museu de Arte Moderna de Paris. Segundo esse inspirado visionário, nessa época, não havia ainda uma categoria denominada arte interativa. Assim, sua obra passou despercebida por muitos teóricos. Só em 1989, com a sua instalação on-line *Aspectos de Gaia: caminhos digitais por toda a terra*, realizada para o Ars Electronica, é que o talento antecipatório de Ascott foi reconhecido.

O artigo de Michael Naimark descreve seu projeto Be now here. Caminhando em busca de uma associação entre realidade virtual (RV) e webcam, Be now here fala de paisagens e espaços públicos. O projeto envolveu Jerusalém, Dubrovnik, Timbuktu, e Angkor (Camboja), cidades que constam da lista do patrimônio histórico da humanidade da Unesco. A instalação consiste em um pedestal de input, no qual o visitante pode escolher uma cidade e a hora, uma tela de projeção estereoscópica, um sistema de áudio de quatro canais e um chão rotativo, onde o visitante fica posicionado em pé.

"Bem-vindos ao lado selvagem da cultura do ciberespaço, onde a magia é real e a identidade é fluida". Bem-vindos ao texto de Howard Rheingold; "MUDs e identidades alteradas" descreve os impactos da comunicação mediada pelas info-redes. Repleto de exemplos extraídos da experiência do próprio autor, bem como de nomes ativos nas redes, esse capítulo é provocante e instiga muitos questionamentos. Corresponde ao capítulo cinco de seu livro *The Virtual Community: Homesteading on the Electronic Frontier*,[3] e é referência clássica na área.

---

[3] Cambridge, MIT Press, 2000.

APRESENTAÇÃO

O texto de Rose de Melo Rocha, "Da geração X à geração 'ctrl alt del': consumindo tecnologia, reiniciando a cultura", apresenta uma visão otimista a respeito dos jovens que se apropriam das técnicas e dos computadores há vários anos. Para ela, a geração "ctrl alt del" é uma geração que acredita na tecnologia e na possibilidade de começar de novo, reiniciar:

> Hábeis bricoladores, traduziram multimediaticamente conceitos éticos e estéticos, mais do que belos, necessários. Falaram, em seus CD-ROMs e sites, de intolerância, de dilemas existenciais, da utilização do corpo como interface, da cultura da paz, da cultura de rua, da cultura dos sem-teto, da alfabetização digital. Transformaram em visualidade os mais preciosos conceitos das teorias do caos e da complexidade. (p. 494)

"Cibercultura, cultura audiovisual e *sensorium* juvenil", de Rita de Cássia Alves Oliveira, nos propõe uma reflexão sobre cibercultura dentro do âmbito da cultura, ou seja, como uma produção simbólica constituída no cotidiano vivido. As transformações dos meios de comunicação de massa atingem de forma especial a sensibilidade juvenil que, sob um novo *sensorium* audiovisual, marca o surgimento de novas linguagens a partir da experiência da simultaneidade, instantaneidade e fluxo.

"Introdução à net.art (1994-1999)", de Alexei Shulgin e Natalie Bookchin, está presente nesta coletânea como uma referência clássica para todos aqueles que querem adentrar nos postulados que fundamentam o conceito da net arte. O texto inclui a definição do termo, esboça suas características principais e nos oferece um "guia rápido", do tipo faça você mesmo sua net.arte.[4]

"O embarque para Cíber: mitos e realidades da arte em rede", de Edmond Couchot, é uma referência ao quadro do pintor Jean-Antoine Watteau de 1702, *A viagem para Citera*. Segundo o professor emérito da Sorbonne, a mítica ilha de Citera (local para onde a deusa do amor Afrodite foi enviada ao nascer e refúgio paradisíaco dos amantes) é a imagem do ciberespaço para muitos de seus entusiastas. Com rigor e conhecimento

---

[4] No original inglês: DIY – Do It Yourself.

na área das poéticas das redes, Couchot desenvolve sua crítica a essa visão utópica, revelando a complexidade que pulsa latente em todo experimento estético.

O texto de minha autoria, "Poéticas do ciberespaço", investiga trabalhos artísticos que se apropriam das redes de telecomunicações em seus três níveis: produção, armazenamento e distribuição. Inicio com um breve panorama sobre a história da net.arte e discussões estéticas. Em seguida, o artigo apresenta algumas categorias de experimentação. Na cartografia criada estão presentes: poéticas da programação; poéticas da navegação; e poéticas dos bancos de dados.

Como "Apêndice", o livro apresenta três seleções de textos comentados: "Dez textos essenciais sobre a arte em novas mídias: 1970-2000", de Lev Manovich; "Textos sobre escrita eletrônica", de Jorge Luiz Antonio; e "Oito livros sobre arte e novas mídias", de minha autoria.

Novas mídias como tecnologia e idéia: dez definições[*]

Lev Manovich

[*] Publicado anteriormente em http://www.manovich.net. Tradução de Luís Carlos Borges.

Se examinarmos qualquer campo cultural moderno sociologicamente, medindo sua reputação pelo número e pela importância das instituições culturais dedicadas a ele, tais como exposições em museus, festivais, publicações, conferências, etc., podemos dizer que, no caso das novas mídias (compreendidas como atividades artísticas baseadas no computador), levou dez anos para que elas passassem da periferia cultural para o centro. Embora a Siggraph, nos Estados Unidos, e a Ars Electronica, na Áustria, já estivessem atuando como locais de reunião anual de artistas que trabalham com computadores desde o fim da década de 1970, o campo das novas mídias começa a tomar forma real apenas no fim da década de 1980. Nessa época, novas instituições dedicadas à produção e ao apoio à arte das novas mídias são fundadas na Europa: ZKM, em Karlsruhe (1989); New Media Institute, em Frankfurt (1990); e a Inter-Society for the Electronic Arts (Isea), na Holanda (1990).

Dez anos depois, o que era um underground cultural tornou-se um campo acadêmico e artístico estabelecido; o que surgiu das interações básicas de jogadores individuais solidificou-se, amadureceu e adquiriu formas institucionais, especialmente nos Estados Unidos. Em 2001, dois dentre os mais prestigiados museus norte-americanos – o Whitney Museum de Nova York e o San Francisco Museum of Modern Art (SFMOMA) – montaram grandes exposições gerais de arte em novas mídias (Bitstreams, no Whitney, e 010101: Art in Technological Times, no SFMOMA). Acrescente a isso o fluxo constante de conferências e oficinas montadas em bastiões da academia americana como o Instituto de Estudos Avançados de Princeton; bolsas de estudo nas novas mídias, iniciadas por organismos financiadores de prestígio, como a Rockefeller Foundation (iniciadas em 2001); séries de livros sobre as novas mídias, publicadas por editoras respeitadas, como a MIT Press.

Paradoxalmente, ao mesmo tempo que o campo das novas mídias começou a amadurecer (fim da década de 1990), sua própria razão de existir veio a ser ameaçada. Se todos os artistas agora, independentemente de suas mídias preferidas, também usam rotineiramente os computadores digitais para criar, modificar e produzir obras, precisamos de um campo especial de arte em novas mídias? Como as mídias digitais e da rede estão rapidamente se tornando onipresentes em nossa sociedade e como a maioria dos artistas passou a usá-las rotineiramente, o campo das novas mídias está enfrentando o risco de tornar-se um gueto, cujos participantes seriam unidos pelo fetichismo da mais recente tecnologia de computadores, não por alguma questão conceitual, ideológica ou estética mais profunda.

Então, o que são exatamente as novas mídias? E o que são as artes das novas mídias? Surpreendentemente, essas questões continuam a não ser fáceis de responder. Neste ensaio, quero examinar outros conceitos possíveis de novas mídias e suas histórias (incluindo algumas propostas do presente autor em outros contextos). Aqui estão dez respostas; sem dúvida, mais respostas podem ser criadas, se for desejado.

1. Novas mídias x cibercultura

Para começar, podemos distinguir as novas mídias e a cibercultura. A meu ver, elas representam dois campos de pesquisa distintos. Eu definiria a cibercultura como o estudo dos vários fenômenos sociais associados à internet e outras novas formas de comunicação em rede. Exemplos do que abrangem os estudos de cibercultura incluem as comunidades on-line, os jogos com múltiplos jogadores on-line, a questão da identidade on-line, a sociologia e a etnografia do uso do e-mail, o uso dos telefones celulares em várias comunidades, as questões de gênero e etnia no uso da internet, etc.[1] Observe que a ênfase está nos fenômenos sociais; a cibercultura não lida diretamente com novos objetos culturais capacitados pelas tecnologias de comunicação em rede. O estudo desses objetos é o domínio das novas·mídias. Além disso, as novas mídias ocupam-se de objetos e paradigmas culturais capacitados por todas as formas de computação, não apenas pela rede. Resumindo: a cibercultura concentra-se no social e na rede; as novas mídias concentram-se no cultural e na computação.

2. Novas mídias como tecnologia computacional usada para distribuição

O que são esses novos objetos culturais? Dado que a computação digital agora é usada na maioria das áreas de produção cultural, desde publicações e propaganda até cinematografia e arquitetura, como isolar a área da cultura que deve sua existência especificamente à computação? Em *The Language of New Media*,[2] começo a discussão das novas mídias invocando sua definição, que pode ser deduzida de como o termo é usado na imprensa popular: as novas mídias são objetos culturais que usam a tecnologia computacional digital para distribuição e exposição. Portanto, a internet, os sites, a multimídia de computadores, os jogos de computadores, os CD-ROMs e o DVD, a realidade virtual e os efeitos especiais gerados por computador enquadram-se todos nas novas mídias. Outros objetos culturais que usam a computação para a produção e o armazenamento, mas não para a distribuição final – programas de televi-

---

[1] Para um bom exemplo de paradigma da cibercultura, ver Resource Center for Cyberculture Studies (Centro de Pesquisa para Estudos de Cibercultura da Universidade de Washington), disponível em http://www.com.washington.edu/rccs/.

[2] Lev Manovich, *The Language of New Media* (Cambridge: MIT Press, 2001).

são, filmes de longa metragem, revistas, livros e outras publicações com base no papel, etc. –, não são novas mídias.

O problema com essa definição é tríplice. Primeiro, ela tem de ser revista de ano em ano, quando mais alguma parte da cultura vem a se valer da tecnologia de computação para a distribuição (por exemplo, a mudança da televisão analógica para a digital, a mudança da projeção de filmes com base em película para a projeção digital nos cinemas, os livros eletrônicos, etc.). Segundo, podemos suspeitar que, no fim, a maioria das formas de cultura usará a distribuição computadorizada e, portanto, o termo "novas mídias", definido desta maneira, perderá qualquer especificidade. Terceiro, esta definição não nos diz nada sobre os possíveis efeitos da distribuição com base no computador sobre a estética do que está sendo distribuído. Em outras palavras, os sites, a multimídia dos computadores, os jogos de computador, os CD-ROMs e a realidade virtual têm, todos eles, alguma coisa em comum por serem expressos por meio de um computador? Apenas se a resposta for um sim, ainda que parcial, fará sentido pensar nas novas mídias como uma categoria teórica útil.

3. Novas mídias como dados digitais controlados por software

The Language of New Media baseia-se na suposição de que, na verdade, todos os objetos culturais que se valem da representação digital e da expressão com base no computador compartilham algumas qualidades comuns. No livro, articulo alguns dos princípios das novas mídias: a representação digital, a modularidade, a automação, a variabilidade e a transcodificação. Não suponho que qualquer objeto cultural com base em computador seja necessariamente estruturado segundo esses princípios hoje. Antes, são tendências de uma cultura que está passando pela computadorização e que, gradualmente, irão se manifestar cada vez mais. Por exemplo, o princípio da variabilidade afirma que um objeto cultural das novas mídias pode existir em estados diferentes, potencialmente infinitos. Hoje, os exemplos de variabilidade são sites comerciais da rede, programados para personalizar páginas da rede para todo usuário específico que acessar o site, os remix feitos por DJs de gravações já existentes; amanhã, o princípio da variabilidade também poderá estruturar um filme digital que, similarmente, existirá em múltiplas versões.

Deduzo esses princípios, ou tendências, a partir do fato básico da representação digital das mídias. As novas mídias reduzem-se a dados digitais que podem ser manipulados por software como quaisquer outros dados. Isso permite automatizar muitas das operações das mídias, gerar múltiplas versões do mesmo objeto, etc. Por exemplo, assim que uma imagem é representada como uma matriz de números, ela pode ser manipulada ou mesmo gerada automaticamente por algoritmos, como aumentar a definição, azular, colorizar, mudar contraste, etc.

De modo mais geral, expandindo o que propus em meu livro, poderia dizer que as duas maneiras básicas pelas quais os computadores modelam a realidade – por meio de estruturas de dados e algoritmos – também podem ser aplicadas às mídias assim que são representadas digitalmente. Em outras palavras, uma vez que as novas mídias são dados digitais controlados pelo software "cultural" específico, faz sentido pensar em qualquer objeto de nova mídia em função de estruturas de dados específicas e/ou algoritmos específicos que ele incorpora.[3] Eis os exemplos de estruturas de dados: uma imagem pode ser considerada uma disposição bidimensional (x, y), ao passo que um filme pode ser considerado uma disposição tridimensional (x, y, t). Ao pensarmos nas mídias digitais em função de algoritmos, descobrimos que muitos deles podem ser aplicados a qualquer mídia (como copiar, cortar, colar, comprimir, encontrar, corresponder) enquanto alguns ainda conservam a especificidade de mídia. Por exemplo, podemos facilmente buscar um texto específico em um texto, mas não um objeto específico em uma imagem. Inversamente, pode-se compor muitas imagens imóveis ou em movimento, mas não textos diferentes. Essas diferenças estão relacionadas com as lógicas

---

[3] Aqui não me refiro às estruturas de dados e algoritmos efetivos que podem ser usados por um software específico – antes, penso neles de maneira mais abstrata: qual é a estrutura de um objeto cultural e que tipo de operações habilita para o usuário.

semióticas das diferentes mídias em nossa cultura: por exemplo, estamos prontos para ler praticamente qualquer imagem ou composto de imagens como significativos, ao passo que, para que uma série textual seja significativa, exigimos que se obedeça às leis da gramática. Por outro lado, a linguagem tem uma estrutura descontínua *a priori* (uma sentença é composta por palavras, que são compostas por morfemas, etc.), o que torna muito fácil automatizar várias operações (como buscar, corresponder, substituir, indexar), ao passo que a representação digital de imagens não permite, por si só, a automatização de operações semânticas.

4. Novas mídias como software

A definição precedente parece bastante satisfatória – até tentarmos separar com precisão dados e software. Posto que uma das origens da computação digital encontra-se no processamento de dados feito antes de sua invenção com várias máquinas mecânicas e elétricas, durante as primeiras décadas da computação, realmente fazia sentido falar em dados inseridos no computador para processamento. Na verdade, recorde que, durante os dias de processamento de lotes, a gente levava para o CPD duas pilhas de cartões perfurados: uma com o seu programa e a outra com os seus dados. Em resumo, enquanto os computadores eram usados para processar números, os dados eram realmente apenas dados.

Hoje, porém, tais dados "simples" são muito menos comuns. Os dados tornaram-se "inteligentes" – isto é, eles têm estrutura semântica (pense em XML, formato QuickTime ou MPEG-4); eles contêm instruções para o software de como processá-los (pense nos headers inseridos nos arquivos de Illustrator, Flash, Word e assim por diante, que contêm informações detalhadas sobre resolução, autoria, formato, método de compressão e inúmeros outros detalhes a respeito do arquivo). Os sistemas integrados são de fato software e dados empacotados em um único objeto. Outro exemplo: pense em uma típica página da rede contendo texto, várias mídias e algum código de computador em Java, Javascript ou outra linguagem de programação ou escrita.

Portanto, se me pedissem para definir as diferenças entre mídias e novas mídias em uma expressão, eu diria que estamos nos movendo da "mídia para o software". As velhas mídias muitas vezes eram "dados cegos", que exigiam hardware específico para serem lidos e que, sem esse hardware, eram completamente indecifráveis pelos humanos. Em outras palavras, as máquinas de gravar mídias dos séculos XIX e XX geralmente registravam a realidade como "fluxos de dados",[*] descartando, durante o processo, a estrutura semântica do mundo. Portanto, um gravador tornava qualquer ambiente sonoro ao seu redor, de uma ópera a uma conversa, em um sinal de onda senoidal unidimensional e contínuo. De maneira similar, as tecnologias visuais com base em lentes, a fotografia e o cinema, "achatavam" o mundo, que é composto de objetos identificáveis distintos, em um ordenamento bidimensional de valores cinzentos ou coloridos. Isso, no início, não era um problema, porque os dados eram registrados, editados e depois lidos/escutados/vistos por humanos (fotógrafos e cinematógrafos, editores e públicos, respectivamente). Contudo, com o gradual aumento de tamanho dos arquivos das mídias e da gradual automação de todas as etapas da comunicação das mídias (isto é, o uso de computadores digitais, desde a década de 1950, para controlar a gravação de mídias, processar os registros resultantes e, no caso da visão computadorizada, reconhecimento de discurso, ou simplesmente busca tentar compreender o conteúdo dos registros também), o apagamento da estrutura semântica pelos dispositivos de gravação tornou-se um obstáculo real.

Portanto, hoje vemos duas tendências em ação. A primeira é tentar recuperar a estrutura e acrescentá-la aos dados "cegos" já registrados – veja os cientistas de computadores trabalhando em software para buscar semântica de imagens,[4] engenheiros trabalhando em "shape cameras" (câmeras que gravariam a estrutura tridimensional de uma cena juntamente com seus valores cromáticos e, portanto, reduziria muito um pro-

---

[*] No original, data streams. (N. da O.)

[4] Para um exemplo de software de busca visual semântica que contém boa documentação, ver http://elib.cs.berkeley.edu/.

cesso demorado de construção de modelos tridimensionais a partir do nada) enquanto inúmeros funcionários de bibliotecas estão ocupados acrescentando palavras-chave aos produtos agregados das mídias que estão sendo digitalizados (recentemente, recebi um e-mail da biblioteca de minha própria universidade, a Universidade da Califórnia, San Diego, anunciando o projeto de digitalizar a coleção de slides; o projeto levaria dois anos para ser completado e envolveria a digitalização de 12.500 slides todos os meses). A segunda estratégia é assegurar que os dados recém-criados sejam altamente estruturados – por exemplo, que as páginas da rede recém-criadas sejam codificadas em XML em vez de HTML simples. O último exemplo é importante porque a história da internet na década de 1990, de forma muito comprimida, repetiu a história das mídias audiovisuais durante os dois últimos séculos. Apesar de ter levado 150 anos para os humanos criarem tantos dados de mídia até finalmente tornar-se evidente a necessidade de estruturá-los melhor semanticamente, no caso da internet o mesmo processo levou apenas cinco anos – desde as primeiras páginas da internet codificadas em HTML até a aceitação da necessidade de usar XML para codificar as novas páginas e recodificar as antigas.

A mudança prática e conceitual na definição de mídias a partir de dados "mudos" para uma estrutura codificada semanticamente não é a única conseqüência da mudança "das mídias para o software", mas é uma conseqüência importante. Quais linguagens, esquemas, sistemas de palavras-chave e índices usados para estruturar as mídias se tornam a principal questão estética e política de nosso tempo, determinando o que pode ser salvo e o que pode ser recuperado, o que pode combinar com o que, o que é importante à primeira vista e o que precisa primeiro ser "peneirado" para determinar se os dados contêm algum conhecimento "útil". Adequadamente, o V2 (Roterdã), um dos principais centros de novas mídias do mundo, dedicou seu festival bienal de novas mídias, em 2003, ao tema do *data knitting*, que os organizadores descreveram da seguinte maneira:

> O programa do DEAF03 V2 irá se concentrar nas implicações políticas, econômicas, sociais, históricas, epistemológicas e com base em software das técni-

cas para formar aglomerados de dados e combinar dados [...] Poderíamos argumentar que a visão pós-modernista sobre "fragmentação" e "desconstrução" de todas as coisas no arquivo da história está relacionada com a maneira como os dados são armazenados e recuperados nos primeiros tempos da era da informação: por meio de máquinas de busca não-hierárquicas e não-lineares. Digitalmente falando, todos os dados eram iguais, fossem eles texto, imagem, som, protocolo, código de programa, etc. Desde a década de 1990, uma nova forma de estruturar arquivos digitais surgiu. Agora não são apenas os dados individuais que estão sendo armazenados em bases de dados. As relações e correlações entre os vários dados agora também estão sendo armazenadas com o uso de "metadados". Os metadados (também conhecidos como "tags") são dados que descrevem e categorizam outros dados. Os metadados, como meio de ordenar, hierarquizar, dinamizar e avaliar, têm se tornado cada vez mais importantes como instrumentos sociais, políticos e econômicos da que foi por tanto tempo considerada esfera de informação livre de valores.[5]

5. Novas mídias como o mix entre convenções culturais existentes e as convenções do software

Quando um tipo específico de mídia é transformado em dados digitais controlados por software, podemos esperar que, por fim, essa mídia obedecerá aos princípios de modularidade, variabilidade, automação e transcodificação. Contudo, na prática, esses processos podem levar muito tempo e não se processam de maneira linear – antes, testemunhamos um "desenvolvimento desigual". Por exemplo, hoje, algumas mídias já são totalmente automatizadas, ao passo que, em outros casos, essa automação não existe – ainda que, tecnologicamente, ela possa ser facilmente implementada.

Tomemos como exemplo a produção cinematográfica contemporânea em Hollywood. Logicamente, poderíamos esperar algo como o seguinte cenário. Um espectador individual recebe uma versão personalizada do

---

[5] Disponível em http://www.v2.nl/.

filme, que leva em conta suas preferências anteriores, suas preferências atuais e seu perfil de mercado. O filme é completamente montado em movimento por software de IA* usando esquemas de script predefinidos. O software também gera, novamente com base nos caracteres em movimento, diálogos e cenários (isso torna a colocação do produto particularmente fácil) que são tirados de uma grande base de dados de "bens disponíveis".

A realidade hoje é bem diferente. O software é usado em algumas áreas da produção de filmes, mas não em outras. Embora alguns visuais possam ser criados usando animação computadorizada, o cinema ainda é centrado no sistema de astros humanos, cujos salários respondem por uma grande porcentagem do orçamento de um filme. De maneira similar, a composição de scripts (e inúmeras recomposições) também é confiada a humanos. Em resumo, o computador é mantido fora das decisões "criativas" centrais e relegado à posição de técnico.

Se examinarmos outro tipo de mídia contemporânea – os jogos de computador –, descobriremos que eles seguem o princípio da automação muito mais inteiramente. Os personagens dos jogos são modelados tridimensionalmente; eles se movem e falam por controle de software. O software também decide o que acontece em seguida no jogo, gerando novos personagens, espaços e roteiros em resposta ao comportamento do usuário. Não é difícil compreender por que a automação nos jogos de computador é muito mais avançada do que no cinema. Os jogos de computador são uma das poucas formas culturais "nativas" dos computadores; eles começaram como programas singulares de computador (antes de se tornarem as complexas produções de multimídia que são hoje) – em vez de serem uma mídia já estabelecida (como o cinema), hoje sendo lentamente computadorizada.

Dado que os princípios da modularidade, da automação, da variabilidade e da transcodificação são tendências que se desaceleram e se manifestam desigualmente, existe uma maneira mais precisa de descrever as novas mídias, como elas existem hoje? *The Language of New Media* ana-

---

* Inteligência Artificial. (N. da O.)

lisa a linguagem das mídias contemporâneas (ou, em outras palavras, "as primeiras novas mídias") como o mix (também podemos usar as metáforas de software de *morph* ou *composite*) entre dois conjuntos diferentes de forças culturais ou convenções culturais: por um lado, as convenções de formas culturais já maduras (tal como uma página, uma estrutura retangular, um ponto de vista móvel) e, por outro, as convenções do software de computador e, em particular, das interfaces homem-máquina, tal como se desenvolveram até agora.

Permita-me ilustrar esta idéia com dois exemplos. Na visão cultural moderna, uma imagem de representação era algo que contemplávamos, não algo com que interagíamos. Uma imagem também era um campo de representação, isto é, uma cena isolada. Na década de 1980, a Graphical User Interface (GUI) redefinia uma imagem como uma oposição figura-fundo, entre um fundo passivo, não interativo (geralmente um padrão de desktop), e ícones e hiperlinks ativos (como os ícones de documentos e aplicativos que aparecem no desktop). O tratamento de imagens de representação nas novas mídias representa um mix entre essas duas convenções, muito diferentes. Uma imagem conserva sua função de representação ao mesmo tempo em que é tratada como uma série de hot spots (imagemap). Essa é a convenção-padrão na multimídia interativa, nos jogos de computador e nas páginas da internet. Portanto, apesar de visualmente uma imagem ainda surgir como um campo contínuo individual, ela é, na verdade, partida em uma quantidade de regiões com hiperlinks ligados a essas regiões, de modo que clicar em uma região abre uma nova página, reinicia a narrativa de um jogo, etc.

Esse exemplo ilustra como uma convenção de HCI[*] é "sobreposta" (neste caso, metafórica e literalmente, como um designer coloca hot spots sobre uma imagem existente) a uma convenção de representação. Outra maneira de pensar sobre isso é dizer que uma técnica normalmente usada em controle e administração de dados é misturada com uma técnica de representação ficcional e narração ficcional. Usarei outro exemplo para ilustrar o processo oposto: como uma convenção cultural normal-

---

[*] Interfaces homem-máquina. No original, HCI: Human Computer Interface. (N. da O.)

mente usada para a representação e a narração ficcional é "sobreposta" a técnicas de software de administração e apresentação de dados. A convenção cultural neste exemplo é o modelo de câmera móvel, emprestado do cinema. Em *The Language of New Media* analiso como se tornou uma interface genérica usada para conseguir acesso a qualquer tipo de dados:

> Originalmente desenvolvido como parte da tecnologia de computação gráfica tridimensional para aplicações como design auxiliado por computador, simuladores de vôo e produção computadorizada de filmes, durante as décadas de 1980 e 1990, o modelo de câmera se tornou uma convenção de interface tanto quanto as janelas e as operações de cortar e colar. Tornou-se uma maneira aceita de interagir com qualquer dado que seja representado em três dimensões – o que, em uma cultura computadorizada, significa literalmente qualquer coisa e tudo: os resultados de uma simulação física, um *site* arquitetônico, o plano de uma nova molécula, dados estatísticos, a estrutura de uma rede de computadores, etc. À medida que a cultura computadorizada gradualmente espacializa todas as representações e experiências, elas ficam sujeitas à gramática de acesso a dados específica da câmera. *Zoom, tilt, pan, track*: agora usamos essas operações para interagir com espaços de dados, modelos, objetos e corpos.[6]

Resumindo, as novas mídias podem ser compreendidas como o mix de antigas convenções culturais de representação, acesso e manipulação de dados e convenções mais recentes de representação, acesso e manipulação de dados. Os "velhos" dados são representações da realidade visual e da experiência humana, isto é, imagens, narrativas baseadas em texto e audiovisuais – o que normalmente compreendemos como "cultura". Os "novos" dados são dados digitais.

Como resultado dessa mistura, conseguimos híbridos estranhos como "mapas de imagem" clicáveis, paisagens de dados financeiros navegáveis, QuickTime (que foi definido como o formato para representar quaisquer dados baseados em tempo, mas que, na prática, é usado exclusiva-

---

[6] Lev Manovich, *The Language of New Media*, cit., p. 80.

mente para o vídeo digital), ícones animados – uma espécie de microcinema da cultura computadorizada – e assim por diante.

Como se pode ver, essa abordagem específica das novas mídias supõe a existência de uma estética historicamente específica que caracterize as novas mídias, ou "primeiras novas mídias" hoje. (Podemos também chamá-la "estética da cultura informática inicial".) Essa estética resulta da convergência de forças culturais historicamente específicas: convenções culturais já existentes e as convenções da HCI. Portanto, não pode ter existido no passado e é improvável que permaneça intacta por muito tempo. Contudo, também podemos definir as novas mídias da maneira contrária: como características estéticas específicas que continuam a reaparecer em uma etapa inicial de posicionamento de todas as novas tecnologias das mídias modernas e da telecomunicação.

6. Novas mídias como a estética que acompanha o estágio inicial de todas as modernas mídias e tecnologias de comunicação

Em vez de reservar o termo "novas mídias" para nos referirmos aos usos culturais das presentes tecnologias do computador ou redes de computadores, alguns autores sugeriram que todas as mídias modernas e as tecnologias de telecomunicações passam por sua "etapa de nova mídia". Em outras palavras, em algum momento, a fotografia, o telefone, o cinema, a televisão, foram "novas mídias". Essa perspectiva redireciona nossos esforços de pesquisa: em vez de tentar identificar o que há de "singular" no fato de computadores digitais funcionarem como dispositivos de criação, distribuição e telecomunicação de mídias, podemos procurar por certas técnicas estéticas e tropos ideológicos que acompanham toda nova tecnologia das mídias modernas e da telecomunicação em uma etapa inicial de sua introdução e disseminação. Eis alguns exemplos de tais tropos ideológicos: a nova tecnologia permitirá "melhor democracia", ela nos dará melhor acesso ao "real" (oferecendo "mais imediaticidade" e/ou a possibilidade de "representar o que antes não podia ser representado"), ela contribuirá para "a erosão dos valores morais", ela destruirá a "relação natural entre os humanos e o mundo", "eliminando a distância" entre observador e observado.

E eis aqui dois exemplos de estratégia estética que parecem acompanhar o surgimento de uma nova tecnologia de mídia e telecomunicação (não surpreendentemente, essas estratégias estéticas estão diretamente relacionadas com os tropos ideológicos que acabo de mencionar). O primeiro exemplo, que irei apenas mencionar aqui, já que o discuto mais detalhadamente no artigo "From DV Realism to a Universal Recording Machine",[*] diz respeito a estratégias específicas de representação do real – e também a uma retórica específica para convencer o público de que o cineasta consegue chegar à realidade melhor do que seus predecessores. Tanto na década de 1960 quanto na de 1990, os cineastas usaram tecnologias recém-disponibilizadas (novas filmadoras portáteis, mais leves, na década de 1960, e câmeras de DV,[**] na década de 1990) para promover um estilo cinemático mais "imediato" e "direto". Na década de 1960, esse movimento foi chamado *cinéma vérité*; na década de 1990 foi primeiramente associado aos filmes do Dogma 95, mas, no fim da década, abrangia trabalhos de vários cineastas internacionais. Na época, como agora, a retórica dos cineastas era de uma revolta contra as convenções do cinema tradicional, consideradas muito artificiais. Em contraste, esses cineastas defendiam suas novas capacidades de "capturar a realidade enquanto ela se revela" e "entrar" nas ações.

Portanto, quando a revista *RES* pediu a Albert Maysles, um dos fundadores do *cinéma vérité*, que listasse as vantagens de fazer filmes em DV, sua lista incluía características como "permite foco em polegadas", "pode-se segurar a câmera em muitas posições", "é fácil filmar em lugares apertados – "em carros, por exemplo", ou "quando necessário, você pode filmar sozinho". Abaixo da lista, lemos o conselho de Maysles para aspirantes a documentaristas, que é um bom resumo da "retórica da imediaticidade", compartilhada pelo *cinéma vérité* da década de 1960 e

---

[*] Lev Manovich, "From DV Realism to a Universal Recording Machine". Disponível em http://www.manovich.net/DOCS/reality_media_final.doc. (N. da O.)

[**] Vídeo Digital. (N. da O.)

pelos cineastas de DV da década de 1990 – "faça vir da experiência; filme as experiências diretamente, não encenadas, sem controle".[7]

Meu segundo exemplo de estratégicas estéticas similares reaparecendo ainda mais se relaciona com o desenvolvimento das tecnologias de imagem em movimento ao longo de todo o século XIX e o desenvolvimento de tecnologias digitais para exibir imagens em um computador de mesa durante a década de 1990. É extraído do livro *The Language of New Media*. Na primeira parte da década de 1990, enquanto a velocidade dos computadores continuava a crescer gradualmente, os designers de CD-ROMs conseguiram passar de um formato de exibição de slides para a sobreposição de pequenos elementos em movimento sobre fundos estáticos e, finalmente, para imagens em movimento no quadro completo. Essa evolução repete o progresso do século XIX: de seqüências de imagens imóveis (apresentações da lanterna mágica) para personagens movendo-se em fundos estáticos (por exemplo, no Teatro Praxinoscópio de Reynaud) e o movimento completo (o cinematógrafo dos Lumière). Além disso, a introdução do QuickTime pela Apple, em 1991, pode ser comparada à introdução do cinetoscópio, em 1892: ambos eram usados para apresentar loops breves, ambos exibiam as imagens no tamanho de aproximadamente duas por três polegadas, ambos pediam visualização privada em vez de coletiva. Culturalmente, as duas tecnologias também funcionavam similarmente: como a mais recente "maravilha" tecnológica. Se, no início da década de 1890, o público freqüentava salas de cinetoscópio, onde máquinas com orifício de visualização o presenteavam com a mais recente invenção – minúsculas fotografias em movimento, ordenadas em loops breves –, exatamente cem anos depois, os usuários de computadores estavam igualmente fascinados com os minúsculos filmes em QuickTime que transformavam o computador em projetor, por mais imperfeitos que fossem. Finalmente, as primeiras projeções cinematográficas dos Lumière, que chocaram seu público com enormes imagens em movimento, encontraram seu paralelo nos títulos de CD-ROM

---

[7] Charles Ramírez Berg, "Albert Maysles on DV Filmmaking", em *RES Magazine: Film, Music, Art, Design, Culture*, nº 3, Nova York, 2002, p. 38.

de 1995, nos quais a imagem em movimento finalmente preenche toda a tela do computador (por exemplo, no jogo de computador Johnny Mnemonic, baseado no filme do mesmo título). Assim, exatamente cem anos depois do "nascimento" oficial do cinema, ele foi reinventado em uma tela de computador.

Por mais interessantes que sejam, esses dois exemplos também ilustram as limitações de pensar a respeito das novas mídias em função de estratégias estéticas e tropos ideológicos historicamente recorrentes. Embora os tropos ideológicos realmente pareçam ressurgir um tanto regularmente, muitas estratégicas estéticas só podem ressurgir duas ou três vezes. Além disso, algumas estratégias e/ou tropos já podem ser encontrados na primeira parte do século XIX, enquanto outros só surgem pela primeira vez muito mais recentemente.[8] Para que esta abordagem fosse verdadeiramente útil seria insuficiente simplesmente nomear as estratégias e tropos e registrar os momentos de seu surgimento; em vez disso, teríamos de desenvolver uma análise muito mais abrangente, que correlacionaria a história da tecnologia com as histórias sociais, políticas e econômicas do período moderno.

Até aqui, minhas definições das novas mídias concentraram-se na tecnologia; o próximo conjunto de definições considerará as novas mídias como rearticulação ou codificação de tendências puramente culturais – em resumo, antes como idéias do que como tecnologias.

7. As novas mídias como a execução mais rápida de algoritmos previamente executados manualmente ou por meio de outras tecnologias

Um computador digital moderno é uma máquina programável. Isso significa simplesmente que o mesmo computador pode executar diferen-

---

[8] Creio que os mesmos problemas se aplicam à interessantíssima teoria de Erkki Huhtamo de arqueologia das mídias, que se aproxima da abordagem apresentada aqui e que defende o estudo de tropos que acompanham a história das mídias modernas, tanto as que se concretizaram como as que foram apenas imaginadas.

tes algoritmos. Um algoritmo é uma seqüência de passos que precisam ser seguidos para a realização de uma tarefa. Os computadores digitais permitem executar a maior parte dos algoritmos muito rapidamente, por mais que, em princípio, um algoritmo, já que é apenas um conjunto de passos simples, também possa ser executado por um humano, embora muito mais lentamente. Por exemplo, um humano pode colocar arquivos em uma ordem específica, contar o número de palavras em um texto ou recortar parte de uma imagem e colá-la em um lugar diferente.

Essa percepção nos oferece uma nova maneira de pensar a respeito da computação digital, em geral, e das novas mídias, em particular, como uma enorme aceleração de várias técnicas manuais que já existiam. Considere, por exemplo, a capacidade do computador de representar objetos em perspectiva linear e animar tais representações. Quando você move seu personagem pelo mundo em um jogo de computador com um atirador na primeira pessoa (como o Quake) ou quando você movimenta seu ponto de vista em um modelo arquitetônico tridimensional, um computador recalcula as visões em perspectiva de todos os objetos do quadro muitas vezes a cada segundo (no caso do atual hardware de mesa, velocidades de oitenta quadros por segundo não são incomuns). Contudo, devemos lembrar que o próprio algoritmo foi codificado durante a Renascença italiana e que, antes do surgimento dos computadores digitais (isto é, durante cerca de quinhentos anos), era executado por pessoas. De maneira similar, por trás de muitas outras técnicas das novas mídias há um algoritmo que, antes da computação, era executado manualmente. (Naturalmente, como a arte sempre envolveu alguma tecnologia – mesmo simples, como um estilo de fazer marcas na pedra –, o que quero dizer com "manualmente" é que um humano teve de percorrer sistematicamente todos os passos de um algoritmo, mesmo que assistido por algumas ferramentas de fazer imagens.) Considere, por exemplo, outra técnica muito popular das novas mídias: fazer uma montagem a partir de diferentes fotografias. Logo após a fotografia ser inventada, fotógrafos do século XIX como Henry Peach Robinson e Oscar G. Reijlander já estavam criando "imagens combinadas" uniformes juntando múltiplas fotografias.

Embora essa abordagem a respeito das novas mídias nos livre de pensarmos a respeito delas em termos puramente tecnológicos, elas têm seus próprios problemas. Acelerar substancialmente a execução de um algoritmo pela implementação em software não deixa as coisas simplesmente como estão. A idéia básica da dialética é que uma mudança substancial na quantidade (isto é, na velocidade de execução, neste caso) leva ao surgimento de fenômenos qualitativamente novos. O exemplo da automação da perspectiva linear é um exemplo adequado. Acelerar dramaticamente a execução de um algoritmo de perspectiva torna possível uma técnica de representação anteriormente inexistente: o movimento fluido através de um espaço com perspectiva. Em outras palavras, conseguimos não apenas desenhos em perspectiva produzidos com rapidez, mas também filmes gerados por computador e recursos gráficos computadorizados.

As mudanças tecnológicas na história das "imagens combinadas" também ilustram a dialética clássica da transformação de quantidade em qualidade. No século XIX, "imagens combinadas" pacientemente produzidas representavam antes uma exceção do que uma norma. No século XX, novas tecnologias fotográficas tornaram possível a fotomontagem, que logo se tornou uma das técnicas básicas de representação da cultura visual moderna. E, finalmente, a chegada da fotografia digital, por meio de software como o Photoshop, scanners e câmeras digitais em fins da década de 1980 e na década de 1990, não apenas tornou a fotomontagem muito mais onipresente do que antes, como também alterou fundamentalmente suas características visuais. No lugar das composições gráficas e hard-edge[*] de que foram pioneiros Moholy-Nagy e Rodchenko, agora temos montagens de imagens múltiplas fluidas, que usam transparência, esmaecimento, colorização e outras manipulações digitais facilmente disponíveis e que muitas vezes incorporam a tipografia, que também é sujeita exatamente às mesmas manipulações (portanto, na cultura visual pós-Photoshop, a tipografia torna-se um subconjunto de uma imagem fotográfica). Para perceber essa mudança dramática, basta comparar um

---

[*] Com limites entre as imagens bem marcados. (N. da O.)

videoclipe típico de 1985 e outro de 1995: em dez anos, a estética visual da fotomontagem passou por uma mudança fundamental.

Finalmente, pensar nas novas mídias como aceleração de algoritmos que antes eram executados à mão coloca em primeiro plano o uso de computadores para a execução rápida de algoritmos, mas ignora seus outros dois usos essenciais: comunicação em rede em tempo real e controle em tempo real. A capacidade de interagir ou controlar dados remotamente localizados em tempo real, de comunicarmo-nos com outros seres humanos em tempo real e de controlar várias tecnologias (sensores, motores e outros computadores) em tempo real constituem a própria fundação de nossa sociedade de informação – as comunicações telefônicas, a internet, as interligações financeiras, o controle industrial, o uso de microcontroladores em várias máquinas e dispositivos modernos, etc. Elas também tornam possíveis muitas formas de arte e cultura em novas mídias: net arte, instalações computadorizadas interativas, multimídia interativa, jogos de computador, síntese musical em tempo real.

Embora a geração e a manipulação de mídias em tempo não real por meio de computadores digitais possam ser consideradas como aceleração de técnicas artísticas previamente existentes, a interligação e o controle em tempo real parecem constituir fenômenos qualitativamente novos. Quando usamos o Photoshop para combinar fotografias rapidamente ou quando compomos um texto usando um Microsoft Word, simplesmente fazemos muito mais rápido o que antes fazíamos manualmente ou assistidos por algumas tecnologias (como uma máquina de escrever). Contudo, no caso em que um computador interpreta ou sintetiza a fala humana em tempo real, monitora sensores e modifica programas com base em input em tempo real ou controla outros dispositivos, novamente em tempo real, isso é algo que simplesmente não podia ser feito antes. Então, embora seja importante lembrar que, em certo nível, um computador digital moderno é apenas uma calculadora rápida, não devemos ignorar sua outra identidade: a de instrumento de controle cibernético. Em outras palavras, embora a teoria das novas mídias deva pagar tributo a Alan Turing, não deve esquecer seu outro pai conceitual – Norbert Weiner.

8. Novas mídias como codificação da vanguarda modernista; as novas mídias como metamídias

A abordagem das novas mídias que acabo de discutir não privilegia nenhum período como fonte dos algoritmos que são finalmente codificados nos softwares. Em meu artigo de 1999, "Avant-garde as Software", propus que, na verdade, um período histórico específico é mais relevante para as novas mídias do que qualquer outro – o da década de 1920 (mais precisamente os anos entre 1915 e 1928).[9] Durante esse período, os artistas e designers de vanguarda inventaram todo um novo conjunto de linguagens e técnicas de comunicação visuais e espaciais que ainda usamos hoje. Segundo minha hipótese:

> Com as novas mídias, as técnicas de comunicação da década de 1920 adquirem um novo status. Portanto, as novas mídias realmente representam uma nova etapa da vanguarda. As técnicas inventadas na década de 1920 deixaram os artistas inserirem-se nos comandos e metáforas da interface do software dos computadores. Em resumo, a visão de vanguarda materializou-se em um computador. Todas as estratégias desenvolvidas para despertar os públicos de uma existência de sonho da sociedade burguesa (o design construtivista, a nova tipografia, a cinematografia e a edição cinematográfica de vanguarda, a fotomontagem, etc.) agora definem a rotina básica de uma sociedade pós-industrial: a interação com um computador. Por exemplo, a estratégia vanguardista da colagem ressurgiu com o comando "recortar e colar", a operação mais básica que se pode executar em quaisquer dados computadorizados. Em outro exemplo, as janelas dinâmicas, os menus em cortina e as tabelas de HTML, todos permitem que um usuário de computador trabalhe simultaneamente com uma quantidade praticamente irrestrita de informação, apesar da superfície limitada da tela do computador. Essa estratégia pode remontar ao uso dos

---

[9] Lev Manovich, "Avant-Garde as Software", em Stephen Kovats (org.), *Ostranenie* (Frankfurt/Nova York: Campus Verlag, 1999). Disponível em http://www.manovich.net/docs/avant-garde_as_software.doc. (As citações subseqüentes são do texto on-line.)

quadros móveis de Lissitzky em seu projeto de exposição de 1926 para a Exposição Internacional de Arte de Dresden.[10]

A codificação das técnicas de vanguarda da década de 1920 em software não significa que as novas mídias simplesmente ampliam qualitativamente as técnicas que já existiam. Assim como ocorre com o fenômeno da computação em tempo real, que discuti anteriormente, rastrear a herança das novas mídias na vanguarda da década de 1920 revela também uma mudança qualitativa. A vanguarda modernista preocupava-se em "filtrar" a realidade visível de novas maneiras. Os artistas estão preocupados em representar o mundo exterior, em "vê-lo" de tantas novas maneiras quanto possível. Naturalmente, alguns artistas já começam a reagir ao ambiente das novas mídias fazendo colagens e fotomontagens compostas de recortes de jornal, fotografias, pedaços de cartazes, etc.; não obstante, essas práticas de manipulação de mídias existentes ainda não eram centrais. Décadas depois, porém, elas vieram para o primeiro plano da produção cultural. Em outras palavras, após um século e meio de cultura de mídia, os registros de mídia já existentes (ou "ativos de mídia", para usar o termo hollywoodiano) tornam-se a nova matéria-prima para a produção cultural e a prática artística baseada em software. Muitas décadas de produção de mídia analógica resultaram em um enorme arquivo de mídias e é o conteúdo desse arquivo – programas de televisão, filmes, gravações de áudio, etc. – que se tornou os dados brutos a serem processados, rearticulados, minados e reempacotados por meio de software digital – em vez da realidade bruta. Em meu artigo formulo isso da seguinte maneira:

> As novas mídias realmente representam a nova vanguarda e suas inovações são pelo menos tão radicais quanto as inovações formais da década de 1920. Se, porém, devemos procurar por essas inovações no domínio das formas,

---

[10] Disponível em http://www.manovich.net/docs/avant-garde_as_software.doc.

essa área tradicional da evolução cultural, não as encontraremos ali. Isso porque a nova vanguarda é radicalmente diferente da antiga:

1. A *avant-garde de mídias antigas* da década de 1920 surgiu com novas formas, novas maneiras de representar a realidade e novas maneiras de ver o mundo. A *avant-garde de mídias novas* trata de novas maneiras de avaliar e manipular a informação. Suas técnicas são a hipermídia, os bancos de dados, as ferramentas de busca, a filtragem de dados, o processamento de imagens, a visualização e a simulação.

2. A nova vanguarda não se preocupa mais em ver ou representar o mundo de novas maneiras, mas em estabelecer o acesso a mídias anteriormente acumuladas e em usá-las de novas maneiras. Nesse aspecto, a nova mídia é pósmídia ou *metamídia*, já que usa antigas mídias como seu material primário.[11]

Meu conceito de "metamídia" relaciona-se com uma noção mais familiar de "pós-modernismo" – o reconhecimento de que, na década de 1980, a cultura passou a se interessar mais em retrabalhar conteúdo, idiomas e estilo já existentes do que em criar outros revigorantemente novos. O que gostaria de enfatizar (e o que penso que os teóricos originais do pós-modernismo, como Jameson, não enfatizaram o suficiente) é o papel-chave desempenhado pelos fatores materiais na mudança para as estéticas pós-modernistas na década de 1980: o acúmulo de um enorme ativo de mídia e a chegada de novas ferramentas eletrônicas e digitais que tornavam muito fácil estabelecer o acesso a esse ativo e retrabalhálo. Este é outro exemplo de quantidade mudando para qualidade na história da mídia: o acúmulo gradual de registros de mídia e a gradual automação da administração e das técnicas de manipulação de mídia acabaram por recodificar a estética modernista e transformá-la em uma estética pós-moderna muito diferente.

---

[11] Disponível em http://www.manovitch.net/docs/avant-garde_as_software.doc.

9. Novas mídias como desenvolvimento adicional da arte radical da década de 1960; articulação paralela de idéias similares na arte e na computação da década de 1960

Juntamente com a década de 1920, podemos pensar em outros períodos culturais que geraram idéias e sensibilidade particularmente relevantes para as novas mídias. Na década de 1980, muitos autores examinaram as ligações entre o barroco e as sensibilidades pós-modernas; dado o estreito vínculo entre o pós-modernismo e as novas mídias que acabo de discutir, seria lógico se os paralelos entre o barroco e as novas mídias também pudessem ser estabelecidos.[12] Pode-se argumentar também que, de várias maneiras, as novas mídias nos remetem a uma lógica cultural pré-modernista do século XVIII: considere, por exemplo, o paralelo entre as comunidades de leitores que também eram autores no século XVIII e os participantes de grupos de notícias da internet e de mailing lists que também são leitores e autores.

No século XX, juntamente com a década de 1920, que, para mim, representa o apogeu cultural desse século, porque, durante ele, mais técnicas estéticas radicalmente novas tiveram seu protótipo do que em qualquer outro período de duração similar; o segundo apogeu cultural – a década de 1960 – também parece conter muitos dos genes das novas mídias. Muitos autores, como Söke Dinkla, argumentaram que a arte computadorizada interativa (década de 1980) desenvolve idéias já contidas na nova arte da década de 1960 (happenings, performances, instalações): a participação ativa do público, a obra de arte antes como processo temporal do que como objeto fixo, a obra de arte como sistema aberto.[13] Essa ligação faz ainda mais sentido quando lembramos que algumas das figuras mais influentes da arte das novas mídias (Jeffrey Shaw, Peter Weibel, Roy Ascott) começa-

---

[12] Cf. Norman Klein, *From Vatican to Las Vegas: a History of Special Effects* (no prelo) que discute em detalhe as ligações entre o tratamento do espaço no barroco e na cibercultura.

[13] Ver, por exemplo, Söke Dinkla, "From Participation to Interaction: Towards the Origins of Interactive Art", em Lynn Herhman Leeson (org.), *Clicking In: Hot Links to a Digital Culture* (Seattle: Bay Press, 1996).

ram suas carreiras artísticas na década de 1960 e só depois passaram para as tecnologias da computação e da rede. Por exemplo, no fim da década de 1960, Jeffrey Shaw estava trabalhando em estruturas infláveis para projeções de filmes e performances, grandes o suficiente para abrigar um pequeno público – algo a que retornou posteriormente em muitas de suas instalações de RV e, mais diretamente ainda, no projeto Eve.[14]

Há outro projeto estético da década de 1960 que também pode ser ligado às novas mídias não apenas conceitual como também historicamente, já que os artistas que empreenderam esse projeto com computadores (como Manfred Mohr) sabiam de artistas minimalistas que, durante a mesma década, haviam empreendido o mesmo projeto "manualmente" (de maneira mais notável, Sol LeWitt).[15] Esse projeto pode ser chamado de "arte combinatória".[16] Envolve criar imagens ou outras mídias, objetos físicos (LeWitt e outros escultores minimalistas) ou textos (o movimento Oulipo[17]) por meio da variação sistemática de um parâmetro individual ou pela criação sistemática de todas as combinações possíveis de um pequeno número de elementos.[18] A "combinatória" na arte computadorizada e na arte minimalista da década de 1960 levou à criação de imagens e estruturas espaciais notavelmente similares; uma boa ilustração de que os algoritmos, essa parte essencial das novas mídias, não dependem da tecnologia, mas podem ser executados por humanos.

---

[14] Anne-Marie Duguet *et al.* (orgs.), *Jeffrey Shaw: a User's Manual* (Karlshuhe: Edition ZKM, 1997).

[15] Para informações sobre o trabalho de Manfred Mohr, disponível em http://www.emohr.com/.

[16] Frank Dietrich usou o termo "combinatória" (*combinatorics*) para falar sobre uma direção específica na arte computadorizada inicial da década de 1960. Ver Frank Dietrich, "Visual Intelligence: the First Decade of Computer Art (1965-1975)" em *Leonardo*, 19(2), Cambridge, 1986, pp. 159-169.

[17] Ver Raymond Queneau (1967), "For a Potential Analysis of Combinatory Literature," em Noah Wardrip-Fruin & Nick Montfort (orgs.), *The New Media Reader* (Cambridge: MIT Press, 2002).

[18] É interessante que Sol LeWitt tenha conseguido produzir trabalhos "à mão", que muitas vezes eram compostos de variações dos mesmos elementos, mais sistemáticas do que em trabalhos similares feitos por artistas que usaram computadores. Em outras palavras, podemos dizer que Sol LeWitt era melhor na execução de certos algoritmos minimalistas do que os computadores da época.

10. A tecnologia das novas mídias como arte (isto é, o software é a vanguarda)

Procurar por paralelos – por exemplo, entre estilo estético e sistema social (seja ele o capitalismo, o modernismo, seja ele o pós-modernismo), entre fenômenos culturais em duas partes diferentes da cultura, entre a lógica cultural de diferentes artes no mesmo período, etc. – é o sustento da crítica cultural e da história. Portanto, embora seja interessante o paralelo que acabamos de observar, entre uma imaginação estruturalista/minimalista da década de 1960 e a lógica da programação de computadores, as quais, similarmente, impeliram os artistas para os sistemas e a combinatória, é também algo que esperamos que um crítico ache. Por mais notável que seja, podemos, por exemplo, esperar ler a respeito da história de Jorge Luiz Borges (1941) e o artigo de Vannevar Bush (1945), que contêm, ambos, a idéia de uma enorme estrutura ramificada como uma maneira melhor de organizar dados e representar a experiência humana.[19] Então, permita-me prosseguir e propor uma tese mais radical e mais interessante – talvez até mesmo uma provocação.

Embora possamos pensar nas novas mídias como tendências paralelas na arte moderna e na tecnologia da computação após a Segunda Guerra Mundial, gostaria de propor que, por fim, esse paralelismo mude a relação entre arte e tecnologia. Nas últimas décadas do século XX, a moderna tecnologia da computação e da rede materializou certos projetos-chave da arte moderna desenvolvidos aproximadamente na mesma época. No processo dessa materialização, as tecnologias ultrapassaram a arte. Isto é, não apenas as tecnologias das novas mídias – a programação de computadores, a interface gráfica homem-máquina, o hipertexto, a multimídia computadorizada, a formação de redes (com e sem fio) – concretizaram as idéias por trás dos projetos dos artistas, mas ampliaram-nas muito mais do que o imaginado originalmente pelos artistas. Como resultado, essas próprias tecnologias tornaram-se as maiores obras de

---

[19] Ambos reimpressos em Noah Wardrip-Fruin & Nick Montfort (orgs.), *The New Media Reader* (Cambridge: MIT Press, 2002).

arte de hoje. O maior texto de hipertexto é a própria internet, porque ela é mais complexa, imprevisível e dinâmica do que qualquer romance que pudesse ser escrito por um autor humano individual, até mesmo Joyce. A maior obra interativa é a própria interface interativa homem-máquina: o fato de que o usuário pode facilmente mudar tudo o que surge na tela, mudando, durante o processo, o estado interno de um computador ou mesmo comandando a realidade fora dele. O maior filme de vanguarda é um software como o Final Cut Pro ou o After Effects, que contém as possibilidades de combinação de milhares de trilhas separadas em um filme individual, além de estabelecer várias relações entre todas essas trilhas diferentes – e, portanto, desenvolve a idéia vanguardista do filme como uma partitura visual abstrata para seu próprio fim – e além. O que significa que os cientistas de computadores que inventaram essas tecnologias – J. C. Licklider, Douglas Engelbart, Ivan Sutherland, Ted Nelson, Seymor Papert, Tim Berners-Lee e outros – são os artistas importantes de nosso tempo – talvez os únicos artistas deste período histórico que são verdadeiramente importantes e que serão lembrados.

A arqueologia da mídia[*]

SIEGFRIED ZIELINSKI

[*] Publicado anteriormente em http://www.ctheory.net/printer.asp?id=42. Tradução de Luís Carlos Borges.

I

Em 1995, a Academia de Artes Midiáticas de Colônia, Alemanha, abrigou um evento no qual artistas, músicos, cineastas, filósofos, engenheiros, psicanalistas e escritores reuniram-se durante cinco dias e noites para conversar a respeito de Antonin Artaud. Não foi nossa intenção oferecer exéquias por um poeta morto nem celebrar uma lenda. Envolvidos como estamos, entra dia, sai dia, prática e teoricamente, com artefatos e sistemas digitais, alguns meses atrás decidimos tomar esse fenômeno perturbador e problemático, Artaud, e mantê-lo na academia por um período de tempo como um ponto fixo imaginário em torno do qual e sobre o qual debater a seguinte questão: a subjetividade (artística) é uma noção antiquada no fim do século XX e algo ao qual devemos dizer adeus ou é algo que apenas exige novas concepções? Naturalmente, falhamos em nosso esforço; isso era inevitável. Não respondemos a pergunta. Mas chegamos um pouco mais perto – apenas algumas batidas da asa de uma borboleta – de renunciar a alguns dos dualismos que se tornaram caros e conhecidos a nós, como:

- cálculo e gasto;
- simulação e excesso;
- moderação e extravagância;
- universalização e heterogeneidade;
- código e sensação.

Argumentei veementemente contra declarar morta a subjetividade artística porque tenho a impressão de que, se o fizéssemos, rodearíamos esse espaço vazio deixado pela teoria e pela filosofia de uma maneira ainda mais frenética e apavorada, com mais palavras e imagens ainda, e também penso que nós, do campo da práxis social representada pela *media art*, devemos finalmente começar a confrontar a produção de mediocridade e bom design, especificamente porque somos responsáveis por ensinar e treinar jovens artistas.

Contudo, em que direção devemos formular esse conceito de subjetividade artística (na ligação indissolúvel com uma orientação estética e ética) *vis-à-vis* a gigantesca maquinaria purificadora e redutora da digitalização? E para além dos dualismos e antagonismos mencionados?

Há uma gangue[1] de artistas, teóricos e artistas-teóricos com uma afinidade muito forte (além disso, uma afinidade que os liga a uma figura como Artaud): eles ardem e se consomem no esforço de expandir, tanto quanto possível, os limites do que a linguagem e as máquinas, como instâncias primárias de estrutura e ordem pelos últimos séculos, são capazes de expressar e, ao fazê-lo, revelam efetivamente esses limites. Sem dúvida, é o caminho mais difícil de trilhar no e com o *aparattus*. Otto Rossler, como físico e teórico aplicado do caos, pertence, em minha opinião, a essa gangue, com sua tentativa de reunir participantes e observadores em uma física da heterologia que também reconhece a responsabilidade ética; Peter Weibel é outro, pois ninguém é mais resoluto ao desafiar a tecno-estética, da sua força potencial aos sinais de fadiga; ou, então, há Oswald Wiener, cujos textos poéticos sobre a fenomenologia da inteligência artificial me ajudaram muitíssimo a compreender que a sensacional riqueza de tudo o que é não processável por máquina é maior quanto mais intensa e inflexivelmente o mundo da máquina é pensado como máquina do mundo.

Algo é articulado em estratégias e modos de vida como estas e que, para mim, alcança sua mais clara expressão no *Tractatus logico-philoso-*

---

[1] O termo é usado aqui no sentido de *Mil Platôs*, de Deleuze e Guattari: um grupo de pessoas frouxo e um tanto anárquico sem forma institucional burocrática. Ver Gilles Deleuze e Félix Guattari, *Mil platôs: capitalismo e esquizofrenia*, vol. 1 (Rio de Janeiro: Editora 34), 1995.

phicus, de Ludwig Wittgenstein, aquele imprudente da corda bamba, entre o pensamento inexoravelmente preciso e a vida, que abraçou a premissa de que a filosofia não é algo que se esgota em uma cátedra de professor, mas que deve ser uma ação contínua de clarificação no seu próprio meio, a linguagem.

A filosofia não é uma doutrina; é uma atividade/*Tätigkeit* [...] Os resultados da filosofia não são "sentenças filosóficas", mas a clarificação das sentenças. A filosofia deve tornar claro o pensamento que, de outra maneira, é nebuloso e indistinto e deve diferenciá-lo nitidamente.[2]

A noção do sujeito que informa essas deliberações tem o poder de libertar dos grilhões das imputações ontológicas. A interface/a fronteira, expressa através das sentenças principais do *Tractatus de Wittgenstein*:

> "O mundo e a vida são um".
>
> "O sujeito que pensa e imagina não existe".
>
> "O sujeito não pertence ao mundo, é uma fronteira do mundo".
>
> "Que o mundo é meu é demonstrado no fato de que os limites da linguagem representam os limites do meu mundo".

A atividade estética eticamente justificável na rede do técnico e do imaginário deve, segundo isso, clarificar os fragmentos de expressão contidos em si e em suas relações mútuas. Eu daria a essa atividade o nome de subjetiva se ela conseguisse representar a diferença a ser experimentada pela vida/mundo pela formulação das fronteiras da rede. Em princípio, isso só é possível se esgotamos suas possibilidades. "[...] ir em toda direção até o fim das possibilidades do mundo" – este pensamento vem da obra teórica de Georges Bataille[3] sobre a vanguarda estética e ainda vale a pena colocar em prática.

Essa não é uma idéia nova e não ocorreu a alguém pela primeira vez no século XX. Parece-me uma idéia básica para compreender o que po-

---

[2] Ludwig Wittgenstein, *Tractatus Logico-Philosophicus* (Frankfurt: Suhrkamp, 1963), p. 41.

[3] Citado em Jürgen Habermas, *"Zwischen Erotismus und Allgemeiner Ekonomie"*, em Jürgen Habermas, *Der philosophische Diskurs der Moderne* (Frankfurt: Suhrkamp, 1985), p. 267.

deríamos chamar vanguarda da visualização técnica na história – na consciência da controvérsia que envolve esse termo.

Lançarei agora algumas sondas nos estratos das histórias que podemos conceber como a história da mídia para recolher sinais do efeito borboleta, em algumas localidades, pelo menos, no que diz respeito tanto ao hardware como ao software do audiovisual. Designo arqueologia da mídia essa abordagem, o que, em uma perspectiva pragmática, significa desenterrar caminhos secretos na história, o que poderia nos ajudar a encontrar nosso caminho para o futuro. A arqueologia da mídia é minha forma de atividade/Tätigkeit.

II

Uma das histórias mais excepcionais na cultura judaico-cristã ocidental que imagina um processo temporal intenso é o sonho da escada de Jacó: a arriscada e perigosa ascensão para a luz, o inefável, como um padrão regular, métrico da subida pelos degraus, sólidos ou não, da escada. Em certo sentido ou grau, é o inverso do sonho da escadaria de Freud, que, na interpretação do psicanalista, representa a ascensão enérgica, rítmica do coito e de seu alívio, a ejaculação. Há inúmeras representações visuais do sonho de Jacó: ilustrações, pinturas, ícones. Algumas retratam a ascensão como um movimento ascendente maravilhoso e delicado, na companhia de belos anjos (no século passado, o filme musical ainda continuou a evocar isso), outras como roteiro de horror da agonia da morte, que ocorre entre o inferno em terra e a mão estendida do Deus Todo-Poderoso. Nesses tratamentos midiáticos do tema, a obra adaptada com mais freqüência é a escada celestial do século VII de João Clímaco, abade do mosteiro de Santa Catarina no Monte Sinai. Vertigem: escadas simples, diagonais, espirais de degraus sinuosos e formações em escada, escadas duplas e hélices duplas, ocupadas principalmente por monges, dos quais um ou outro despenca para a desgraça, incapaz de chegar ao topo porque não consegue resistir às tentações do inferno.

A partir da perspectiva da imagem temporal, um destaque entre essas adaptações é um manuscrito grego datado de cerca de 1345.[4] A exposição desse episódio específico começa com uma tomada longa que oferece uma visão geral, seguida por uma reminiscência do autor, João Clímaco, com a intersecção das linhas verticais e horizontais acima de sua cabeça. Vemos, então, a cena, o mosteiro onde foi escrito o Livro dos Livros, primeiro de cima e, depois, o zoom de uma imagem do monge trabalhando. Agora, o enredo real começa, retratado em miniaturas iconográficas: a ascensão, passo a passo. O movimento de ascender é expresso visualmente, imagem por imagem, apenas por tomadas da escada, um degrau por vez. O movimento externo é mínimo e só se torna dinâmico por meio da sucessão de imagens. Entre elas, outras cenas dramáticas são interpostas, que pretendem caracterizar a localização momentânea do adepto, como quando, no início da cena do sonho, ele se encontra com anjos, virtudes e vícios. Dessa maneira, trinta degraus são transpostos. No último degrau, onde é retratado um monge ajoelhando-se humildemente diante de Cristo, a escada desapareceu completamente. A história termina com dois créditos grandiosos: João Clímaco e sua homilia Johannes von Raithn; o quadro final mostra a estrela mais uma vez em um close médio.

III

Uma das figuras mais fascinantes da pré-modernidade, que trabalhou com as disciplinas e diferentes mundos do conhecimento, foi o napolitano Giovanni Battista Della Porta (c.1538-1615). Autor, homem de letras, membro de sociedades secretas, multiplicador, auxiliar e instigador do conhecimento, organizador – muito mais do que um cientista (natural), segundo nossas concepções contemporâneas. No volume 28 do *Lexikon*, de Zedler, 1741, o verbete "Della Porta" diz:

---

[4] Para detalhes adicionais sobre as adaptações, ver Rupert Martin, *The Illustration of the Heavenly Ladder of John Climacus* (Princeton: Princeton University Press, 1954).

> Ele fez muito para ajudar a estabelecer a Academie Degli Otiosi, e manteve outra em sua casa, a Academie de Secreti, na qual só era admitido como membro quem houvesse descoberto algo novo a respeito do mundo natural. Contudo, a corte papal proibiu os encontros desta porque seus membros supostamente envolviam-se em artes e estudos proibidos [...].[*]

A obra mais famosa de Della Porta, a enciclopédia em vinte partes *Magia naturalis*,[**] da qual ele e seus cronistas afirmam que ele escreveu a primeira versão "no décimo quinto ano de sua vida",[5] é um tratado biológico, físico, químico, médico e filosófico e, igualmente, um interessante "Livro de arte e maravilhas" (como o classifica o subtítulo da edição alemã), um tipo de forma primitiva da enciclopédia científica popular, uma fantástica e abrangente rede impressa de conhecimento. "Sabedoria e conhecimento perfeito das coisas naturais"– é assim que Della Porta caracteriza sua compreensão da magia e, nesses vinte livros, ele empreende uma colossal e audaciosa jornada por todas as áreas da vida, desde observações zoológicas, transmutação (alquímica) dos metais e produção sintética de pedras preciosas até a investigação e composição de combinações especiais de ervas e rituais para induzir abortos e executar engenharia quase-genética (a manipulação do sexo de crianças não nascidas),[6] de tratados sobre fogo artificial, culinária e criptogramas no XVII Livro de "espelhos e lentes diversos" (citado por muitos arqueó-

---

[*] Johann Heinrich Zedler, *Grosses Universal: Lexicon*, vol. 28 (Leipzig: Zedler, 1732-1754). (N. da O.)

[**] Giambattista Della Porta, *Magia naturalis*: publicação em latim, Frankfurt, s/ed., 1607, e em alemão, Nürnberg, s/ed., 1719. (N. da O.)

[5] Usamos a edição de Frankfurt de 1607, em latim, e várias traduções para o alemão ("ins Teutsche"); todas as citações são da edição de Nürnberg, de 1719.

[6] Isto é particularmente enfatizado pelo editor da tradução alemã no prefácio: "Seria um tanto estranho se as moças grávidas ou, antes, as prostitutas descuidadas, não mais estimassem os preparados de Sabiner ou da árvore de Sete (*Satten*), se o efeito corresponde ao que ele reivindica para a samambaia fêmea *Farren-Kraut*: que, tão logo uma mulher grávida nela pisasse, o fruto de seu ventre a deixaria e ela abortaria. Sim, certamente, as mulheres o idolatrariam se houvesse certeza do que ele afirma a respeito das ervas *Phyllon* e *Mercurialis*: que se uma mulher bebe o suco das plantas masculinas dessas ervas ou simplesmente coloca as folhas nesse lugar natural, ela concebe um filho infalivelmente".

logos cinematográficos, mas lido por pouquíssimos), que contém os estudos de Della Porta sobre projeção, reflexão e uma multidão de *mise-en-scène* ópticas. Todos os volumes compartilham a mesma visão de mundo no sentido direto da expressão: os fenômenos naturais oferecem-se ao estudioso não apenas para a investigação dos objetos imutáveis, para a reprodução ou para a mimese; eles se tornam material que pode ser alterado/manipulado. Por meio do poder mágico da imaginação e experimentação com o que é real, deve ser possível mudar, transmutar e também ir além deles e, com isso, o corpo – a corporalidade – é, como tema, muito claramente o centro.[7]

Tentemos tornar mais clara a relação subversiva – para a época – de Della Porta com o mundo, tomando como exemplo seus estudos ópticos e projetos de artefatos ópticos. Seu ponto de partida para a interpretação dos espelhos e lentes é justamente o tabu tradicional e firmemente estabelecido de que esses artefatos supostamente comunicam apenas "imagens falsas" dos objetos observados (reduções, ampliações, distorções) e, portanto, em conformidade com a santidade da Natureza Divina, só podem ser usados para corrigir defeitos de visão (isto é, óculos e assemelhados). Essa função dos artefatos como próteses não interessou muito a Della Porta. Eram justamente as dilações, deformações, a visão dupla, a divisão, as mudanças de dimensão e a transmutação do real que alimentavam sua atenção inquiridora e penetrante, o contraste com o que é visto normalmente, a visualização da imaginação.

---

[7] Em seu *Tractatus primus* sobre o sol ("De Sole") (usamos a tradução alemã de 1608, editada por Joachim Tanckium), incluído no volume "Vom Stein der Weisen und von den vornembsten Tincturen des Goldes...", Rogério Bacon sempre se refere ao "Leib" (corpo) desse precioso metal, como neste pequeno excerto do capítulo sobre a teoria: "Tal acometimento não se dá com o ouro, que até a última das instâncias de julgamento não permite à natureza que algo de sua nobreza ou perfeição se extinga ou se reduza. Também é, por excelência, de uma matéria pertinente a todas as pedras preciosas, dando a elas o melhor de seu corpo e de sua substância que na natureza se possa encontrar ou produzir. E digo mais: se o astro dirige sua inclinação ao corpo resplandecente do ouro e nele se imprime, cuida-se que suas virtudes e potência, até o ultimo juízo, não se percam. Pois o corpo é perfeito e a todos os elementos agrega e simpatiza, e não há elemento que lhe possa causar danos." (p. 44).

> A maneira como, ao olhar para um espelho, pode surgir uma forma amarelo-pálida ou multicolorida [...] que é como se o rosto fosse partido no meio [...] que é como se alguém tivesse a cara de um burro, um cão ou um porco [...] *

Della Porta começa o Livro XVII da *Magia naturalis* com esses pensamentos a respeito de arranjos simples de espelhos. No quarto parágrafo do capítulo II, encontramos o primeiro fenômeno assombroso: "também é possível, usando espelhos planos, ver coisas que estão acontecendo em lugares distantes [...]" e ele prossegue, descrevendo exatamente um arranjo de espelhos que, muito depois, Sigmund Freud instalou em seu estúdio para observar secretamente as outras pessoas em sua casa. Seguem-se descrições detalhadas dos vários tipos e usos de espelhos ocos, que encontraremos novamente um século depois, pesadamente adornados, nos escritos de Athanasius Kircher, e, então, Della Porta desperta o interesse febril do arqueologista da mídia pela primeira vez no capítulo VI, com o seu "Gesicht = Kunst" (Face = Arte), onde demonstra o aparelho que é a célula germinativa do cinema: a câmera obscura – ele a chama *obscurum cubiculum*, no original latino de 1607. Ele deseja nos mostrar "como cenas de caça, batalhas e outros tipos de *hocus pocus* podem ser feitas e executadas em uma sala [...] Exibições de convidados, campos de batalha, jogos, o que quiserem, tão claros, distintos e belos de ver como se estivessem acontecendo diante dos seus olhos" e ele explica: "Pois a imagem é admitida no olho através da pupila, como é aqui pela janela" (as metáforas de Bill Gates têm uma longa tradição), e, ao descrever essas ilusões ópticas, ele dá rédeas à imaginação na construção de cenários vivos e *mises-en-scène*:

> A saber, em frente à sala em que desejam ver isto, deve haver um grande espaço plano sobre o qual o sol possa incidir, onde possa ser colocada toda sorte de árvores, florestas, rios ou montanhas, assim como animais, e estes podem ser reais e artificiais, de madeira ou outro material [...] Pode haver cervos, javalis, rinocerontes, elefantes, leões e seja o que for que queiramos ver; eles podem

---

* Giovanni Battista Della Porta, *Magia naturalis*, cit. (N. da O.)

esgueirar-se lentamente dos cantos para o espaço e, então, o caçador pode surgir e encenar uma caçada [...][8]

Então, no capítulo VIII, mesmo o autor tem de segurar a respiração – "na verdade, a pena caiu-me da mão" – diante das coisas monstruosas que ele desejava divulgar a nós: "Como se pode fazer uma imagem surgir no ar sem serem vistos os espelhos nem a forma da própria coisa".

Por meio de um complicado arranjo de espelhos, Della Porta antecipa o efeito hoje organizado pelas imagens holográficas. Então, nos tratados sobre as lentes, somos confrontados com sua estranha concepção de televisão:

> A partir de uma perspectiva (este termo está destinado a sobreviver mesmo depois da primeira fase laboratorial da história técnica da televisão – SZ), para que possamos ver mais longe do que imaginamos, ele formula e explica a idéia central desta "coisa útil", desta "Gesicht-Kunst", que, dessa maneira, "pessoas instruídas podem reconhecer coisas a uma distância de muitas milhas e mesmo pessoas estúpidas podem ler as menores letras do alfabeto a distância".[*]

Apenas algumas décadas depois, na virada do século XVI, a física do visível é estabelecida com os estudos astronômicos de Christoph Scheiner (*rosa ursina sive sol*), Galileu Galilei (*sidereus nuncius...*) e a pesquisa óptica de Johannes Kepler, a geometria da imagem retinal, encorajando a instrumentalização desses artefatos a serviço da representação, ainda que representação realçada, por meio do telescópio, do microscópio e do telescópio invertido como projetor. Na fantástica arquitetura da ciência de

---

[8] Nem uma palavra é dita a respeito da candente questão do "primeiro". O texto de Della Porta, sem dúvida, explora escritos anteriores. Por exemplo, descrições similares à sua podem ser encontradas nos trabalhos de Villeneuve, escritos no século XIII, e cujas "mostras" vão um pouco além, prefigurando os *talkies*: "durante a peça, ele arranjou para que um grupo de pessoas fora da sala fizesse os ruídos adequados, como o alarido e o choque de espadas, ou gritos e o clangor... de trombetas" – John H. Hammond, *The Camera Obscura, a Chronicle* (Bristol: Adam Hilger, 1981), pp. 9-10.

[*] Giovanni Battista Della Porta, *Magia naturalis*, cit. (N. da O.)

Francis Bacon, que ele, por volta de 1624, localizou na Nova Atlântida, as "casas de óptica" sérias já estão rigidamente separadas das um tanto dúbias "casas de ilusões sensórias, onde executamos todos os tipos de mágica, truques de ilusionismo, *hocus pocus* e ilusão, assim como suas falsas conclusões".[9] Física e magia, observador e intérprete não vivem mais sob o mesmo teto. No *Discours de la méthode*, de Descartes e – particularmente no que diz respeito à óptica – no texto *La Dioptrique* (Leyden, 1637), a instrumentalização racional dos tempos modernos encontra sua formulação exata.

Não obstante, a energia mágica dos projetos e imaginações de Della Porta continuam, em paralelo, a exercer sua influência por boa parte do século XVII. Os exemplos mais impressionantes são encontrados nas volumosas obras do aluno e colaborador de Kircher, Caspar Schott (*Magia Optica*, 1671) e nos estudos sobre a visão tecnicamente mediada do próprio Athanasius, que assombra tão misteriosamente as páginas do *Pêndulo de Foucault*, de Umberto Eco. Ambas as edições de *Ars magna lucis et umbrae,* de 1646 (Roma) e 1671 (Amsterdã), estão pesadamente imbuídas de ambas as visões: por um lado, a geometrização da visão como meio de produzir construções reversíveis de imagens e, por outro lado, expandindo os limites para criar visões daquilo que geralmente não é visível, por exemplo, arranjos quase que de *peep-show* em que um *voyeur* pode observar como o semblante de outra pessoa é transmutado para a cabeça de um asno, de um leão ou para o sol com o auxílio de um "Tambor de Metáfora" ("Metapherntrommel", Gustav R. Hocke) – já encontramos essa técnica de ilusão no "Salão de espelhos" de Della Porta; jogos de luz e sombra com prismas fixos e móveis, aparelhos de projeção como a lanterna mágica e, novamente, mais arranjos de espelhos para a visualização do outro, ainda não ou, antes, ainda não visto assim.

Particularmente nas apresentações iconográficas de Kircher, que ele projetou, mas não construiu efetivamente na maioria dos casos, as visões de mundo da magia e da moderna ciência natural correm desen-

---

[9] Francis Bacon, "Three Early Modern Utopia", em *The New Atlantis* (Chicago: University of Chicago Press, 1982).

freadas, lado a lado e entrelaçadas; a sobreposição de ficções e facticidade imaginada também é característica de seus estudos de combinação (particularmente de *Ars magna sciendi*, 1669) e de seus trabalhos teóricos e fantásticos sobre música (*Musurgia universalis*, 2 volumes, 1650). Da mesma maneira que Kircher, por brincadeira, trabalha com vários sistemas de caracteres, especialmente os alfabetos hebraico, grego e romano, os conceitos e sinais das construções matemáticas e geométricas convergem no trabalho de Kircher com os símbolos dos alquimistas e astrólogos; ele liga confortavelmente mitologia e ciência, teologia jesuíta e filosofia, para formar uma rede semântica múltipla, cuja complexidade hoje podemos compreender apenas com grande dificuldade. No caso, códigos secretos (uma linguagem especializada, quase de hacker) alternam-se com o que parece (ou talvez apenas "pareça parecer") decodificável, o altamente provável com a inequívoca improbabilidade, arquitetura sólida com edifícios frágeis do imaginário e da vontade de mudar.

IV

Ontem à noite, fomos convidados para o fantástico e hermético mundo de filme criado por Ladislaw Galeta. Símbolo primordial do céu, do cosmo, da viagem que sempre termina no seu ponto de partida: o círculo. Estamos familiarizados com o projeto do fasmatrópio de Henry Heyl, do zoopraxiscópio de Muybridge, do taquiloscópio de Anschutzen e de seu posterior desenvolvimento no *Schnellseher eletrônico*, do fonoscópio de Demeny ou das placas de revólver fotográficas de Marey: na tradição da Lebensrad das décadas de 1830 e 1840, antes que o filme se tornasse metragem, ele era pintado ou montado em discos chatos. Narrativamente, representava um circuito fechado curto, repetível em rápida sucessão, de maneira igual ou similar, *ad infinitum*.

Na edição de Amsterdã de 1671 de *Ars magna lucis et umbrae*, Athanasius Kircher inclui uma ilustração de um estranho mecanismo para recontar histórias em forma circular, o Smicroscopio. O contêiner continha a história da paixão de Cristo em oito quadros ou cenas dramáticas (Kircher usa a palavra simulacro – ela não foi realmente cunhada por ele, mas pertencia à terminologia dos pensadores pré-socráticos e suas teorias da visão). O utensílio em si, hardware e software em um, é composto por uma construção semelhante a uma caixa, redonda, chata, as tampas ligadas com um pino para que a roda de imagens no meio pudesse ser girada. Uma das tampas tinha um óculo e a outra um buraco redondo com o mesmo diâmetro que o visor do cilindro óptico. A velocidade e o ritmo da narrativa ficavam ao arbítrio do usuário. Teria sido fácil trocar a roda de software. Esse artefato era portátil e não exigia um tipo específico de energia para ser operado.

Kaspar Schott, colaborador de longa data de Kircher, publicou seu próprio tratado, *Magia optica: das ist geheime doch naturmässige Gesicht- und Augen-Lehr* (isto é, a ciência secreta e, contudo, natural do rosto e dos olhos) no mesmo ano (1671) que a segunda edição da *Great Art of Light and Shadow*. Nela, Schott não se limita a exibir seu conhecimento como brilhante assistente de seu colega jesuíta mais famoso, mas ultrapassa-o de longe no cuidado e na atenção meticulosa pelo detalhe com que descreve os vários sistemas materiais para a visão que é transformada pelo artificial. No Livro Seis, "Von der Spiegelkunst" (Sobre a arte dos espelhos), Schott desmantela a *Allegorie-Maschine* de Kircher e, usando seus componentes, faz experiências com algumas variantes para produzir e projetar imagens. A arte dos espelhos estava no seu auge no século XVII. Antes de se tornar linear, a idéia original da forma material do filme como um tambor ou um disco foi teimosamente persistente, embora se passassem muitas décadas até que ressurgisse na forma do videodisc e do compact disc. No livro de Henry V. Hopwood, *Living Pictures*, publicado em 1899, que lista e explica centenas de tipos diferentes de câmeras e projetores para imagens em movimento, por exemplo, são registradas patentes americanas que se complementavam tecnicamente. Uma descrevia uma câmera que podia capturar mais de duzentas imagens individuais em círculos concêntricos sobre uma placa de gelatina com cerca de oito polegadas de diâmetro. Essa máquina, como o cinematógrafo dos Lumière, tinha duplo fim e também podia ser usada como projetor. Similar, porém, mecanicamente mais refinada, a câmera espiral de Nelson tinha um corpo portátil contendo a placa sobre a qual ocorria a gravação. Além disso, no insondável arquivo do Deutsches Museum em Munique, há um artefato que, em 1898, não rendeu muito dinheiro ao fabricante londrino cujo nome ostenta: Kammatograph. O diâmetro das finíssimas placas de gelatina onde eram montadas as imagens é cerca de duas vezes maior que o de um moderno long-play. Não é de surpreender que, com o arranjo circular concêntrico das imagens miniaturizadas, esse artefato lembre os primeiros discos da televisão elétrica mecânica. A televisão e a cinevisão tiveram desenvolvimentos tecno-historicamente quase que paralelos.

V

Na economia do universo de Georges Bataille, o Sol é o mais extravagante planeta de todos. Ele irradia energia incessantemente, sem receber nada em troca dos beneficiários de sua dádiva. Ele está despendendo toda a sua energia. Por mais de 1,5 mil anos, foram feitos modelos e experimentos usando o sol como fonte de luz para a projeção, até que, primeiramente, cientistas árabes (por volta de 1000 d.C.) e, muito depois, europeus, como o polímata e alquimista Rogério Bacon, desenvolveram idéias para um aparelho concreto na forma de uma câmera obscura que também podia operar com fontes de luz geradas pelos humanos.

Contudo, o verdadeiro interesse não era pela luz pura do sol. O desejo dos cientistas concentrava-se nos elementos impuros e sombrios desse planeta pródigo, pelos quais a luz em projeção produz formas e estruturas. Christoph Scheiner, obscurecido por Kepler e, acima de todos, por Galileu, foi um dos co-fundadores de uma física do visível. Para observar as manchas solares,[10] ele desenvolveu um telescópio heliotrópico, um dispositivo simples para proteger os olhos durante a observação do sol e também para

---

[10] Em sua importante obra de 1626-1630, Scheiner chama o sol *rosa ursina*, muitas vezes mencionada na mitologia com a conotação de atributos femininos, como a verdadeira flor da deusa Vênus, símbolo do amor, da beleza e do erótico. O título do livro de Scheiner, no qual publicou uma descrição de sua lente telescópica pela primeira vez, está em latim e ocupa cinco linhas (*Refractiones celestes...*). Foi publicado em 1617, em Ingolstadt.

obter imagens verticais e invertidas das manchas solares. Essa máquina de projeção tinha até 22 metros de comprimento e, com sua ajuda, Scheiner foi capaz de projetar a estrutura superficial do planeta em que estava interessado em um pedaço de papel branco, no qual podia fixá-la (icono)graficamente. Uma particularidade notável em contraste com os conceitos anteriores da câmera obscura ou *camera clausa*, nas quais a posição do observador era do lado de fora: equipada com lentes, a câmera de Scheiner era uma sala de visualização que continha o observador.

Maculas etiam caelo deducit ab alto – "Conseguem até trazer do céu as manchas solares": nesse tom enfático, os instrumentos que possibilitam que irregularidades naturais se tornem imagens temporais são celebrados no famoso livro de Johannes Zahn, de 1685, sobre o olho artificial.

Uma peça acessória: nas imagens estilizadas e arquitetadas da lanterna mágica, as manchas que eram tornadas visíveis e analisadas por meios científicos assumem a forma da encarnação do mal, do estranho e do misterioso. Os primeiros temas a serem pintados em discos transparentes para projeção usando luz de vela para obter imagens grandes e fantasmagóricas em paredes eram realmente demoníacos, como Lúcifer e a descrição alegórica das chamas do purgatório (como na primeira ilustração que Kircher fez de uma lanterna mágica). Imagens de horror percorrem os quinhentos anos da história da mídia até hoje. Uma das primeiras, por volta de 1420, tinha uma característica particularmente notável: o elemento diabólico era, muito definidamente, imaginado como feminino. O projecionista, que segura a lanterna com uma vela na mão, usava roupas orientais (possivelmente uma referência aos inventores originais da lanterna mágica). O desenho da lanterna não era exato; o aparelho é representado em torno da área de imagem e tinha de ser preto para que a diaba pudesse fazer sua sombria aparição na parede.

VI

Apenas a partir do famoso ensaio de Paul Virilio, "War and Film", é que se tornou costumeiramente pós-moderno interpretar a tecnologia midiática avançada no contexto de um ponto de fuga militar original; a guerra como ponto de Arquimedes para o qual e a partir do qual é estruturado o mundo da ilusão. Referências surradas da história da tecnologia, por exemplo, o tambor giratório, o rifle de repetição e, particularmente, o revólver fotográfico de Janssen e a arma fotográfica de Marey, que ele usou para obter imagens sucessivas de pássaros em fuga – entre outras coisas.

O cinema, porém – uma vez que suas origens podem ser definidas –, não é um meio que destrói espaço e volume, como se pode concluir se o transferirmos para o complexo militar. Para mim, o cinema significa, antes de mais nada, tempo estruturado e formado. Para a história específica do aparelho mecânico e elétrico faz sentido começar a busca por artefatos primordiais a partir dessa perspectiva. O relógio de engrenagem, que se desenvolveu nessa forma na metade do século XIV, é um sistema técnico cuja funcionalidade compreende os elementos decisivos para o processo de filmar imagens com uma câmera: a combinação de progresso regular (continuidade) e graduação (descontinuidade).

O coração mecânico do relógio de engrenagem é a roda dentada. Suas primeiras aplicações conhecidas estão documentadas na cultura do antigo Egito: Sakie era a máquina movida por camelos para tirar água dos poços e seu componente central era uma gigantesca roda de madeira com ranhuras profundas. Maquinaria para a sobrevivência, não para a morte. Mais tarde, as rodas dentadas das primeiras rodas de madeira e, depois, de metal, que se engrenavam com exatidão, foram a primeira garantia do funcionamento precisamente regulado de muitas máquinas. Isso inclui, naturalmente, os cinematógrafos e cinetoscópios construídos nos primeiros anos por engenheiros do ramo de relojoaria da indústria de engenharia leve. *Parar & Ir*, a perpétua alternância de movimento e imobilidade, foi o código binário da cultura industrial do século XIX. No cinema, finalmente conseguiu status na imagem em movimento. Ainda assim, sua história é tão antiga quanto a do homem sobrepujando a natureza.

VII

O desviante, o impuro e a imagem de uma era. O projeto do filme para o cinema recebeu um enorme impulso de energia inovadora da pesquisa psicológica e psicofisiológica. O século da Revolução Industrial gostava loucamente de sondar o funcionamento dos corpos, de estudar o movimento de seus músculos e membros (aos quais, muitas vezes, atribuía a imagem de partes de um mecanismo). Médicos, biólogos, fisiólogos, estudantes e enciclopedistas maníacos das mais diversas origens no início agarraram-se ao que estava mais perto porque era o mais óbvio. Eles estudaram o comportamento desviante. Por exemplo, ao longo das últimas três décadas do século XIX, o médico e criminologista italiano Cesare Lombroso desenvolveu um extenso sistema artificial com o qual tentou explicar fenômenos mentais, culturais e sociais de heterogeneidade por meio de sua suposta "inscrição" no corpo. Ele analisou a caligrafia e a estrutura craniana, preservou fetos abortados, fabricou correlações entre a perturbação social e os ciclos menstruais das mulheres militantes, analisou desenhos e canções de prisioneiros e de condenados à morte. Cada comportamento desviante e sua expressão tinham de ser registrados. O outro, que parecia estar ameaçando o centro da vida burguesa, se não pudesse ser realmente compreendido, tinha, no mínimo, que ser fixado em estatísticas e textos.

A fotografia do período de Kohlrausch é paradigmática: a caminhada do neurótico é capturada duas vezes, uma como avanço espacial e a outra como avanço temporal. Em correspondência com os movimentos sucessivos, o cronômetro está posicionado acima da cabeça do homem. Nesse aspecto, a montagem de Etienne Jules Marey era ainda mais precisa e eficaz. Pois seus estudos dos movimentos de humanos e animais, as fotos que tirou incluíam uma fita métrica estendida no fundo, mais um relógio em funcionamento mostrando a posição correspondente do segundo ponteiro. Os fotógrafos de tempo e movimento fisiologicamente orientados não estavam primariamente interessados – como Muybridge – no corpo como uma sensação superficial. Sua relação com seus objetos diante das câmeras era, acima de tudo, analítica. Foi por essa razão que tiveram, literalmente, de pular nas costas dos seus sujeitos. Georges Demeny – o assistente e, mais tarde, rival de Marey – fez algumas experiências nas quais tentava capturar os movimentos da boca articulando palavras. O objetivo era produzir uma base para ensinar surdos a falar. Para esse fim, as imagens tinham de ser grandes. Muito depois, uma montagem de tomadas curtas de um tipo similar, com semi-close-ups e tomadas longas, tornou-se uma experiência de choque e horror para freqüentadores de cinema.

O foco do olho artificial na funcionalidade do corpo já contém, na essência, os primórdios da imagem computada, sintética que, no fim do século XX, cada vez mais se integra aos filmes. As estruturas lineares que resultam do escaneamento de objetos reais por scanners tridimensionais e que constitui a base para a geração de figuras em movimento pelo computador não diferem, em princípio, dos estudos de movimento feitos por Marey com suas pessoas de teste vestindo ternos pretos com pintas brancas até as extremidades. Há também uma correspondência notável quanto aos temas: até agora, a animação computadorizada de seres vivos em filme é, na maioria das vezes, restrita a monstros, ao obtuso, a humanos que não são semelhantes. Mas isso – assim como há cem anos – é apenas uma questão de tempo; hoje, uma questão de tempo que precisa de computação.

VIII

Provavelmente, devo a você, leitor uma explicação quanto às minhas intenções ao construir estas extravagantes justaposições de fenômenos heterogêneos da história da mídia e, particularmente, no que diz respeito à presença da mídia digital no início do século XXI: não procedo com base no pressuposto de uma práxis coerente na produção e recepção artística com e através das mídias digitais e, igualmente, tento não homogeneizar ou universalizar o desenvolvimento histórico da mídia. Pensando a partir de linhas traçadas por outros, Georges Bataille, por exemplo, tento pensar e escrever a respeito da riqueza prévia, técnica, estética e teórica, do desenvolvimento de artefatos de articulação de mídia heterologicamente. Nesse conceito, a reconstrução e a concepção de possíveis desenvolvimentos futuros estão lado a lado. Contra a tendência enormemente crescente rumo à universalização e padronização da expressão estética, particularmente nas redes telemáticas em expansão, as únicas estratégias e táticas que podem ajudar são as que fortalecerão formas locais de expressão e diferenciação da ação artística, que criarão campos de energia vigorosamente heterogêneos com intenções, operações e acesso individuais e específicos que ultrapassam os limites daquilo que denominamos mediatização.

Expressando mais pragmaticamente – estou pedindo um projeto de práxis diversa com maquinaria das mídias avançadas. Estou contando com uma coexistência criativa lado a lado: não no sentido da arbitrariedade grandiosa, mas, antes, como uma divisão de trabalho que é muito necessária porque nós – como cinéfilos, como videófilos, como computófilos – temos desejos e expectativas diferentes do obscuro objeto de nosso desejo.

Imagens sintéticas que têm seus referentes na realidade deixam-me entediado, sejam elas biologias miméticas, estúdios virtuais, atores, sejam elas efeitos. Espero que os artistas do computador mais criativos transformem céu e terra em mundos que ainda não conheço, que expandirão e enriquecerão o horizonte de minha fantasia. Por exemplo, a expressão de Catherine Deneuve em *Belle de Jour*, de Buñuel, quando ela olha na caixa do chinês: não consigo imaginar isso como simulação. Se quiser lazer audiovisual ou ler construções de som-imagem-texto, colocarei um disco no drive do CD-ROM quando ele ultrapassar a complexidade que um livro e um videoteipe me oferecem. Para comunicação rápida ou ampliação de meu conhecimento do mundo (inclusive do mundo da mídia), estou muito feliz em usar a internet ou a WWW (se tenho tempo). Mas se quero uma história sobre amor, vida ou morte, que vá além de meus poderes de imaginação e me coloque em contato com o outro, então, não me volto para a comunidade delirante de usuários da rede que se consideram, todos eles, artistas, mas, antes, passo meu tempo com um contador de história excepcional, busco efetivamente um confronto longo com um único quadro ou com uma composição musical que enriqueça minha experiência de tempo. E noto que preciso disso mais ainda quando os atratores de conhecimento, planejamento e organização aceleram em ritmo frenético.

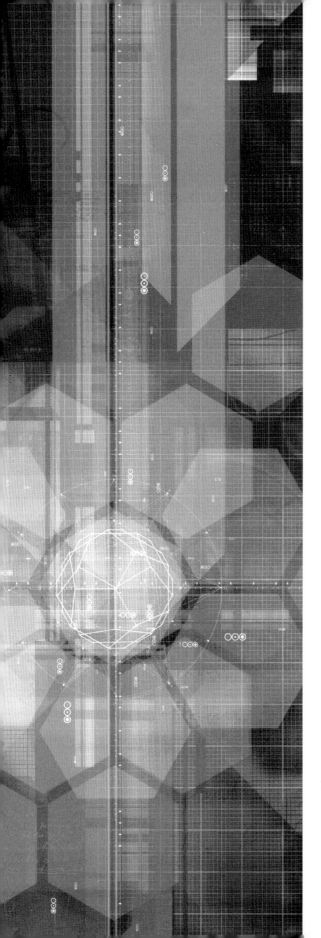

A história dos meios de comunicação*

FRIEDRICH KITTLER

---

* Publicado originalmente em Arthur Kroker & Marilouise Kroker (orgs.), *C-theory*, disponível em http://www.ctheory.net/text_file?pick=45. Tradução de Luís Carlos Borges.

Introdução[*]

Este texto é uma tentativa de discutir a história das tecnologias de comunicação – tanto quanto isso é humanamente possível – em termos gerais. O objetivo é esboçar uma história científica dos meios de comunicação – um delineamento pela simples razão de que as ciências dos meios de comunicação constituem um novo campo de pesquisa que não existiria se não fosse o avanço triunfal das modernas tecnologias de informação. É por isso que tal história depara-se com problemas metodológicos e práticos.

Um dos problemas práticos é que as tecnologias de comunicação estão documentadas em âmbito bem menor ou se encontram menos acessíveis do que seu conteúdo, vide como os serviços secretos permaneceram, apesar de seu papel freqüentemente decisivo nas guerras (para citar o último chefe do serviço secreto da Wehrmacht), "a Cinderela da pesquisa histórica militar".[1]

---

[*] Gostaria de agradecer imensamente a Winfried Nöth por sua ajuda inestimável na revisão desta tradução. Também contribuíram Geert Lovink, Roger Tavares e o próprio autor, Friedrich Kittler. (N. da O.)

[1] Albert Praun, "Vernachlaessigte Faktoren in der Kriegsgeschichtsschreibung. Das Nachrichtenverbindungswesen im 2. Weltkrieg ein Stiefkind der militaerischen Forschung", *Wehrwissenschaftliche Rundschou*, H. 3, 1970, p. 137.

Há, então, o problema metodológico levantado pelo enigma de determinar se o termo "comunicação", agora evidente em si, pode ser usado adequadamente em relação a tempos e lugares manifestamente caracterizados por outra terminologia (extraída da mitologia ou da religião). De qualquer modo, sua entronização na filosofia fundamentou-se no *Ensaio sobre o entendimento humano*, de John Locke,[*] com base na suposição pouco generalizável de que comunicação significa a transposição de idéias percebidas para o discurso e a ligação de indivíduos isolados por meio dos "vínculos da linguagem".[2] O único problema é que a filosofia não pergunta como as pessoas, sem a linguagem, chegaram a suas idéias e concepções. A libertação diante dessa confusão insondável veio apenas com um conceito técnico de informação que, desde "Teoria matemática da comunicação", de Shannon,[**] evita qualquer referência a idéias ou significados e, portanto, a pessoas.

É verdade que os sistemas de informação, no sentido mais estrito da palavra, são otimizados em termos de armazenagem, processamento e transmissão de mensagens. Os sistemas de comunicação, por outro lado, além de mensagens, também controlam o trânsito de pessoas e produtos,[3] e compreendem todos os tipos de meios de comunicação, dos sinais de trânsito à linguagem.[4] No entanto, existe uma boa razão para analisar os sistemas de comunicação da mesma maneira que os sistemas de infor-

---

[*] John Locke (1632-1704), autor de *Essay Concerning Human Understanding*, de 1690, é considerado o pai do empirismo britânico. Essa obra pode ser encontrada em língua portuguesa, em dois volumes, na tradução da editora Calouste Gulbenkian, Lisboa. (N. da O.)

[2] John Durhom Peters, "John Locke the Individual and the Origin of Communication", em *Quarterly Journal of Speech*, 75, agosto de 1989, pp. 387-399.

[**] Claude Elwood Shannon (1916-2001), matemático americano, foi precursor da revolução digital e é considerado o pai da criptografia moderna. A "teoria da informação" proposta por Shannon ignora deliberadamente os aspectos semânticos da informação. Seu modelo se concentra no problema da transmissão de informação de forma eficiente por meio de um canal de comunicação com ruído. O modelo de Shannon propõe que qualquer comunicação pode ser feita em forma digital – representada por um código binário (seqüência de "1s" e "0s"). Ver C. Shannon, "A Mathematical Theory of Communication", em *Bell System Technical Journal*, vol. 27, 1948, pp. 398-403. (N. da O.)

[3] Korl Knies, *Der Telegraph as Verkehrsmitel* (Tubingen: s/ed., 1857), p. 6.

[4] Marshall McLuhan, *Die magischen Kanaele, Understandig Media* (Düsseldorf/Viena: Econ-Verlag, 1968).

mação. A comunicação também depende de sinais de controle, tanto mais quanto mais complexo for seu funcionamento. Mesmo a tríade de "coisas comunicadas" – informação, pessoas, bens – pode ser reformulada em função da teoria da informação:

- primeiro, as mensagens são essencialmente comandos aos quais se espera que as pessoas reajam;[*]
- segundo, como ensina a teoria dos sistemas, as pessoas não são objetos, mas endereços que "tornam possíveis a avaliação de comunicações adicionais";[5]
- terceiro, como a etnologia ensinou, desde Mauss e Lévi-Strauss, bens representam dados no sistema de trocas realizadas entre pessoas.

Contudo, se os dados possibilitam a operação de armazenagem, direcionam a transmissão e comandam o processamento, então, todo sistema de comunicação, como aliança dessas três operações, é um sistema de informação. O grau em que tal sistema se torna uma tecnologia de comunicação independente condiciona-se apenas ao fato de as três operações serem ou não implementadas na realidade física. Em outras palavras, a história dessas tecnologias chega ao fim quando máquinas não apenas operam a transmissão de endereçamento e armazenamento de dados mas são capazes também de controlar, por meio de algoritmos matemáticos, o processamento de comandos. Nesse sentido, não é coincidência que tenha sido apenas no começo da era do computador, isto é, depois que todas as operações de sistemas de comunicação tinham sido mecanizadas, que Shannon conseguiu descrever um modelo de informação formal. Esse modelo compreende, como sabemos, cinco estágios conectados:[6]

---

[*] Essa definição, no alemão, baseia-se na etimologia da palavra *Nachrichten*. (N. da O.)

[5] Niklas Luhmann, "Wie ist Bewusstsein an Kommunikation beteiligt?", em Hans Ulrich Gumbrecht & K. Ludwig Pfeiher (orgs.), *Materialitaet der Kommunikation* (Frankfurt/Main: Suhrkamp,1988), p. 901.

[6] Friedrich-Wilhelm Hagemeyer, *Die Entstehung van Informationskonzepten in der Nachrichtentechnik. Eine Fallstudie zur Theoriebildung in der Technik in Industrie- und Kriegsforschung*, dissertação disponível em http://www.radiobremen.de/rbtext.

- primeiro, há uma fonte de informação que seleciona uma mensagem por unidade de tempo a partir de quantidades numeráveis-descontínuas ou inumeráveis-contínuas de mensagens possíveis;
- segundo, essa fonte fornece um ou mais transmissores que processam a mensagem através de codificação adequada e a transforma em um sinal técnico (algo que é inteiramente impossível no caso descontínuo sem a armazenagem de dados intermediária);
- terceiro, esses transmissores alimentam um canal que salvaguarda a transmissão do sinal no espaço e/ou no tempo contra ruídos físicos e/ou interferências hostis;
- quarto, esses canais conduzem a um ou mais receptores, que reconstituem a mensagem a partir do sinal submetendo-a a um algoritmo decodificador inverso ao do transmissor; de modo que, finalmente,
- quinto, a mensagem retransmitida chega até o destinatário.[7]

No entanto, esse modelo elegante não pode ser simplesmente aplicado à história factual da tecnologia da comunicação, porque não expressa nenhuma afirmação de historicidade. Em vez de simplesmente aceitar as cinco caixas pretas de Shannon, como tem sido costumeiro na lingüística e também nas humanidades, parece mais importante e recompensador rastrear na história como deve ter ocorrido sua evolução. Considerando a premissa de Luhmann, de que as tecnologias de comunicação oferecem uma "excelente demarcação das épocas, magnetizando todo o resto",[8] é razoável concluir que a transição histórica da oralidade para a palavra escrita foi equivalente a uma ruptura entre interação e comunicação e que a transição da escrita para as mídias técnicas é uma separação entre comunicação e informação. O que temos aqui, portanto, é um processo de evolução que se assenta apenas na teoria e na prática de um

---

[7] Claude Elwood Shannon, "Communication in the Presence of Noise", em *Proceeding of the Institute of Radio Engineers*, 37, Nova York, 1949, p. 10.

[8] Niklas Luhmann, "Das Problem der Epochenbildung und die Evolutionstheorie", em Hans Ulrich Gumbrecht & Ursula Link-Heer (orgs.), *Epochenschwellen und Epochenstrukturen im Diskurs der Literatur- und Sprachhistorie* (Frankfurt/Main: Suhrkamp, 1985), p. 21.

conceito de informação que corresponde ao exato oposto do conceito energético de entropia.[9]

Esse processo evolutivo nos oferece a possibilidade de dividir a história dos meios de comunicação em dois blocos. O primeiro bloco lida com a história da escrita e divide-se em uma seção sobre escritas manuscritas e uma sobre a impressão. O segundo bloco, sobre as mídias técnicas, irá nos levar da invenção básica do telégrafo via mídia analógica, para, finalmente, o meio digital do computador.

A escrita

MANUSCRITOS

A história das culturas letradas, que costuma também dividir história e pré-história,[10] * é determinada por duas séries de variáveis. A primeira série coloca-se em relação com o que a filosofia, desde os estóicos, tem reconhecido ou deixado de reconhecer como referência. Uma vez que o conteúdo de um "meio" é sempre outro meio[11] e que no caso da escrita (mesmo para Aristóteles) é a linguagem oral, os manuscritos podem ser classificados com base no fato de processarem as linguagens cotidianas em pictogramas ou em sinais silábicos ou fonêmicos.[12] Contudo, à medida que a linguagem escrita, provavelmente pela primeira vez, também conjuga armazenagem e transmissão, inscrição e envio, então, variáveis físicas relacionadas com instrumentos e superfícies de escrita determinam a estrutura espacial e temporal da comunicação. Essas variáveis ditam o tempo necessário para transmitir e receber a permanência ou a

---

[9] D. A. Bell, *Information Theory and its Engineering Applications* (3ª ed. Londres: Pitman & Sons, 1955), p. 35.

[10] Friedrich Schiller, "Was heisst und zu welchem Ende studiert man Universalgeschichte? Eine akademische Antritsrede (jan. 1789)", em Eduard von der Helen (org.), *Sämtliche werke*, vol. 5 (Munique: Carl Hanser, 1980).

* Considera-se pré-história o período que existiu antes do advento da escrita. (N. da O.)

[11] Marshall McLuhan, *Die magischen Kanaele, Understandig Media*, cit.

[12] Jacques Derrida, *Of Grammatology* (Baltimore: Johns Hopkins University Press, 1976).

impermanência do que é escrito e, não menos importante, se a informação pode ser transportada ou não.

A primeira série de variáveis controla os desenvolvimentos entre a fala e a escrita, os graus de desempenho da memória, os graus de possibilidade de análise gramatical, as possibilidades de conjugar a fala com outras mídias. Como campo independente da pesquisa antropológica das mídias, ela pode, para nossos propósitos, ser deixada de lado.

A segunda série de variáveis recebeu consideravelmente menos atenção, possivelmente porque é de natureza material. E, não obstante, são coisas simples como os instrumentos de escrita e as superfícies de escrita que determinam o ganho de poder que resulta da introdução dos manuscritos. Se sacerdotes estiveram interessados na armazenagem de endereços, isto é, de deuses ou dos mortos, por uma extensão máxima de tempo, se mercadores estiveram interessados na armazenagem de bens por uma extensão máxima de tempo e no transporte de bens a longa distância e se, finalmente, guerreiros estiveram interessados na transmissão de comandos a longa distância no menor tempo possível, então, os manuscritos mais antigos, produzidos por volta de 3000 a.C., na Suméria e no Egito, tiveram funções econômicas e religiosas. Nos círculos guerreiros, porém, aquilo que os historiadores militares chamam de "idade da pedra do fluxo de comando" terminou apenas com Napoleão.[13] Além de comandos orais, havia apenas o uso semiótico do fogo para sinalizar propósitos e mensageiros rápidos, mas igualmente orais, dos quais Genghis Khan parece deter o recorde.[14]

As primeiras manifestações manuscritas são, naturalmente, inscrições sem uma superfície de escrita no sentido convencional. Rolos bidimensionais de timbres ou selos feitos em argila permitiam que bens fossem endereçados indicando seu proprietário ou conteúdo. Inscrições

---

[13] Martin L. van Creved, *Command in War* (Cambridge/Londres: Harvard University Press, 1985).

[14] Fritz Voigt, "Die Theorie der Verkehrswirtschaft", *Verkehr*, vol. 1 (Berlim: Duncker & Humblot, 1973), e também "Die entwicklung des Verkehrssystems, *Verkehr*, vol. 2 (Berlim: Duncker & Humblot, 1965).

em pedra nomeavam os ocupantes falecidos das tumbas.[15] Como sinais na ausência do emissor da informação, em outras palavras, por meio da separação entre comunicação e interação, as inscrições abriam, segundo Jan Assmann, a possibilidade, em princípio, da literatura.[16]

Por contraste, a administração dos grandes sistemas de irrigação fluviais em que floresceram cidades e culturas elevadas pressupunha a transição de placas escritas para superfícies de escrita habilidosamente feitas, otimizadas e transportáveis: bambu e amoreira na China, argila crua ou argila cozida para fins de armazenagem na Mesopotâmia, papiro no delta do Nilo. Portanto, os mesmos rios por onde fluíam o trânsito de mão-de-obra escrava e bens (com base em um calendário ou matemática goniométrica) carregavam simultaneamente os comandos de distribuição de água e colheita dos produtos.[17] As mesmas cidades que traduziram o esquema antropológico de cabeça, mão e tronco no esquema arquitetônico de palácios, ruas e armazéns[18] precisavam de manuscritos para processar a transmissão e armazenagem de seus dados. Esse estabelecimento de uma área unificada é refletido nos próprios textos como uma espacialização do discurso oral: desde os seus primórdios, a escrita produziu listas sem contexto e sem nenhum traço em comum com os sistemas de comunicação oral ou escrita, mas, justamente por essa razão, não possuem nenhum equivalente nas situações cotidianas.[19]

---

[15] Wolfgang Schenkel, "Wozu die Agypter eine Schrift brauchten", em Aleida Assmann *et al.* (orgs.), *Schrift und Gedächtnis. Zur Archaologie der literarischen Kommunikation*, vol. 1 (Munique: Fink, 1983), pp. 53-59.

[16] Jan Assmann, "Schrift Tod und Identitaet. Das Grab als Vorschule der Literatur im alten Agypten", em Aleida Assmann & Christof Jan/Hardmeier (orgs.), *Schrift und Gedächtnis. Beitraege zur Archaeologie der literarischen Kommunikation 1*, Munique, 1983, pp. 80-88.

[17] Karl Wittfogel, *Die Orientalische Despotie. Eine vergleichende Untersuchung totaler Macht* (Koln/ Berlim: Ullstein TB-VLG, 1986). [Historiador e cientista social, essa obra de Karl Wittfogel foi traduzida para o inglês com o título *Oriental Despotism: a Comparative Study of Total Power* (New Haven: Yale University Press, 1957. (N. da O.)]

[18] André Leroi-Gourhan, *Hand und Wort. Die Evolution von Technik, Sprache und Kunst* (Frankfurt/ Main: Suhrkamp, 1980), p. 228. [Essa obra foi traduzida para a língua portuguesa em três volumes: *Evolução e técnicas: I – o homem e a matéria* (Lisboa: Edições 70, 1984); *O gesto e a palavra: I – técnica e linguagem* (Lisboa: Edições 70, 1984); *O gesto e a palavra: II – memória e ritmos* (Lisboa: Edições 70, 1987). A citação de Kittler está em *O gesto e a palavra*, p. 130. (N. da O.)]

[19] Jack Goody, *The Domestication of the Savage Mind* (Cambridge: Cambridge University Press, 1977), p. 86.

Por contraste, prolongamentos para além da área unificada – a fundação de impérios, em outras palavras – só se tornaram possíveis quando os Estados, no mundo antigo e no mundo moderno, assumiram o controle dos mensageiros guerreiros. Além disso, o cruzamento de duas variedades de cavalos, em 1200 a.C., tornou maior a mobilidade dos mensageiros e guerreiros.[20] Nos tempos clássicos, "Não havia", nas palavras imortais de Heródoto, "nada mais ligeiro sobre a terra" do que a aliança dos meios de comunicação que, sob Aquemênides, combinava a Via Real da Pérsia com um serviço de mensageiros montados para carregar "mensagens urgentes a galope, enfrentando todas as adversidades naturais, de cavaleiro para cavaleiro, de etapa para etapa".* *Angareion*, o nome persa desse correio militar, é a raiz da palavra grega para mensageiro e, conseqüentemente, todos os anjos cristãos.

A pólis grega tinha apenas um sistema de escrita para usar contra o império de comunicação persa, mas, em contraste com as burocracias orientais, estava inteiramente subordinada à oralidade. Primeiro, o alfabeto grego (a partir das necessidades indo-européias e por ter se desenvolvido no curso do intercâmbio de comércio e tradução de manuscritos consonantais semitas) transformava consoantes redundantes em vogais, executando, assim, a primeira análise total de uma língua falada – e, em princípio, de todas elas.[21] O fato de que os sinais vocálicos pela primeira vez codificavam elementos prosódico-musicais da fala permitia uma notação musical e, na escola pitagórica, pela simples razão de que as letras gregas também possuíam valores numéricos,[22] uma matematização da música, uma vez que esta continuava a ser uma questão de intervalos abstratos.

Segundo, o progresso triunfal do alfabeto vocálico parece ser menos o resultado de um grau superestimado de inovação do que da ausência de

---

[20] Harold Adams Innis, *Empire and Communications* (Toronto: University of Toronto Press, 1972).

* Heródoto, *Histórias – livro 8* (Lisboa: Edições 70, 2002). (N. da O.)

[21] Johannes Lohmann, "Die Geburt der Tragoedie aus dem Geiste der Musik", em *Archiv fur Musikwissenschaft*, nº 37, 1980, pp. 168-174.

[22] Franz Dornseiff, *Das Alphabet in Mystik und Magie*, vol. 1 (Leipzig/Berlim: Verlag und Druck von B. G. Teubner, 1925).

ambigüidade de sua distribuição de fonemas. Isso minimizava o esforço exigido para o domínio das letras e, portanto, transferia segredos do palácio e do tempo para o domínio público.[23] Foi possível para a literatura primeiramente incorporar a mnemônica oral (como canções e rapsódias) e, mais tarde, também a prosa.[24] Os tiranos atenienses fundaram a primeira biblioteca pública; o rato de biblioteca Eurípides tornou-se o "primeiro grande leitor" entre os escritores.[25]

Esses pergaminhos antigos ganharam seu nome bíblico de uma cidade exportadora de papiro da Fenícia, suplantada em 500 a.C. pelo delta do Nilo. Também o império romano, após a conquista do Egito, baseou sua rede de comando – e é isso que o império era – em uma combinação de mensageiros montados, caminhos militares e papiros facilmente transportáveis. O império, em outras palavras, combinava mecanismos de transmissão despóticos com um alfabeto democrático. O *cursus publicus* estabelecido por Augusto, com estações de pernoite a cada quarenta quilômetros e postos de parada a cada doze quilômetros, exclusivamente para oficiais e legiões (Sueton, *Augustus*, 49),* tornou-se, apesar disso ou, talvez, por causa disso, o ponto de cristalização das cidades européias. Em combinação com a telegrafia por faróis em fronteiras, um serviço postal estatal, mais rápido do que os navios mais rápidos e não superado até Napoleão, transmitia o poder imperial como tal: *Caesarum*

---

[23] Jean-Pierre Vernant, *Les origines de la pensée grecque* (Paris: PUF, 1962), pp. 1-3. [Essa obra foi traduzida para a língua portuguesa: *As origens do pensamento grego* (São Paulo: Difel, 1981). (N. da O.)]

[24] Eric A. Havelock, *The Literate Revolution in Greece and its Cultural Consequences* (Princeton: Princeton University Press, 1982), p. 32. [Essa obra foi traduzida para a língua portuguesa: *A Revolução da escrita na Grécia e suas conseqüências culturais* (São Paulo: Unesp, 1996). (N. da O.)]

[25] Friedrich Nietzsche, "Geschichte der griechischen Literatur (Conferência em Basel 1874-1876)", em *Gesammelte Werke*, vol. 5 (Munique: Deutscher Taschenbuch, 1922), pp. 65-284. [Ver Friedrich Wilhelm Nietzsche, *O nascimento da tragédia ou helenismo e pessimismo* (São Paulo: Companhia das Letras, 1992). (N. da O.)]

* Sueton, *Augustus* (Ditzing: Reclam, 1990), p. 49. [Suetônio (69-141) foi um historiador romano que se destacou por relatar aspectos da intimidade dos grandes líderes de Roma. Ver em língua portuguesa: Suetônio Tranqüilo, *Caio. A Vida dos Doze Césares* (Rio de Janeiro: Ediouro, s/d.). Ver em latim e em inglês em: Suetonius, "De Vita Caesarum Divus Augustus", disponível em http://penelope.uchicago.edu/Thayer/L/Roman/Texts/Suetonius/12Caesars/Augustus*.html. (N. da O.)]

est per orbem terrae litteras missitare,[26] como diz um autor romano tardio, "É ofício do imperador mandar comandos escritos pelo mundo". Em comparação com esse veículo de transmissão perfeito para o império e para a distribuição das notícias de César na cidade de Roma, a armazenagem de dados – mesmo havendo um *officium sacrae memoriae* imperial desde Adriano – continuou tecnicamente atrasada.

O papiro pode ser leve, mas é frágil e não permanente. Só podia ser conservado em rolos e lido com as duas mãos. Na opinião de Alan Turing, o primeiro teórico do computador, "devia levar algum tempo procurar referências em tais volumes".[27] Foi só com a chegada do códice* em pergaminho, usado primeiramente pela biblioteca de Persimmon, para contornar o monopólio de papiro egípcio, e pelos cristãos a partir de 140 d.C., que a indexação por local, folhas e, finalmente, lados, tornou-se possível. Os livros, que eram duráveis, podiam ser apagados (como no palimpsesto) e indexados por meio de páginas especiais (índices), valiam o peso e o custo extra. Eles separavam cada vez mais a rapidez da leitura do esforço e lentidão da oralidade. Quando o bispo Ambrósio de Milão (segundo o testemunho de seu discípulo mais conhecido) lia um códice, "seus olhos corriam pelas páginas extraindo a essência do significado enquanto ele permanecia em silêncio". No códice, os manuscritos transportáveis, indexados e interpretáveis dos antigos nômades – os judeus e os árabes – venciam a imobilidade das estátuas e templos dos deuses.

O declínio do *cursus publicus* e a incorporação do Egito pelo Islã, que também levou à destruição da grande biblioteca antiga, interromperam as importações de papiro pela Europa ocidental. O que restou foi o pergaminho, no qual os monges eram obrigados a copiar a versão cristã cen-

---

[26] Wolfgang Riepl, *Das Nachrichtenwesen des Altertums Mit besanderer Rucksicht ouf die Roemer* (Leipzig/Berlim: Teubner, 1913), p. 241

[27] Allan M. Turing, "Intelligence Sevice", em Bernhard Datzler & Friedrich Kittler (orgs.), *Ausgewahlte Schriften* (Berlim: Brinkmann, 1987), p. 187.

* *Códice* é o plural do termo em latim *codex* e designa a utilização de folhas de pergaminho (peles de animais tratadas) no formato de livro ao qual estamos acostumados, isto é, encadernados em blocos e escritos em ambos os lados das folhas. Esse sistema substituiu os antigos rolos de escrita e tornou os livros portáteis e fáceis de manusear. (N. da O.)

surada do que estava no papiro, ao passo que, no império bizantino, as deficiências dos comandos escritos de todos os imperadores passados coagularam-se na legislação do *Códex*. Por meio de tais condensações ou compressões de tempo a *translatio studii* pôde acontecer, mas a *translatio imperii* pressupunha novas ordens de distância e, portanto, superfícies de escrita mais acessíveis.

No século XIII, o papel, importado da China via Bagdá, chegou à Europa, onde foi aprimorado pelas cidades do comércio de linho e passou a ser fabricado com trapos, em moinhos de vento e água. Essa superfície de escrita foi central para a ascensão das universidades, que, com seus departamentos de cópia de livros e redes postais, romperam o monopólio de armazenagem dos mosteiros. E, ao mesmo tempo, em combinação com o sistema numérico indiano, importado pelos árabes, o papel foi central para a ascensão das cidades comerciais.[28] O importante nesse contexto não foi simplesmente a conhecida invenção da contabilidade por colunas duplas, mas, acima de tudo, uma notação matemática que, pela primeira vez, trouxe independência diante das numerosas linguagens coloquiais.

Os gregos, ao somar dois números, haviam dito *kai* e os romanos, *et*; desde o século XV, porém, temos os sinais de *mais* e de *menos*, tão mudos quanto internacionais, como sinais de operadores matemáticos.

A IMPRENSA

A invenção de Gutenberg, o método de impressão com letras móveis, desenvolvido a partir de estampas de lombadas de livro que, ao contrário de seus predecessores na China e na Coréia, funcionavam tanto em ordem alfabética (após o desaparecimento das ligaduras) quanto de forma separada, pode não ter sido uma revolução da mesma magnitude que o códice, mas satisfazia a procura despertada pelo papel. Como "primeira linha de montagem na história da tecnologia",[29] a imprensa potencia-

---

[28] Harold Adams Innis, *Empire and Communications*, cit., pp. 126-140.

[29] Walter J. Ong, *Oralitaet und Literalitaet. Die Technologisie*rung *des Wortes Oploden* (Nova York: Routledge, 2002). [Essa obra também foi traduzida para a língua portuguesa: *Oralidade e cultura escrita* (Campinas: Papipus, 1998). (N. da O.)]

lizava a capacidade de processamento de dados dos livros. Como todas as cópias de uma edição, em contraste com as cópias manuais, tinham os mesmos textos, estampas e gravuras nos mesmos lugares, o acesso a elas podia, pela primeira vez, ser feito por meio de índices alfabéticos unificados. Essa forma de indexação, feita com números de páginas e títulos e, desde Leibniz, também realizada por meio dos catálogos de biblioteca alfabéticos,[30] criou, no sistema de comunicação, um método de referências e, dessa maneira, a ciência, enquanto as ilustrações dos livros, isentas dos erros de cópia, formaram a base da engenharia.[31] Não sem razão, Vasari podia vangloriar-se de que a Itália havia descoberto a perspectiva, que permitia a produção de desenhos tecnicamente precisos, no mesmo ano que Gutenberg inventou a tipografia.

As novas mídias não tornam obsoletas as velhas mídias, mas lhes atribuem novos lugares no sistema. Portanto, como a imprensa agora transformava as performances retórico-musicais dos torneios em literatura e ficções autorais, as técnicas físicas desses torneios parecem ter sido transmutadas em disciplinas silenciosas e mensuráveis.[32] Da mesma forma, foi apenas com o desenvolvimento na tipografia que o valor intrínseco da escrita manual surgiu – a individualidade da mão tomando o lugar dos sinetes nas cartas e documentos – e se tornou o domínio de um sistema estatal de correio e de polícia. Os primeiros sistemas postais do início da modernidade eram, à moda do sistema imperial romano, ainda reservados às redes militares e diplomáticas e protegidos contra a interceptação por uma criptografia cuja ascensão começou com a codificação algébrica

---

[30] Joris Vorstius & Siegfried Joost, *Grundzuge der Bibliotheksgeschichte* (7ª ed. Wiesbaden: Seiten/ Harrassowitz, 1969), pp. 30-46.

[31] Elizabeth Eisenstein, *The Printing Press as an Agent of Change. Communications and Cultural Transformations in Early-modern Europe*, vol. 2 (Cambridge: Cambridge University Press, 1980). [Ver em língua portuguesa: Elizabeth Eisenstein, *A revolução da cultura impressa* (São Paulo: Ática, 1998). (N. da O.)]

[32] Hans Ulrich Gumbrecht, "Beginn von 'Literatur'/Abschied vom Korper?", em Giesela Smolka-Koerdt *et al.* (orgs.), *Der Ursprung von Literatur Medien Rollen und Kommunikationssituationen zwischen 1450 und 1650* (Munique: Fink, 1988), p. 42.

A HISTÓRIA DOS MEIOS DE COMUNICAÇÃO

de sinais alfabéticos e numéricos de Vieta*.[33] Por outro lado, os estados territoriais, controlados em sua extensão por correio e armas de fogo, abriam suas redes para um trânsito privado, que também monopolizavam por meio de seu direito soberano de correio. Quando os correspondentes comerciais foram incluídos na rede postal pública, depois de 1600, surgiram os jornais e periódicos; quando o transporte de pessoas também foi incluído, após 1650, as redes de diligências foram estabelecidas como serviço programado.[34] Contudo, a transformação estrutural citada freqüentemente – do caráter aristocrático para o popular de classe média, cujas viagens e cartas, panfletos impressos e críticas de jornal haviam supostamente minado o antigo sistema de poder da Europa – nunca ocorreu.[35] O caráter público da classe média, mesmo sem seu controle consistente, por meio de gabinetes secretos e censura de imprensa, continuou a ser um artefato dos estados mercantis, cujo novo correio fornecia metade do orçamento e metade do custo da guerra.[36] Apenas na intimidade dos círculos familiares a "compulsão da leitura" do chamado público[37] promoveu um aumento recorde nas letras em línguas nacionais que compensava a "perda de sensualidade"[38] com efeitos virtuais sobre os sentidos dos leitores, pressagiando, assim, as futuras tecnologias das mídias.[39]

---

* François Vieta viveu durante o século XVI na França. Foi o inventor dos sinais de mais e de menos; desenvolveu a álgebra e criou sistemas de decifração de mensagens codificadas. (N. da O.)

[33] David Kahn, *The Codebrakers. The Story of Secret Writing* (Londres: Scribner, 1996).

[34] Klaus Beyrer, "Die Postkutschenreise", em *Internationale Archiv für Sozialgeschichte der deutschen Literatur*, nº 12, 1987, pp. 329-336.

[35] Jürgen Habermas, *Strukturwandel der Oeffentlichkeit. Untersuchungen zu einer Kategorie der burgerlichen Gesellschaft* (Neuwied/Berlim: Suhrkamp, 1990). [Em espanhol: Jürgen Habermas, *Historia y crítica de la opinión pública: la transformación estructural de la vida pública* (Barcelona: Gustavo Gili, 1981). (N. da O.)]

[36] Ver Fritz Voigt, "Die Theorie der Verkehrswirtschaft", *Verkehr*, cit., e também "Die entwicklung des Verkehrssystems, *Verkehr*, cit.

[37] Rudolf Schenda, *Volk ohne Buch. Studien zur Sozialgeschichte der populaeren Lesestoffe 1770-1910* (Frankfurt/Main: Klosterman, 1970).

[38] Erich Schön, *Der Verlust der Sinnlichkeit oder die Verwandlung des Lesers* (Stuttgart: Klett-Cotta, 1987).

[39] Friedrich A. Kittler, *Aufschreibesysteme 1800/1900* (2ª ed. Munique: Fink, 1987). [Em inglês: *Discourse Networks, 1800/1900* (Stanford: Stanford University Press, 1990). (N. da O.)]

Essa mediatização da palavra impressa presumivelmente teve sua base em uma leitura leve rotineira que não era mais privilégio da elite, como no tempo de Santo Ambrósio, mas que pavimentou o caminho para a democracia por meio da escolaridade compulsória e da alfabetização geral. Contudo, foi justamente essa leitura sem esforço que provocou um novo problema sistêmico. Como, ao contrário dos códices de pergaminho, os livros impressos são dispositivos de armazenagem sem nenhuma possibilidade de apagamento, não havia, por volta de 1800 "nenhum ramo do conhecimento no qual não houvesse um excesso de livros disponíveis".[40] Como resultado, literatura e ciência tiveram de reformular suas técnicas de transmissão e recepção, afastando-se da literalidade das citações da elite douta e da mnemônica retórica, rumo a uma abordagem interpretativa que reduzia a quantidade de dados impressos a sua essência, em outras palavras, a uma menor quantidade de dados. A conseqüência para o sistema de comunicação que é ciência, desde a reforma de Humboldt, foram aulas sem livros didáticos, seminários como exercícios de interpretação e a ascensão, nas universidades, de uma filosofia cujo "espírito" absoluto preservava apenas a "lembrança" de todas as formas anteriores de conhecimento e de seu próprio livro, tornando-se, portanto, a "silhueta" hermenêutica da totalidade dos livros.[41]

No mundo real, essa mediatização da escrita equivale à sua Revolução Industrial. No lugar das combinações enumeráveis de Gutenberg veio, também em termos práticos, um cálculo de infinitos: máquinas de papel contínuo substituíram, em 1800, os formatos distintos e folhas moldadas; papéis de celulose, das aparentemente inesgotáveis florestas da América – essa base de todo o material impresso em massa, desde 1850, tomaram o lugar do papel de trapos. E, finalmente, a máquina de escre-

---

[40] Johann Gotlieb Fichte, "Deducierter Plan einer zu Berlin zu errichtenden hoheren Lehranstalt (1817)", em Immanuel Hermann Fichte (org.), *Samtliche Werke*, vol. VIII (Berlim: Gruyter, 1845), p. 98.

[41] Ver também Georg Wilhelm Friedrich Hegel, *Phonomenologie des Geistes* – 1807 (Hamburgo: Reclam/Ditzingen, 1988). [Essa obra foi traduzida para a língua portuguesa: *Fenomenologia do espírito*, 2 vols. (Petrópolis: Vozes, 1992). (N. da O.)]

ver que, desde 1880, nivelou a diferença entre a escrita e a impressão,[42] abrindo espaço para a literatura moderna.[43] Foi Mallarmé quem primeiro ofereceu a solução de reduzir a literatura a seu significado lexical, a vinte e seis letras e, assim, não competir com as outras mídias.

As mídias técnicas

Diferentemente da escrita, as mídias técnicas não utilizam o código de uma linguagem usual. Elas fazem uso de processos físicos que são mais rápidos do que a percepção humana e só são suscetíveis de formulação no código da matemática moderna.

A TELEGRAFIA E A TECNOLOGIA ANALÓGICA

É evidente que sempre devem ter existido mídias técnicas porque qualquer envio de sinais usando meios acústicos ou visuais é, em si mesmo, algo técnico. Contudo, em tempos pré-industriais, sistemas de comunicação como os sinais de fumaça ou a telegrafia por fogo, que exploravam a velocidade da luz, ou telegrafia com plantas* e telegrafia sem fio**, que faziam uso da velocidade do som, eram ainda subsistemas de uma linguagem cotidiana. O sinal de farol de Tróia para Micenas, com que Ésquilo introduziu o gênero literário da tragédia, anunciava, em um único elemento, a queda do forte sitiado, embora isso dependesse de um acordo prévio.[44] Por outro lado, continua a ser questionável se foi alguma vez utilizada uma forma de telegrafia que, segundo Políbio, era capaz de co-

---

[42] Marshall McLuhan, *Die magischen Kanaele, Understandig Media*, cit., p. 283.

[43] Hugh Kenner, *The Mechanic Muse* (Nova York/Oxford: American Philological Association, 1987).

* Em inglês: bush telegraphs: qualquer sistema de comunicação a distância usado em locais com matas ou na selva. (N. da O.)

** Em inglês: calling chains: sistema primitivo de comunicação a distância no qual cria-se uma corrente de pessoas (em geral corredores) que passam a mensagem adiante. No Brasil, usa-se o termo "telefone-sem-fio". (N. da O.)

[44] Aischylos, *Agamemnon* (Ditzing: Reclam, 1991), pp. 281-316. [Ver em língua portuguesa: *Ésquilo. Orestia: Agamemnon, Coéforas, Eumênides* (Rio de Janeiro: Jorge Zahar, 2003). (N. da O.)]

dificar o alfabeto grego em *cinco vezes cinco* sinais de luz e, portanto, de transmitir conjuntos aleatórios.[45]

Altas taxas de velocidade de transmissão de informação que excediam todos os limites de desempenho da escrita foram primeiramente obtidas como resultado da necessidade de fluxo de comandos em exércitos alistados em massa e guerras travadas com armamento padronizado. Era tudo a mesma coisa para Lakanai, o político que presenteou a França revolucionária de 1793 com um sistema da escola elementar e uma lei de *copyright* literário e que, um ano depois, persuadiu a assembléia nacional a construir linhas de telegrafia óptica. Como razão oficial para essa revolução, usou-se o argumento de que, em grandes estados nacionais, apenas o telégrafo óptico de Chappe podia possibilitar o processo de eleição democrática que Rousseau havia, como sabemos, aprendido com a cidade-estado de Genebra. Com Napoleão, porém, um uso menos público, mais exclusivo, da rede de telégrafo óptico deu origem a uma estratégia que finalmente libertou as guerras da idade da pedra do fluxo de comandos. Divisões de operações independentes podiam lutar em várias frentes ao mesmo tempo porque as recém-criadas classes de generais impunham, por telégrafo, seu conhecimento cartográfico ao campo de batalha real.[46]

A telegrafia, portanto, separou o caráter público literário e o caráter secreto militar no mesmo momento histórico, já que o caráter público foi transferido das elites para populações inteiras. Na guerra de 1809, uma nova elite de escolas de engenharia e comandantes finalmente descobriu a nova e, para todos os efeitos, secreta mídia da eletricidade. Com o deslocamento da telegrafia da óptica para a corrente direta, não apenas desapareceram as estações de relés humanas e, portanto, não confiáveis, mas também o total de 98 sinais de Claude Chappe. O código Morse, com seus pontos, traços e pausas, colocou em prática uma

---

[45] Wolfgang Riepl, *Das Nachrichtenwesen des Altertums Mit besanderer Rucksicht ouf die Roemer*, cit., pp. 91-106.

[46] Rolf Oberliesen, *Information Daten und Signale. Geschichte technischer Informationsverorbeitung* (Reinbeck: Rowohlt, 1982), pp. 44-62.

economia de sinais que Leibniz descobrira anteriormente, com sua teoria expressamente tipográfica, na forma de seu código binário.[47] O telégrafo elétrico, otimizado com base na freqüência de letras e cobrado pelo número de palavras, foi o primeiro passo na estrada rumo à informática.

Também em termos de organização e tecnologia, a telegrafia teve repercussões de âmbito mundial. Absolutamente pela primeira vez, a informação separava-se da comunicação na forma de um fluxo imaterial de ondas eletromagnéticas. O controle telegráfico remoto via linha terrestre tornava as redes de ferrovias sistemáticas possíveis.[48] As ferrovias tornaram possível um trânsito acelerado de pessoas e bens.[49] Tal trânsito, a partir da guerra civil americana, também esteve sujeito, para fins militares, ao comando telegráfico.[50] Contudo, na forma de fluxo de bens e pessoas, o correio perdeu duas de suas funções tradicionais. Ele foi obrigado a se tornar uma tecnologia de informação pura, com base nos princípios de números de casas e caixas postais, no pagamento antecipado com selos e na união postal mundial.[51]

Esse desprendimento do solo, cujas distâncias (como na topografia matemática sincrônica) já não são mais calculadas porque, em contraste com os sistemas postais pré-modernos, apenas a velocidade absoluta conta, trouxe a internacionalidade: dos relatórios das bolsas de valores do comércio mundial e das agências telegráficas da imprensa mundial aos impérios coloniais que, como o império britânico, fundamentava-se em

---

[47] Florian Cajori, *A History of Mathematica NotationsI* (Nova York: Dover Publications, 1993).

[48] Wolfgang Schivelbusch, *Geschichte der Eisenbahnreise. Zur Industrialisierung von* Raum und Zeit im *19 Jahrhundert* (Munique: Fischer, 1977), pp. 32-34. [Em inglês: *The Railway Journey: Trains and Travel in the 19th century* (Nova York: Urizen Books, 1979). (N. da O.)]

[49] Karl Knies, *Der Telegraph as Verkehrsmitel*, cit., pp. 16-19.

[50] Prof. dr. Ing. Blum, "Das neuzeitliche Verkehrswesen im Dienste der Kriegsfuhrung", em *Jahrbuch fur Wehrpolitik und Wehrwissenschahen*, anuário, 1939, p. 73.

[51] Jacques Derrida, *Die Postkarte von Sokrates bis an Freud und jenseits*, vol. 1 (Berlim: Brinkmann & Bose, 1987). [Em francês: *La carte postale: de Socrate a Freud et au-dela* (Paris: Flammarion, 1980). (N. da O.)]

uma estratégia *fleet in being*[*] e, conseqüentemente, em um monopólio global de cabos submarinos.[52]

As repercussões técnicas da telegrafia, tal como informação de tempo descontínuo, foram invenções que, paradoxalmente, processavam precisamente as fontes de sinais contínuas. Destas, deixarei de lado a mídia analógica da fotografia, que requer um tratamento próprio, e mencionarei apenas o telefone, os discos de gramofone e o cinema.

O telefone de Graham Bell, a patente individual mais lucrativa de todos os tempos, surgiu em 1876, não em sua função usual, mas no decorrer de uma tentativa de transmitir várias mensagens ao mesmo tempo ao longo de um único cabo telegráfico. Exatamente da mesma maneira, só que um ano depois, o fonógrafo de Thomas Alva Edison surgiu como um desdobramento de uma tentativa de aumentar a taxa de transmissão dos cabos telegráficos. E, finalmente, resultaram dos relés telegráficos elétricos as fotografias científicas em série de Muybridge, que, em 1895, após a invenção do projetor com o movimento rotatório intermitente cruz maltesa[**] e do celulóide, prepararam o caminho para o cinema.

O cinema e o gramofone, os competidores, reproduzíveis em massa, dos fonógrafos de Edison, tornaram possível armazenar dados ópticos e acústicos propriamente ditos. Uma vez que as mídias analógicas baixaram as taxas dos limiares de percepção determinados por Fechner,[***] primeiro mecanicamente e depois eletricamente, elas conseguem reconhecer no discurso os fonemas e os intervalos musicais – que é onde a análise

---

[*] *Fleet in being*: termo militar que indica a estratégia de manter a frota de navios ancorada no porto, como defesa contra um adversário mais poderoso. A teoria foi criada pelo almirante inglês lorde Torrington durante a guerra com a França em 1690. (N. da O.)

[52] Paul M. Kennedy, "Imperial and Strategy Cable Communications 1870-1914", em Paul M. Kennedy (org.), *The War Plans of the Great Powers 1880-1914* (Londres: Unwin Hyman, 1979), pp. 75-79.

[**] De acordo com Laurent Mannoni, o interruptor de movimento de nome cruz maltesa foi uma das mais importantes invenções para o desenvolvimento da projeção cinematográfica. Desenvolvido simultaneamente pelo engenheiro inglês J. Beale e pelo americano A. Brown, esse dispositivo interrompe a fase de movimento da imagem em uma imagem estroboscópica projetada, o que aumenta a ilusão de movimento. Ver Laurent Mannoni, *A grande arte da luz e da sombra* (São Paulo: Unesp/Editora Senac São Paulo, 2003). (N. da O.)

[***] Gustav Theodor Fechner (1801-1887), pioneiro no estudo da experiência da percepção. (N. da O.)

A HISTÓRIA DOS MEIOS DE COMUNICAÇÃO

grega se deteve, na crença de que eram os elementos alfabéticos finais –, misturas complexas de freqüências, que estão abertas tanto a análises adicionais quanto, desde Fourier,[*] análises matemáticas. O moderno e fundamental conceito de freqüência,[53] que desde Euler governa o cálculo de probabilidades, a música e a óptica, substituiu as ciências humanas pelas mídias técnicas. Essa física no processo de simulação do real não é mais parceira, no processo de recepção, de uma mnemônica ou pedagogia baseadas na linguagem, mas de uma fisiologia sensória, o que, por sua vez, garantiu às mídias, também graças ao conceito de medida da informação de Shannon, seu sucesso mundial calculável.[54] Ao mesmo tempo, marcou uma lacuna de conhecimento entre os efeitos midiáticos inconscientes, por um lado, e as idéias inovadoras, por outro (as quais, desde o primeiro laboratório de Edison, também são planejáveis). Essa lacuna, apesar da participação das mulheres nas operações de telégrafo, telefone e máquina de escrever,[55] é hostil ao desenvolvimento geral do domínio das letras e exclui absolutamente a comunicação da comunicação.

Um papel proeminente nesse momento decisivo, cuja importância provavelmente se iguala apenas à da invenção da escrita,[56] foi assumido pelas equações de campos magnéticos de Maxwell[**] e sua validação experimental por Heinrich Hertz.[***] Desde o Natal de 1906, quando o transmissor de rádio de Fessenden[****] transmitiu em baixa freqüência eventos de alta freqüência aleatórios assim que ocorriam, como modulação em

---

[*] Jean Baptiste Joseph Fourier (1768-1830), matemático francês. (N. da O.)

[53] Ian Hacking, *The Emergence of Probabiliy. A Philosophical Study of Early Ideas About Probability Induction and Statistical Inference* (Cambridge: Cambridge University Press, 1984).

[54] Arnold H. W. Beck, *Worte und Welen. Geschichte und Technik der Nachrichtenubermiitung* (Frankfurt/Main: Kindler, 1974), p. 37.

[55] Hannelore Faulstich-Wieland & Marianne Horstkemper, "Der Weg zur modernen Buerokommunikation. Historische Aspekte des Verhaltnisses von Frauen und neuen Technologien", em *Materialien zur Frauenforschung*, vol. 4 (BieleFeld: Kleine Vlg, 1987).

[56] André Leroi-Gourhan, *Hand und Wort. Die Evolution von Technik, Sprache und Kunst.*, cit., pp. 265-270.

[**] James Clerk Maxwell (1831-1879). (N. da O.)

[***] Heinrich Rudolf Hertz (1857 - 1894). (N. da O.)

[****]Reginald A. Fessenden (1866-1932), considerado o pai da radiodifusão, criou o alternador de alta-freqüência. (N. da O.)

amplitude ou freqüência, existem canais não materiais. Desde 1906, quando de Forest[*] desenvolveu, a partir da lâmpada de Edison, a válvula controlável, a informação está aberta a qualquer tipo de amplificação e manipulação. O rádio a válvula, desenvolvido como telefonia sem fio para romper o monopólio imperial dos cabos, antes de mais nada tornou móveis e dirigíveis por controle remoto[57] os novos sistemas de armamentos da Primeira Guerra Mundial, o aeroplano e o tanque, e, depois do fim da guerra, foi destinado à população civil.[58]

À guisa de uma "segunda oralidade",[59] que se desviava da palavra escrita, o rádio teve o efeito de padronizar as línguas não escritas, primariamente através da difusão de ondas curtas[**] em âmbito mundial,[60] transformando, portanto, associações tribais colonizadas em nações independentes.[61] Da mesma maneira, o telefone, em seu progresso do sistema de discagem direta por multiplexagem[***] até as ligações via satélites, tornou possível a inserção não hierárquica em rede, primeiro das cidades e, por fim, da "aldeia global".[62] Contudo, as faixas de onda de acesso público, apesar do nível crítico de superpopulação,[63] continuam a ser apenas fra-

---

[*] Lee de Forest inventou o triodo – uma válvula de três eletrodos que permite a detecção, transmissão e amplificação dos sinais de rádio. (N. da O.)

[57] Paul Virilio, *Krieg und Kino Logistik der Wahrnehmung* (Munique: Carl Hanser, 1993). [Em francês: "Guerre et cinéma I, logistique de la perception", em *Cahiers du Cinema*, Paris, 1984). (N. da O.)]

[58] Winfried B. Lerg, *Die Entstehung des Rundfunks in Deutschland. Herkunft und Entwicklung eines publizistischen Mittels* (2ª ed. Frankfurt/Main: Kuecht, 1970).

[59] Walter J. Ong, *Oralitaet und Literalitaet. Die Technologisie*rung *des Wortes Oploden*, cit. p. 136.

[**] O rádio de ondas curtas (*shortwave radio*) opera em freqüências entre 3.000 kHz e 30 MHz. As ondas eletromagnéticas distinguem-se pela freqüência, que é inversa ao comprimento de onda. Também denominadas HF (*high frequency*), as ondas curtas alcançam milhares de quilômetros e se propagam através de refração na ionosfera. (N. da O.)

[60] Werner Schwipps, "Wortschlacht im Äther", em Deutsche Welle (org.), *Wortschlacht im AEther Der deutsche Auslandsrundfunk im Zweiten Weltkrieg*, Berlim, 1971), p. 29. [Disponível em http://www.dw-world.de/dw/article/0,1564,707376,00.html. (N. da O.)]

[61] Harold Adams Innis, *Empire and Communications*, cit., p. 169.

[***] Multiplexagem é um sistema de telecomunicações que possibilita o emprego de um certo número de canais de transmissão simultânea através de apenas um único meio de transmissão. E este pode funcionar por divisão de freqüência (FDM) ou por divisão de tempo (TDM). (N. da O.)

[62] Marshall McLuhan, *Die magischen Kanaele, Understandig Media*, cit.

[63] Arnold H. Beck, *Worte und Welen. Geschichte und Technik der Nachrichtenubermiitung*, cit., pp. 38-42.

A HISTÓRIA DOS MEIOS DE COMUNICAÇÃO

ções de um espectro de freqüência que, da transmissão em ondas longas até as freqüências X-band do radar,* exercem funções de controle governamental ou militar e valem-se de todas as faixas de onda públicas para os serviços secretos.[64]

A eletrificação dos dados de input sensoriais através de transdutores e sensores possibilitou à indústria de entretenimento conjugar as mídias de armazenagem analógicas primeiro entre si e depois com as mídias de transmissão. O filme sonoro combinou as memórias ópticas e acústicas; o rádio, antes da introdução do gravador, transmitia, em boa parte, discos de gramofone; os primeiros sistemas de televisão, antes do desenvolvimento das câmeras eletrônicas, exploraram filmes de longa metragem. Portanto, o conteúdo das mídias de entretenimento continua sempre a ser outra mídia, e elas, dessa maneira, servem para promovê-la.

Todas essas conjugações de tecnologias que já são individualmente padronizadas, apesar de terem originado formas estéticas, da peça radiofônica e da música eletrônica até o videoclipe, têm uma deficiência decisiva: não há nenhum padrão geral que regule seu controle e sua tradução recíproca. É justamente esse o ponto em que acorrem os heróis e heroínas da teoria das mídias de Benjamin, na forma de editores nos estúdios de cinema e engenheiros de som, com suas técnicas de montagem célebres, mas estritamente manuais.[65] Tornar obsoletas essa intervenção humana e a automação de um padrão geral foi reservado à tecnologia digital.

A TECNOLOGIA DIGITAL

A tecnologia digital funciona como um alfabeto, mas sobre uma base numérica. Ela substitui as funções contínuas em que as mídias analógicas

---

* 8 GHz a 12 GHz. (N. da O.)

[64] James Bamford, *NSA. Amerikas geheimster Nachrichtendienst* (Zurique/Wiesbaden: Orell Füssli, 1986).

[65] Walter Benjamin, "Das Kunstwerk im Zeitalter seiner technischen Reproduzierbarkeit Zweite Fassung", em Rolf Tiedemann & Hermann Schwepphaeuser (orgs.), *Gesammelte Schriften* (Frankfurt/Main: Suhrkamp,1972-1985), pp. 471-508. [Ver em língua portuguesa: "A obra de arte na era de sua reprodutibilidade técnica", em *Magia e técnica, arte e política* (São Paulo: Brasiliense, 1993). (N. da O.)]

transformam os dados de input, que geralmente também são contínuos, por discretizações em pontos tão eqüidistantes no tempo quanto possível, da mesma maneira que fizeram antes as 24 exposições de filme por segundo ou em freqüência muito mais alta desde a televisão de tela Nipkow. Essa medição, seguida pela avaliação no sistema numérico binário, é a condição prévia para um padrão geral das mídias.

Segundo o teorema de amostragem de Nyquist e Shannon, toda e qualquer forma de sinal, contanto que seja limitada por amplitude de freqüência intrinsecamente ou por meio de filtragem, pode ser biunivocamente reconstruída a partir de valores sampleados de, pelo menos, duas vezes a freqüência.[66] O ruído de quantização que necessariamente surge no processo também pode, em contraste com o ruído fisicamente determinado dos sistemas analógicos, ser minimizado em qualquer grau, simplesmente porque obedece as leis de um sistema digital.[67]

Foi em 1936 que a máquina universal discreta de Turing formulou o princípio de toda a tecnologia digital. Extrapolando ou reduzindo a igualmente discreta máquina de escrever,[68] ela era composta simplesmente de uma fita de papel contínua, uma idéia que remonta a 1800. Nessa "máquina de papel" para armazenagem de dados, a cabeça *escrever/ler/apagar* para processamento de dados podia escrever os sinais binários 0 e 1, enquanto um dispositivo para endereçamento de dados tornava possível acessar os sinais vizinhos da direita e da esquerda. Turing provou, porém, que, em contraste com o universo barulhento de Laplace, essa máquina elementar conhece um número finito de estados, e está não apenas à altura de qualquer matemático, mas soluciona todos os problemas solucionáveis de matemática (no sentido de Hilbert) por meio da simulação de qualquer máquina corretamente programada.[69]

---

[66] Claude Elwood Shannon, "Communication in the Presence of Noise", em *Proceeding of the Institute of Radio Engineers*, nº 37, 1949, p. 11.

[67] John von Neumann, "Allgemeine und logische Theorie der Automaten", em *Kursbuch*, nº 8, 1967, p. 146.

[68] Andrew Hodges, *Alan Turing. The enigma* (Nova York: Simon & Schuster, 1983), p. 96.

[69] Alan M. Turing, "Intelligence Sevice", em Bernhard Datzler & Friedrich Kittler (orgs.), *Ausgewahlte Schriften*, cit.

A HISTÓRIA DOS MEIOS DE COMUNICAÇÃO

Portanto, a máquina de Turing concluía na sua universalidade todos os desenvolvimentos para armazenagem, indexação e processamento de dados alfabético e numérico. No campo alfabético, esses desenvolvimentos alcançaram listas e catálogos, passando pelos índices por cartões, a partir dos quais se desenvolveram, por volta de 1800, a literatura de Jean Paul * e a filosofia de Hegel,[70] até a máquina Hollerith do censo americano de 1890.[71] No campo numérico, um desenvolvimento paralelo havia levado da calculadora de Schickart para as quatro operações básicas, passando pelos teares programáveis de Jacquard,[72] até o pioneiro dos computadores, Babbage, cuja máquina diferencial de 1822 reduzia os demorados desenvolvimentos de série na trigonometria e na balística às equações diferenciais recorrentes, enquanto sua máquina analítica, planejada posteriormente, tinha como objetivo tornar toda a análise calculável com comandos de saltos condicionais.[73] Contudo, para conseguir a universalidade alfanumérica das máquinas de Turing, ou computadores, os dois caminhos de desenvolvimento tiveram de ser unidos pela álgebra lógica de Boole e pelo teorema da incompletude de Goedel, que tornaram enunciados e axiomas tão manipuláveis quanto figuras.

A máquina de Turing de 1936 era infinitamente lenta, sua fita de papel infinitamente longa e, portanto, inexistente. Em contraste, o computador, seu sucessor técnico, é um milagre de economia de tempo e espaço, reclamada pelas exigências da Segunda Guerra Mundial. Ao mesmo tempo em que Shannon estava demonstrando que relés simples ligados em série ou paralelamente podem automatizar todas as operações da álgebra de Boole,[74] Zuse estava construindo os primeiros computadores

---

* Johann Paul Friedrich Richter (1763-1825), pseudônimo Jean Paul, romancista alemão, escreveu sobre o homem-máquina em Devil's Papers, de 1789. (N. da O.)

[70] Karl Rosenkranz, *Georg Wilhelm Friedrich Hegels Leben* (Berlim: Duncker & Humblot, 1844). [Edição revista: Berlim: Wissensch, 1988. (N. da O.)]

[71] Rolf Oberliesen, *Information Boten und Signale. Geschichte technischer Informationsverorbeitung* (Reinbeck: Rowohlt, 1982), pp. 212-248.

[72] Wolfgang Coy, *Industrieroboter. Zur Archaologie der zweiten Schopfung* (Berlim: Rotbuch, 1985), pp. 43-48.

[73] Anthony Hyman, *Charles Babbage: Pioneer of the Computer* (Princeton: Princeton University Press, 1985).

[74] Claude Elwood Shannon, "A Symbolic Analysis of Relay and Switching Circuits", em *Transactions of the American Institute of Electrical Engineers*, nº 57, 1938, pp. 713-723.

para pesquisa da Luftwaffe a partir de relés telegráficos, enquanto o departamento de criptografia da Wehrmacht rejeitava suas ofertas de automação.[75] No fim de 1943, em contraste, o serviço secreto britânico surgiu com computadores baseados em tubos supermodulados para a análise criptográfica, decisiva na guerra, que Turing fez justamente do trânsito radiofônico secreto em VHF que havia tornado possível a *blitzkrieg* alemã.[76] Finalmente, em 1945, John von Neumann projetou a arquitetura, agora costumeira, de computadores seqüenciais, mas funcionando em velocidades de microssegundos, para a bomba de urânio planejada pelos americanos, cujo ritmo de explosão estabelecia novos padrões na medição do tempo.[77]

O projeto de von Neumann postulava os seguintes três elementos de sistema:

- primeiro, uma unidade de processamento central para o processamento controlado por comandos de dados alfanuméricos por meio de regras matemáticas ou lógicas;
- segundo, uma memória de escrita-leitura para dados variáveis e uma memória apenas de leitura para comandos programados;
- terceiro, um sistema de barramento para a transmissão seqüencial de todos esses dados e comandos biunivocamente indicados por meio de endereços binários por páginas e colunas.

Com essas três partes, as máquinas de von Neumann articulavam a estrutura fundamental da tecnologia da informação como inter-relação funcional de elementos de hardware. Não importa se seu ambiente fornece dados alfabéticos ou numéricos, isto é, valores gerados por escrita ou mídia, os comandos, dados e endereços são todos representados internamente por números binários. As distinções clássicas entre funções e argumentos, operadores e valores numéricos tornaram-se permeáveis.

---

[75] Konrad Zuse, *Der Computer. Mein Lebenswerk* (Berlim: Springer-Verlag, 1984), p. 51. [Ver em inglês: *The Computer, My life* (Berlim/Nova York: Springer-Verlag, 1993). (N. da O.)]

[76] Andrew Hodges, *Alan Turing. The Enigma*, cit., pp. 267-288.

[77] Wolfgang Hagen, "Hören und Vergessen. Über nicht-analoges Sprechen im Radio", em Friedrich A. Kittler & Georg Christoph Tholen (orgs.), *Arsenale der Seele. Literatur- und Medienanalyse seit 1870* (Munique: Fink, 1989), pp. 139-150.

Contudo, justamente esse colapso do alfabeto é também o que permite que operações sejam aplicadas a operações e que ramificações sejam automatizadas. É por isso que o computador, em princípio, compreende todas as outras mídias e pode submeter seus dados aos processos matemáticos do processamento digital de sinal.[78]

A taxa de transmissão de dados e o tempo de acesso dependem unicamente de parâmetros físicos. Desde 1948, quando o transistor substituiu os tubos/circuitos impressos da Segunda Guerra Mundial, e desde 1968, quando os circuitos integrados substituíram o transistor individual, em cada caso, reduzindo a exigência de espaço e tempo por um fator de dez, as análises de tempo real e sínteses em tempo real de fluxos unidimensionais de dados (a fala ou a música, por exemplo) já não representam mais problema.[79] Então, o engenheiro de som pode ir para casa. Contudo, para o processamento de sinais multidimensionais em tempo real, tal como o exigido pelas imagens de televisão ou pela animação computadorizada, a arquitetura de von Neumann torna-se um gargalo. Por essa razão, já estão em uso numerosos computadores paralelos e estão em desenvolvimento circuitos biológicos e ópticos exigidos, acima de tudo, para a simulação das funções cerebrais. Não está longe o dia em que o processamento digital de sinais alcançará os limites físicos do hardware.[80]

Esse limite absoluto é o ponto em que a história das tecnologias de comunicação literalmente chegará ao fim. Teoricamente resta apenas a questão quanto a qual lógica essa conclusão terá obedecido.[81] De Freud a McLuhan, a resposta clássica a esta pergunta foi um tema genérico – a humanidade, que, diante de um mundo indiferente ou interferente, teria

---

[78] Lawrence R. Rabiner & Bernhard Gold, *Theory and Application of Digital Signal Processing* (Englewood Cliffs: Prentice-Hall, 1975).

[79] Klaus Sickert (org.), *Automatische Spracheingabe und Sprachausgabe. Analyse, Synthese und Erkennung menschlicher Sprache mit digitalen Systemen* (Haar: Verlag Markt&Technik, 1983).

[80] William G. Chambers, *Basics of Communication and Coding* (Oxford: Clarendon Press, 1985).

[81] Sigmund Freud, "Das Unbehagen in der Kultur", em *Gesammelte Werke chronologisch geordnet*, vol. XIV (Frankfurt: Fischer, 1940), pp. 419-506. [Artigo de 1913 traduzido em língua portuguesa: "O mal-estar na civilização", em *Obras psicológicas completas*, vol. XXI (Rio de Janeiro: Imago, 1969). Foi publicado na *Revista Espaço Acadêmico* (REA), ano III, nº 26, julho de 2003, e está disponível em http://www.espacoacademico.com.br/026/26tc_freud.htm. (N. da O.)]

externalizado primeiro sua interface motora e sensória e, por fim, sua inteligência em próteses técnicas. Contudo, se a matematização da informação de Shannon se baseasse nessa "idéia fundamental" de inferência, através de uma transferência conceitual, a "eficiência da transmissão de informação na presença de ruído" a partir de sua eficiência criptoanalítica,[82] a interferência só seria compreensível como a intervenção de uma inteligência hostil e a história das tecnologias de comunicação como uma série de escaladas estratégicas. Sem referência ao individual ou à humanidade, as tecnologias de comunicação terão se revisado mutuamente até que, finalmente, uma inteligência artificial proceda a intercepção de possíveis inteligências no espaço.[83]

Referências bibliográficas

BLAKE, George G. *History of Radio Telegraphy and telephony*. Londres: Chapman and Hall, 1928.

HOLMBERG, Erik J. *ZurGeschichtedescursuspubicus*. Uppsala: Uppsala University Press, 1933 .

KITTLER, Friedrich A. *Grammophon Film Typewriter*. Berlim: Brinkmann & Bose, 1986.

LUHMANN, Niklas. "Das Problem der Epochenbildung und die Evolutionstheorie". Em Gumbrecht, Hans Ulrich & Link-Heer, Ursula (orgs.). *Epochenschwellen und Epochenstrukturen im Diskurs der Literatur- und Sprachhistorie*. Frankfurt/Main: Suhrkamp, 1985.

METROPOLIS, Nicholas Constantine *et al.* (orgs.). *A History of Computing in the Twentieth Century. A Collection of Essays*. Nova York: Academic Press, 1980.

SHANNON, Claude Elwood. "Communication Theory of Secrecy Systems". Em *The Bell System Technical Journal*, vol. 28, outubro de 1949.

STEPHAN, Heinrich von & Sater, KARL. Geschichte der deutschen Post. I. Berlim 1928 II. Berlin III. 1935.111 Frankfurt:/Main: Suhrkamp, 1951.

YATES, Frances A. *The Art of Memory*. Chicaco: University of Chicaco, 1966.

ZGLINICKI, Friedrich von. *Der Weg des Films. Die Geschichte der Kinematagraphie und ihrer Varlaufer*. Berlim, s/ed., 1956.

---

[82] Friedrich-Wilhelm Hagemeyer, *Die Entstehung van Informationskonzepten in der Nachrichtentechnik. Eine Fallstudie zur Theoriebildung in der Technik in Industrie- und Kriegsforschung*, cit., p. 434.

[83] Roland Posner, "Mitteilungen an die ferne Zukunft. Hintergrund Anlass Problemstellung und Resultate einer Umfroge", em *Zeitschrift fur Semiotik*, nº 6, 1984, pp. 198-202.

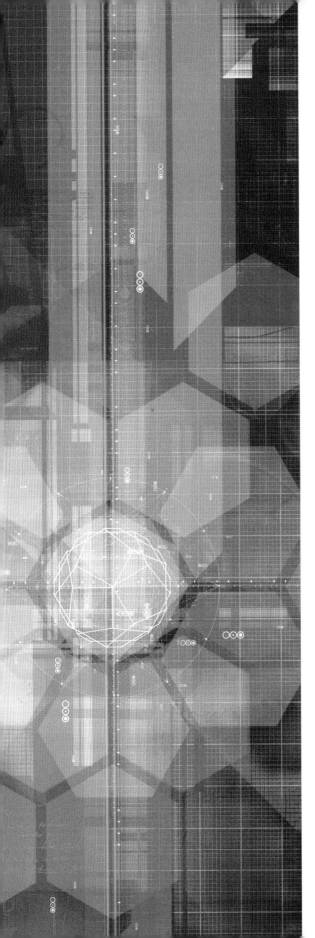

O que é multimídia, de uma vez por todas*

RANDALL PACKER

---

* Publicado originalmente em Dorée Duncan Seligmann (org.), *Artful Media*, 1999. Disponível em http://www.zakros.com/bios/ReadingA. Tradução de Luís Carlos Borges.

Com todo o hype em torno da multimídia e de sua numerosa prole – as novas mídias, a mídia digital, a mídia interativa, etc., alguém realmente sabe o que esse termo significa? E quais são as origens da multimídia? Ela começou com o CD-ROM do início da década de 1990, com o disco a laser interativo do fim da década de 1970 ou, se você tiver idade suficiente, com a arte performática multimídia e os shows de luz dos concertos de rock da década de 1960?

Multimídia é um termo inteiramente mal compreendido, usado para descrever a variedade de aplicações que integram os tipos de mídia, do CD-ROM à performance ao vivo na internet. Mais e mais, o conteúdo de arte, entretenimento e educação que experimentamos diariamente assume a forma de multimídia.

Ela terá mais penetração ainda com a convergência de filme, televisão e internet no próximo século. Portanto, parece imperativo que tenhamos algumas ferramentas conceituais para pensar sobre multimídia, que está conosco não há uns trinta anos, mas há milênios. Nessa busca por uma definição ampla de multimídia, incluindo suas origens evolutivas, pretendo que embarquemos em uma rápida temporada histórica, definindo no percurso os elementos essenciais da multimídia – a imersão, a interdisciplinaridade, a interatividade e a narratividade – e revelando a importante confluência entre as artes, as interfaces homem-máquina e a tecnologia da informação.

Grutas de imersão

Esta viagem começa com a mais antiga das formas artísticas, as pinturas pré-históricas encontradas nas grutas de Lascaux, na região da Dordonha, sul da França, datadas de mais ou menos 15.000 a.C. Ali, o homem primitivo pintou pela primeira vez murais de animais caçados, figuras xamânicas e símbolos crípticos em paredes nas profundezas da terra. O que isso tem a ver com multimídia? Prossigamos.

Imagine uma reunião ritual do povo magdaleniano que habitava Lascaux, um acontecimento que pode ter ocorrido em uma das grutas sagradas de Lascaux, o Salão dos Touros. Pinturas em tamanho natural de enormes criaturas rodeiam a câmara ressonante, ecoando com o murmúrio de vozes que sussurram. A luz de velas de pedra queimando gordura animal bruxuleia nas paredes de rocha. Nessa antiga cerimônia, um híbrido de performance, representação visual, som ambiente e mesmo sensação olfativa, tudo tem lugar no que talvez seja o mais antigo veículo artístico da humanidade, a instalação de local específico. Aqui, podemos atribuir-lhe um dos atributos essenciais da multimídia: a imersão. Somos seres multissensoriais. É lógico que as origens da arte começariam em um veículo que envolvesse todos os sentidos, uma experiência de imersão que envolvesse o espectador em um ambiente tridimensional composto de imagem, som, símbolos e, neste caso, odor.

Abraçando a interdisciplinaridade

Saltemos quase 17 mil anos para o futuro. É 1876 e a ocasião é a première da ópera de Richard Wagner, *O anel dos nibelungos*. Essa peça épica em quatro partes estreou na Festspielhaus de Bayreuth, Alemanha. Naturalmente, Wagner não era um compositor comum e a Festspielhaus não era o teatro de ópera típico de seu tempo. Wagner sustenta a idéia de que a ópera devia ser mais do que uma vitrine de cantores. Ele almejava uma experiência mais poderosa e completa, a *Gesammtkunstwerk* (obra de arte total), na qual o drama musical serve como veículo para integrar

O QUE É MULTIMÍDIA, DE UMA VEZ POR TODAS

todas as formas de arte em um veículo unificado de expressão artística. Ele havia abraçado outro elemento essencial da multimídia: a interdisciplinaridade, isto é, a fusão interdisciplinar de formas artísticas e mídias artísticas. Para conseguir isso, Wagner revolucionou todo o veículo da ópera, elaborando uma linguagem artística que incorporava temas para encadear todos os elementos – música, história, cenário e movimento – em uma forma dramática coerente. Wagner também replanejou o teatro para criar uma experiência de maior imersão: ele reintroduziu a disposição em anfiteatro dos assentos, usada pelos gregos, para concentrar a atenção do público no palco (em oposição ao balcão com níveis das antigas casas); ele foi o primeiro a diminuir as luzes no teatro, estabelecendo a atmosfera do estado de espírito; ele escondeu a orquestra no poço, livrando o palco desse elemento de distração; e repensou o projeto acústico do teatro para produzir um efeito sonoro ressonante e envolvente. Como resultado dessas inovações, a Festspielhaus tornou-se uma interface para levar o espectador ao mundo virtual representado no palco.

Hiperlinkando o registro cultural

O relógio continua a correr. É 1945 e a Segunda Guerra Mundial terminou. O principal cientista americano, Vannevar Bush propõe que encontremos novas maneiras de aplicar as tecnologias de informação emergentes em fins humanitários, depois do catastrófico bombardeio do Japão que colocou fim à guerra. Ele formula suas idéias em um artigo, publicado no *Atlantic Journal*, intitulado "As We May Think", no qual pede uma rede de conhecimento global, um dispositivo chamado Memex (*memory expander*),* que serviria a humanidade na organização, documentação e recuperação do, cada vez maior, "registro cultural".

Embora o Memex tenha sido planejado para registrar e exibir informação com a hoje ultrapassada tecnologia do microfilme, a invenção de Bush (hiperlinkar e associar informações de maneira não seqüencial)

---

* Expansor de memória. (N. da O.)

formou a base da hipermídia, um conceito fundamental para a atual no-ção de multimídia baseada no computador. Bush imaginava os usuários do Memex como pioneiros da informação, fazendo buscas pelas bibliote-cas e registros oficiais da nação, e o conhecimento universitário crescen-do exponencialmente, em um ritmo assustador, para criar cadeias de associações linkadas para futuras gerações de pesquisadores e estudiosos.

Arte, tecnologia e colaboração

O tempo avança rumo à tumultuada década de 1960. A colaboração do engenheiro dos Bell Labs, Billy Klüver, com o artista Jean Tinguely resultou na infame "Homenagem a Nova York", a máquina de auto-destruição que se explodia no Jardim de Esculturas do Museu de Arte Moderna de Nova York. Klüver imediatamente captou o significado da interdisciplinaridade – ele introduziu a noção de que artistas e enge-nheiros podiam trabalhar como colaboradores, cada um contribuindo com conhecimento único e vital para a criação de obras artísticas em fusão com a tecnologia.

Mídias interativas

Talvez mais importante, porém, Klüver influenciou o artista Robert Rauschenberg – uma das figuras essenciais da arte do século XX. Juntos, eles conspiraram para criar uma nova relação interativa entre o especta-dor, o artista e o objeto de arte. Na instalação de Rauschenberg, *Soundings* (1968), uma escultura-espelho com 36 pés de comprimento responde à voz do espectador, assim como a outros sons exteriores, inclusive do clima e do trânsito. As imagens do espelho são reveladas por iluminação posterior, ativada por som, expondo seu mural luminoso de cadeiras gi-ratórias. O objetivo de Rauschenberg era tornar o espectador responsá-vel pela obra artística que ele vê. "Antes, eu era o artista. Agora o espec-tador vai fazer a imagem, não eu".

O nascimento do computador pessoal

Cerca de cinco anos depois, em 1973, no Palo Alto Research Center (Parc) da Xerox, Califórnia, Alan Kay, um discípulo de Vannevar Bush, introduziu a interface gráfica do usuário (GUI)* no primeiro computador pessoal do mundo (The Xerox Alto Computer) ligado à primeira rede de área local (Ethernet). O Alto, descendente direto do Memex, era promissor para o futuro da multimídia interativa baseada em computador, cerca de trinta anos depois do profético artigo de Bush. O Alto sintetizava muitos dos elementos cruciais da multimídia discutidos anteriormente:

- a ilusão de imergir o espectador em uma representação gráfica da imagem;
- recursos gráficos, som e texto interativos;
- sistemas autorais que facilitam a criação de hipermídia em um ambiente interativo.

Na verdade, o sistema operacional do Alto, escrito em SmallTalk, era de uso tão fácil que crianças podiam escrever seus próprios programas. Nascia um novo veículo interdisciplinar para a *Gesammtkunstwerk* do futuro.

Narratividade

Que tipo de criação artística surgiria desse novo veículo, que evoluíra por tantos anos? Que tipo de histórias podiam ser contadas? Um dos artistas que compreenderam a significação e o potencial da multimídia interativa foi a artista performática Laurie Anderson. Em 1995, ela criou o CD-ROM "Puppet Motel", em colaboração com o artista multimídia Hsin-Chien Huang. Nesse trabalho, Anderson traduz suas idéias teatrais em uma nova forma de contar histórias, uma narratividade nativa do meio. O espectador é imerso em um mundo imaginário onde a narrativa não estabelece nenhum enredo linear, nenhum objetivo específico, apenas

---

* GUI – Graphical User Interface. (N. da O.)

uma livre associação das refinadas vinhetas de Anderson, compostas de ambientes misteriosos, objetos bizarros e sons obsessivos. O público está livre para perambular, jogar, ponderar e explorar.

Fechando o círculo

É irônico que a multimídia, que tendemos a associar com tecnologia avançada, seja, ao mesmo tempo, a forma mais antiga de comunicação criativa. Os habitantes das grutas de Lascaux poderiam imaginar alguma vez que, 20 mil anos depois, haveria artistas criando obras performáticas de imersão, ritualistas, para o sistema Cave Automatic Virtual Environment (Cave)? A instalação *conFiguring the Cave* estreou em 1997 no InterCommunication Center (ICC) em Tóquio, no Japão. A história de fato tem a tendência de se repetir.

Ciberespaço: análises e reflexões para a construção de modelos descritivos de sistemas hipermidiáticos

Ernesto G. Boccara

Este texto propõe uma reflexão em aberto, por meio de abordagem norteada por uma postura epistemológica, com olhar semiótico, no entendimento de um novo espaço de percepção, vivência e convivência humana em formação no contexto hipermidiático. Trata-se de analisar que natureza tem este estado perceptivo em que a mente se encontra imersa em simbiose virtual, circunscrita a várias dimensões e escalas de conexões inter-humano-digitais mediada por complexo sistema de signos em semiose exponencial acelerada.

Procura-se, em ritmo de ensaio, construir modelos descritivos aproximativos daquilo que se constituiria um hipotético ciberespaço. O que se quer é efetuar análises e diagnósticos de sua possível evolução em virtude da constituição de um novo paradigma para a percepção humana, configurando-se uma expansão da nossa consciência corporal-espacial, cujo alicerce tem uma estrutura base apoiada em dinâmica e amorfa rede informacional telemática: a Ecumenópolis Tecnecrônica do século XXI.

O centro da experiência existencial humana, onde tudo se concentra e se processa, é a mente. Essa base terminal instalada no órgão cérebro, circunscrito à caixa craniana, é, por natureza operacional, construída de signos, portanto de qualidade virtual. Neste momento de nosso processo civilizatório, essa mente elaborou extensões de suas funções simbólicas de tal modo que adquiriu autonomia superando os limites de mentes individuais e configurando uma mente de natureza coletiva: as redes telemáticas planetárias.

A designada, tão aparente, sólida realidade, preenchida de substância e densa sob a qual a força da gravidade age inexoravelmente, conhecida e reconhecida pelos nossos sentidos, é dinamicamente estruturada e reestruturada, de forma caleidoscópica por meio de signos ordenadores correlacionados em nossa mente.

Há, no entanto, duas escalas desta: aquela restrita ao microuniverso do indivíduo, base operacional de sua vontade consciente, e aquela extensa e em progressiva expansão macrocósmica que se constitui nos movimentos que a consciência coletiva e estocástica realiza desde que o ser humano se estruturou em sociedades, ou seja, em ordens coletivas.

Estamos falando da mente interpretante, um complexo sistema de códigos inter-relacionados, que se instala no corpo e progressivamente atinge as complexas operações de codificação e decodificação da mente do intérprete, pessoa física circunscrita a um determinado momento histórico e lugar geográfico.

Quando se quer pensar de modo analítico, reflexivo e crítico, ou seja, epistemológico, sobre a tecnologia da hipermídia é necessário que se faça uma contextualização em amplas dimensões de natureza filosófica e até metafísica sobre a sua origem ontológica.

Trata-se de situá-la na esfera da comunicação humana, portanto como extensão e circulação do pensamento através das linguagens mediatizadas em poderoso sistema de mídias convergentes e informatizadas em redes telemáticas. O seu caráter superlativo, de modo exponencial, se refere ao pensamento humano retido ou em movimento por meio da escrita no hipertexto, que sem dúvida se constitui em matriz de todas as demais linguagens, inclusive as visuais. É a materialidade do que se passa nas dimensões subatômicas das funções fisiológicas do cérebro (massa encefálica, cinzenta, mole constituída por neurônios e por suas ligações), ou seja, em suas funções simbólicas (mente).

Pensamos através de um fluxo de idéias, que é contínuo e se move em percursos, aparentemente lineares, se conectando a idéias que percorrem trajetórias diversas e que por associações de significação se efetuam, gerando estruturas formais similares a enervadas, arbóreas e rizomáticas tramas, resultando em tessituras de informação, extremamente complexas.

As formas informatizadas da inteligência, por serem extensões do pensamento na consciência, reproduzem, em nível operacional, as potenciais conexões entre textos construídos com signos simbólicos: as palavras escritas. Constitui-se assim o hipertexto, matriz da hipermídia que garante a base para associações entre significados de informações, codificadas em textos, de diferentes naturezas, separados no espaço e no tempo.

Para descrever a hipermídia e seu particular processo, enquanto fenômeno comunicacional e perceptivo, são necessárias analogias, metáforas ou modelos de aproximação para possibilitar a análise, a reflexão crítica e o conhecimento científico de sua estruturação como linguagem, por exemplo, ou como mídia das mídias, outra possibilidade.

Duas delas serão propostas aqui, a título de ensaio. A primeira refere-se ao Anel de Moebius, do matemático inglês Augustus Ferdinand Moebius (1790-1868). A segunda, à Teoria da Física Quântica, construída no fim da década de 1920 para lidar com o átomo e sua estrutura. Essas analogias partem do questionamento a respeito da consciência humana e seus desdobramentos no mundo como um possível fenômeno quântico.

O Anel de Moebius, conhecido por meio da obra do visionário artista Maurits Cornelius Escher, resolve topologicamente a dualidade conceitual da *forma* por meio das características de descontinuidade e continuidade do espaço, bem como a correspondente dualidade do interior e do exterior na perspectiva da percepção humana. Essa dualidade, de origem ancestral, na aurora da criação, é inerente aos que nascem de um ventre materno, ou seja, é decorrência de uma base vital de experiência intrauterina de unificação rompida e pluralizada na dualidade semântica do dentro e do fora.

Essas dualidades são de interesse para o entendimento de questões decorrentes de sistemas hipermidiáticos quanto à navegação, interatividade, imersão e realidade virtual.

Primeiramente, porque se relativizam as propriedades destas e, segundo, por permitir associar por analogia com o conceito de informação, no contexto da hipermídia. Vejamos como: a informação pode ser entendida como um *enclos*, ou seja, um *container* (continente) contendo (em nível interno), em uma forma significante e com vinculação incorporada, um significado.

O Anel convencionalmente estruturado pela figuração da geometria plana, a partir de um círculo ou da geometria espacial, por meio da secção de um cilindro, secciona o plano ou o espaço em uma dualidade forma-conteúdo ou externo-interno.

O Anel de Moebius, por outro lado, conecta e separa ao longo de um percurso linear a face externa com a interna, relativizando-as. Se fizermos nele um corte longitudinal, o resultado será um anel duplamente entrelaçado de largura menor da faixa, no entanto com o comprimento total maior. Se continuarmos nessa operação, os anéis se multiplicarão, primeiro, duplamente e depois exponencialmente ao infinito, sempre se entrelaçando cada vez mais e gerando uma complexidade de visualização e de percurso.

A realidade existencial humana se caracteriza por eventos que têm uma continuidade e um encadeamento nas relações de causa e efeito. No entanto, para construirmos informações, precisamos, desde a captura até a estruturação e direcionamento, por meio de alguma mídia, configurar descontinuidades, para confiná-las a um sistema de comunicação.

No entanto, à diferença das mídias convencionais, tais como impressas e eletrônicas, o hipertexto se caracteriza essencialmente pela sua capacidade de conexão entre as informações (por meio da captura e retenção). Assim, à semelhança do Anel de Moebius, as descontinuidades (informações) se conectam estabelecendo continuidades (links).

Seguindo este raciocínio, poderíamos estabelecer uma hipótese no contexto do anel, a de que a cada movimento de corte, ou seja, a de introdução de informação nova no sistema em rede (internet), se multiplicariam as conexões de forma exponencial, bem como a extensão potencial da própria rede.

Estamos pensando no anel em formato de tiras e em dimensões abstratas, porém, se esse formato for conseqüência de um alargamento da faixa (aumento da banda), esse raciocínio analógico nos conduziria a resultados muito próximos da complexidade real do sistema hipertextual em rede.

A aproximação mais fiel dessas condições descritas se torna mais ampla em quantidade e qualidade quando incluímos o fato de que o anel é pensado em termos físicos e o seu espaço considerado é o geométrico de três dimensões. No caso das redes telemáticas, trata-se de um espaço virtual: o ciberespaço, que é portanto polidimensional e amorfo.

Lembrando-se de que a palavra virtual tem origem no latim medieval *virtuale*, cujo significado é o que existe sem exercício ou efeito atual, como algo potencial que existe como faculdade, com indícios claros de eminência de realização, e que sua mais radical expressão, além de sua quase imaterialidade, é a de ser um espaço feito totalmente de signos em estado avançado de terceiridade. Portanto, em semiose acelerada, ancorada em esquemática padronização de base binária (1 e 0) das mais variadas informações que sabemos ser de forma seqüencial constituída de um elemento indivisível codificador – o bit.

A cenografia, pele eletrônica que garante a imersão total como nos videogames, por exemplo, é de extremada virtualidade com poderosa qualidade de definição de imagem, som e contínua capacidade interativa com o usuário. Este mergulha e navega em correlação espaço-tempo digital, desconectado do seu ambiente físico imediato, em estado alterado de percepção espaço-temporal-"real".

Aqui é necessária uma incursão em outro possível modelo em formação, aquele da física quântica, que empresta um sentido amplo quando se pensa o espaço materialmente em termos de substância, elementos e partículas sólidas, configurando as bases da aparente tridimensionalidade e solidez da realidade empírica. Esta é aferida pelos sentidos em nível do imediato, afirmando tão bem os aspectos da física newtoniana: a atomicidade, objetividade e determinismo dentro de uma lógica matemática, e que tanto influenciou o método analítico de Kant, baseado em aparência, realidade e teoria. Sabemos que a primeira é fruto das sensações de nosso aparato perceptivo e a realidade é o que se oculta por trás destas, incorrendo em desvios no plano conceitual, fazendo surgir o impotente sentimento da incapacidade de alcançarmos a realidade profunda (ou, segundo Kant, a realidade em si).

Essa noção de realidade profunda é apenas uma referência de nature-za psíquica à necessidade de um plano de apoio para um movimento em profundidade além e abaixo da manta sígnica e revela um obstáculo epistemológico denominado por Gaston Bachelard[1] de "substancialista", ou seja, a dualidade da aparência e da essência em que a essência coin-cidiria com a singularidade da verdade absoluta e única da realidade em estudo.

A aparência é apenas a pele, a casca, o fenômeno que irrompe diante da estrutura perceptiva, da consciência e que recobre a essência. Sabe-mos que, ao superarmos tal obstáculo, não teremos essa dualidade, prin-cipalmente quando nos deparamos com o avanço tecnológico dos recur-sos da observação em que a essência é apenas mais uma aparência.

Essa superação se vê diante da necessidade de aceitar a não materialidade dos níveis mais profundos da realidade nos mesmos ter-mos com que aferimos pelo tato e pela degustação a evidente resistência dos objetos à compressão.

Comparativamente a sistemas hipermidiáticos temos pontos de apoio e tangência material nos meios de retenção e processamento da informa-ção, por meio da combinação de equipamentos que correlacionam concretudes mecânicas com elétricas e eletrônicos-digitais que se esten-dem a partir da tela do monitor, do teclado e do mouse. Além delas, em nível perceptivo é a manifestação dominante da virtualidade, operacio-nalmente conduzida pelos signos em suas componentes: as formas significantes.

Essa virtualidade, enquanto potencialidade manifesta do existir, não tem limite em sua extensão em qualquer direção que queiramos nos mo-vimentar, ou seja, não tem um limite de profundidade assim como não tem uma forma (limites) definida.

Essa afirmação de caráter incerto é coerente com a teoria da não loca-lidade e da determinante dependência do observador, como nos apre-senta a física quântica, bem como é a potencialidade de um sistema hipermidiático em termos de criar possibilidades e conseqüentes proba-

---

[1] Gaston Bachelard, *A formação do espírito científico* (Rio de Janeiro: Contraponto, 1996).

bilidades de conexão com relação aos usuários, agentes dinâmicos desse processo.

Em surpreendente oposição a um mundo fortemente mecanicista, determinista, ancorado em extensões biocorporais, de vínculos musculares e, portanto, intensamente substancialistas, o mundo quântico se instala teoricamente de acordo com o teorema de Bell (John Stewart Bell), ou seja: a estrutura da realidade física não é local, ou melhor, não há um espaço físico determinado para os eventos humanos no plano material. O que se oculta sob o manto fenomenológico das aparências é uma outra realidade, mais veloz do que a luz.

A maneira como a física clássica organiza um modelo do mundo e da realidade a partir de objetos comuns, estáveis e visíveis não teria como explicar os fatos. Portanto, seriam necessárias conexões que se realizassem mais rápidas que a luz. Isso significa que a observação da realidade e sua medição terão atributos específicos que surgirão no exato momento da atenção e vontade do observador, ou seja, os objetos comuns não teriam atributos próprios. Isso significa que o contexto imediato da observação é constituído de entidades situadas além, em regiões distantes, mas suficientemente alcançáveis à velocidade da luz.

Rompe-se assim o forte elo entre a observação e o imediato contexto da observação como condição básica para o controle da consciência sobre o objeto de estudo e medição conseqüente, ou seja, é uma realidade expandida que explica a sua natureza além dos limites de sua manifestação material e, portanto, tangível.

Dessa forma é possível entender a realidade extensa, dilatada, que está implícita na potencialidade das redes telemáticas e de suas possibilidades ampliadas e progressivamente expandidas pela semiose, incorporada na tecnologia hipermidiática, potencializadora das conexões e introjeção sistemática de informações que redefinem os atributos locais de cada endereço eletrônico de usuário internauta.

Hipoteticamente, de modo idealizado ou arquetípico, haveria uma mítica ou idealizada realidade profunda, inalcançável pela razão prática e pela consciência. Carl Gustav Jung, em sua psicologia analítica, afirmou, quando se deteve na evolução biológica dos ecossistemas naturais, que um dos recursos criados pela natureza para evitar a sua própria autodestruição foi a consciência humana. Em seu estado de vigília, a consciência humana está sobreposta aos acontecimentos, mediatizada por um sistema perceptivo, que por limitações naturais e condicionamentos culturais é fragmentado e fragmentador. Essa consciência interpreta os dados sensoriais por meio de códigos herdados. Nascemos apenas com o cérebro que, *a posteriori*, se constitui como mente moldada por signos. Por meio dos signos, a mente interpretante constrói a realidade, toda feita de mais outros signos.

Se pensarmos na teoria quântica, não seria exatamente o que estamos vivenciando na era da informação em que as redes telemáticas não estão em lugar nenhum e se manifestam apenas quando entramos na rede, em estado de atenção, movidos pela vontade consciente de conexão?

Sabemos que a teoria quântica é construída sobre as medições de átomos em situação de "medição e não medição" e que o átomo não medido possui, em termos matemáticos, não apenas um valor e sim potenciais múltiplos e valores variáveis. O átomo, guardando apenas relações estatísticas com seus atributos não medidos, surpreendentemente, não é real.

Isso significa que a medição de átomos faz parte de um jogo de natureza probabilística, entendendo que a probabilidade neste caso se refere a um número relativo de formas pelas quais determinados eventos podem ocorrer.

A impressão, à primeira vista, é que essa indeterminação da certeza da realidade ser de um único e determinado modo parece caracterizar uma incompletude da teoria quântica. No entanto, trata-se de sua maior virtude, pois é coerente com a própria natureza indeterminada do universo.

O elétron ao redor de seu correspondente núcleo durante duas observações se comporta como onda e ao ser observado para medição se comporta como partícula. Isso significa dizer que, durante dois intervalos de medição, temos a manifestação potencial da realidade profunda que é inimaginável e irrepresentável, mas quando queremos medi-la, se manifesta, se condensa de acordo com o instrumento de mensuração. Esta então será a parte da realidade, que foi passível de ser capturada por um sistema codificado de signos de medição, elaborado por uma mente (intérprete) imersa em uma dimensão coletiva (mente interpretante). Não seriam então muito próximas essas descrições quânticas das circunstâncias que envolvem aquelas da denominada realidade virtual?

Na perspectiva da física quântica, no mundo subatômico, não existem objetos da maneira como nossos sentidos apreendem, empiricamente garantidos, pelas noções de continuidade, descontinuidade e de limites, conseqüentemente da *forma*.

Estamos, por inércia pragmática, ainda sob a égide de que conhecer é tornar visível o invisível, e essa é uma noção de real que em nível subatômico se dissolve por uma ausência de visibilidade por limite de substância. E o que surge na medição são apenas potenciais e estatísticas, probabilidades de conexões entre elétrons, prótons, nêutrons, em variados padrões de comportamento ao redor de seus correspondentes núcleos, de acordo com a natureza específica dos materiais que compõem os objetos concretos da realidade empírica.

O conceito de unidade contínua do mundo subatômico, então, substitui a análise convencional e extremamente eficiente do nível epidérmico e fragmentado dos sentidos que dividem o todo que nos envolve em partes isoladas e independentes. Essa unidade contínua é estabelecida em nível mental, por meio da ordem estruturada pelos signos, que se conectam por meio do processo de significação como um painel dinâmico que se reorganiza a cada ciclo de significação e se sintoniza interativamente com o processo perceptivo que regula então as próximas interações e percepções conseqüentes.

Todo signo poderia ser comparado a uma esfera imaginária, atualmente como centro radial de uma complexa estrutura de signos conectados, e que, por sua vez, reproduziriam esse modelo *ad infinitum* em complexas redes de signos. Portanto, não existem signos desconectados e isolados, pois a oxigenação de um signo é feita pela significação que necessita de outros signos para efetuar uma semiose. A partir disso, concluímos que tudo se relaciona, resta saber apenas: como, onde, quando? As respostas são de natureza probabilística, bem como em que intensidade e com qual qualidade de relação. Esta não se enfraqueceria se o critério de distância entrasse em jogo na medida em que a intensidade entre as partes seria a mesma para a escala microcósmica dos eventos ou para a macrocósmica.

Outro aspecto que nos interessa nessa analogia com a descrição quântica é a multiplicidade de planos ou realidades paralelas em estado sempre crescente no ato da medição.

No contexto superlativo das redes telemáticas, as conexões entre diferentes informações são potenciais em proporção exponencial ao número crescente de usuários, portanto de inteligências que se conectam ao número crescente de computadores em rede, ampliando a introjeção de informações que entram no sistema e que geram, interativamente, outras conexões por meio da semiose do hipertexto.

Quando se fala de complexidade das estruturas hipermidiáticas de comunicação, nos referimos ao fato de que ela é autogerada pela sua natureza tecnológica, o que torna evidente que, se em nível dos eventos cotidianos da existência estes formam um invisível tecido de conexões, então, em nível da informação, isso se acelera e se evidencia por meio de signos com cada vez menos densidade, menos massa física significante e com maior capacidade de volatilização, devido à progressiva virtualidade incorporada ao processo.

Nesse raciocínio analógico, torna-se claro que para a física quântica trata-se do ato de medição o início do processo de manifestação dessa realidade subatômica. E, para o estudo da natureza de sistemas hipermidiáticos, trata-se, em correspondência, da conexão na rede, de consciências que, movidas pela vontade de se informar e informar em circunstâncias determinadas pelas probabilidades favoráveis ou não a conexões, detonam a multiplicidade e variabilidade de conexões potenciais, que passam então a se manifestar e se alastrar gerando mais conexões. Por meio destas, é visível a construção de uma realidade perceptiva dos eventos cotidianos do mundo não mais como correlações entre causas e efeitos mas como informações, ou seja, como interpretações de eventos fortemente determinados pelo interessado e comprometido observador, sem subtrair a determinação de sua natureza interpretante como construtor de realidades.

O que se quer dizer é que o estatuto da realidade pós-quântica e hipermidiática depende, no caso da primeira, de uma informação chamada de *medição* ou opção métrica quântica em que o observador terá o poder de definir os atributos que as entidades medidas terão. E, na segunda, depende da informação de natureza coletiva, que diga como deve ser vista a realidade, como interpretação interessada por grupos dominantes e não como de fato é.

O que se conclui então é que o estatuto da realidade na era da informação é dado e determinado pela natureza das informações veiculadas (significados que circulam) e que, se o meio é a mensagem (McLuhan), então estão sendo manifestadas em suas potencialidades de possibilidades de rede hipermidiática e nas probabilidades manifestas pelas específicas conexões que se realizarem.

Referências bibliográficas

BRUNO, Ernst. *The Magic Mirror of M. C. Escher*. Nova York: Ballantine Books, 1976.
CAPRA, Fritjof. *O ponto de mutação*. São Paulo: Cultrix, 1997.
GOSWAMI, Amit. *O universo autoconsciente*. Rio de Janeiro: Rosa dos Tempos, 1998.
HERBERT, Nick. *A realidade quântica*. Rio de Janeiro: Francisco Alves, 1985.
LEÃO, Lucia. *O labirinto da hipermídia*. São Paulo: Iluminuras, 1998.
SEARLE, John R. *O mistério da consciência*. São Paulo: Paz e Terra, 1998.

A interatividade e a construção do sentido no ciberespaço

Eduardo Cardoso Braga

O ciberespaço pode ser caracterizado por três de suas principais propriedades: a interface, a interatividade e a rede de informações. Certamente, essas propriedades não são condições suficientes para conceituar a complexidade do ciberespaço, mas são condições necessárias para que possamos falar em ciberespaço. Portanto, são propriedades essenciais, pertencem ao ser do conceito, e não a manifestações acidentais.

A interatividade está na própria natureza do computador. Este é um mecanismo cibernético. Sua base binária está associada a uma lógica binária. Complementando as simples posições representadas pelos números "1" e "0", a lógica binária pode criar condições especiais, a partir de "verdadeiro" e "falso", representados pelos mesmos números. Assim, a base binária está associada à tradicional teoria dos conjuntos com a condição "E" para a intersecção e "OU" para a união de dois conjuntos. Desta maneira, temos um circuito lógico capaz de reagir de acordo com dados que entraram, fornecendo respostas com variáveis. O computador é, em sua natureza, uma máquina interativa, pois, dentro de um sistema de computação, manifesta-se um diálogo entre homem e máquina.

Walter Benjamin, em seu clássico e visionário ensaio "A obra de arte na era da sua reprodutibilidade técnica",[1] não somente antevia, como

---

[1] Walter Benjamin, "A obra de arte na era da sua reprodutibilidade técnica", em José Lino Grunewald, *A idéia do cinema* (Rio de Janeiro: Civilização Brasileira, 1969), pp. 55-95.

apontava possíveis conseqüências da interatividade entre homem e máquina. Refletindo sobre sua própria experiência com a máquina de escrever, o filósofo previa que a maleabilidade da mão seria substituída pela nervosidade dos próprios dedos que operam comandos. Benjamin previa que o princípio da separação totalizante entre usuário e máquina, autor e leitor, criador e fruidor, poderia ser superado com o crescente uso das máquinas e do desenvolvimento tecnológico. As novas tecnologias da modernidade seriam definitivamente interativas.

Berners-Lee, criador da World Wide Web, levaria a intuição de Benjamin à experiência quase cotidiana de uma boa parte da população mundial. Esse cientista concebeu a internet como uma hipermídia, ou seja, os elementos produzidos por esta rede não deveriam seguir o modelo do impresso, mas sim agregar elementos interativos.

Com a web, temos processos de comunicação bem complexos. Sua manifestação é essencialmente em hipermídia, ou seja, a informação se materializa por meio de diversas mídias, som, imagem, seqüência e animação de imagens, texto discursivo, texto/imagem, vídeo, etc.

No processo de codificação e decodificação de toda essa informação está o conceito de interface. A interatividade, ou o diálogo entre homem e máquina, deve ser intermediada por processos de comunicação, codificados em signos de diferentes naturezas. A organização desses signos em um todo lógico e comunicativo é o trabalho de interface.

Devemos acrescentar aos conceitos de interface e interatividade, o conceito de rede. A palavra "cyber", etimologicamente, é prefixo do grego "kubernan", que significa dirigir, governar. Nobert Wiener, fundador da cibernética, acrescentou ao termo o significado de controle e mecanismos de feedback, conduzindo ao atual significado de rede de informações dirigidas por interfaces. Foi William Gibson[2] que utilizou o termo "ciberespaço" em seu *Neuromancer*, de 1984. Como assinala Pierre Lévy,[3] a rede não está no espaço, na verdade, ela é o próprio espaço. Esse dado

---

[2] William Gibson, *Neuromancer* (Nova York: Ace Books, 1984).

[3] Pierre Lévy, *Tecnologias da inteligência: o futuro do pensamento na era da informática* (Rio de Janeiro: Editora 34, 1993).

justifica a expressão, usada por Lévy, para caracterizar a experiência da rede como "ecologia cognitiva". Isto porque a significação ocorre pela conexão de significantes em interdependências. Em sua mutabilidade e seu constante processo de reconstrução, a rede pode tomar diversas formas. Sua vivência conduz a um tipo de cognição imersiva, descentralizada, em que o conhecimento se multiplica em complexas conexões, cujo melhor modelo é a biologia. A experiência desenvolve-se por meio de uma topologia, de caminhos percorridos, que não somente registram um rastro, mas também constroem o próprio significado. Na descentralização, os pontos formadores de significados são justapostos, espelhados e construídos em permanente mobilidade. Esse permanente devir põe em questão as narrativas fixas com percursos definidos.

Segundo Landow,[4] na narrativa hipertextual, os leitores constroem seus próprios caminhos, suas próprias seqüências temporais, podendo realizar saltos segundo suas necessidades informativas.

A estrutura do hipertexto é constituída de lexias (nós)[5] e links. As lexias são unidades de informação que contêm vários tipos de dados – texto, imagens gráficas, fotos, sons, seqüências animadas, código de informação, programas aplicativos, etc. Essas lexias, obrigatoriamente, estão conectadas com uma série de outras estruturas compostas também por lexias. Cada uma destas pode ser vivenciada como uma ou mais janelas exibidas na tela de um computador, ou dispositivo de saída digital. Já o link (ligação), em realidade, é o conceito e a experiência mais importante do ciberespaço. Eles são responsáveis pelas conexões entre as lexias. Vamos além, consideramos os links os verdadeiros responsáveis pela significação na experiência do ciberespaço. Seu efeito é amplo. Ele pode, por exemplo, nos transferir de um tópico a outro. Mostrar uma referência de um determinado tópico. Fornecer informações adicionais, defini-

---

[4] G. P. Landow, *Hypertext 2.0: the Convergence of Contemporany Critical Theory and Technology* (Baltimore: Johns Hopkins University Press, 1997).

[5] O termo nó, para caracterizar o espaço onde a informação é vinculada na rede, tornou-se de maior uso. Porém, preferimos usar o termo lexias, cujo contraponto com link é mais claro, além de possuir a mesma raiz lingüística. O termo lexias é empregado e discutido em Lucia Leão, *O labirinto da hipermídia. Arquitetura e navegação no ciberespaço* (São Paulo: Iluminuras, 1999).

ções ou simples anotações. Enfim, ele modifica de alguma forma o significado de uma determinada lexia. Seu efeito é temporal e variável segundo os desejos do navegador. São variáveis possíveis. Desta maneira, sua interferência no significado atual vivenciado não é de simples soma. Ao colocar-se duas lexias em relação, segundo variáveis possíveis, transforma-se o significado de uma com o acréscimo da outra. A relação que essas lexias estabelecem, então, seria mais dialética que aritmética. Ou seja, a lexia que serviu como ponto de partida tem seu significado modificado numa relação de tese e antítese, produzindo a síntese na mente do navegador. A melhor figura que representaria essas relações de significados seria a espiral, figura já utilizada por Hegel em sua lógica. Na síntese volta-se ao ponto de partida, não no mesmo ponto espacial, mas numa outra perspectiva cognitiva.

Além disso, o link é o responsável pela trilha, rastro deixado pelo navegador, índice de sua construção do significado. A trilha é uma personalizada seqüência, dentro de várias possíveis, que representa a rota seguida pelo usuário durante seu processo de navegação.

A experiência do link não se resume à decodificação e construção de um significado cognitivo. Ela também é emoção, sentimento. Assim, ela transforma a experiência de significar na hipermídia numa fenomenologia, talvez poderíamos até dizer numa hermenêutica. Os signos dispersos estão à espera de uma vivência e uma nova organização construídas por um navegar que descobre e, ao descobrir, constrói o sentido.

Interface, interatividade e navegação na rede de informação são as características da complexa experiência do ciberespaço.

As enormes possibilidades de caminhos, o excesso de informação disponibilizada atualmente na web e a dificuldade de navegação devido à pobreza da sinalização são condições que eventualmente podem conduzir à entropia,[6] ou perda da informação. No ciberespaço, a entropia

---

[6] Termo utilizado em teoria da comunicação que tem sua origem na física, mais especificamente em termodinâmica, que significa a função que define o estado de desordem de um sistema; valor que permite avaliar esse estado de desordem e que vai aumentando à medida que este evolui para um estado de equilíbrio. (Do grego *entropé*, mudança; volta, difundido pelo francês *entropie*, entropia.)

conduz à desmaterialização da lexia. Como assinala Lucia Leão: "Estamos vivendo, na teia mundial, aquilo que já conhecíamos bastante em outras vivências: a experiência do nó. Imagem metafórica do impasse, da paralisia e do enredamento, o nó é aquilo que nos faz parar, que nos impede de prosseguir, é o não lugar que nos suga, a inércia violenta e poderosa. O nó pode e deve ser utilizado pelos que desenvolvem jogos (games). O nó seduz aqueles que procuram situações desafiantes, que gostam de decifrar enigmas. Por outro lado, o nó deve ser evitado ao máximo por aqueles que buscam explorar o potencial de comunicação da WWW. Além desse aspecto da desmaterialização da lexia, menus e mais menus quebram demais o movimento natural e contínuo da leitura".[7]

A entropia é uma força que conduz ao caos. Contra a força avassaladora do caos, somente uma arma é possível, a força do cosmos. A criação de uma cosmologia para a web é o trabalho privilegiado do designer interativo. Trata-se, então, de criar uma teoria e uma práxis para a sinalização de ambientes hipermidiáticos. A leitura topológica da web implica na criação de sistemas de signos, que funcionem como sinalização, verdadeiros faróis para a navegação. Uma das funções da sinalização no ciberespaço seria a mesma que esta desempenha na comunicação visual de espaços físicos.[8] As pessoas precisam, para localizar-se e direcionar-se, de três tipos de sinais:

1) você está aqui;

2) como chegar onde você quer ir;

3) você está no caminho certo.

Transmitir essas informações por meio de signos pode gerar um verdadeiro "mapeamento cognitivo" que em muito facilitaria a navegação, tornando-a produtiva e agradável.

---

[7] Lucia Leão, *O labirinto da hipermídia. Arquitetura e navegação no ciberespaço* (São Paulo: Iluminuras, 1999). Esta experiência da desmaterialização da lexia é clara nas intermináveis listas de hiperlinks, nos sites com menus rígidos e navegação muito esquemática, nos "becos sem saída" representados pelo enorme número de páginas sem sentido, na irritante experiência de procurar e não encontrar determinado conteúdo, enfim, na impossibilidade de construir o significado.

[8] Paul Arthur & Romedi Passini, *Wayfinding in Architecture: People, Signs and Architecture* (Princeton: McGraw Hill, 1992).

A criação de design nessas características envolveria o uso do conceito, raciocínio e softwares de programação orientadas a objetos. Podemos dividir as linguagens de aplicativos em dois grandes blocos: procedurais e orientadas a objetos.[9] Às procedurais envolvem um raciocínio e a construção em encadeamentos lógicos de seqüências lineares. Às orientadas a objetos, ao contrário, estabelecem vínculos variáveis entre seus elementos constitutivos, sendo essencialmente não-linear, mas por hierarquia ou geração. Elas possuem um modelo mais biológico e genético. Um dos elementos principais nessas linguagens são as alavancas de controle (*handlers*) – disparadores de funções, propriedades e relações, que possibilitam, no plano visual, criar todo tipo de efeito. Um desses seria a ligação entre dois objetos.

Poderíamos entender as lexias como objetos capazes de responder, segundo variáveis, aos comandos de um usuário, segundo o modelo de uma linguagem orientada a objetos. Assim, as lexias deveriam possuir uma interface que organizasse a comunicação segundo um conceito. Como elementos integrantes dessa lexia, existem "disparadores" que se comunicam com outras lexias. Essa comunicação deveria organizar-se segundo um modelo paratático. A parataxe ou coordenação "é a construção em que os termos se ordenam numa seqüência e não ficam conjugados num sintagma. Na coordenação, cada termo vale por si e a sua soma dá a significação global em que as significações dos termos constituintes entram ordenadamente lado a lado".[10] A parataxe opõe-se, portanto, à hipotaxe, já que, nesta última, as relações entre os termos são de subordinação ou dependência, como em um desenvolvimento lógico do tipo causa-conseqüência.

Via de regra, o design no ciberespaço é compreendido como recaindo sobre a interface. Sem negar essa forma de encarar a questão, devemos acrescentar o problema do tempo e do nexo entre as diversas interfaces formadoras das lexias. Esse novo elemento, acrescido do problema da

---

[9] Pierre Lévy, *L´idéographie dynamique. Vers une imagination artificielle?* (Paris: Éditions La Découverte, 1991).

[10] J. Mattoso Câmara Jr, *Dicionário de Filologia e Gramática* (Rio de Janeiro: J. Ozon, 1974), p. 127.

A INTERATIVIDADE E A CONSTRUÇÃO DO SENTIDO NO CIBERESPAÇO

rede de informação, conduz a uma nova abordagem do design, aquilo que poderíamos chamar de design interativo.

Novo paradigma para os novos tempos, essa modalidade de criação guarda relações com o paradigma anterior, o design para materiais impressos e não interativos. Entretanto, ele também se aproxima das formas de arte que envolvem a construção do tempo. Por exemplo, o cinema. Em nossa opinião, a construção de uma lógica do sentido em ambientes hipermediáticos passa pela questão da montagem.[11] O cinema foi uma das primeiras artes a deparar-se com essa questão. A multimídia e o conceito de intertexto, posteriormente, explorou as possibilidades da montagem. Entretanto, no caso do ciberespaço, devemos acrescentar às abordagens anteriores o problema da interatividade. Ponto de diferenciação, pois, na interatividade, é o navegador que constrói o significado, ou seja, que realiza a montagem final, segundo as variáveis concebidas pelo designer.[12]

Sem dúvida, a estética e a arquitetura da informação no ciberespaço necessitam de uma nova abordagem de design, para que a lógica do sentido possa triunfar. O novo designer, embora possua uma relação direta com o designer da modernidade, também enfrenta problemas diferentes daqueles enfrentados por seu predecessor. A tecnologia em seu desenvolvimento e uso criou novos desafios para serem resolvidos pelo design. O maior deles talvez seja a questão da interatividade e sua relação com a construção do sentido.

---

[11] Na teoria cinematográfica existe uma diferença entre edição e montagem, tal como esta foi concebida por Eisenstein. De fato, são dois processos em relações opostas. Montagem refere-se a construção, a criação de sentido a partir de uma composição intencional manipulando o tempo. Sergei Eisenstein, *Film Form* (Orlando: Harcourt Brace & Company, 1977); Siegfried Kracauer, *Theory of Film: the Redemption of Physical Reality* (Princeton: Princeton University Press, 1997).

[12] F. Cassalegno & A. Lemos, "Cyberespace: un nouveau territoire pour interagir dans un temps magique", em *Société*, nº 51, edição especial "Technosocialité", Paris, 1996, pp. 39-48. Ver também André Lemos, "Les communautés virtuelles", em *Société*, nº 45, Paris, 1995, pp. 253-261; Pierre Lévy, *A inteligência coletiva: por uma antropologia do ciberespaço* (São Paulo, Loyola, 1998).

Escrita no ciberespaço: notas sobre narrativa nômade, net arte e *prática de estilo de vida**

Mark Amerika

---

* Este artigo foi publicado originalmente em inglês pela MIT Press, no Leonardo Electronic Almanac, 10 (7), julho de 2002. Disponível em http://mitpress2.mit.edu/e-journals/LEA/LEA2002/LEA/contents/Vol10_07/vol10_ezine_07.htm. Tradução de Luís Carlos Borges.

Enquanto tento entender minhas recentes investigações em narrativa digital para plataformas transmídias,[*] vejo-me à deriva em zonas psicogeográficas limítrofes que chegarão a vocês como um conjunto de fragmentos – digressões – ou estados problematizados do ser – como quando você voa dos Estados Unidos para a Austrália e perde um dia inteiro – em algum lugar – de alguma maneira. O dia perdido simplesmente não existe – e, contudo, existe – e, portanto, quero saber onde está – *o que é* – e como se relaciona com meu pensamento sobre o ciberespaço – sobre "a escrita no ciberespaço" da maneira como eu poderia pensar em "linguagem escrita" ou "a escrita enquanto prática de artes digitais". Como esse *lugar não-lugar* que Mallarmé fala quando diz que "Nada teria tido lugar[**] a não ser o próprio lugar"[***] – liga-se, de maneira inteiramente literal, a esses oníricos "estados interativos do 'ser tornando-se outra coisa'". Algo inesperado, mas, ainda assim, algo que não se resolve – que está, de certa maneira, conectado totalmente à minha recente contratação como professor em um departamento de arte de uma importante univer-

---

[*] Em inglês, *cross-media*. Esse termo indica a utilização de vários meios e linguagens de forma entrecruzada, associativa. (N. da O.)

[**] Ocorrido. (N. da O.)

[***] No texto em inglês de Mark Amerika: "Nothing will have taken place but the place itself". No original em francês de Stéphane Mallarmé: "Rien n'aura eu lieu que le lieu". (N. da O.)

sidade de pesquisa dos Estados Unidos. Algo que se torna parte do meu empreendimento de pesquisa prática que investiga caminhos hiper-retóricos que se pode querer traduzir em rede, no sentido de "lugar" de que Mallarmé fala e que eu constantemente tento capturar por meio dos vários aparatos que tenho à minha disposição.

Também estou interessado em como esse conceito expandido de escrita ou "escrita no ciberespaço" assinala uma mudança da *garde* (como em *avant-garde*). Poderíamos pensar que algum departamento de inglês aventureiro teria iniciado um programa de pós-graduação em novas mídias. Mas estaríamos errados. Enquanto isso, as coisas seguem em frente e está se tornando muito necessário reorganizar a maneira como pensamos a respeito da tecnologia e suas relações tanto com a arte educação como com a pesquisa artística ou aquilo que prefiro chamar *Prática de estilo de vida*. Também precisamos repensar "a vocação do artista", assim como investigar termos como "narrativa nômade", "net arte", "cinema interativo" (para além do filme) e "roteiro para mídias digitais".

Alguns dos temas em discussão na pesquisa que estou desenvolvendo na Universidade do Colorado (CU-Boulder) incluem: pensamentografia[*] digital, telepresença em tempo real, corporificação progressiva em arquiteturas de realidade virtual (RV), *ambient games*, imagem em movimento, instalação de redes, visualização de dados como poética ou codificação, usos parapsicológicos e paranormais da tecnologia de telecomunicações, cinema digital, história da arte multimidiática tanto em relação às ciências da computação como com a prática artística, arte generativa,[**] publicação na web, narrativas wireless[***] distribuídas, net arte e o contexto de exposição, navegar-samplear-manipular, escrita de projeto, a estética dos bancos de dados e uma investigação muito intensa e auto-reflexiva da pesquisa baseada na prática como processo criativo, também conhecida como *prática de estilo de vida*. Também estou me perguntando a respeito da linguagem de marcações extensiva – não a

---

[*] Thoughtography. (N. da O.)
[**] Arte realizada a partir da utilização de códigos genéticos na criação de objetos artificiais. (N. da O.)
[***] Sem fio. (N. da O.)

XML *per se*, mas um esquema alternativo de ordenar a linguagem por meio de um processo intuitivo de invenção que requer fazer as coisas de maneira diferente, como em "assumir riscos" para não ser presa dos Deuses do Lixo-Dinheiro – de conseguir que a *escrita* faça por mim o que a *téchné* fez por Aristóteles – isto é, usar a escrita para inventar uma prática semelhante ao esmaecimento do "fazer" ou "fazer com" artístico – quem quer que tenha dito que você devia aprender a "fazer sem" estava errado – é tempo de "fazer com" – mas sua tarefa, se você escolher aceitá-la, é fazer o quê? E com o quê?

Por exemplo, salvar a literatura de si mesma? Com as tecnologias de novas mídias?

Ou então:

Sonhar o sonho impossível? Com uma teoria de colagem reconfigurada como navegar-samplear-manipular?

Todos esses desenvolvimentos em novas mídias e net arte que venho experimentando ao longo dos últimos anos parecem pós-contemporâneos, com certeza. É como estar em um foguete rasgando o espaço exterior, descobrindo novos mundos que o *apparatus* ainda tem de capturar em sua infinita memória; contudo, ao mesmo tempo, parece muito fundamentado no espaço social, como no criar uma rede social em tempo real, na qual imergimos ao mesmo tempo em que se incorpora uma diferença cuja história sempre vale a pena contar ao longo de várias plataformas de mídia.

Por exemplo: Filmtext. [http://www.filmtext.newmediacentre.com].

Com o Filmtext tive essa coisa sobre paisagens desérticas como locações primárias para o material-fonte visual de projetos. Sim, também vou remixar no *streaming* do fluxo narrativo objetos semelhantes a esmaecimentos e campos de cor dinâmicos de cenas captadas na vida noturna de Tóquio, para dar apenas um exemplo, mas a fonte ou re-fonte[*] principal – *image-reservoir* é um termo interessante, carregado – vem de paisagens do deserto e, se possível, paisagens em que outros filmes (filmes conhecidos, filmes de Hollywood) foram rodados. Também

---

[*] No original: source or re-source. (N. da O.)

estou aberto à idéia de trabalhar não apenas com câmeras de vídeo digitais, mas também com tecnologia mais antiga, mais simbólica; vou rodar em película de 35 mm, converter em digital e samplear/manipular a partir daí. Na verdade, acreditem ou não, em algumas das futuras tomadas de locação a serem feitas no Monument Valley, a apenas oito horas de minha casa no Colorado, vou usar a mesma câmera Victory de 35 mm que Robert Flaherty usou para rodar *Nannok of the North* – temos a mesmíssima câmera (ela só precisa de uma lente nova).

Portanto, ao escolher uma locação para coleta de material visual bruto é crucial que se avalie a variedade de imagens disponíveis. Colher sons naturais nas áreas das tomadas também é crucial. Mais uma vez, não em nome da captura da chamada "verdade do momento", mas apenas como mais material-fonte. Então, é bem possível que parte do papo-furado colhido durante uma tomada noturna em Tóquio seja totalmente manipulada de modo a que se torne parte da trilha sonora eletrônica em um dos loops de vídeo no deserto, expandida depois na forma de faixa título plena para o álbum de mp3 que, por causa do uso de vocais narrativos, se torna ainda outra narrativa digital no mix de reformatação – portanto, pode-se dizer que o Filmtext existe como um conjunto de obras de arte conceituais ou narrativas digitais para plataformas em transmídia e, atualmente, é um elaborado Motion Graphic Picture, um álbum conceitual em mp3, um e-book de artista experimental, uma instalação de museu e uma performance ao vivo. Também está se tornando um tipo de evento social sem fim, uma *prática de estilo de vida.*

Quando fui à cratera do Haleakala, dentro do grande vulcão adormecido no topo da ilha havaiana de Mauí, com sua paisagem desértica irreal, pontilhada de enormes cones de cinza multicoloridos – e é preciso entender que a gente começa no nível do mar e depois sobe de carro uns 10 mil pés em menos de duas horas, o que faz dessa escalada a mais íngreme do seu tipo –, soube imediatamente que seria ali que teria lugar a tomada de abertura do Filmtext. Foi quando vim a perceber que estava não tanto capturando uma paisagem desértica para minha metodologia de remixagem, mas uma paisagem digital, e que a diferença entre as duas seria um dos focos primários de minhas investigações.

Essas, assim chamadas, investigações partem de uma metodologia de pesquisa baseada na prática, que tenta "tocar o trabalho" enquanto "escreve o ciberespaço", é parte de um processo de invenção, descoberta e produção que, no Filmtext, chamo "pensamentografia digital". Na verdade, já estava escrevendo a respeito do pensamentógrafo digital duas semanas antes de ir para Mauí, sendo o pensamentógrafo digital o personagem-conceito ao longo de todo o Filmtext que se torna o equipamento, o narrador-ciborgue vidente-pensante que faz correr a consciência hipertextual na paisagem – e agora que eu estava de pé diante da visão da cratera do Haleakala, daquela vasta paisagem desértica, sem mais nada além da beleza de seu vazio diante de mim, fiz o que tinha de fazer, que era descer nela e encontrar o lugar certo no tempo certo (lembre que estamos acima das nuvens e absolutamente expostos aos caprichos do sol) – encontrar o lugar certo, no tempo certo, em tempo real, para capturar o pensamentógrafo digital como material-fonte a ser remixado no fluxo narrativo nômade, sendo o deserto uma locação adequada para tais metáforas carregadas do pensamento contemporâneo (pensem no trabalho de Borges, ou de Edmond Jabès, que nos questiona se nosso pensamento mais recente é realmente nosso mais recente desabrochar no deserto).

Como disse Baudrillard em um contexto diferente: "a imagem não tem mais tempo para tornar-se uma imagem". Nesse aspecto, também diria que a net arte nunca teve tempo suficiente para se tornar net arte e que tampouco o artista ainda tem tempo suficiente para se tornar um artista.

"O mundo gira no tempo da internet", diz Andy Grove, o presidente da Intel. É como se o chip dentro da sua cabeça estivesse programado para a "destinarratividade", com "obsolescência embutida" e tudo e, enquanto isso, navegasse pela rede procurando mais significado – potencial de significado.

O estado do ser problematizado está em erupção. É isso que há de bonito em desenvolver uma cultura digital a partir da realidade vivida (codificação em mutação). Você se programa para ser por meio do escrever-se, para envolver-se em uma experiência social com o outro, em rede, contínua e descontínua, uma experiência que se aproxima do tornar-se. Mas do tornar-se o quê? Tornar-se pesquisa? Tornar-se um narrador-ciborgue em cujo olhar re-enxergamos o mundo?

E quem é esse outro misterioso que os críticos sempre apontam como se fosse alguém ou algo diferente daquilo em que sabemos que precisamos nos transformar, mesmo que não saibamos exatamente o que é? Rimbaud – esse poeta-empreendedor que teria feito um estrago nos dias de glória das *pontocom* se estivesse vivo para experimentá-las – disse-nos que "para cada ser, muitas outras vidas foram utilizadas". Imaginem se ele tivesse acesso a IRC, MOO-space, e-mail, ou games on-line. Nunca teria escrito sua poesia e as fases infernais em que ele se sentia desesperado para comunicar ao outro poderiam ter se perdido em uma série de mortes virtuais no espaço virtual dos games.

Como disse Céline, "A vida também é uma ficção [...] e a biografia é algo que inventamos depois".

De modo que, quando aperto o botão vermelho na minha câmera de vídeo digital, dizem que as pessoas são "capturadas" pelo meu equipamento à medida que este escrutiniza a cena. Essas pessoas são também parte da ficção? Ou são atores "reais" atuando como eles próprios em "tempo real", e eu simplesmente os capturo em ação?

É a biografia deles em tempo real sincronizando-se com minha autobiografia em tempo real ou é tudo pseudobiografia, uma performance interativa aleatória transmitida apenas para o equipamento que captura para nós nossa consciência?

Não penso nessas coisas quando vejo tevê. Mas penso, às vezes, quando experiencio a rede.

De qualquer modo, assim que a câmera é ligada, é tudo "sexo, mentiras e videotape".

Mas e quando a câmera é desligada?

E se eu visse a mim mesmo como o *apparatus* "se ligando"?

Aperto meu botão vermelho e ativo minha inteligência artificial e – bem – eu poderia simplesmente fazer qualquer coisa.

O aparato *kino-eye** "capturando" formas alienígenas em fluxos de tempo real.

É assim a sensação de andar pela Smith Street no crepúsculo. De andar a esmo pelo cais de Saint. Kilda durante o pôr-do-sol.

Isso seria "eu" tornando-me cinema. Mas não há nenhum "eu" – não no sentido convencional de um eu que será o que será. Ora, tem outra coisa que impele meus ciclos de produção para o "céu dos processos" – e essa "outra coisa" é a rede.

Subjetividade WYSIWYG:** um mercado negro de fluxo de cache de RV.

"Aqui estou; entretenham-me..."

Quem disse isso?

Uma voz do além?

Quem é o "eu" que quer ser entretido e do qual, enquanto isso, estão zombando o tempo todo? "Eu não", escuto todo mundo dizer. Então, quem?

Você?

Pense na inteligência artificial como subjetividade deslumbrante (bela, adorável, perfeita). Subjetividade virtual.

É você?

"Eu não", posso ouvir alguém dizer.

E se nós inseríssemos um pouco de "estupidez artificial"?

"Eis-me aqui agora; entretenham-me..."

Localizar a estupidez artificial seria como achar ouro. Assim que ela estivesse instalada no meu disco rígido, o dilúvio retórico de informação narrativa chegaria ao limite e então tudo seria apenas mais suco de sonhos virtuais, pronto para a manipulação.

---

* *Kino-eye* (cinema-olho) refere-se ao método desenvolvido pelo cineasta soviético Dziga Vertov, um tipo de documentário que denuncia a construção da imagem e as interferências que permeiam a linguagem cinematográfica (do diretor, dos equipamentos, das equipes, da edição, etc.). Para ele, o cineasta não está apenas registrando a realidade, mas transformando-a a partir da ação da câmera. Vertov foi também fundador da revista *Kino-Pravda* (cinema-verdade). Aqui Mark Amerika refere-se ao conjunto híbrido formado pelo olho e pela câmera. Ver *Kino-Eye, the Writings of Dziga Vertov* (Berkeley: University California Press, 1985). (N. da O.)

** Acrônimo de "What You See is What You Get" – "o que você vê é o que você tem". (N. da O.)

Ou o que chamo navegar-samplear-manipular.[*] Uma estratégia na qual o net-artista, formalmente um escritor, navega pela cultura da rede, sampleia dados e então modifica ou manipula esses dados para satisfazer as necessidades específicas da narrativa – uma *obra em processo pseudo-autobiográfica* que sua net-narrativa pode ou não se tornar.

Você pode usar quaisquer dados nesse processo criativo: internet, CDs, DVDs, livros, revistas, conversas entreouvidas, material encontrado de todos os tipos.

No caso da internet, seria trabalho em duas frentes: a primeira, o chamado "conteúdo criativo", isto é, o texto, as imagens, a música e os recursos gráficos disponíveis para todos nós seriam sampleados de outras fontes on-line e manipulados digitalmente para se tornarem construções "originais", que sejam imediatamente importadas pelo mundo narrativo que você está criando e, a segunda, o próprio "código-fonte" poderia ser apropriado de outros projetos que flutuam pela net e, por fim, integrado, por meio dos bastidores, à estrutura composicional da tela. O legal na rede é que, se você vê alguma coisa de que gosta, seja "conteúdo", seja "código-fonte", você muitas vezes pode simplesmente fazer o download do documento inteiro e manipulá-lo de acordo com suas necessidades.

Esqueçam a inspiração. Isso era para a geração do "eu" ("fui inspirado a escrever este poema") – eles foram piores do que a geração perdida – os outros literários, limitados pelos seus supostos gênios criativos.

Os net artistas parecem estar dizendo que "conteúdo" e "código-fonte" são uma única coisa, que tudo é código aberto e, como tal, pronto para o remix, de tal forma que podemos participar em atos colaborativos de compartilhamento mental.

Participar dessa metodologia do remix seria, antes de mais nada, um gesto anti-estético, similar ao que Duchamp nos mostrou com os seus *readymades*, nos quais pegava objetos achados, dava-lhes títulos conceitualmente provocantes e os reconfigurava em um espaço de exposição artística elitista – mas vejo isso também como empregar o que

---

[*] Mark Amerika, *Surf-Sample-Manipulate: Playgiarism on the Net*, disponível em Telepolis, http://www.heise.de/tp/english/kolumnen/ame/3098/1.html. (N. da O.)

Derrida poderia chamar "efeito de assinatura" – um efeito que marca o criador camaleônico como um tipo de nômade digital (o que, mais uma vez, ressoa com Rimbaud* – o poeta-pontocom que disse que "para cada ser, várias vidas foram empregadas").

Em meu primeiro trabalho de arte conceitual on-line, chamado Consciência Hipertextual,[1] criado em 1995, refiro-me a esse processo como um tipo de se tornar pseudo-autobiográfico, isto é, um processo pelo qual os narradores-ciborgues, teleportando-se para o ciberespaço e acessando vários fragmentos da vida digital cotidiana, começam a selecionar quaisquer dados que desejam e fazer o download deles nos seus sistemas operacionais apenas para então filtrá-los por meio de uma metodologia de colagem personalizada e muitas vezes intuitiva, que, essencialmente, faz o que quer com os dados, integrando o seu código binário em um discurso narrativo contínuo e descontínuo e que, fantasiando-se como "obra em andamento", faz experiências continuamente com sua capacidade de "manipular" o espaço simbólico. Assim, o artista interativo é purgado de qualquer necessidade de retratar convencionalmente sua "subjetividade" como produto da geração do "eu". Em vez disso, o artista interativo traduz em linguagem visual uma matriz orientada para o objeto, interface das tendências culturais em desenvolvimento, como resultado da convergência da tecnologia da rede e da prática (anti)estética.

A palavra eletrônica como retórica digital se tornando imagem/texto animada poderia ser uma maneira de encarar isso.

Pensem na escrita de roteiros digitais – isto é, escrever para a rede, como uma espécie de escritura cinemática pós-filme, como uma chance de brincar com uma máquina de remixagem inventiva que é também um dispositivo de registro de memória, uma plataforma multimídia de publicação na rede, um espaço de exposição, uma zona de trabalho colaborativo, etc.

---

* Arthur Rimbaud (1854-1891). Observar que a estrofe "Eu é um outro" é de Rimbaud, ou seja, o "eu" rimbaudiano é uma multiplicidade – vários, mutantes, fragmentados. Ver Arthur Rimbaud, *Poésies* (Paris: Librairie Générale Française, 1984). (N. da O.)

[1] Hypertextual Consciousness, disponível em http://www.grammatron.com/htc1.0/.

Deixem que eu lhes mostre um exemplo muito básico do que quero dizer:

Eu entro na internet e pego uma citação de Dziga Vertov, o cineasta de vanguarda russo, em um site chamado Kino-Eye.com – a citação completa diz:

> *Kino-eye* significa a conquista do espaço, a ligação visual de pessoas pelo mundo inteiro baseada no intercâmbio contínuo dos fatos visíveis [...] *Kino-eye* é a possibilidade de ver os processos da vida em qualquer ordem temporal ou em qualquer velocidade [...] *Kino-eye* usa todos os meios possíveis na montagem, comparando e ligando todos os pontos do universo em qualquer ordem temporal, rompendo, quando necessário, todas as leis e convenções da construção de filmes.

Então pego isso, ainda quente, da rede, faço o remix e obtenho:

> *Kino-eye* significa a conquista do espaço, a ligação visual de pessoas pelo mundo todo, baseada no intercâmbio contínuo dos fatos visíveis [...] *Kino-eye* é a possibilidade de ver os processos da vida como consciência hipertextual movendo-se em todas as velocidades [...] *Kino-eye* usa todos os meios possíveis para reconfigurar o artista como aparato socialmente provocador operando em um ambiente de telepresença, comparando e ligando todos os pontos do universo em uma rede *peer-to-peer*[*] de código-aberto rompendo, quando necessário, todas as leis e convenções da construção da realidade.

Então, abro um livro de Vilém Flüsser, chamado *Toward a Philosophy of Photography*, e arranco isto dele:

> Os aparatos foram inventados para simular processos de pensamento específicos. Apenas agora (seguindo a invenção do computador), e, por assim dizer, em retrospecto, está se tornando claro com que tipo de processos de pensa-

---

[*] Peer-to-Peer (P2P) é uma rede de computadores que não tem clientes ou servidores fixos, mas um número de nós que podem funcionar de ambas as formas. (N. da O.)

mento estamos lidando no caso de todos os aparatos... todos os aparatos (não apenas os computadores) são máquinas calculadoras e, neste sentido, "inteligências artificiais", inclusive a câmera fotográfica, mesmo que seus inventores não tenham sido capazes de explicar isso.[2]

Então, agora, eu faço um remix com Vertov/Flüsser manipulados, enviado por meio de um filtro de cinescritura que inventei chamado "pensamentografia digital" e é isto que surge:

> Os aparatos capturam o espaço, fazem ligações com o outro por meio de consciência hipertextual, simulam processos de pensamento específicos como maneiras de ver, processam os espaços sociais da *intelligentsia* artificial à medida que operam em um ambiente *peer-to-peer* de código-aberto rompendo todas as leis e convenções da construção de identidades.

Tudo isso acontece em tempo real. Como um tipo de prática de escrita intuitiva que projeta minha história para mim enquanto a crio – enquanto a vivo.

A sensação é de escrever o próprio escrever – isto é, que estou deixando a linguagem falar por si mesma, mas com vários filtros ligados e ajustados para gerar, digamos, efeitos sonoros.

Ficções sônicas gritando rede afora...

Gosto de fazer isso porque me lembra como sou influenciado pela escrita e por práticas artísticas às quais ainda tenho de me expor plenamente. Borges fala de "Kafka e seus precursores" – isto é, um espaço da mente em que um escritor irá escrever sendo aqueles que vieram antes de si. É como se você estivesse ali pela primeira vez e apenas depois percebesse como outros sopraram notas fantasmas que levaram a descobertas do tipo *eureka*. Mas, pelo menos, você chegou lá do *seu* jeito, não foi?

Tendo em mente isso, o artista da rede perguntará:

---

[2] Vilém Flüsser, *Toward a Philosophy of Photography* (Londres: Reaktion Books, 2000).

Quem escreve Você enquanto você escreve você mesmo no grande espaço interno?

Um roteirista digital deve sempre levar em conta essa pergunta porque não ser mais "eu" – e operar em um tipo de pensamentógrafo digital na rede – significa que agora tenho de abrir caminho para alguma outra coisa que está lá fora, usá-la, mas também deixar que ela me use, seja o que for que eu supostamente crio – que, agora, parece mais um remix de net arte do que uma obra de literatura *per se*.

Paradigmas cinemáticos para o hipertexto[*]

ADRIAN MILES

[*] Esse artigo foi publicado originalmente como "Cinematic paradigms for hypertext", em *Continuum: Journal of Media and Cultural Studies*, 13 (2), julho de 1999, pp. 217-226, ou ver em http://www.tandf.co.uk/journals/titles/10304312.asp. Também disponível em http://hypertext.rmit.edu.au/essays/cinema_paradigms/cinematic_paradigms.txt. Tradução de Luís Carlos Borges.

História

A história recente do hipertexto e sua discussão da imagem em movimento produziram uma genealogia que se orientou em torno de três sistemas principais: as teorias literárias pós-estruturais, as celebrações pós-digitais da "promiscuidade" da hipermídia e as apropriações pós-digitais do cinema "no ou pelo" hipertexto.

A primeira categoria é a que poderia ser caracterizada como teoria hipertextual "canônica" e é representada pelo trabalho inicial de pessoas como Jay David Bolter, Michael Joyce, George Landow e Richard Lanham.[1] Este trabalho, apesar de distanciar implicitamente o hipertexto das tradições literárias existentes, vale-se dos *insights* e da apropriação de várias formas suavizadas de filosofia pós-estrutural (Derrida, Deleuze, de Man, Iser e outros) para ilustrar a relação do hipertexto com a imprensa. Contudo, este trabalho, ao definir-se em termos de uma reavaliação pós-estrutural do texto impresso (mesmo em uma definição aparentemente po-

---

[1] J. D. Bolter, *Writing Space: the Computer, Hypertext, and the History of Writing* (Hillsdale: Lawrence Erlbaum Associates, 1991); Michael Joyce, *Of Two Minds: Hypertext Pedagogy and Poetics* (Ann Arbor: the University of Michigan Press, 1995); George. P. Landow, *Hypertext: the Convergence of Contemporary Critical Theory and Technology* (Baltimore: John Hopkins University Press, 1992). Richard A. Lanham, *The Electronic Word: Democracy, Technology, and the Arts* (Chicago: The University of Chicago Press, 1993).

sitiva, "o que o pós-estruturalismo sugere – o hipertexto executa"), já coloca o hipertexto sob a vigilância, órbita ou autoridade da página, de sua prática e tradições específicas.

Esses teóricos "iniciais" descrevem a relação do hipertexto com a imagem de duas maneiras gerais; a primeira é a maneira como a escrita digital permite que nossa escrita adote ou expresse qualidades "pictóricas" (por exemplo, o uso de cor e layout na escrita HTML) e a segunda é o uso mais comum das imagens, no qual a digitalização provê uma linguagem comum para tipos de mídias de outra maneira distintos:

> O computador tem a capacidade de integrar palavra e imagem mais sutilmente, de tornar o texto mais gráfico ao representar a sua estrutura visualmente para o escritor e o leitor. O computador pode até dissolver a distinção entre os formulários de cartas padronizados e os símbolos feitos pelo próprio escritor. A escrita eletrônica verdadeira não se limita ao texto verbal: os elementos passíveis de escrita podem ser palavras, imagens, sons ou mesmo ações que ordenamos ao computador que execute.[2]

Para essas teorias literárias pós-estruturais, a capacidade de incorporar imagens no espaço de um escrito crítico (pois os exemplos proferidos sempre são um escrito crítico – ninguém nesse grupo de teóricos parece ter pensado que as imagens poderiam oferecer algo à ficção do hipertexto) se oferece como uma oportunidade de ornamentar e acrescentar "profundidade" a paisagens textuais que, de outra maneira, são monoculturais. Mas também está claro que para esses primeiros lampejos da relação da imagem com a palavra hipertextual há uma angústia da imagem em relação à palavra. Isso é evidente não apenas na maneira como a imagem é relegada ao papel de "ilustração", "figura" ou "suplemento", mas na maneira muito mais específica pela qual a teoria do hipertexto tenta prescrever regras de uso.[3]

---

[2] J. D. Bolter, *Writing Space: the Computer, Hypertext, and the History of Writing*, cit., p. 26.

[3] Ver, por exemplo, as extensas regras de Landow em torno do uso de imagens – particularmente as regras catorze a dezessete – que não parecem ser aplicáveis quando apenas o texto está envolvido. Por outro lado, pode-se considerar que imagemaps na internet demonstram a facilidade com que

PARADIGMAS CINEMÁTICOS PARA O HIPERTEXTO

A segunda categoria, os teóricos que abraçam a promiscuidade discursiva ou textual do hipertexto, é representada por pessoas como Greg Ulmer, Mark Taylor e Esa Saarinen, mas também inclui a direção indicada pelo trabalho mais recente de Joyce, Moulthrop, Amerika[4] e a maioria do primeiro grupo de autores, quando discutem futuros possíveis. Embora seja uma lista surpreendentemente breve, um exame da literatura demonstra que, para a maioria dos teóricos e praticantes do hipertexto, a capacidade e o desejo de estabelecer links entrem e ao longo dos documentos estejam explicitamente vinculados a domínios baseados no texto.

Embora a relação da imagem com a palavra em um hipertexto seja complexa e, geralmente, subteorizada, é na terceira categoria, aquilo que estou caracterizando como "apropriação" hipertextual do cinema, que uma prática hipertextual possível pode ser identificada. O trabalho inicial nessa arena é visto da melhor maneira em John Tolva, "MediaLoom" (1998),[5] Nick Sawhney e David Balcom, "HyperCafe" (1996),[6] John Cayley, "textMorphs"[*] e o interesse claramente evidente pela temporalidade do

---

a imagem pode ser apropriada pelo hipertexto. Ver essas regras em "The Rhetoric of Hypermedia: Some Rules for Authors", em Paul Delany & George P. Landow (orgs.), *Hypermedia and Literary Studies* (Cambridge: MIT Press, 1994), pp. 81-103. [Imagemaps são imagens com áreas clicáveis, hiperlinks. (N. da O.)].

[4] Ver Greg Ulmer, "A Response to 'Twelve Blue' by Michael Joyce", em *Postmodern Culture*, http://muse.jhu.edu/journals/postmodern_culture/v008/8.1ulmer.html, e "A Response to 'Twelve Blue' by Michael Joyce", http://muse.jhu.edu/journals/postmodern_culture/v008/8.1ulmer.html; Mark. C. Taylor & Esa Saarinen, *Imagologies: Media Philosophy* (Londres: Routledge, 1994); Michael Joyce, "Hypermediated", http://iberia.vassar.edu/~mijoyce/hypermediated.html; Stuart Moulthrop, "Straight Talk for Troubled Times, or the Street Finds Its Uses for Things", http://raven.ubalt.edu/staff/moulthrop/talks/ht98/index.html; M. Amerika, "Grammatron", http:// www.grammatron.com/index2.html.

[5] John Tolva, "MediaLoom: an Interactive Authoring Tool for Hypervideo", http://www.mindspring.com/~jntolva/medialoom/index.html.

[6] Nick Sawhney *et al.*, "HyperCafe: Narrative and Aesthetic Properties of Hypervideo", em *Proceedings of the Seventh ACM Conference on Hypertext '96*, Washington, ACM, pp. 1-10.

[*] John Cayley apresentou o artigo "Literal Art" na *Digital Arts and Culture Conference*, 2001, Brown University, Providence – RI, 26-4-2001, no qual propõe o conceito de "textMorphs". Mais tarde, Cayley propõe as distinções: "transliteral morphing" e "interliteral graphic morphs". Disponível em http://www.dichtung-digital.org/2004/2-Cayley.htm e http://www.electronicbookreview.com/v3.

hipertexto em recentes conferências sobre hipertexto (Shipman e Tochtermann).[7] Essa sedução "cinemática" também é evidente no trabalho recente no Parc da Xerox (Zellweger e Price),[8] onde o esforço de animar a relação entre os nós do hipertexto está simplesmente reinventando uma prática e um processo cinemáticos para as relações nodais tradicionais no hipertexto.

Este trabalho recente oferece uma direção e um conjunto de possibilidades importantes para o hipertexto, mas parece limitado pela sua dificuldade de pensar ou escrever "com" o cinemático no hipertexto. Na verdade, o viés literário na teoria e na prática do hipertexto hoje opera como um preconceito e, aqui, refiro-me a preconceito no sentido discutido pela filosofia hermenêutica (ver, por exemplo, Gadamer),[9] que é quase hegemônico em seus esforços de recuperar o cinemático no campo gramatical e literário. Essa hegemonia manifesta-se de muitas maneiras, que vão do uso de gifs animados na web à manutenção dos modelos de difusão e da estética televisual para a apresentação de conteúdo audiovisual no hipertexto. Isso representa uma redução literal do cinemático a um domínio hipertextual que já aceita a ordem lingüística e gramatical da palavra. Agora, está claro que a teoria do hipertexto está reconhecendo isso e também está claro que o uso agora regular, por exem-

---

O trabalho citado por Adrian Miles, *Emptykong*, é uma animação em QuickTime que desconstrói a estrutura da linguagem escrita em morfes que caminham da escrita oriental à ocidental. Nesse sentido, é um projeto de "interliteral graphic morphs". *Emptykong* está disponível em http://www.shadoff.net/in. (N. da O.)

[7] Frank Shipman *et al.* (orgs.), *Proceedings of the Ninth ACM Conference on Hypertext and Hypermedia: Links, Objects Time and Space – Structure in Hypermedia Systems* (Washington: ACM, 1998); e Klaus Tochtermann et al. (orgs.), *Proceedings of the 10th ACM Conference on Hypertext and Hypermedia: Returning to our Diverse Roots* (Washington: ACM, 1999).

[8] Polle T. Zellweger *et al.*, "Fluid Links for Informed and Incremental Link Transitions", em Frank Shipman *et al.* (orgs.), *Proceedings of the Ninth ACM Conference...*, cit., pp. 50-57; Morgan N. Price *et al.*, "Linking by Inking: Trailblazing in a Paper-Like Hypertext", em Frank Shipman *et al.* (orgs.), *Proceedings of the Ninth ACM Conference...*, cit., pp. 30-39.

[9] Hans-Georg Gadamer, "Hans-Georg Gadamer: the Universality of the Hermeneutical Problem", em Josef Bleicher (org.), *Contemporary Hermeneutics: Hermeneutics as Method, Philosophy and Critique* (Londres: Routledge and Kegan Paul, 1987), pp. 128-140.

plo, do trabalho de W. J. T. Mitchell[10] sobre a relação entre palavra e texto, ou o recurso ao cinema, já descrito, é a resposta do hipertexto não apenas ao "ataque" do HTML, mas também aos impasses que confrontam o hipertexto. O HTML e a internet representam ou executam uma escrita que, na melhor das hipóteses, não está interessada nas afirmações da teoria do hipertexto (pelo menos o tipo de teoria do hipertexto que estou descrevendo aqui), e, embora a teoria do hipertexto possa parecer meramente reacionária diante da colonização do hipertexto da internet, a passagem para questões de temporalidade e imagem é uma resposta teórica positiva à fragmentação do hipertexto gerada pelo HTML.

Uma relação

Contudo, não desejo criticar a colonização do cinemático pelo hipertexto, mas, sim, alterar as regras de engajamento. Em vez de tentar pensar o que o cinema pode oferecer ao hipertexto, o que já assume uma territorialização do hipertexto em termos do discurso escrito, quero propor que o hipertexto sempre foi cinemático e que o que estou caracterizando como a "sedução do cinemático", evidente na teoria hipertextual recente, é meramente a expressão de uma imanência que sempre esteve presente, ainda que não reconhecida. Apesar de Michael Joyce[11] certa vez ter feito o famoso comentário, "o hipertexto é a vingança da palavra contra a tevê", gostaria de sugerir que o hipertexto, na verdade, é a vingança do cinema contra a palavra, e o que estou interessado em explorar é a auto-reconstrução da palavra à luz do cinemático. Essa "sedução do cinemático" como a expressão de uma força cinemática sempre imanente[12]

---

[10] W. J. T. Mitchell, *Iconology: Image, Text, Ideology* (Chicago: University of Chicago Press, 1986), e *Picture Theory: Essays on Verbal and Visual Representation* (Chicago: University of Chicago Press, 1994).

[11] Michael Joyce, *Of Two Minds: Hypertext Pedagogy and Poetics*, cit.

[12] Alegra-me chamar essa "força" por outro nome que não cinemático, apesar de estar sugerindo que o cinema e o hipertexto compartilham essa qualidade e/ou expressão. Contudo, gostaria de preservar o uso de "cinemático" nesse ínterim, simplesmente porque suspeito que a conotação de hipertexto como uma prática baseada na tela seja significativa.

provavelmente assume várias formas; contudo, por meio da comparação de um momento ou gesto cinemático específico – a edição – à luz de um momento ou gesto hipertextual – o link – essa força, de alguma maneira, recebe expressão corporal.

Apesar de haver pesquisa considerável em estudos de cinema no que se refere à edição, a maior parte dela foi classificada em categorias gerais de estilos específicos (Bordwell e Chatman).[13] Por exemplo, no "corte de continuidade clássico", a função da edição é definida em função de um ocultamento da natureza construída do filme e da narrativa e de apresentar uma fusão integrada de acontecimentos, caráter e movimento. Naturalmente, há muitos outros estilos de fazer filmes e muitas outras descrições teóricas destes, mas, em geral, a maioria dessas descrições trata a edição como um processo integral de construção (seja para o cineasta, para o filme, seja para o leitor) e dizem respeito à organização de história, espaço e evento representado. Mesmo quando a teoria ou a prática do filme está lidando explicitamente com a edição, como no cinema de montagem russo, descobrimos que, embora a ênfase recaia sobre o "salto" que a edição executa, essa edição está meramente facilitando a expressão de uma condição transcendental. É interessante que esse provavelmente não é o caso no trabalho de Dziga Vertov, em particular na sua teoria do "intervalo" e, embora muitos comentaristas tenham lutado para descrever ou contextualizar o intervalo de Vertov (muitas vezes por meio de valorizações modernistas forçadas, como em Petric),[14] a descrição de Deleuze[15] do intervalo como um momento de indecisão ou de possível decisão, no esquema motor sensório da ação, a imagem tem fortes afinidades com o link do hipertexto.

---

[13] David Bordwell, *Narration in the Fiction Film* (Madison: University of Wisconsin Press, 1985), e *On the History of Film Style* (Cambridge: Harvard University Press, 1997); Seymour Chatman, *Story and Discourse: Narrative Structure in Fiction and Film* (Ithaca: Cornell University Press, 1988).

[14] Vlada Petric, *Constructivism in Film: "The Man with the Movie Camera". A Cinematic Analysis* (Cambridge: Cambridge University Press, 1987).

[15] Gilles Deleuze, *Cinema One: the Movement-Image. Hugh Tomlinson and Barbara Habberjam (trans)* (Minneapolis: University of Minnesota Press, 1986).

PARADIGMAS CINEMÁTICOS PARA O HIPERTEXTO

155

De maneira curiosamente análoga, os links em um hipertexto e a sua teorização revelam uma história similar. A teoria inicial do hipertexto, com o seminal trabalho de Landow,[16] "The Rhetoric of Hypermedia", concentra-se nos links como dispositivos de conexão em que a ênfase recai sobre a inteligibilidade da origem e do destino dos links, mas não nos próprios links. Embora seja uma descrição centrada nos nós, seu efeito é "apagar" o trabalho do link, como na edição de continuidade clássica – para Landow, o link é principalmente um mecanismo que facilita o movimento entre os nós. Similarmente, Slatin, em um ensaio inicial exemplar, enfatiza o papel dos links como caminhos associativos. Esse argumento vale-se de um grau zero de intencionalidade transparente, naturalizado e psicologizado, no qual, mais uma vez, o link está sujeito ao conteúdo de sua origem e destino, agora duplicado na relação do link com o nó e da mente com o autor. Na prática mais recente de hipertexto para internet, boa parte do processo é evidente; aqui, não apenas os links se tornam servos emudecidos de comandos já sinalizados (para cima, para baixo, para a esquerda, para a direita, para trás, seguinte, etc.), mas há considerável investimento – financeiro, estético e teórico – na redundante nomeação da função de link por meio de botões, logotipos e deixas textuais, o equivalente gráfico do onipresente "clique aqui".

O que é comum à teoria da oclusão do trabalho, executada pela edição no cinema e pelo link no hipertexto, é uma dupla diluição desse intervalo em, por um lado, meramente uma técnica que facilita a conexão e, por outro, um esforço ativo de ocultar ou repudiar essa conectividade com o nó, ou tomada, que está sendo conectado. Isso permite que a narrativa, acontecimento ou tema surja para motivar essa conectividade e, assim, produz modos clássicos de realismo normativo.[17] O link ou a edição é

---

[16] George. P. Landow, "The Rhetoric of Hypermedia: Some Rules for Authors", em Paul Delany & George P. Landow (orgs.), *Hypermedia and Literary Studies* (Cambridge: MIT Press, 1994), pp. 81-103.

[17] Isto é, as convenções da narrativa realista no cinema e as categorias de associação ou descrição de link para o hipertexto. O último é particularmente evidente no trabalho que quer definir a linkagem do ponto de vista de uma intencionalidade associativa, de modo que a natureza de um link deva ser, em certa medida, transparente. Isso é evidente em trabalhos recentes sobre sistemas de hipertexto nos quais se tenta assinalar o tipo de link, ou destinos, como em Zellweger *et al.*, "Fluid

subordinado ao conteúdo representacional do trabalho e, embora não fique claro se pode haver um estilo "realista" de hipertexto análogo à narrativa cinematográfica clássica, a legibilidade redundante do link e o link gráfico "naturalizado" poderiam muito bem sê-lo.

Em ambos os domínios, a invisibilidade desse intervalo produziu um privilegiamento dos espaços de conteúdo frente a seus pontos de conexão, mas é a possibilidade de haver conexões que, de maneira um tanto banal, torna cada mídia possível. Em outras palavras, se não temos links, não temos hipertexto (certamente não na variedade link-nó)[18] e é preciso dar a esse truísmo a devida consideração, como reconhece cada vez mais a teoria recente:

> Para comemorar a terceira época da escrita, o link de hipertexto terá de carregar sua própria significação, em boa parte como a narrativa tornou-se seu próprio tipo de estudo hoje. Portanto, em uma tentativa de enriquecer esse empreendimento acadêmico, proporei a noção de paratexto, uma dimensão da significação que começa dentro do texto, mas que, poderíamos sistematicamente demonstrar, origina suas próprias representações narrativas.[19]

Nós sem links são livros;* é a presença de links que confere hipertextualidade a um objeto discursivo e, embora não esteja disposto a argu-

---

Links for Informed and Incremental Link Transitions", cit., pp. 50-57; Catherine C. Marshall, "Toward an Ecology of Hypertext Annotation", em Frank Shipman *et al.* (orgs.), *Proceedings of the Ninth ACM Conference...*, cit., pp. 40-49.

[18] Apesar de isto ser um truísmo, assinalaria que só se aplica ao hipertexto com nós e links. "Cibertexto" e "ergódico", de Aarseth, devem ser adotados quando se fizer referência a outras formas textuais que possam ser consideradas "hipertexto", mas que não têm a estrutura do tipo nós e links. E. J. Aarseth, *Cybertext: Perspectives on Ergodic Literature* (Baltimore: Johns Hopkins University Press, 1997).

[19] Francisco. J. Ricardo, "Stalking the Paratext: Speculations on Hypertext Links as a Second Order Text", em Frank Shipman *et al.* (orgs.), *Proceedings of the Ninth ACM Conference...*, cit., pp. 142-151.

Ao fazer essa distinção, Adrian Miles está enfatizando que ele se refere ao hipertexto como mídia digital, pois os conceitos de Aarseth podem ser aplicados a textos impressos tal como o *I Ching* ou *Se um viajante numa noite de inverno*, de Ítalo Calvino. (N. da O.)

mentar que se pode dizer o mesmo a respeito do papel da edição no cinema (afinal, é possível ter um cinema composto de uma única tomada), o papel da câmera na produção de um conjunto enquadrado sugere vigorosamente que a tomada cinemática é formada pela separação e inserção simultâneas em uma série de conjuntos em constrição e expansão.[20] Similarmente, na escrita do hipertexto, a possibilidade do link se oferece como um conjunto aberto e, embora qualquer link específico limite esse set, o link retém um aspecto desse conjunto aberto na sua divisibilidade. Essa é uma das maneiras pelas quais eu caracterizaria a experiência da linkagem do hipertexto e isso sugere que a inteligibilidade do link e da edição é um problema indireto, isto é, uma questão cognitiva ou perceptual, e é a possibilidade de haver a possibilidade de um link ou edição que precisa ser explicada.

Naturalmente, de certa maneira, isso é uma caricatura da teoria do filme e do hipertexto, pois há um trabalho considerável que examina links e edições. Contudo, esse trabalho pode ser caracterizado pelo seu esforço de apresentar ou, pelo menos, descobrir, um princípio de classificação que permita que links e edições sejam descritos e catalogados. Nos estudos de cinema, esse trabalho chegou ao seu zênite no trabalho altamente estrutural de Christian Metz, e no trabalho mais recente de narratologia de alguém como Seymour Chatman, enquanto no hipertexto é representado por trabalhos como "Rhetorics of the Web", de Burbules, o apelo retórico geral de Lanham, e, possivelmente, mesmo pela pesquisa que examina as práticas de anotação conduzidas pelo Parc da Xerox (por exemplo, Marshall e Price).[21]

---

[20] Gilles Deleuze, *Cinema One: the Movement-Image. Hugh Tomlinson and Barbara Habberjam (trans)*, cit.

[21] Christian Metz, *Film Language: a Semiotics of the Cinema* (Nova York: Oxford University Press, 1974); Seymour Chatman, *Story and Discourse: Narrative Structure in Fiction and Film*, cit.; Nicholas C. Burbules, "Rhetorics of the Web: Hyperreading and Critical Literacy", em Ilana Snyder (org.), *Page to Screen: Taking Literacy into the Electronic Era* (Sydney: Allen and Unwin, 1997), pp. 102-122; Richard. A. Lanham, *The Electronic Word: Democracy, Technology, and the Arts*, cit.; Catherine C. Marshall, "Toward an Ecology of Hypertext Annotation", cit.; Morgan N. Price *et al.*, "Linking by Inking: Trailblazing in a Paper-Like Hypertext", cit.

Esse projeto geral parece querer ser capaz de produzir ou definir tipologias de links antes de qualquer navegação e análise de hipertexto, mas, assim como seu equivalente cinemático, sua convicção na presença de uma meta-estrutura ou sistema definível deve mais às reificações do estruturalismo (ou, talvez, do modernismo tardio) do que à pragmática de uso do link ou da edição. Está claro que os links e as edições possuem força retórica; eles realmente fazem conexões entre as partes, eles geram, demonstram, até executam argumentos e estes realmente envolvem conjuntos de relações entre fonte, destino e contexto de leitura. Contudo, a idéia essencial não é a de que eles podem ser descritos antes de seu surgimento, mas a de que eles são o produto de suas condições na prática, em outras palavras, são o que Deleuze e Guattari descrevem como assemblage: "Na medida em que a lingüística se limita a constantes – sintáticas, morfológicas ou fonológicas – ela liga o enunciado a um significante e a enunciação a um sujeito e, por conseguinte, monta toscamente a assemblage".[*] O problema, ou questão, não é que tipo de assemblage pode ser usada, mas o que torna a assemblage possível. Esta é a questão central.

A força

No cinema, Lev Kuleshov demonstrou, por meio de uma série de experimentos, que as edições podem levar a associações e ligações entre material anteriormente não relacionado.[22] O trabalho de edição parece forçar essa associação, e embora seu significado seja externo ao conteúdo da cena, seu efeito é produzir uma lógica hermenêutica que descreve essa relação como se fosse interna. O mesmo efeito está presente no hipertexto, onde podemos conectar livremente, e conectamos, material anteriormen-

---

[*] Na tradução para o português do texto de Deleuze e Guattari, o termo assemblage aparece como *agenciamento*. Ver Gilles Deleuze & Felix Guattari, "Introdução: rizoma", em *Mil platôs: capitalismo e esquizofrenia*, trad. Aurélio Guerra Neto, vol. 1 (São Paulo: Editora 34, 1995), p. 15. (N. da O.)

[22] Jean Mitry, *The Aesthetics and Psychology of the Cinema. Christopher King (trans)* (Bloomington: Indiana University Press, 1997), p. 100.

te díspar e não relacionado e, em virtude dessa ligação, o conteúdo passa a ser compreendido, de alguma maneira, como relacionado. Não é a "lista de achados" que geramos a partir de uma consulta a um mecanismo de busca na internet; tampouco é a maneira pela qual poderíamos mais ou menos arbitrariamente estabelecer links com nós "externos", mas é simplesmente a capacidade de estabelecer links com nós e, no link, gerar, forçar uma conexão hermeneuticamente viável entre espaços discursivos, sob outras condições, distintos. Essa conexão não é meramente "técnica" nem retórica, mas expressa uma transformação entre os nós unidos e dos nós unidos.

Como Austin[23] demonstrou, todos os atos de fala são performativos* e, embora possam variar no efeito perlocucionário e ilocucionário,** todo discurso tem força performativa. A transformação dos nós ou das tomadas de câmera executada pelos links ou pela edição é uma expressão dessa força e não é, pelo menos em primeira instância, a expressão de um significado, mas a transformação necessariamente eliciada pela força na qual toda linguagem, todo ato de fala estão imersos.[24] O efeito disso é o que Deleuze e Guattari[25] descreveram como uma "transformação

---

[23] J. L. Austin, *How To Do Things With Words* (Londres: Oxford University Press, 1962).

* Um ato de fala era considerado performativo quando indicava ações a serem realizadas, como, por exemplo, "eu sou fiel ao Partido", "obedeço à mamãe", etc. A proposição de Austin de que todo ato de fala é uma ação, transforma o paradigma que associa linguagem à representação de um mundo externo ou de pensamentos. Segundo Paulo Ottoni, em seu artigo sobre o conceito de ação performativa da linguagem nos estudos de Austin, "o performativo é o próprio ato de realização da fala-ação". Ao identificar que por trás de todo enunciado existe um "sujeito falante" Austin rompe com a visão que separa os enunciados constatativos dos performativos. Ver Paulo Ottoni, *John Langshaw Austin and the Performative View of Language*, Delta, 18 (1), 2002, pp. 117-143. (N. da O.)

** Segundo Austin, o ato de fala é composto por três dimensões: o ato locucionário, que ocorre a partir da produção de sons e envolve a geração de sentido; o ato ilocucionário, portador de força; e o ato perlocucionário, que é a produção de um efeito sobre o interlocutor. No ato ilocucionário, o enunciado da frase é, em si, uma potência de ação. Podem expressar comprometimento, ameaça, ordem, etc. Existe uma versão do livro citado em português: J. L. Austin, *Quando dizer é fazer: palavras e ação* (Porto Alegre: Artes Médicas, 1990). (N. da O.)

[24] Gilles Deleuze & Felix Guattari, *A Thousand Plateaus: Capitalism and Schizophrenia*, trad. Brian Massumi (Minneapolis: University of Minnesota Press, 1987), pp. 75-79.

[25] *Ibid.*, p. 81.

incorpórea", na qual "as palavras-de-ordem* ou agenciamentos de enunciados de uma dada sociedade (em resumo, o ilocucionário)** designam essa relação instantânea às declarações e às transformações incorpóreas ou atributos não corpóreos que elas expressam". Essa transformação "aplica-se a corpos, mas é, ela própria, incorpórea, interna à enunciação"[26] e, além disso, é "reconhecível por sua natureza instantânea, imediata, pela simultaneidade do pronunciamento que expressa a transformação e o efeito que a transformação produz".[27] Em outras palavras, é o domínio da palavra-de-ordem, da força ilocucionária e do discurso indireto, e este é o domínio da edição e do link.

No cinema, qualquer par de tomadas de câmera pode ser editado em conjunto e nessa edição um significado é gerado ou expresso – isso, evidentemente, é um retorno às "provas" de Kuleshov discutidas anteriormente. Além disso, qualquer uma dessas tomadas pode também ser inserida em uma seqüência diferente e, por sua vez, gerar um significado diferente. O conteúdo da tomada, seu "corpo" literal, continua intacto, por mais que seus atributos sejam instantaneamente transformados no ato da edição. No hipertexto, dois ou mais nós podem estar linkados de várias maneiras e as séries de que participam, incluindo a repetição dos nós quando os links são ativados, também produzem transformações instantâneas dos atributos dos "nós". Como sugeriu Walker:

> A reinterpretação do mesmo nó quando ele é lido uma segunda vez parece um perfeito exemplo da repetição nietzchiana. Não apenas o nó parece o mesmo

---

* O conceito de *palavra-de-ordem*, em Deleuze e Guattari, não se refere a uma categoria particular de enunciados imperativos, mas sim às relações deste enunciado com pressupostos aceitos socialmente, implícitos a esse ato de fala. Nesse sentido, uma palavra-de-ordem implica em atos ou ações e, portanto, opera transformações incorporais. (N. da O.)

** Com relação à *força* do ato de fala e à geração do efeito ilocucionário, Austin enfatiza a importância de um contexto de referências que possibilite o reconhecimento. Deleuze e Guattari, por sua vez, nos falam das implicações pragmáticas dos atos de fala. O contexto é que dá força às palavras-de-ordem, como um "agenciamento coletivo de enunciação". (N. da O.)

[26] *Ibid.*, p. 82.

[27] *Ibid.*, p. 81.

PARADIGMAS CINEMÁTICOS PARA O HIPERTEXTO

na superfície, ele é o mesmo mais profundamente do que pode ser uma repetição tradicional de códice. E, no entanto, o nó está diferente, mudado.[28]

O que é crucial, aqui, é que essa transformação é efetuada na/através da performance da edição ou do link, não pelos próprios nós (corpos), e que essa transformação ocorre com a performance do link, é simultânea a sua expressão.

A força ilocucionária de tais atos de fala tem dois aspectos: é o que permite que os aparentemente díspares ou não relacionados (duas tomadas de câmera, dois ou mais nós) possam ser unidos e é o que provê, até mesmo obriga, a conexão que fazemos entre os nós – isto deve relacionar-se com isto. Essa força é anterior aos tipos de ligações que somos capazes de fazer, se gostarem de tropos retóricos, e, na sua expressão, as edições e links tornam-se realmente promessas "de risco".

As promessas, juntamente com as ordens, talvez sejam os exemplos canônicos dos atos de fala performativos. Elas são contextuais, têm força social, ideológica, política, ética, normativa e são sempre concomitantemente determinadas ou avaliadas no e pelo seu fazer. O que um ato de fala performativo significa não pode ser separado do seu dizer e fazer, e seu risco não é o de ser verdadeiro ou falso, que Austin caracteriza como "atos de fala constatativos" (afinal, o que é um link falso?), mas o de ser oportuno ou inoportuno. Na verdade, pode-se considerar que boa parte do trabalho sobre links, navegação e leitura do hipertexto explora o que constitui o bom link (Bernstein e Landow).[29] Em outras palavras, a transição abrupta e o reinício em um outro ponto que um link ou edição desempenha, representa uma oportunidade de incompreensão, uma perda

---

[28] Jill Walker, "Piecing Together and Tearing Apart: Finding the Story in 'afternoon'", em Klaus Tochtermann *et al.* (orgs.), *Proceedings of the 10th ACM Conference on Hypertext and Hypermedia: Returning to our Diverse Roots* (Washington: ACM, 1999), pp. 111-117.

[29] Mark Bernstein, "Aksycn's Law. HypertextNow", disponível em http://www.eastgate.com/HypertextNow/archives/Akscyn.html, e "Judging Web Sites: Usability or Criticism? HypertextNow", disponível em http://www.eastgate.com/HypertextNow/archives/Merit.html; George. P. Landow, "The Rhetoric of Hypermedia: Some Rules for Authors", em Paul Delany & George P. Landow (orgs.) *Hypermedia and Literary Studies*, cit., pp. 81-103.

de coerência, até mesmo, simplesmente, um link quebrado, mas essa possível infelicidade sempre carregará um resíduo de força que aposta contra esse risco.

Essas transformações incorpóreas são imanentes à linguagem, mas o peculiar a respeito do cinema e do hipertexto é que, como sistemas discursivos, eles parecem querer dar expressão a essa força, torná-la visível. Uma edição ou um link é, se quiser, uma manifestação da expressão dessa força imanente, até mesmo uma escritura com essa força e, embora possamos julgar útil pensar nos links como promessas e, possivelmente, até mesmo considerar edições como promessas, o que talvez seja mais produtivo seja tentar identificar como o hipertexto, como prática já cinemática, torna visível essa força. No cinema, em geral, a técnica do *dissolve** se destinava à representação, mas esses são momentos que caracterizam a edição e os *dissolves* são momentos de particular intensidade no cinema, pontos em que a performance da edição não se submete mais a um momento impossível e apresenta uma duração que excede as práticas de narração convencionais. Embora o *dissolve* seja um recurso temporal, sua apropriação do tempo por meio da ampliação do instante, normalmente oculto na edição por meio do espaço e tempo da imagem, coloca a ênfase não tanto na promessa, mas sim no ato de prometer. Contudo, mais significativamente ainda, os *dissolves* são a invenção de uma tradução visual no filme de suas transformações incorpóreas, à medida que sua força performativa se torna corpórea na visibilidade que o ato de dobrar sobre si mesma produz. Em outras palavras, durante o *dissolve* a edição não mais se contenta nem se limita a uma transformação incorpórea, mas apresenta-se efetivamente sobre uma superfície e isto torna visíveis seus afectos.** Trata-se menos de significado do que de tornar visível o incorpóreo ou virtual.

---

* *Dissolve* é uma transição gradual entre duas imagens sendo que o aparecimento de uma (*fade-in*) ocorre simultaneamente ao desaparecimento de outra (*fade-out*), ocorrendo uma sobreposição de imagens. (N. da O.)

** É importante notar que aqui Miles utiliza a palavra *affects* (afeto) referindo-se a esse termo tal como foi proposto por Deleuze. Em seu curso sobre Spinoza, Deleuze enfatiza a diferença entre os termos *afecção* (do latim *affectio*) e *afeto* (do latim *affectus*): "A afecção (*affectio*) é uma mistura de

Na maior parte dos sistemas de hipertexto, a distância entre dois nós é uma qualidade reconhecida (qualquer nó é tão temporalmente disponível quanto qualquer outro) e, em nosso sonho de banda larga todo link deve estar tão disponível quanto qualquer outro. Isso, naturalmente, é muito como a edição de continuidade, mas se a escrita e a leitura acontecem "no" link, então, não é nos nós que o hipertexto reside, mas nas conexões e caminhos feitos entre os nós. Pensar a respeito, descrever ou mesmo abordar a questão do que permite isso requer que desloquemos nossa atenção dos nós para os links, de uma má interpretação teórica, que julga erroneamente o conteúdo de um nó como aquilo que permite que as partes sejam unidas. O cinema nos ajuda nessa mudança, não apenas oferecendo ferramentas teóricas, mas também porque o hipertexto diz respeito a conectar separações que todos nós nos descobrimos fazendo *nosso hipertexto cinemático.*

O cinema definiu rapidamente para si próprio um método que expressa o efeito de sua força por meio da sua própria forma material. Essa expressão no tempo do trabalho transformativo da edição não é, naturalmente, surpreendente em um meio temporal, mas a questão de determinar se o hipertexto pode ou deve empreender uma trajetória similar é simplesmente começar a reconhecer esses aspectos que haviam sido deixados de lado, pôr em prática as teorias hipertextuais com pressupostos literários.

Para o hipertexto como prática de escritura, a questão não é imitar o cinema, mas desenvolver uma metodologia que dê expressão à força de que é expressão. Trata-se de um escrever arriscado, um escrever que busca, endossa e retorna à expressão da força que o link incorpora, executa e

---

dois corpos, um corpo que se diz agir sobre outro, e um corpo que recolhe o traço do primeiro. Toda mistura de corpos será chamada de afecção". Em Cours Vincennes, 24-1-1978, *Sur Anti Oedipe et Mille Plateaux, Deleuze: Spinoza.* Disponível em: http://www.webdeleuze.com/php/texte.php?cle=194&groupe=Spinoza&langue=5. Em síntese, uma afecção é um efeito, a ação de um corpo sobre outro. Mais tarde, Deleuze propõe que as afecções são passagens, devires, variações contínuas, signos vetoriais e, portanto, serão chamadas *afectos.* Em Gilles Deleuze, *Spinoza e as três "Éticas". Crítica e Clínica* (São Paulo: Editora 34, 1997), pp. 156-157. Sobre afecto ver também Gilles Deleuze & F. Guattari, *Percepto, afecto e conceito. O que é a filosofia* (São Paulo: Editora 34, 1992). (N. da O.)

promete. Esse risco não será encontrado no tema nem no conteúdo, mas em uma aceitação entusiasmada aos perigos que o link endossa: a ruptura e a recombinação. É assim que o hipertexto é cinemático antes de ser literário e sugere que um escrever futuro, o escrever do qual o hipertexto ainda será a expressão, será um escrever com o link. Não é a linkagem saturada que boa parte do hipertexto experimental executa; tampouco é a imitação de efeitos cinemáticos em nossas telas de computador. Seria, se fosse possível, um "grau zero" do link e, embora tal escrever continue a ser impossível, é tarefa da promessa hipertextual mover-se rumo a tal prática. Em tal escrever, o link terá aprendido a pensar por si mesmo e nós, por outro lado, ficaremos maravilhados com a obviedade de tal escrever.

Contribuições para a questão da formação do designer de hipermídia

Edson do Prado Pfützenreuter

Introdução

Este texto é fruto de uma pesquisa que venho realizando há vários anos. Parte dela foi publicada em um artigo[1] no qual abordei a formação necessária para o designer que projeta para internet. Ao ampliar aquelas colocações torna-se necessária uma revisão dos conceitos mais importantes nesta área pelo fato de ser muito amplo o campo dos significados abrangidos pelas palavras que formam o título deste ensaio.

Design

O que é design e porque esta palavra é diferente de desenho? A questão já foi proposta anteriormente e, em minha opinião, a melhor abordagem foi oferecida por Flávio Motta.[2]

Esse autor[3] afirma que a palavra "desenho" está relacionada, em sua origem, com "desígnio", com noção de "projeto", sentido que se deve à

---

[1] Edson Pfützenreuter, "Ueb Disainer: Uat is dis", revista *Design Gráfico*, ano 5, nº 41, São Paulo, 2000, pp. 52-54.

[2] Flávio Motta, *Desenho e emancipação sobre o desenho* (São Paulo: FAU-USP, 1975).

[3] *Ibid.*, p. 29.

experiência de desenho trazida ao nosso país pela Missão Francesa, que acabou se perdendo.

Flávio conta que, certa vez, perguntou a um caipira com quem ele aprendera a fazer figurinhas de barro, e ele respondeu: "o desenho é meu mesmo". Isso causou surpresa aos alunos que o acompanhavam, pois eles estavam com uma linguagem mais moderna e concebiam o desenho como "registro gráfico, expressão em linhas, manifestação de formas em duas dimensões, esboço, traçado".[4]

Confirmando esse antigo sentido da palavra desenho, Artigas[5] afirma que, no século XVI, dom João III escreveu sobre a invasão holandesa no Recife: "Para que haja forças bastantes no mar, com que impedir os desenhos do inimigo, tenho resoluto [...]." Aqui, desenho significa "desígnio; intenção; planos do inimigo".

Design, *drawing* e *draft* são as palavras que em inglês indicam algo para o qual só temos desenho. Desses três termos, design é o mais amplo, pois, como lembra Motta,[6] "pode conter os interesses concretos, pluridimensionais de uma parte da sociedade, dentro das mais complexas formas de produção, notadamente de bens de consumo".

O significado de design tem áreas que compartilham parte do significado de projeto. Como diz Motta, é um pro-jet, diz o arquiteto, "uma espécie de lançar-se para a frente, incessantemente, movido por uma preocupação". Essa "pré-ocupação" compartilharia da consciência da necessidade. Num certo sentido, ela já assinala um encaminhamento no plano da liberdade.[7]

Em outras concepções de design também aparecerão as palavras desígnio, projeto, necessidade e liberdade. Veremos primeiro aquela proposta por Gui Bonsiepe.

Esse autor propõe como fundamental no design a noção de interface. Ele apresenta sua idéia por meio de um "diagrama ontológico do design",

---

[4] *Ibid.*, p. 31.

[5] Vilanova Artigas, "O desenho", aula inaugural pronunciada na Faculdade de Arquitetura e Urbanismo da Universidade de São Paulo em 1-3-1967, em *Revista do IEB*, nº 3, São Paulo, 1968, pp. 23-32.

[6] Flávio Motta, *Desenho e emancipação sobre o desenho*, cit., p. 30.

[7] Ibidem.

Contribuições para a questão da formação do designer de hipermídia

que mostra um usuário (com uma tarefa a cumprir), uma ferramenta e a ação de executar aquela tarefa. Todos esses elementos ligados pela interface. Esta última não é entendida como uma coisa, mas como o espaço no qual se estrutura a interação entre aqueles elementos. Interface é, para ele, "o domínio central do design".[8]

Essa proposta pode ser exemplificada com um percevejo: esse objeto é diferente de um prego, agulha ou alfinete em função de sua cabeça, que, por ser larga, não fere o dedo. A cabeça do percevejo, que é o elemento fundamental de seu design, é uma interface.

Bonsiepe diz que a

> [...] interface revela o caráter de ferramenta dos objetos e o conteúdo comunicativo das informações. A interface transforma objetos em produtos. A interface transforma sinais em informação interpretável. A interface transforma a simples presença física em disponibilidade.[9]

Essa definição é interessante por ultrapassar aquelas baseadas na forma e na estética e servir de base para alguns postulados, por ele chamados de "sete colunas do design". São eles:

- design é um domínio que pode se manifestar em qualquer área do pensamento e da práxis humana;
- o design é orientado ao futuro;
- o design está relacionado à inovação. O ato projetual introduz algo de novo no mundo;
- o design está ligado ao corpo e ao espaço, particularmente ao espaço retinal, porém não se limitando a ele;
- o design visa à ação efetiva;
- design está lingüisticamente ancorado no campo dos juízos;
- design se orienta à interação entre usuário e artefato. O domínio do design é o domínio da interface.[10]

---

[8] Gui Bonsiepe, *Design: do material ao digital* (Florianópolis: Fiesc/Senai/IEL, 1997), p. 12.
[9] *Ibid.*, p. 12.
[10] *Ibid.*, p. 16.

A definição de design prosposta por Flusser[11] parte de uma análise das palavras; assim, ele chama a atenção para o fato de o termo *design* ser, em inglês, ao mesmo tempo um verbo e um substantivo, significando intenção, plano, objetivo, mas também confeccionar, esboçar, planejar contra alguma coisa. Todos esses significados ele considera relacionados com esperteza e engano.

A análise efetuada o leva a afirmar que as palavras design, máquina, tecnologia e arte estão intimamente relacionadas, mas têm sido separadas pelo menos desde a Renascença. No entanto, atualmente, design indica "o lugar onde a arte e tecnologia (junto com suas maneiras de pensar respectivamente avaliativa e científica) se aproximam, tornando possível uma nova forma de cultura".[12]

Essa cultura, no entanto, depende da consciência de que ela é enganadora. A partir desse ponto ele se pergunta: "quem e o que estamos enganando quando estamos envolvidos com cultura (com a arte, com a tecnologia – em resumo, com design)?".[13]

Sua resposta parte de um exemplo:

> A alavanca é uma máquina simples. Seu design copia o braço humano; ela é um braço artificial. Sua tecnologia provavelmente é tão antiga quanto a espécie *homo sapiens*, talvez ainda mais velha. E sua máquina, seu design, sua arte, sua tecnologia pretende trapacear com a gravidade, enganar as leis da natureza. [...] Este é o design que é a base de toda a cultura: enganar a natureza através da tecnologia, substituir o que é natural pelo artificial. Em resumo: o design, por trás de toda a cultura, deve ser enganador (artificioso) o suficiente para transformar meros mamíferos condicionados pela natureza em artistas livres.[14]

Essa discussão coloca a questão do design em outro patamar. Tirando dessa atividade todo o glamour de objetos de decoração e mostrando

---

[11] Vilém Flüsser, *The Shape of Things: a Philosophy of Design* (Londres: Reaktion Books, 1990), p. 17.
[12] *Ibid.*, p. 19.
[13] *Ibidem.*
[14] *Ibidem.*

como algo intimamente relacionado à sobrevivência. Isto é mostrado por Martin Pawley, na introdução do livro de Flüsser quando afirma que

> [...] a razão fundamental do design deve ser encontrada: em um mundo superpovoado e poluído, no qual as pessoas vivem na realidade virtual a maior parte do tempo e vestem "roupas de mergulho" especiais para visitar o mundo real.[15]

Mix de definições

Ao aplicarmos à hipermídia o diagrama ontológico do design proposto por Bonsiepe, temos um usuário que desempenha a ação de buscar informações por meio de um sistema computadorizado que, além de armazenar, coloca os dados em relação. Assim como no caso do percevejo, a interface é o que permite que essa ação seja efetivada. Dessa maneira, se "a interface revela o caráter de ferramenta dos objetos", é ela que faz com que o computador se transforme em uma ferramenta para navegar na informação.

Existe um sentido específico da palavra interface quando tratamos de sistemas computadorizados, que se refere não somente aos instrumentos físicos de entrada e saída de dados no computador, mas também à maneira como o programa se comunica com quem o utiliza, ou seja, referese à interface gráfica do usuário. Essa atividade de extrema importância tem gerado estudos que estão reunidos em uma linha de pesquisa conhecida como Human-Computer Interaction (HCI).

Olhando a hipermídia por meio das propostas de Bonsiepe, veremos um artefato que introduz algo de novo no mundo, permitindo que o corpo, ou pelo menos as mãos, os olhos e ouvidos, navegue na informação por meio de uma ação efetiva. E isso tudo está no presente mas é, sem dúvida, orientado para o futuro.

---

[15] Martim Pawley, "Introdução", em Vilém Flüsser, *The Shape of Things: a Philosophy of Design*, cit.

A abordagem de Flüsser também é profícua. Partindo de sua idéia de design ligado à sobrevivência e à trapaça, proponho que o design de hipermídia visa a sobrevivência em meio ao excesso de informação, por meio de um tipo de trapaça. Se o design é um truque que engana, a hipermídia é uma maneira esperta, um estratagema, que trapaceia com a natureza dos suportes, com sua materialidade, que tem peso e ocupa espaço e que, por isso mesmo, dificulta a recuperação das informações.

Tomemos como exemplo o papel. Este somente passou a ser um suporte material prático quando começaram a ser menos espessos, com trama fina, bem colados e produzidos em quantidade, o que ocorreu somente por volta do século XV.[16] A reduzida espessura do papel tornou seu uso dominante da mesma maneira que o pergaminho havia substituído as placas de argila ou de pedra.

O papel, no entanto, não é bidimensional. Guillaume[17] nos recorda da existência de "uma terceira dimensão, esta, que é esquecida, requisita sua presença quando ele é dobrado, enrolado ou empilhado". A pequena espessura desse suporte, que permitiu a ampliação da troca e do acúmulo de conhecimentos, impõe limites a essa mesma troca, exigindo suportes imateriais, utilizados pela hipermídia.

Áreas do design

Colocando de maneira simplificada, o design é um processo que leva à criação de objetos que suprem necessidades definidas no início do processo. Esses objetos servem para sentar, escrever, carregar, divulgar uma informação, etc. Assim, teremos uma cadeira, uma caneta, uma bolsa, um cartaz, etc.

A utilidade dos objetos citados aponta para as duas áreas principais nas quais o design é tradicionalmente dividido: o projeto de produto, ou desenho industrial, e o design gráfico (DG). É importante o reconheci-

---

[16] Jean Rudel, *A técnica do desenho* (São Paulo: Zahar, 1980), p. 67.

[17] Marc Guillaume, "Le luxe de la lenteur", em *Les cahiers de médiologie*, nº 4, Paris, 1977, pp. 19-30.

mento dessas atividades para um entendimento daquela ocupada pelo design de hipermídia. Ambas partem de um mesmo conceito geral de design, mas representam duas áreas de atividades diferentes, uma vez que o design gráfico está voltado para a informação e está presente no espaço público. Lessa demonstra bem essa idéia ao dizer que:

> Diferentemente de uma cadeira ou outro projeto de design de produto, que apenas temporariamente por meio da exposição comercial no intervalo entre a produção e o consumo/uso se oferece no espaço público (claro que há a exceção de algo especificamente projetado para este espaço), é próprio da natureza do DG participar da construção de espaços públicos como fluxos de informação. A maior diferença reside no fato de o DG lidar não apenas com comunicação baseada na caracterização de uma imagem para o produto, mas também com enunciados explícitos de comunicação. Na verdade, se há uma confluência entre design de produto e DG a partir do conceito geral de design, o DG também se entronca na tradição das artes gráficas e na da indústria da comunicação.[18]

Design de hipermídia

As áreas do DG e do desenho de produto têm se sobreposto tanto em relação à função comunicativa quanto à utilitária. Essa fusão também ocorre no projeto de hipermídia, que vejo como um novo tipo de design, que envolve as duas atividades.

Retomando Bonsiepe, constatamos que duas lâminas de metal podem cortar algo, mas não são uma tesoura. É a atividade projetual do designer que cria esse objeto, ao propor uma interface, colocando uma empunhadura que permite ao ser humano executar a ação de cortar. Outra ação exigirá outra interface e, assim, uma mudança na forma do metal, mas com a manutenção do princípio da alavanca, gerará um alicate.

---

[18] Washington Dias Lessa, *A linguagem do design gráfico*, tese de doutorado (São Paulo: PUC, 1998), p. 65.

Aplicando esse raciocínio em um produto mais complexo, vamos encontrar a cabina de uma retroescavadeira, com muitas alavancas e botões, cada qual permitindo que se coloque em ação uma parte do mecanismo.

As alavancas e botões são interfaces, por estar entre o aparelho e o usuário, devem comunicar ao operador o que eles fazem, têm de estar organizados de uma maneira fácil de ser usada e precisam estar conectados mecanicamente ao instrumento que eles controlam. A diferença entre o projeto da tesoura e o projeto da cabina é de proporção e complexidade, mas nos dois casos deve ser pensada a maneira como o ser humano se relaciona com aqueles instrumentos para executar uma ação.

No caso do design gráfico, a atitude projetual permanece, mas não se trata de indicar ao usuário como ele deve agir com o próprio objeto. Com exceção da indicação, numa embalagem, de como utilizá-la, normalmente a ação acontecerá no ambiente. Um cartaz pretende levar à ação de ver um filme, parar de fumar, doar sangue, etc., e um pictograma pretende levar o observador a caminhar na direção de algo indicado.

Nos trabalhos de design de hipermídia existem elementos de design gráfico, pois esse trabalho envolve a comunicação visual, mas a tela do computador, ao contrário de um cartaz, exige uma atuação nela mesma e o receptor passa a ser operador, usuário. A ação ocorre em elementos clicáveis, botões por exemplo, que devem ser indicados de alguma maneira. Aqui entra o design gráfico, mas botões exigem ação, assim como as alavancas da retroescavadeira e a empunhadura da tesoura.

Aqui fica explícita a relação com um aspecto do design industrial. Mesmo levando em conta que a interface da hipermídia não depende de conexões mecânicas, por ocorrer em um mundo virtual, o projeto de produto tem muito a contribuir com o projeto de hipermídia por sua ampla experiência em botões e alavancas.

Por outro lado, os projetos de hipermídia estão ligados ao design gráfico, pois ambos resultam em produtos que servem para comunicar. Existe, no entanto, uma diferença fundamental: o mundo virtual permite que o receptor/usuário recupere a informação da maneira que ele considere mais adequada.

A interatividade por meio de uma interface gráfica e a organização hipertextual da informação são os dois elementos que conferem uma especificidade na atividade projetual para essas novas mídias.

Metodologia de projeto

O estudo das metodologias, visando saber quais aspectos delas melhor se enquadram no design de hipermídia, é uma tarefa necessária, mas que escapa dos limites propostos para este trabalho; no entanto, é necessária uma pequena incursão nesse campo.

De acordo com Dantas, a metodologia de projeto pretende evitar o comportamento errante do designer, motivando suas decisões projetuais. Essa preocupação ganha corpo nos anos 1950 e 1960, após a Segunda Guerra Mundial, para responder à objetividade exigida pelo processo de industrialização e disputa pelo mercado internacional. Em 1980 existiu uma postura antimétodo, mas atualmente a metodologia deixou de ser considerada como algo ruim pois "descobriu-se, então, que a metodologia, ao contrário do que muitos pensavam, não substitui de maneira alguma a imaginação e a criatividade".[19]

Muitas metodologias diferentes foram propostas, mas genericamente todas trabalham com a redução da complexidade por meio da análise dos dados necessários para o projeto. Partirei da metodologia proposta por Bruno Munari[20] para uma adaptação à hipermídia, pois a considero bastante genérica. Também a escolhi pelo fato de ser exposta de forma didática por meio de uma receita, pois, para ele, a culinária, assim como outras atividades, exige um método com operações executadas em uma ordem definida.

Para ele, o projeto nasce de um problema e caminha para uma solução por meio de várias etapas, nas quais um problema é analisado e decom-

---

[19] Denise Dantas, *Parâmetros para avaliação de embalagens de consumo*, dissertação de mestrado (São Paulo: FAU-USP, 1998), p. 140.

[20] Bruno Munari, *Das coisas nascem coisas* (São Paulo: Martins Fontes, 1998).

posto. Sabemos que nenhum trabalho é tão linear, e que as etapas do projeto muitas vezes se misturam, mas é proposto, nessa metodologia, que ao final de uma fase se forneça dados para a fase seguinte. As etapas propostas por Munari são:

- Problema
- Definição do problema
- Componentes do problema
- Levantamento de dados
- Análise dos dados
- Criatividade
- Materiais e tecnologias
- Experimentação
- Modelos
- Verificação
- Desenhos construtivos
- Solução

Metodologia de hipermídia

Na adaptação das fases propostas por Munari a um projeto de hipermídia, o problema passa a ser a produção de uma comunicação interativa hipermidiática e cada fase deve fornecer informações que respondam a questões pertinentes àquela fase.

A especificação da metodologia de hipermídia é um trabalho que venho desenvolvendo com preocupações pedagógicas. No estado em que se encontra este trabalho, neste momento, são estas as questões que devem ser respondidas:

Fase	Questões
Definição do problema	Que tipo de projeto é esse: educacional, institucional, etc.? A qual público se destina? Qual é o orçamento previsto para o projeto? Em que tipo de equipamento será visto?

(cont.)

Fase	Questões
Componentes do problema	Quais tipos de conteúdo entrarão no projeto? Como a informação estará estruturada? Como o usuário identifica os componentes que permitem a navegação? Como os diversos elementos que aparecem na tela são organizados? Como trabalhar tipograficamente? Em que suporte o trabalho será distribuído? Como o trabalho será divulgado?
Levantamento de dados	Existe produto similar? Serão utilizados textos, imagens, vídeos ou músicas? Eles já existem ou fazem parte do projeto? O que existe de interessante na estruturação da informação? O que existe de interessante sobre interface?
Análise dos dados	Os dados levantados servem ao projeto? De que maneira devo fazer este projeto?
Criatividade	Quais soluções possuo para os problemas propostos?
Materiais e tecnologias	Qual tecnologia é mais adequada para custo-benefício? Que tipo de equipamento essa tecnologia exige para a produção?
Experimentação	Quais são as possibilidades dessa tecnologia? Posso obter resultado similar com outra tecnologia que ofereça maior produtividade?
Verificação	O usuário identifica facilmente a intenção do projeto? O usuário encontra os elementos de navegação? O usuário localiza a informação que deseja?
Solução	Projeto pronto para divulgação e distribuição?

É importante observar que, assim como em outras metodologias, Munari destaca um momento especial e único para a criatividade. Acredito que esse momento seja especial, mas não creio que seja único. Existe criatividade em todo o percurso. Outro problema que identifico é que, como todas as metodologias, parece muito linear.

O processo, na verdade, contém aspectos intuitivo e racional. Deve-se pensar racionalmente nas delimitações do projeto, mas a criação envolve a busca de soluções por meio de tentativas e experimentações, que, na maioria das vezes, ocorre intuitivamente. Nesse caminho são feitos rascunhos, esboços e anotações que não são meros registros, mas verdadeiros instrumentos de pensamento e criação.

Olhando-se esses registros, após o projeto ter sido concluído, o que vemos são documentos do processo criativo[21] que nos mostram possibilidades levantadas e abandonadas, evidenciando não se tratar de um processo linear e contínuo, mas de uma verdadeira luta visando a descoberta de soluções mais adequadas.

Competências

Uma vez conceituado, pelo menos provisoriamente, o que é design de hipermídia e como ele se relaciona com a metodologia, vamos avançar nas competências necessárias ao profissional que atua nessa área.

O tema das competências tem estado muito presente na educação, mas, para Perrenoud, isso não contém nenhuma novidade, pois "a atual problemática das competências está reanimando um debate tão antigo como a escola, que opõem os defensores de uma cultura gratuita e os partidários do utilitarismo".[22]

Para esse autor, "a construção de competências é inseparável da formação de esquemas de mobilização dos conhecimentos com discernimentos, em tempo real, ao serviço de uma ação eficaz".[23] Assim, quando falamos em competência não estamos eliminando a necessidade de trabalhar os conteúdos, mas o que importa é a implementação deles em uma ação concreta. O autor prossegue afirmando que os recursos cognitivos são construídos em experiências práticas e que este é "tanto mais eficaz quando associado a uma postura reflexiva".[24]

---

[21] Cecília Almeida Salles, *Gesto inacabado: processo de criação artística* (São Paulo: Annablume, 1998).

[22] Philippe Perrenoud, *Construir competências desde a escola* (Porto Alegre: Artmed, 1999), p. 13.

[23] *Ibid.*, p. 10.

[24] *Ibidem.*

Uma das vantagens da noção de competência é o fato de ela ser interdisciplinar, ou seja, coloca em ação conhecimentos oriundos de disciplinas diferentes. Esse fato se torna cada vez mais importante pois, diz Perrenoud: "quanto mais complexas, abstratas, especializadas, mediatizadas por tecnologias, apoiadas em modelos sistêmicos da realidade forem consideradas as ações, mais conhecimentos aprofundados, avançados, organizados e confiáveis elas exigem".[25] Este é exatamente o caso da hipermídia; uma atividade complexa, sistêmica e tecnologicamente mediada que exige conhecimentos variados e complexos.

No sentido de verificar como se articulam as questões colocadas pela metodologia projetual na hipermídia, levantarei as tarefas que envolvem um projeto hipermidiático. Levando-se em consideração que esse trabalho se altera em função do tipo de projeto e da tecnologia envolvida, procurei definir as tarefas as mais gerais, que seriam sempre necessárias. Assim, por mais diferentes que sejam os projetos, em algum momento é necessário estabelecer um plano de trabalho, levantar o material necessário, planejar a estrutura e a navegação e projetar a interface.

Alguns pontos se destacam desse levantamento, em primeiro lugar, essas competências são muito amplas para pertencerem a uma só pessoa, o que justifica o fato de os projetos hipermidiáticos serem desenvolvidos por equipes de trabalho.

Lembrando que a preocupação do presente artigo é contribuir para a formação do profissional que desenvolverá hipermídia, um problema que emerge desta análise é como articular competências com disciplinas, fugindo do mal-entendido, destacado por Perrenoud, de "acreditar que, ao desenvolverem-se competências, desiste-se de transmitir conhecimentos".[26]

A distribuição dos conhecimentos necessários pode ocorrer em disciplinas e isso não é incompatível com a abordagem proposta, desde que elas participem conjuntamente da mobilização que leva à construção de

---

[25] *Ibid.*, p. 7.

[26] *Ibid.*, p. 70.

competências. Com essa ressalva posso abordar os conteúdos das disciplinas necessárias para essa formação.

Como essa produção depende de uma tecnologia especializada, esse profissional precisa ter noções técnicas. Deve saber fazer ou, o que também é complexo, saber o que pode ser feito e saber mandar fazer. Deve saber também como se atualizar nas tecnologias em constante mudança, pois estas indicam novas possibilidades criativas e de comunicação. Cada nova tecnologia aponta soluções possíveis e, ao mesmo tempo, restringe outras.

A ergonomia está presente quando se pensa no local onde serão colocados os links para as outras páginas, no número de cliques necessários para acessar uma determinada informação e nas cores que permitem uma boa visualização, inclui, portanto, fatores que devem ser levados em consideração no projeto da interface gráfica.

As noções de projeto e de metodologia são conteúdos importantes, mas devem estar unidas a vivências criativas e à consciência de que a criação envolve movimentos não lineares, indo por caminhos não previstos e, muitas vezes, de uma forma inconsciente.

A produção hipermidiática é um trabalho de comunicação, ou seja, é a atividade de falar algo para alguém, de alguma maneira com alguma intenção. Partindo desse princípio, são importantes os conteúdos ligados ao processo comunicativo e à construção do significado, seja ele verbal, visual, musical, seja ele híbrido.

Bonsiepe destaca essa afinidade entre linguagem e design afirmando que "em ambos os campos se realizam atos declaratórios" e, por isso, ele afirma que "nenhum programa de ensino de design pode prescindir da linguagem e, portanto, em última instância, da filosofia".[27]

Esse profissional deve conhecer o hipertexto: tanto as propostas dos pioneiros nesse assunto como as novas reflexões. Navegação e hipertexto devem ser conteúdos fundamentais de um curso nessa área.

O projeto de interfaces gráficas, ou seja, a maneira de compor os conteúdos visuais e verbais na tela do computador, requisita a familiaridade

---

[27] Gui Bonsiepe, *Design: do material ao digital*, cit., p. 17.

CONTRIBUIÇÕES PARA A QUESTÃO DA FORMAÇÃO DO DESIGNER DE HIPERMÍDIA

com algumas regras formais que vêm das composições gráficas – entrariam aqui as questões referentes à composição visual.

Conclusão

Com este texto espero ter contribuído para situar as questões que envolvem o trabalho do design de hipermídia. Alguns tópicos que foram apresentados, como, por exemplo, a relação competência e conteúdo programático e a forma de implementar esta atitude pedagógica, exigiriam melhor desenvolvimento. Isto, no entanto, tomaria não um capítulo em uma coletânea, mas todo um livro.

Uma vez que iniciei este texto referindo-me a um trabalho anterior, tomo a liberdade de concluir, adaptando a conclusão daquele, retomando a mesma imagem que parece ser adequada à descrição deste profissional. Naquela ocasião, comparei o designer com um sapateiro, "não o remendão, mas aquele que faz calçados".

> Ele precisa conhecer o couro e as ferramentas para trabalhá-lo. O couro continua sendo tirado de animais, mas, como ocorrem mudanças na forma de preparação, a indústria sempre oferece novidades, em materiais e ferramentas, que exigem a atualização deste profissional. Este tem de conhecer também a anatomia do pé, as tendências da moda, os diversos usos que um sapato pode ter: social, esportivo, etc. É necessário saber o que o cliente quer e ter sensibilidade para fazer um calçado bonito, confortável e adequado para a situação em que o cliente irá usá-lo.[28]

---

[28] Edson Pfützenreuter, "Ueb Disainer: Uat is dis", cit.

O design como interface de comunicação e uso em linguagens hipermidiáticas

Julio César de Freitas

Introdução

Ao iniciar uma reflexão sobre o design de interfaces, gradualmente percebemos que não apenas as interfaces, mas também grande parte das terminologias usadas pela hipermídia, se apóiam em referências do universo concreto que, em forma de metáforas, nomeiam as entidades imateriais. Como a presença destas metáforas se justifica pela satisfação das expectativas dos indivíduos usuários, assumiu-se neste texto a importância de um referencial conhecido para nortear a compreensão do desconhecido.

Acreditamos que esta postura é transitória. Não se trata de equivocadamente arriscar um prazo para essa transição, mas do reconhecimento da evidente evolução das interfaces para um estágio de grande autonomia no processo de interação com os indivíduos usuários. Recursos como o aperfeiçoamento do comando de voz, inteligência artificial e tecnicamente, a transmutação de sinais elétricos em movimentos mecânicos[1] já

---

[1] Trata-se de um fenômeno natural proporcionado por cristais piezoelétricos que têm como propriedade a transmutação direta e na mesma razão de um sinal elétrico para uma resposta mecânica. Esse comportamento permitiu o desenvolvimento de interfaces acionadas pelo uso de energia ultra-sônica, muito usada em radares, controle de qualidade em testes não destrutivos e também em equipamentos medicinais.

faz parte do grande universo das interfaces e, portanto, do cotidiano de milhares de seres humanos que habitam as nações mais desenvolvidas.

O empenho do homem, por meio das suas diferentes áreas do conhecimento, em estabelecer um meio eficiente de comunicação e interação com o ambiente material tem agora o desafio de viabilizar formas de comunicação e interação com um ambiente novo e imaterial, paradoxalmente real e protagonista de um processo irreversível na história da humanidade.

Design

> "[...] um fazer que explica o por fazer e também o modo de fazer."
> MARIELLA CANTOR[2]

Desde o surgimento do design como profissão, muitas incursões no sentido de sua definição foram apresentadas.

Segundo Rafael Cardoso Denis,[3] a definição mais remota da palavra design está no latim como *designare*, tratando-se de um verbo com dupla abrangência: designar e desenhar.

Muitos defendem que o menor gesto de intervenção intencional no ambiente natural que resulte em alterações dos níveis de compreensão e conforto na relação entre o homem e o universo sensível seria suficiente para deflagrar um processo de design. Esta postura, se aceita como verdadeira, atribuiria aos grafismos, objetos e utensílios produzidos pelo homem primitivo a qualificação de gestos também precursores da manifestação do processo de design.

---

[2] Mariella Cantor é professora coordenadora do curso de pós-graduação em história da arte na Fundação Armando Álvares Penteado. Proferiu essa frase em 1986 em uma de suas encantadoras aulas de estética da arte e do design, ministradas no curso de graduação em desenho industrial na mesma instituição.

[3] Rafael Cardoso Denis, *Uma introdução à história do design* (São Paulo: Edgard Blücher, 2000).

Outros admitem a consciência e surgimento do design apenas e após a Revolução Industrial, em que objetos e produtos fabricados em série pelas indústrias demandaram maior planejamento em suas concepções, seja pela necessidade de comercialização, seja motivados por grande subordinação aos meios produtivos.

Entretanto, dentre as diferentes posturas e crenças em torno do que é ou poderia ser design, um atributo pode ser percebido e talvez qualificado como um dos elementos essenciais para sua existência. Trata-se do poder de comunicação. Verifica-se este atributo como consenso e unânime aceitação em todas as já apresentadas definições para o design. Seja de forma explícita na formulação da sentença definidora, ou como ingrediente fundamental da idéia formulante para a definição proposta.

Hoje, porém, independentemente das inúmeras correntes de designers, bem como pensadores do design existentes em todo o mundo, tendemos individualmente, pelo acúmulo de nossas experiências tanto no exercício da profissão, como na busca do conhecimento pela atividade de pesquisa, a elaborar definições próprias sobre este assunto.

Assim sendo, pode-se afirmar que o design é produto de um pensar elaborado que resulta no ato criativo (projeto), com objetivo intencional e predefinido, cuja finalidade última é sempre o bem-estar do ser humano.

Muito já se registrou como história[4] do design. Em todos os cantos do mundo, das descobertas arqueológicas às produções industriais contemporâneas, encontram-se infinitas manifestações e indícios da constante e indispensável presença do design na vida humana.

---

[4] Por história do design, entende-se o registro devidamente documentado da existência dessa atividade enquanto manifestação conceptiva com desdobramentos práticos em forma de linguagem, comunicação, informação e uso durante toda a evolução humana e que de alguma maneira proporcionou alterações nos níveis de conforto da vida humana. Se considerarmos o surgimento do design tão logo o homem tenha adquirido consciência de sua existência, dando então início ao processo criativo de apropriação e transformação do meio em que vivia, encontraremos grandes historiadores que se incumbiram de pesquisar e posteriormente publicar importantes textos sob o tema "A história da arte". Dois desses historiadores são: Arnold Hauser, *A história social da literatura e da arte* (São Paulo: Martins Fontes, 1998), e E. H. Gombrich, *História da arte* (Barcelona: Gustavo Gilli, 1979). E, para o design entendido como profissão por conseqüência da Revolução Industrial, Thomás Maldonado, *El diseño industrial reconsiderado* (Barcelona: Gustavo Gilli, 1993).

É exatamente por meio da já mencionada propriedade da comunicação que todo objeto de design[5] estabelece um canal particular de relacionamento entre si e seu "interlocutor", o ser humano (também conhecido, em suas múltiplas denominações reducionistas, como usuário).

A aplicação do design no planejamento de interfaces para formação de linguagem, comunicação e informação para consciência objetiva do homem é indispensável para a construção de um código apropriado e participante na elaboração da cultura imaterial.

Interfaces: meios e ferramentas para interação com sistemas de informação

Interfacear ou atender simultaneamente a dois ou mais pólos de um sistema de informações implica em, de um lado, cumprir com os procedimentos contidos no pólo inanimado, mas planejado e predefinido do sistema, e de outro lado, atender à demanda de expectativas previsíveis por parte do indivíduo usuário e solicitante.

Aparentemente estranha, esta possível definição para interface procura esclarecer um de seus principais aspectos em todo sistema de informação: agir como ferramenta de acionamento de um ou mais comandos do sistema. Como será abordado em maior profundidade, os órgãos recepto-

---

[5] É importante estabelecer uma diferenciação entre objeto de design e design do objeto. Numa visão simplista, pode-se imaginar tratar-se da mesma coisa, mas, para melhor compreender o processo de design, qualificamos o objeto de design como toda necessidade individual ou social detectada. E, por design do objeto, toda resposta efetiva apresentada como solução a esta necessidade. Por exemplo, permitir um repouso ao corpo humano em uma posição semi-ereta a uma determinada altura do piso e em um intervalo pré-estimado de tempo caracteriza uma necessidade que qualificamos aqui como objeto de design. Ao apresentar um projeto de "cadeira" como solução, isso se caracterizará como uma resposta, tornando-se, então, o design do objeto. A importância desse conceito está em compreendermos que a "cadeira" não será a única solução para a necessidade detectada, pois é no estágio do objeto de design que acreditamos acontecer a maior parte do ato criativo do designer, e a escolha entre suas inimagináveis possibilidades de materialização que o designer estabelece como alternativa de solução concreta e só então podendo ser qualificada como design do objeto.

res recebem as impressões do mundo exterior "entregando-os" às vias de condução até que cheguem ao cérebro. Por justaposição, podemos comparar os mecanismos de interfaces como receptores inanimados que ao serem acionados conduzem a informação do acionamento ao núcleo do seu sistema desencadeando as reações previstas em seu planejamento. A interpretação e uso de uma interface acontecerá sempre que um ser animado por necessidade, indução ou iniciativa própria com ou sem motivo aparente decida acioná-la. Oferecer possibilidade de uso, com linguagens decodificáveis a um ou mais indivíduos usuários pode ser considerado o principal desafio de uma interface.

No universo dos objetos, podemos considerar como interface o elemento que fisicamente se interpõe entre o corpo humano e o pleno uso destes objetos. Uma porta e sua maçaneta, por exemplo, podem ser qualificadas como a interface entre o corredor e o quarto de uma residência qualquer. Se a porta, como um vedante, nos *permite* ou não a passagem, a maçaneta nos *autoriza* ou não esta passagem. É importante notar que na interface "porta", além de reconhecermos um elemento que se interpõe entre um ambiente e outro, sua própria composição estabelece diferentes graus de importância entre seus componentes, isto é, a porta fechada veda a passagem, mas sua maçaneta autoriza ou não nossa transição de um cômodo para o outro.

Assim também se processa no ciberespaço. Os elementos ali dispostos, quando permitem a movimentação de sua estrutura, apresentam um quadro hierárquico de movimentação com diferentes graus de permissividade. Propõem uma organização de raciocínio onde o uso fluente e espontâneo é considerado, na maioria das vezes, indício de um bom planejamento de interfaces. Na teoria da comunicação encontramos um importante suporte para este resultado, e nela encontraremos subsídios para compreensão e planejamento de sistemas de informação adequados aos pré-requisitos do projeto em desenvolvimento. Como dito anteriormente, o poder de comunicação do design é sem dúvida um de seus maiores atributos e para tanto necessitamos de apoio teórico para sua fundamentação. As áreas do conhecimento que mais têm contribuído para a aplicação da teoria da comunicação ao design são a semiótica e a fenomenologia.[6]

O conceito de interface se expressa pela presença de uma ou mais ferramentas para uso e movimentação de qualquer sistema de informações, seja ele material, seja ele virtual.

INTERFACES: RECEPÇÃO E PERCEPÇÃO

Não se pretende aqui discorrer profundamente sobre a teoria da percepção ou qualquer outra que com ela se relacione neste assunto. A humanidade já dispõe de grandes contribuições nesta área e suas respectivas possíveis aplicações ao design.[7] Porém, julgamos necessário mencioná-la por sua importante participação no processo de comunicação.

Segundo Okamoto,[8] a recepção é fisiológica e a percepção é um processo físico-mental. Somos dotados de elementos sensoriais também conhecidos como recursos receptivos que nos permitem toda e qualquer forma de relacionamento concreto com o meio em que vivemos. É pela estrutura fisiológica destes elementos que recebemos informações exteriores delimitadas por campos de atuação específicos para cada conjunto de sensor presente em nossos receptores (olho, nariz, ouvido, pele e língua). Esses receptores claramente manifestam sua interdependência no processo físico-mental da percepção para permitir a cognição, apropriação e uso desse meio levando-nos, assim, a concluir que as relações do homem com o universo sensível podem ser interpretadas como um processo multissensorial de natureza físico-mental.[9]

Estes sensores são estimulados por fatos externos codificados e remetidos em forma de energia eletroquímica ao cérebro. Surge a atribuição

---

[6] Charles S. Peirce, *Semiótica* (São Paulo: Perspectiva, 1977); M. Merleau-Ponty, *Fenomenologia da percepção* (Rio de Janeiro: Freitas Bastos, 1971).

[7] R. Arnheim, *Arte e percepção visual* (São Paulo: Pioneira, 1980); D. A. Dondis, *Sintaxe da linguagem visual* (São Paulo: Martins Fontes, 1996); Fayga Ostrower, *Universos da arte* (Rio de Janeiro: Campus, 1996).

[8] Jun Okamoto, *Percepção ambiental e comportamento* (São Paulo: IPSIS, 1996).

[9] Klaus Tiedermann & A. Quirino Simões, *Psicologia da percepção* (São Paulo: Pedagógica Universitária, 1985).

de significado e sentido permitindo a interpretação do estímulo recebido.[10] Para o planejamento de possíveis interpretações destes estímulos percebidos, deve-se levar em consideração o histórico das experiências vivenciadas do indivíduo que se pretende sensibilizar, podendo-se, então, projetar um conjunto de elementos estimulantes em um sistema específico de informações, objetivando-se sua interpretação unívoca e previamente determinada.[11]

A compreensão das estruturas fisiológicas da recepção e do processo físico-mental da percepção é de fundamental importância para o bom planejamento de interfaces, sejam elas físicas, sejam elas digitais, pois para a ciência tudo o que apreendemos ou reconhecemos pelo advento de nossa inteligência ainda nos chega por diferentes formas de estímulos provenientes do mundo exterior e algo deve conduzi-los ao nosso interior, e isso apenas acontece por intermédio dos elementos receptores.

Então recebo, percebo... sinto, aproprio-me, transformo e uso. Por tudo isso, existo.

INTERFACES: COMUNICAÇÃO E USO

O processo de comunicação inicia-se pela recepção, no instante impactante do contato entre o homem e o objeto deste contato. Em seguida, seja por cognição, seja por reconhecimento, há a percepção das informações sobre os agentes estimulantes que configuram o objeto (cor, forma, som emanado, cheiro, textura e gosto).

Para melhor compreender o que se está defendendo, tomemos como exemplo (de modo superficial) elementos da fisiologia do olho. A região periférica da retina pouco ou quase nada registra sobre a configuração de um corpo que atinge os limites também periféricos do nosso campo de visão, entretanto, nos dá informações bastante confiáveis de movimento deste corpo, desencadeando o processo de sua percepção e cabendo, portanto, à região central da retina a capacidade de acuidade de visão para o

---

[10] Floyd Bloom & Arlyne Lazerson, *Brain, Mind and Behavior* (Nova York: W. H. Freeman and Company, 1988).

[11] Umberto Eco, *A estrutura ausente* (São Paulo: Perspectiva, 1997).

registro de forma, textura, cor, volume, brilho ou opacidade do objeto observado.[12]

A aplicação adequada do conhecimento sobre os elementos sensoriais receptivos abre-nos inúmeras possibilidades de composição de interfaces entre o ser humano e os ambientes com quem se relaciona. Estes conhecimentos auxiliam no aprimoramento de linguagens e técnicas de projeto para interfaces. Como exemplo podemos verificar que por vezes nos deparamos com estímulos em que predomina a ação de um receptor apenas e são equivocadamente nomeados por seu receptor de origem (os estímulos visuais, por exemplo). Todavia, é importante notar que embora a recepção aconteça no órgão ocular pela captura de uma imagem, resulta no primeiro momento em apenas uma impressão (estímulo), na retina, da figura do objeto focado. Sua percepção acontecerá por memória de contato anterior, isto é, por reconhecimento, ou então, devem entrar em ação os demais receptores do sistema perceptivo. Como sabemos, a inatividade de um ou mais receptores (sentidos) tende a habilitar a acuidade dos demais receptores ativos.

A cognição e o reconhecimento de agentes estimulantes acontecem pelo fato de que o ser humano se comunica com o mundo por experiências. Uma vez vivenciada, a experiência transmuta-se em conhecimento, o que no futuro possibilitará o reconhecimento desta experiência já vivenciada. Portanto, o homem, além de "produto do meio", pode ser considerado o somatório das suas experiências.

Toda experiência desencadeia um processo de reação. Esta, no entanto, poderá assumir um caráter ativo ou passivo, sempre em concordância com a consciência e decisão do ser que a vivencia. Toda experiência humana considerada normal só acontece por estímulos aos receptores; as reações a estes estímulos, por sua vez, configuram uma nova ação ou reação, que no âmbito das interfaces denominamos uso.[13]

---

[12] R. L. Gregory, *Eye and Brain, the Psychology of Seeing* (Londres: Weindenfeld & Nicolson, 1977).

[13] Ao entendermos por reação uma resposta ao estímulo comunicacional, o uso de uma interface implica em ativar sua função ou não como recurso de comunicação. Por exemplo, numa circunstância onde se exije a manipulação de um objeto como um bule, o fato de não usarmos o seu cabo para encher uma xícara de chá, não implica na inutilidade ou na inexistência de uma interface

O DESIGN COMO INTERFACE DE COMUNICAÇÃO E USO EM LINGUAGENS HIPERMIDIÁTICAS

Uma boa interface, para assim ser considerada, além de proporcionar relativo conforto na percepção de seus aspectos comunicacionais, deverá evidenciar-se ao indivíduo usuário gradativamente e por níveis preestabelecidos de saliência em seu modo de apresentação. A aparência destes níveis de saliência subordina-se à hierarquia proposta na arquitetura de informações do projeto, viabilizando seu pleno uso durante toda a movimentação no ambiente.

DESIGN DE INTERFACE

- Quando apertamos um botão na tela, de fato apertamos um botão na tela ou um botão no mouse?
- Mas na tela não se aperta, se clica!
- Mesmo assim, clicamos a tecla no mouse ou na tela?
- Hora! Tela não tem tecla nem botão!
- Então, o que fizemos?

Com a evolução da tecnologia, no Brasil, a partir da década de 1970, o indivíduo comum passou a experimentar um conjunto de inovações no design dos objetos e produtos comercializados que resultou no surgimento de uma nova, extensa e complexa área de estudos: o design de interfaces físico/eletrônicas. Hoje encontramos, de um lado, desenhistas industriais que dedicam muitas horas na concepção de objetos periféricos para produtos eletroeletrônicos como computadores, videogames, palm tops, etc. De outro, designers de hipermídia procuram caminhos para viabilizar uma linguagem adequada que explore o maior número de recursos tecnológicos disponível que possibilitem, no ambiente virtual, a produção de agentes estimulantes e suas respectivas sensações originadas no universo concreto.

Com a informática o texto escrito ganhou novas possibilidades de composição como detentor de informação codificada e abriu novos ca-

---

física que permita o giro para o seu esvaziamento, mas na nossa consciente decisão em não acionarmos este recurso. Logo, uma vez percebida, toda interface torna-se ativa, disponível ao seu pleno uso. Utilizá-la ou não, é decisão do indivíduo usuário e configura sempre uma reação. Toda interface que não se comunica, dificilmente sensibilizará os receptores do indivíduo usuário desprovendo-o dos possíveis importantes recursos que a interface poderia acionar.

minhos informacionais com o surgimento do hipertexto e, posteriormente, da hipermídia. Em seguida, a figura (compreendida como imagem) destacou-se nos sistemas informacionais e com isso evidenciou uma entre suas principais características: o silêncio. E esta, por silenciosa que é, pode ocasionalmente assumir elevados graus de conotação dando margem a interpretações equivocadas sobre a mensagem pretendida.

Independentemente dos suportes (mídia) ou substratos de aplicação da informação, a imagem, como já vimos, é agente estimulante de um só sentido humano, a visão. Entretanto, se a percepção pode ser considerada multissensorial, ao se fazer uso de outro agente estimulante em conjunto com a visão, torna-se possível aumentar a precisão de reconhecimento ou cognição no processo comunicacional proposto e ainda oferecer ao indivíduo observador melhores condições para sua percepção.

Ainda nesta linha de raciocínio, o som sempre foi um retorno estimulante como confirmação de uma ação mecânica. Em meios eletrônicos como o microcomputador, o som já há algum tempo compõe-se com a imagem (que na maioria das vezes está em movimento), proporcionando eficientes resultados verificáveis em sistemas operacionais, programas utilitários e produtos multimídia. O tato também já tem sido incorporado ao conjunto de interfaces de comunicação com o ambiente virtual pela presença de movimentos como resposta de comando nos periféricos de entrada dos equipamentos eletroeletrônicos. Acreditamos que com a constante evolução da tecnologia, novas formas de estímulos poderão, num futuro próximo, incorporar-se ao elenco das interfaces digitais.

O design de interfaces exige grande conhecimento dos fundamentos do design, da teoria da comunicação e, sobretudo, dos pré-requisitos de projeto apontados pelas necessidades e expectativas dos indivíduos usuários que se beneficiarão diretamente da interface projetada. Desenhar uma interface é, portanto, um trabalho de interdisciplinaridade entre todas as áreas do conhecimento citadas neste texto e, principalmente, um gesto de respeito às condições psicofisiológicas daquele que motiva a sua existência, o ser humano.

Considerações finais

Diante da possibilidade de descoberta de um "novo mundo", fomos convencidos de que naquela caixa luminosa (a tela) "também" poderíamos nos "mover", "acionar", "subir", "descer", e uma série de outros verbos. Porém, do ponto de vista da percepção, todas estas ações apenas aconteceriam no universo concreto. Isso até o surgimento das interfaces que permitem comunicação e uso por imersão.[14]

No espaço natural, nascemos imersos, e por isso conhecemos nossas possibilidades e limitações (quase sempre relacionadas ao corpo humano). E nele, "a perspectiva imita não o espaço, mas a visão do espaço".[15] É pela percepção multissensorial deste espaço que nos inserimos na sua cognição, apropriação, transformação e uso.

Nos espaços concretos, uma parede estabelece um limite físico, uma obstrução à continuidade de movimento de um corpo, já no ciberespaço todas as paredes podem ser transponíveis. Logo, não seria um equívoco nomear um corpo imaterial, luminoso, de forma retangular e, sobretudo, transponível, de parede?

Imitar os espaços concretos no ciberespaço pode parecer alimento para o real sentido da imitação, pois "tudo que imita, *limita-se* ao que imita".[16] Se imaginarmos que no ambiente virtual uma parede mais se assemelha a um portal, seu conjunto de significados nos pareceria mais adequado diante da infinidade de possibilidades de uso a ele atribuível. Curiosamente, seja denominada como parede ou portal, curvamo-nos sempre ao uso de metáforas para nomear simulacros virtuais do nosso indecifrável mundo concreto.

Contudo, o fascinante desafio para o design está no desenvolvimento de interfaces para um ambiente imaterial como o ciberespaço, que tem

---

[14] O conceito de interface e movimentação por imersão demanda um grau de aprofundamento que não caberia neste texto. Seria, sem dúvida, tema para outro artigo. Todavia, ao abordarmos o tema interface, não se poderia deixar de mencioná-lo.

[15] Alberto Tassinari, *O espaço moderno* (São Paulo: Cosac & Naify, 2001).

[16] Frase proferida pelo professor dr. Jorge de Aristides Carvajal no curso de pós-graduação da Faculdade de Arquitetura e Urbanismo da Universidade de São Paulo, fevereiro de 2000.

por alvo outro ambiente imaterial que é a mente humana. E entre eles a perturbadora presença material das condições fisiológicas do corpo humano.

Romper com as limitações fisiológicas e investigar as possibilidades psico/mentais de cognição, apropriação e transformação do ambiente virtual,[17] poderá, no futuro, proporcionar fascinantes novas experiências para a vida do homem.

Referências bibliográficas

BONSIEPE, Gui. *Teoría y práctica del diseño industrial*. Barcelona: Gustavo Gilli, 1978.

COHEN, Jonathan. *Communication and Design in the Internet*. Nova York: W.W. Norton & Company, 2000.

ESCOREL, Ana Luisa. *O efeito multiplicador do design*. São Paulo: Editora Senac São Paulo, 2000.

GOMBRICH, E. H. *Arte e ilusión, estudio de la psicologia de la representación pictórica*. Barcelona: Gustavo Gilli, 1979.

NORMAN, Donald. A. *The Design of Everyday Things*. Cambridge: The MIT Press, 1999.

---

[17] Pierre Lévy, *A conexão planetária, o mercado, o ciberespaço, a consciência* (São Paulo: Editora 34, 2001).

Dez dicas para escrever a rede viva*

MARK BERNSTEIN

---

* Publicado anteriormente em http://markbernstein. org. Tradução de Luís Carlos Borges.

Algumas partes da rede são criações acabadas, imutáveis – tão polidas e fixas quanto livros ou cartazes. Muitas partes, porém, mudam o tempo todo.

- Os sites de notícias trazem desenvolvimentos atualizados, que vão de furos de reportagem e placares esportivos a indústrias, mercados e campos técnicos específicos.
- Os blogs, diários e outros sites pessoais oferecem uma janela para os interesses e opiniões de seus criadores.
- Os blogs empresariais, *wikis*, bancos de conhecimento, sites de comunidades e diários conjuntos dividem notícias e conhecimento entre colaboradores e acionistas das linhas de fornecimento.

Alguns desses sites mudam todas as semanas; muitos mudam todos os dias; alguns mudam de minuto para minuto. Dan Chan, da Daypop, chama isso de rede viva, a parte da rede que está sempre mudando.

Toda revisão requer uma nova escrita, novas palavras que se tornem a essência do site. Os sites vivos são tão bons quanto a atualização de hoje. Se as palavras forem aborrecidas, ninguém irá lê-las nem voltar. Se as palavras estiverem erradas, as pessoas ficarão desorientadas, desapontadas e enfurecidas. Se as palavras não estiverem lá, as pessoas irão sacudir a cabeça e lamentar seu falecimento prematuro.

Escrever para a rede viva é um desafio tremendo. Eis aqui dez dicas que podem ajudar.

1. Escreva por uma razão

Escreva por uma razão e saiba por que você escreve. Se suas atualizações diárias dizem respeito à sua vida de trabalho, seus passatempos ou seus sentimentos mais recônditos, escreva apaixonadamente sobre as coisas que têm importância.

Para um artista, a menor nota de elegância e o mais minúsculo floreio podem ser questões de grande importância. Mostre-nos os detalhes, ensine-nos por que eles têm importância. As pessoas são fascinadas pelo detalhe e cativadas pela paixão; explique-nos por que têm importância para você; nenhum detalhe é muito pequeno e nenhuma questão técnica é misteriosa demais.

Sites pessoais ruins nos deixam entediados porque nos falam de acontecimentos triviais e encontros casuais sem nenhum motivo para nos interessar. Não nos conte o que aconteceu, conte por que isso importa. Não nos conte sua opinião: conte por que a questão é importante.

Se você realmente não se importa, não escreva. Se você é estudante e todo mundo está falando de exames e trabalhos e você não está nem aí, que seja. Se seu trabalho o aborrece, vai nos aborrecer. (Se você despreza seu trabalho com uma paixão forte e obsessiva, a história é outra!) Escreva para si mesmo; no fim, você é o seu leitor mais importante.

Se o seu site pertence a um produto, projeto ou empresa, ainda assim você deve encontrar uma maneira de representar sua paixão e entusiasmo. Se não compreende por que seu produto é instigante nem compreende a beleza de seu empreendimento, encontre o motivo ou encontre um novo redator.

Escreva com honestidade. Não oculte, não deixe pela metade. Ao escrever sobre coisas que têm importância, você pode sentir-se tentado a refugiar-se em abrigos conhecidos: o familiar, o sentimental, o que está na moda. Tente encontrar a força para ser honesto, para evitar começar a viagem com paixão e terminar com a fórmula cansada de outra pessoa. O trabalho pode ser difícil, pode ser embaraçoso, mas será verdadeiro – e será você, não uma fórmula cansada ou um projeto vazio. E, se conseguir ficar satisfeito com essa fórmula cansada, não estará escrevendo com uma razão.

Nunca, por nenhum motivo, publique uma declaração que você sabe que é falsa.

Mesmo que você escreva com paixão sobre coisas que têm muita importância, lembre-se sempre de que o mundo é grande e está cheio de pessoas e histórias. Não espere que o mundo pare para escutar. Nunca espere que algum indivíduo (ou, pior, vários indivíduos) leia seu trabalho, pois ele pode ter outras coisas para fazer. Ao mesmo tempo, prepare-se para receber o visitante inesperado e o hóspede não convidado; as pessoas mais improváveis podem ler seu trabalho. Um dia, sua mãe, que nunca usa computador, pode ler seu blog íntimo na biblioteca. Para ser honesto com o mundo, você precisa ser honesto com sua mãe; se não consegue encará-la, talvez não esteja pronto para escrever para o mundo.

2. Escreva com freqüência

Se está escrevendo para a rede viva, deve escrever com regularidade. Não precisa escrever constantemente nem precisa escrever muito, mas tem de ser com freqüência. Uma tarde na faculdade, ouvi B. F. Skinner observar que quinze minutos por dia, todos os dias, dá mais ou menos um livro por ano, que, ele sugeriu, era o máximo de escrita a que qualquer um devia se permitir. Você não precisa escrever muito, mas tem de escrever e escrever com freqüência.

Se deixa de escrever por alguns dias, você está sendo infiel com os leitores que o visitam. Perder uma atualização é uma coisa pequena – falta de gentileza, não traição – e os leitores vão desculpar seus lapsos ocasionais.

Se você não tiver regularidade, os leitores vão concluir que não é digno de confiança. Se for ausente, os leitores vão concluir que você foi embora. É melhor ater-se a uma programação de atualizações a cada semana ou a cada quinzena do que sumir misteriosamente.

Se não pode escrever por algum tempo e a razão de sua ausência é interessante, escreva sobre ela. Sua lua-de-mel, seu transplante de rim, a posse de sua irmã como governadora – tudo isso pode ser previsto e inserido no tecido de sua escrita, de modo que a interrupção, quando acontecer, pareça natural. Evite, se puder, pronunciamentos misteriosos repentinos: "Estarei incapacitado de escrever por algum tempo" não nos oferece nada que possamos usar ou com o qual possamos aprender algo.

Não pressuponha que você encontrará alguma coisa para escrever todas as manhãs. Chegará um dia, mais cedo ou mais tarde, em que você precisará de inspiração e não terá. Armazene tópicos, novos itens, artigos inteiros para os tempos de calmaria. Leve consigo um caderno ou um PDA e anote lembretes. Notas nunca vão ser demais, mas podem facilmente ser de menos.

Como você escreve muito, use boas ferramentas. Selecione-as para que se ajustem à sua mão e à sua voz. Aprenda a usá-las bem.

3. Seja conciso

Omita palavras desnecessárias. Escolha um projeto visual que se adapte à sua voz. A menos que o design seja o cerne do seu site, selecione cores e elementos visuais que sirvam de apoio sem serem dominadores. Não tenha pressa de trocar um bom design: você vai se cansar dele muito antes dos seus leitores.

Leia seu trabalho. Revise-o. Não se preocupe em estar correto, mas dispense alguns momentos, vez ou outra, para pensar a respeito do ofício. Você consegue escolher uma palavra melhor – uma que seja mais clara, mais rica, mais precisa? Dá para dispensar uma palavra inteiramente? Omita palavras desnecessárias.

4. Faça bons amigos

Leia muito e bem dentro e fora da rede e, quando escrever para a rede, tenha o cuidado especial de reconhecer o bom trabalho e as boas idéias de outros autores. Mostre-os em sua melhor forma, assinalando com graça e respeito as questões em que você e eles divergem. Tome o cuidado especial de ser generoso para com as boas idéias dos que são menos conhecidos, menos poderosos e menos influentes que você.

Autores de blogs e outros participantes da rede viva conquistam leitores pelo intercâmbio de links e idéias. Tentar trocar links sem idéias é vulgarmente conhecido como *blogrolling*. Implorar que páginas muito visitadas ou autores famosos mencionem você é aborrecido e improdutivo.

Em vez de implorar, encontre maneiras de ser um bom amigo. Todos os autores desenvolvem-se com idéias; distribua-as generosamente e sempre divida o crédito. Seja generoso com os links. Seja generoso também com seu tempo e seu esforço; sites de primeira linha podem não precisar de seu trânsito, mas uma ajuda sempre vai bem.

Muitos autores proeminentes da rede viajam muito – para conferências, encontros, feiras. Mais cedo ou mais tarde, eles irão ao seu canto de mundo. Ofereça-se para alimentá-los. Convide-os para festas. Apresente-os a pessoas interessantes. Eles podem ser muito ocupados. Podem ser muito tímidos. Mas a estrada pode ser um lugar solitário e sempre é interessante conhecer gente que pensa.

Presentinhos atenciosos são simpáticos. Compartilhe livros que você gosta ou que tenha escrito. Se for fotógrafo ou artista, gravuras e esboços podem ser únicos e memoráveis. (Inclua permissão para reproduzi-los na rede.) Junte-se à causa deles. Faça doações para suas instituições de caridade.

Os amigos também são vitais para os sites de negócios, mas negócios e amizade podem ser uma mistura muito volátil. Seu público-alvo, seus clientes e seus vendedores são amigos evidentes, mas eles e seus leitores compreenderão que sua amizade não é desinteressada. Amigos improváveis, entre eles seus competidores, podem se mostrar mais convincentes.

5. Encontre bons inimigos

Os leitores adoram controvérsia e aprendem com o debate. A discórdia é instigante. Todo mundo adora uma briga e, ao testemunhar o embate de idéias rivais, podemos compreender melhor o que implicam.

O conflito dramático é uma ferramenta especialmente potente para iluminar questões abstratas e técnicas, seja na engenharia de software, seja no planejamento de negócios. Às vezes, escolher um protocolo de comunicações ou adotar um plano de benefícios de empregados pode parecer uma tarefa abstrata, pouco relacionada com as crises humanas que nos confrontam diariamente. Se cada alternativa tem um defensor determinado, eficaz, porém, isso pode revelar a fonte do conflito e lembrar-nos das conseqüências da escolha.

Para tornar mais real um ponto abstrato ou difícil, identifique um defensor de uma posição diferente e responda a ele. Escolha seu oponente com cuidado. Se escolher um rival muito menos poderoso que você, os leitores podem vê-lo como um valentão. Se seu rival é um competidor de negócios, você pode parecer inescrupuloso. O melhor inimigo, na verdade, muitas vezes é um amigo – um autor que você cita com freqüência e que muitas vezes o cita, mas com o qual você discorda em questões específicas.

Vários indivíduos vivem aparentemente para a controvérsia e buscam maneiras de criar e inflamar disputas. Os chamados *trolls* são pragas principalmente dos grupos de discussão, mas, ocasionalmente, acabam na rede viva. Nunca se envolva com eles; você não pode controlá-los; você não pode vencer. (Os *trolls*, quando ignorados, geralmente se retiram. Se causarem risco ou dano que não possa ser ignorado, a polícia e os tribunais o assistirão.)

Quando começar um debate, tenha sempre em mente um plano para encerrá-lo. Argumentos mal planejados podem arrastar-se, perdidos em um monte de detalhes aborrecidos ou questões laterais irrelevantes. Pior, as personalidades dos defensores podem tornar-se mais envolventes do que as questões, obscurecendo inteiramente o seu propósito. Tenha em mente, desde o início, uma idéia de quão longo pretende que seja o envolvimento com a questão e como espera que termine o exercício (ou que chegue a um ponto estacionário). Planeje uma conclusão antes de abrir fogo. Você pode montar um evento – um encontro final, um debate ao vivo ou uma pesquisa on-line – que proporcionará uma percepção de encerramento. Escreva um comunicado conjunto para os leitores ou a administração, resumindo as questões mais proeminentes e destacando o progresso. Então, arquive ambos os lados do intercâmbio – talvez com anotações de uma autoridade neutra – para que futuros leitores possam usufruir e beneficiar-se do conflito. Quando acabar, tente fazer dos bons inimigos bons amigos.

6. Deixe a história desenrolar-se

A rede viva desdobra-se no tempo e, à medida que vemos cada revelação diária, experimentamos seus desenvolvimentos como história. Seus argumentos e rivalidades, suas idéias e suas paixões: todos eles crescem e mudam no tempo e essas mudanças se tornam o arco dramático do seu site.

Compreenda a arte do contador de histórias e use a técnica da narrativa para moldar a estrutura que emerge de seu site vivo. Menções antecipando futuros eventos e interesses esperados: suas férias; a campanha eleitoral; as horas intermináveis de trabalho à noite quando finaliza novos projetos. A surpresa, um assomo inesperado de humor ou uma mudança repentina de direção, refrescam e deliciam. Use links dentro de seu trabalho para construir profundidade, pois a atualização de hoje algum dia será sua história passada.

As pessoas são inesgotavelmente fascinantes. Escreva sobre elas com cuidado, sentimento e precisão. Personagens inventados, há muito um produto básico dos colunistas de jornal, raramente são vistos na rede viva; criar um amigo fascinante (mas imaginário) poderia equilibrar o seu personagem no site.

Quando o astro do site é um produto ou uma organização, tempere a tentação de reduzir a narrativa a uma série de triunfos. Embora você geralmente não queira anunciar más notícias, seus leitores sabem que toda empresa enfrenta desafios e obstáculos. Pense na possibilidade de compartilhar um vislumbre dos problemas de sua organização: depois de verem o desafio, seus leitores experimentarão seu sucesso de maneira mais vívida.

Entrelace os tópicos e encontre maneiras de variar o ritmo e o tom. Combinar tensão após tensão, raiva após fúria, é sabotar a si mesmo; mais cedo ou mais tarde, a escrita vai exigir mais do que você pode oferecer e o edifício todo vai desabar no tedioso ou na farsa. Quando um tópico, por mais importante que seja, obscurecer todo o resto no site, pare. Mude de assunto, parta para outro novo, ainda que apenas por um momento. Quando retornar, você e seu leitor estarão renovados e mais bem preparados.

7. Levante-se e fale

Se você conhece os fatos e fez a lição de casa, tem direito à sua opinião. Formule-a claramente. Não enrole, não se lamurie, não se esquive.

Se não tem certeza de que está certo, pergunte-se por que está escrevendo. Se está buscando informação ou orientação de seus leitores, peça. Não os aborreça (nem se desacredite) com uma opinião hesitante e informe. Se está escrevendo para descobrir o que pensa ou tentar uma nova postura, continue – mas arquive a nota na gaveta da escrivaninha, não no seu site.

Se acredita que está certo, diga. Explique por quê. Não importa se você é jovem, desconhecido ou descredenciado ou se um monte de gente famosa discorda. Não hesite nem obscureça a questão. O que importa é a verdade; mostre a resposta certa e saia do caminho.

Nunca minta sobre seus competidores e nunca se alegre com más notícias sobre seu rival.

Tente, se puder, evitar infligir mágoa e humilhação desnecessárias aos que tiverem o infortúnio de errar. As pessoas erram e você também pode estar errado amanhã. Civilidade não é mera formalidade; pode ser a cola que nos permite lutar por nossas idéias e, assim que reconhecemos a resposta correta, sentamo-nos juntos para uma bebida e um jantar.

8. Seja sexy

Você é um ser sexual. Assim são todos os seus leitores (exceto o robô do Google). Sexo é interessante. Sexo é vida e a vida é interessante. Quanto mais de si você coloca na sua escrita, mais humano e envolvente você será.

Se seu escrito for um diário pessoal e se ele for honesto, você terá de escrever sobre coisas que acha embaraçoso descrever, sentimentos que talvez não queira compartilhar, acontecimentos que não mencionaria a estranhos (talvez a ninguém). Decida agora o que fará, antes que aconteça.

Despir-se, literal, figurativa ou emocionalmente, sempre foi uma força poderosa em sites pessoais e blogs. A longo prazo, as imagens não têm importância; o que tem importância é a trajetória de seu relacionamento com o leitor, o desenvolvimento gradual da intimidade e do conhecimento entre vocês.

9. Use seus arquivos

Quando você acrescenta alguma coisa à rede viva e convida outros a se ligarem a suas idéias, você promete manter suas palavras disponíveis on-line, em seu lugar designado, indefinidamente. Sempre forneça um local permanente (um *permalink*) onde cada item possa ser encontrado. Faça o melhor para assegurar que esses locais não mudem, quebrando links em sites de outros e rompendo a comunidade de idéias.

A promessa de manter suas palavras disponíveis não significa que elas devam permanecer imutáveis. Com o tempo, você pode achar erros que queira corrigir. O mundo muda e as coisas que antes pareciam claras podem exigir explicação.

Hoje, esse local permanente é, muitas vezes, um arquivo cronológico, uma longa lista de itens para uma semana ou mês específico. Esses arquivos são úteis e fáceis de fazer. Muitas ferramentas populares constroem arquivos cronológicos automaticamente. Contudo, os arquivos cronológicos são limitados: um dia, você pode querer saber o que escreveu em maio de 1999, mas por que mais alguém iria querer? Resumos e visões gerais por tópicos são muito mais úteis para novos leitores e leitores regulares e, ainda que exijam um modesto esforço adicional todos os dias, esse esforço rende dividendos que crescem à medida que os seus arquivos se expandem.

Novas ferramentas, como o *Six Degrees* e o *Tinderbox* da empresa Eastgate podem tornar mais fácil não perder de vista as categorias, descobrir onde as coisas novas se encaixam e encontrar coisas velhas que precisam de novos links. Os arquivos por tópicos são o amigo natural do Google. Lembre-se de que suas páginas antigas muitas vezes serão lidas por visitantes de máquinas de busca; apresente-se em toda página e certifique-se de que toda página, por mais obscura que seja, tenha links que digam às pessoas:

- quem você é, o que você quer e porque está escrevendo;
- seu endereço eletrônico;
- onde encontrar seu escrito mais recente;
- links com trabalhos já escritos – especialmente com bons trabalhos que você tenha escrito há muito tempo. Não tenha vergonha de estabelecer links para si mesmo: links com o seu trabalho são um serviço, não autopromoção.

10. Relaxe!

Não se preocupe em excesso com a correção: encontre uma voz e use-a. A maioria dos leitores não vai perceber e quase todos vão perdoar os erros de pontuação e ortografia. Deixe a gramática e os dicionários de idéias afins na prateleira, a menos que eles sejam seus velhos amigos. Escreva com clareza e simplicidade e seja rápido, pois, se você pretende escrever com freqüência, não deve hesitar nem usar de evasivas.

Não se preocupe com o tamanho de seu público. Se você escreve com energia e inteligência a respeito de coisas que têm importância, seu público vai encontrá-lo. Fale às pessoas sobre o que escreve por meio de mensagens curtas por e-mail e cartão-postal, cartões de visita e máquinas de busca. Desfrute o público que tem e não tente descobrir por que algumas pessoas não estão lendo seu trabalho.

Não se leve muito a sério.

Deixe que seu trabalho na rede viva flua de sua paixão e de sua atividade, sua vida profissional e sua vida em casa. Estabeleça um ritmo, para que sua escrita venha naturalmente e seus leitores a experimentem como parte natural de seu dia ou semana. Mas se o ritmo tornar-se oneroso, se você se surpreender ficando apavorado com o próximo prazo ou ressentido com as exigências de seus leitores, se não tem mais prazer com a sua rotina matinal na rede nem com as anotações noturnas, encontre um novo ritmo ou tente outra coisa. Mude a programação, a voz ou o tom. Troque de tópico. Se puder, tente resistir à tentação de largar as coisas inteiramente; simplesmente pare.

Não se preocupe com os que discordam de você nem se magoe com as críticas ruins. A rede está cheia de cuidado e gentileza, mas a crueldade impensada pode obscurecer, e realmente obscurece, o espírito de todo autor de tempos em tempos. As idéias têm importância, mas insultos não, e os críticos petulantes de hoje são o embrulho de peixe de amanhã.

Converse a respeito.

Foi bom para você também? Discuta esta história.

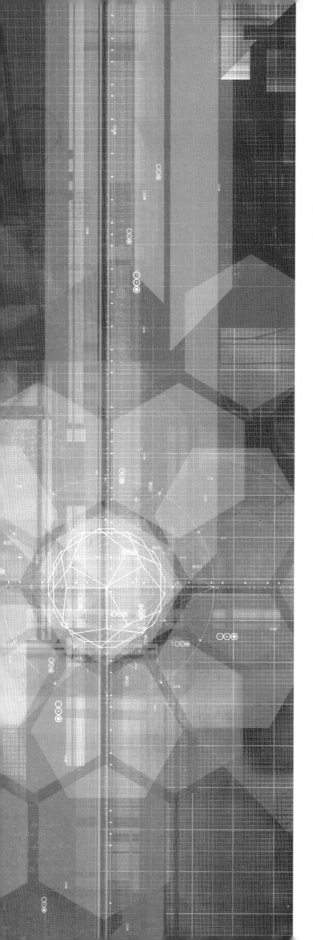

Um diálogo entre a ética e a prática do profissional de tecnologia em design de multimídia

Simone Alcântara Freitas e
Sonia Avallone

Nossa proposta é correlacionar prática e ética do profissional em design de multimídia, estabelecendo um diálogo contínuo entre estas partes, que são faces de uma mesma moeda, e cada uma compreendendo e assumindo seu papel, sua responsabilidade. Desta maneira poderíamos perguntar: qual é a verdadeira importância de se discutir sobre essa realidade de um grupo tão específico? Qual a ética que se apresenta no ciberespaço?

Edgard Morin propõe um verdadeiro desafio para respondermos a essas questões. Citando Pascal, "só podemos conhecer as partes se conhecermos o todo, e só podemos conhecer o todo se conhecermos as partes que o compõe".[1] Tentaremos aqui manter o contexto desta reflexão para ampliar e não separar as questões.

O curso de design de multimídia da Faculdade Senac forma indivíduos para atuarem na área de tecnologia em multimídia, desde o ano de 2001, com o rigor necessário e desejável aos futuros profissionais. Nosso questionamento enquanto educadoras nasceu de nossas investigações, pesquisas, palestras, conversas com profissionais, visitas às empresas e aos eventos, reuniões compartilhadas com os demais docentes e com a

---

[1] Edgar Morin, "Para navegar no século XXI", em Francisco Menezes Martins & Juremir Machado da Silva (orgs.), *Tecnologias do imaginário e cibercultura* (2ª ed. Porto Alegre: Sulinas/Edipucrs, 2000), p. 19.

instituição e, principalmente, pela convivência com os alunos, que são uma fonte permanente de inquietação. Nesse sentido, estamos juntos trilhando, às vezes tateando, sondando, novos caminhos para a postura do profissional dessa área que está aos poucos se configurando.

Mas isso não é tudo. Além dessa formação e dessas habilidades técnicas é preciso despertar a importância da ética para a realização enquanto ser humano e profissional. Por que a habilidade e o conhecimento devem ou não ser utilizados dessa ou de outra maneira? Adotamos neste momento o conceito proposto por Savater: "ética é a reflexão sobre por que os consideramos válidos (comportamentos e normas) e a comparação com outras 'morais'".[2]

Na internet, por exemplo, as possibilidades que se apresentam são muitas e estamos diante de um verdadeiro "mar de informações": nele navegam internautas; piratas singram subrepticiamente; encontramos ilhas de informação consistentes e um sem-fim de dados disponíveis e questionáveis, do ponto de vista da credibilidade. Há os que pregam a ausência de regras ou normas, afinal é o território livre da expressão. Neste sentido, dia após dia assistimos aos grupos que defendem ferrenhamente o fim dos direitos autorais na rede pois, na origem, é pública e deve ser assim usufruída. De outro, os que defendem que devem retratar, como qualquer outro veículo, as mesmas ansiedades e necessidades e, portanto, é urgente a regulamentação.

Encontramos dentre essas bandeiras no Brasil o código de uma associação de webmasters e webdesigners que tem por objetivo estabelecer orientações básicas para a conduta dos membros na prática de suas atividades. No entanto, por se tratar de profissão não regulamentada e por ser um código de associação só é obrigatório aos que a ela pertençam.

Para além da ética, no campo jurídico, com relação aos direitos autorais, recentemente nos Estados Unidos foi estabelecida pelo escritório de Direitos Autorais dos Estados Unidos, com base no "Digital Millennium

---

[2] Fernando Savater, *Ética para meu filho* (2ª ed. São Paulo: Martins Fontes, 1999), p. 57.

Copyright Act",[3] a extensão do pagamento de *royalties* também para as transmissões on-line.

No Brasil tramitam projetos de lei para algum tipo de regulamentação específica nessa esfera, tanto do Senado quanto da Câmara dos Deputados. O Poder Executivo propôs recentemente projeto de lei que abrange os seguintes crimes: acesso indevido a meio eletrônico; manipulação indevida de informação eletrônica; dano eletrônico; fraude em telefonia ou meio de acesso a sistema eletrônico; atentado contra a segurança de serviço de utilidade pública e falsificação de cartão crédito.

Se, por um lado, imaginamos que uma grande quantidade de regras poderia dificultar, e às vezes dificulta mesmo, nesse caso parece que vem como necessidade para a boa convivência, visto tratarem de crimes ocorridos nesse meio, o que vem sendo alertado desde a década de 1980. Projetos de lei abordavam sobre a carência de controle de abusos de operadoras de telecomunicações, pirataria de software e hardware, mas é recente a ampla discussão feita sobre os crimes de informática e tudo leva a crer que o Brasil se alinhará à legislação internacional inclusive com a ratificação do Tratado de Budapeste, que regulamenta diversos aspectos penais válidos para os países que compõem a Comunidade Européia.

Assim, espera-se a regulamentação oficial, a norma legal, para prever e coibir as práticas criminosas cada dia mais comuns na internet. E com relação ao profissional de design? Segundo pudemos observar entre as tendências debatidas na última Bienal da Associação de Designers Gráficos do Brasil (ADG), realizada em abril de 2002, em São Paulo, parece que mais uma vez a solução será a auto-regulamentação, que permite maior agilidade na discussão dos interesses profissionais e um comprometimento e responsabilidade do designer.

Tendo em vista nossa – dos discentes e docentes da Faculdade Senac de Tecnologia em Design de Multimídia – constante reflexão sobre a atuação desse profissional e sua postura ética perante o mercado de trabalho, academia e comunidade, formou-se em março de 2002 o Núcleo de Estu-

---

[3] Regulamentação norte-americana de 1998 – Ato sobre direitos autorais para o milênio digital.

dos e Trabalhos em Design de Multimídia (NETDM), sendo um dos objetivos a promoção de fóruns de debates entre os setores interessados e envolvidos para a discussão das atribuições do profissional e encaminhamento de propostas visando a auto-regulamentação.

Ao pensarmos no profissional da área de tecnologia de multimídia, não basta elegermos atributos essenciais que deveriam constituí-lo, habilidades e conhecimento que esperamos tenham adquirido. Importamonos, agora, após esse breve panorama e vivência aqui relatados, com a discussão visando a relevância deste dueto: ética e prática profissional, no ciberespaço, sem perder de vista o todo.

Referências bibliográficas

DA SILVEIRA, Sérgio Amadeu. *Exclusão digital. A miséria na era da informação.* São Paulo: Perseu Abramo, 2001.
DE CARVALHO, Paulo Sérgio. *Interação entre humanos e computadores. Uma introdução.* São Paulo: Educ, 2000.
LOMBARDI, Renato. "Polícia Civil vai apurar crimes na internet". Em *O Estado de S. Paulo*, São Paulo, 14-6-1999.
PEREIRA, Robson. "Rádios vão pagar para tocar música na net". Em *O Estado de S. Paulo*, São Paulo, 2-5-2002.
SANTOS, Célia. "Governo quer crimes digitais no Código Penal". Em *Computer World*, São Paulo, 29-5-2002.

Sites

ASSOCIAÇÃO BRASILEIRA de Webdesigners e Webmasters: http://www.abraweb.com.br.
COMITÊ GESTOR DA INTERNET no Brasil: http://www.cg.org.br.
COMPUTER WORLD – Tecnologia e Negócios no mundo corporativo: http://www.computerworld.terra.com.br.
MANDARINO, Raphael. *Invasão de privacidade.* http://www.cg.org.br/infoteca/artigos/artigo27/htm.
MEIRA, Silvio. *Censura na internet.* http://www.cg.org.br/infoteca/artigos/artigo12/htm.
PROGRAMA SOCIEDADE da Informação: http://www.socieinfo.org.br.
PROJETO ON-LINE CIDADÃO: http://www.onlinecidadao.org.br.
SENADO FEDERAL: http://www.senado.gov.br.

Design genético

ROGER TAVARES

Introdução

Este artigo tem o objetivo de propor uma modalidade de design advinda do nosso novo entendimento da molécula da vida, o DNA. Qualquer que seja o nome adotado, biodesign, design genético, design de seres vivos, design de orgânicos, a nova modalidade pressupõe que seja possível fazer projetos a partir de desenvolvimentos celulares programados, que agora despontam em caminhos concretos, antes apenas imaginados.[1]

Para atingirmos esse objetivo, será necessário primeiramente entender a importância cultural que o conceito de design passou a ocupar em nossa contemporaneidade. A seguir veremos como esse conceito é trabalhado hoje e por que se pode pressupor a necessidade de uma nova modalidade. Finalmente, partiremos para um esboço intelectual do futuro profissional, o designer de seres vivos, a fim de entendermos as bases do conhecimento esperado para que se possa assumir tal função com a sabedoria e responsabilidade extremas que esta necessitará.

---

[1] Jean-Yves Nau, "Les apprentis sorciers de l'ADN inventent une nouvelle Genèse", em *Le Monde*, Paris, 2-3-2002, disponível em http://www.lemonde.fr/cgi-bin/ACHATS/acheter.cgi?offre= ARCHIVES&type_item=ART_ARCH_30J&objet_id=744272. Ver também Brian Alexander, "The Remastered Race", em *Wired Magazine*, 10 (5), maio de 2002.

O conceito de design hoje

Em nossos dias, qualquer objeto que seja um pouco mais bonito ou diferenciado do que outro recebe imediatamente o rótulo de design. Infelizmente é nesse mesmo sentido que a palavra design tem sido tratada igualmente pela maior parte dos cientistas: somente sob seu aspecto estético. Provavelmente advinda da profunda herança forma-função deixada pela Bauhaus, esta questão não apresentava maiores problemas, a não ser para os designers, normalmente entendidos como artistas da tecnologia. Não apresentava até agora. Mas sob a óptica da quebra dos paradigmas pela cultura digital, não só este, mas diversos conceitos precisam ser atualizados para que não se percam perante a nossa evolução.

O conceito de design é um dos que ocupa um lugar central na nossa cultura de início de século XXI. Em um dicionário comum, a palavra é facilmente entendida como verbo ou substantivo. Como verbo associa-se facilmente a rascunhos, desenhos, como em "vamos desenhar uma caneta". Como substantivo seu significado pode se aproximar mais de projeto, como em "este é o desenho de uma caneta". Percebe-se que nos dois exemplos, o termo design foi usado na tradução aproximada de desenho, mas que apenas no primeiro poderia se considerar concretamente como o ato de desenhar. Uma vez realizado, o desenho de uma caneta, e não de certa caneta, minimiza seu sentido artístico dando lugar ao projetual.

Nos dicionários especializados em tecnologia, como nos dicionários de informática, a palavra vem sempre com o significado de projeto, desde *design studio*, como estúdio de projeto, até *typefaces design*, como projeto de tipos de caracteres. No dicionário executivo retoma-se novamente a valorização estética, mesmo que atrelada a um certo nível de planejamento, como em "arte de planejar como as coisas devem ser feitas", especialmente em termos de aparência.[2] E, pior ainda, aparece quase sempre com um sentido de aparência enganosa, uma falsidade, um artifício, remontando mais que ultrapassadamente à noção que Platão

---

[2] Michaelis Dicionário Eletrônico.

fazia do artista como um enganador, um traidor das idéias, e nocivo à sociedade.[3]

Aparentemente, esses significados são muito pobres se comparados à ubiqüidade que a palavra design desempenha em nossa cultura contemporânea, que se entremeia desde o mercado de moda até arquivos ultra-secretos em instâncias militares.

Nesse ponto de vista, talvez um bom ponto de partida para seu entendimento fosse procurar na etimologia da palavra design, em que esta se associa com o latim *signu*.[4] Uma vez associada a signo, torna-se mais fácil entender a proliferação deste conceito, e não mais da palavra, em nossa cultura povoada de signos. Signos estes como resultado da proliferação dos resultados das máquinas sensórias, como as máquinas fotográficas, filmadoras, impressoras. Tais quais como suas antecessoras, as máquinas musculares que disseminaram os objetos industrializados, estas por sua vez disseminaram os signos.[5]

Dessa maneira, além das definições de dicionário, justifica-se também a utilização de design como um conceito, ao caracterizar um grupo de entendimento, não necessitando assim de palavras que consigam explicá-lo, mas de idéias.[6]

Tradicionalmente, o design costuma ser dividido em três grandes categorias: mensagens, produtos e lugares. Obviamente, essas categorias se inter-relacionam. Um liquidificador, por exemplo, possui um design gráfico ligado à sua aparência, assim como um design de produto está ligado à sua funcionalidade e um design arquitetônico a um ambiente habitável.

Mesmo os projetos mais simples, como aqueles de luminárias e cadeiras, praticados nas escolas e em grande parte das empresas de design, estão sempre relacionados aos aspectos tecnológicos e artísticos, visto

---

[3] Alain Bezançon, *A imagem proibida, uma história intelectual da iconoclastia* (Rio de Janeiro: Bertrand, 1997.)

[4] Vilém Flüsser, *The Shape of Things: a Philosophy of Design* (Londres: Reaktion Books, 1999).

[5] Lucia Santaella, "O homem e as máquinas", em Diana Domingues (org.), *A arte no século XXI. A humanização das tecnologias* (São Paulo: Unesp, 1997), p. 37.

[6] John Wilson, *Pensar com conceitos* (São Paulo: Martins Fontes, 2001).

que a própria palavra tecnologia tem seu radical grego em *téchné*, que significa arte, e pode ser associado a *tekton*, que é carpinteiro.[7]

Assim, o conceito de design como uma ponte ligando arte e tecnologia é bem mais remoto do que a nossa contemporaneidade espera. Podemos até mesmo dizer que o design é inerente à arte e à tecnologia e que, apesar da nossa cultura insistir em separá-las, as ligações se encontram enraizadas em sua própria origem.

Concluindo esse pequeno arcabouço conceitual, basta ressaltar a quantidade de vezes em que o senso comum atrela o design como um subproduto da engenharia, embora ambos sejam conceitualmente e objetivamente diferentes – enquanto o design se relaciona ao projeto, a engenharia se relaciona à construção de objetos, do grego *mechanopiós*, construtores de máquinas.[8]

O design se articula como uma protociência[9] em constante evolução, como a arte e até mesmo a geografia,[10] ligado às humanidades e, por isso mesmo, sujeito a todo tipo de análise e de interpretação ideológicas. A engenharia, por sua vez, se articula como uma ciência madura e, por isso mesmo, sujeita a grandes rupturas e quebras de paradigmas.

Design de seres vivos

Esta nova entrada de século parece nos dizer que este será o século da vida. Mais do que nunca, as ciências da vida têm despontado como a mais recente aurora de conhecimento para a humanidade. Genética, neurociência, bioética e tantas outras avançam a passos largos, cavalgando nas tecnologias de informação e no poder de fogo absurdamente barato das máquinas computacionais de hoje. Entretanto, é lamentável que, diante de toda essa revolução, o pensamento de muitos ainda resida

---

[7] Vilém Flüsser, *The Shape of Things: a Philosophy of Design*, cit.

[8] Jean-Pierre Vernant, *Mito e pensamento entre os gregos* (2ª ed. São Paulo: Edusp, 2002).

[9] Thomas S. Kuhn, *A estrutura das revoluções científicas* (5ª ed. São Paulo: Perspectiva, 1998).

[10] R. J. Johnston, "Paradigms and Revolution or Evolution", em John Agnew *et al.*, *Human Geography, an Essential Anthology* (Oxford: Blackwell Publishers, 1996).

DESIGN GENÉTICO

na Idade Média, em que a Igreja não permitia que se abrisse o corpo humano. Obviamente, a Igreja possuía as suas razões, assim como os governos de hoje têm seus interesses para que não se permita abrir a célula.

Mas a célula já foi aberta, e já está sendo mapeada, gene a gene, cromossomo a cromossomo, proteína a proteína. A linguagem que Deus usou para criar o homem foi finalmente traduzida: "O DNA é essencialmente informação digital".[11]

O que no passado era apenas um sonho, começa agora a se tornar realidade. Realidade que se inicia na inofensiva forma de ovelhas e animais de estimação, na futura forma de cavalos e gado de raça e na controversa forma de fazendas de embriões humanos, futuros clones de uma sociedade amedrontada.

Apesar de reuniões e congressos, palestras e protestos, bulas e ameaças, este iminente futuro se mostra cada dia mais inevitável. A Inglaterra já permite a clonagem terapêutica, sob uma série de restrições.[12] Ora, sendo inevitável teremos de conviver com esse futuro, de uma forma que agora ainda podemos planejar, antes que a ensandecida engenharia da construção desse futuro, dirigida por um mercado econômico desenfreado, atropele as formas de planejamento possíveis para uma transição cuidadosa e positiva.

É bem verdade que já nos encontramos rodeados de tecnologias que poderiam se considerar tão perigosas quanto a genética desmedida. Tecnologias invisíveis, minúsculas ou imateriais, que, mesmo não as percebendo, somos capazes de sentir seus efeitos, físicos, econômicos ou sociais. Algumas tecnologias de guerra, tecnologias químicas ou mesmo emergentes, como a nanotecnologia, ainda se encontram trancadas em seus laboratórios, apresentando ao público pequenas amostras do que seriam capazes.

Embora autores como Robert Freitas citem nanocomputadores menores do que um lisossomo,[13] existem outras tecnologias mais invisíveis

---

[11] Kevin Davies, *Decifrando o genoma. A corrida para decifrar o DNA humano* (São Paulo: Companhia das Letras, 2001), p. 24.

[12] Em *Jornal da Tarde*, "Inglaterra legaliza clonagem de humanos", São Paulo, 24-1-2001.

[13] Mark Pesce, *The Playfull World. How Technology Is Transforming our Imagination* (Nova York: Ballantine Books, 2000).

ainda, por estarmos convivendo com elas, mesmo que nem sequer as tenhamos percebido, como, por exemplo, a utilização de seres humanos numéricos, digitais, à disposição em vários videogames, no cinema, em websites, e-mails, telejornais, escritórios e em breve em sistemas de atendimento a clientes, educação a distância e filmes pornográficos. Uma tecnologia invisível, que a cada dia se torna mais forte, mais necessária, e ainda nem percebemos as suas prováveis implicações.[14]

Entretanto, as implicações no uso de seres humanos numéricos foge do escopo deste trabalho, visto que, neste momento, os mesmos podem se enquadrar e normalmente são classificados como design de produto.[15]

Preparando o designer genético

Com a "quebra do código" do DNA, o material genético se torna agora um divisor de águas. Em breve poderemos contar a história da humanidade antes e após o seqüenciamento da molécula.

A partir desse novo entendimento, vários paradigmas serão quebrados, velhos conceitos terão de ser atualizados, ou simplesmente descartados. Um dos conceitos que deverá sofrer uma atualização é o conceito de design. As escolas de design que quiserem permanecer atualizadas devem pensar em sérias modificações em seus currículos e oficinas. Os currículos deverão sofrer um reforço muito atento em filosofia e antropologia; outras disciplinas que focam o homem e sua relação em sociedade deverão ser repensadas, e outras, como bioética, adicionadas. Os estudantes deverão estar mentalmente aptos para discutir conceitos como vida e morte, eutanásia e eugenia, aborto e clonagem, em diversas vertentes, como sociologia, psicologia, filosofia e, até mesmo, religião. Igualmente deverão ser preparados para pesquisar tecnologicamente em laboratórios digitais de simulação de vida artificial. As velhas e empoeiradas

---

[14] Rogério Jr. C. Tavares, *O ser numérico. Em busca de um mapeamento dos modelos humanos virtuais*, dissertação de mestrado (São Paulo: Mackenzie, 2001).

[15] Paolo Martegani & Riccardo Montenegro, *Digital Design* (Basel: Birkhauser, 2000).

oficinas de madeira e metal terão de conviver lado a lado com a assepsia e precisão de laboratórios para cultivo de vírus e bactérias, com o tempo corações e fígados, e quem sabe um dia...

Obviamente, o espaço de um artigo não permite que se possa descrever e explanar sobre todas essas novas aptidões. Mas é nesse espaço que se pode alertar, pois um dia os governos do mundo poderão ceder e, como já ocorre na Inglaterra, surgirão fazendas de cultivos de órgãos. O ser humano, como de costume, não se contentará apenas em duplicar rins e estômagos. Ele terá de fazê-los melhores do que já são e em vários modelos e, quem sabe, até mesmo acessórios para cada cliente. Não existirão mais filas para transplantes de córneas e rins, e não será mais necessário se passar pelo desgosto de escolher a hora que o doador de um coração deva ser sacrificado para a realização do transplante.[16]

Rumo ao pós-humano

A engenharia genética se encontra em pleno desenvolvimento. O projeto, o design, entretanto, ainda está em seu porvir. Podemos citar uma diversidade de artistas trabalhando com o conceito de pós-humano, definindo-o e lapidando-o. Alguns, como Stelarc, nos dizem que o corpo está obsoleto,[17] outros, como Eduardo Kac, criticam a invasão tecnológica a que nosso corpo se submete.

Uma série de cientistas vêm pesquisando e desenvolvendo o conceito de pós-humano.[18] Alguns até mesmo de cunho feminista, que por vezes alegorizaram e fantasiaram a união cada vez mais íntima da tecnologia com o corpo humano, como se a chegada do ciborgue fosse uma chance de corrigir os erros e os traumas do passado.

---

[16] Fernando Lolas, *Bioética* (São Paulo: Loyola, 2001).

[17] Stelarc, "Das estratégias psicológicas às ciberestratégias: a protética, a robótica e a existência remota", em Diana Domingues (org.), *A Arte no século XXI* (São Paulo: Unesp, 1997).

[18] Mike Featherstone & Roger Burrows, *Cyberspace/Cyberbodies/Cyberpunk: Cultures of Technological Embodiment (Theory, Culture and Society)* (Londres: Sage Publications, 1996); Katherine N. Hayles, *How We Became Posthuman: Virtual Bodies in Cybernetics, Literature and Informatics* (Chicago: University of Chicago Press, 1999).

As tecnologias se introjetam, como os óculos que se tornam lentes de contato, e lentes que avançam para dentro da córnea, e já se comunicam com o cérebro através de chips de computador e videocâmeras.[19]

Os computadores se transformam, migram para dentro de celulares e relógios. O uso de navegação em GPS começa a se tornar cotidiano. O nosso corpo e o cérebro já não são mais capazes de suportar todas as nossas necessidades sozinhos, e procuramos auxílio na tecnologia, avançando rumo ao pós-humano.

O projeto de melhoria da espécie não é novidade para a espécie humana. Apesar do termo eugenia ter sido cunhado apenas em 1883, por Francis Galton,[20] e popularizado pelo Terceiro Reich, por meio da administração na escolha de casais, "a ciência do bom nascimento" já era praticada pelos gregos e romanos, que costumeiramente sacrificavam as crianças que porventura nascessem com deformidades físicas. Diversas culturas ainda hoje procuram controlar os casamentos de seus descendentes, algumas vezes com objetivos políticos e econômicos, outras para evitar a miscigenação, mantendo a raça pura.

A possibilidade de manipulação do código genético abre meios sem precedentes em toda a história do controle hereditário. Apesar de todo o sensacionalismo que tem sido feito em torno da possibilidade de clonagem de seres humanos, tal prática não apresenta, pelo menos em princípio, problemas sociais profundos.[21]

Como mencionado, as possibilidades de clonagem atualmente focam um mercado inicial de animais domésticos, como cães e gatos, e animais de reprodução, como gado e cavalos de raça. A necessidade de um ser clonado é meramente egocêntrica, uma reposição de seu próprio eu. É exatamente isso que o pobre ser clonado representa hoje, um humano

---

[19] Mary Carmichael, "Healthy Shocks to the Head. Newsweek", em *The International Newsmagazine*, 24-6-2002, p. 40; Daniel McGinn, "Was Blind, But Now I See. Newsweek", *The International Newsmagazine*, 24-6-2002, pp. 38-39; Steven Kotler, "Vision Quest", em *Wired Magazine*, 10 (9), setembro de 2002.

[20] Salvino Leone *et al.* (orgs.), *Dicionário Bioética* (São Paulo: Santuário Aparecida, 2001).

[21] Freeman Dyson, *O Sol, o Genoma e a Internet. Ferramentas das revoluções científicas* (São Paulo: Schwarcz, 2001).

Design genético

trazido à vida pelo sentimentalismo de um animal doméstico, ou pelo seu poder de reprodução, estanque vivo de material biológico. Por mais que se tente iludir, a clonagem de um gênio não garante outro gênio, somente a duplicidade de seu material genético.

Mas ao lado da clonagem se desenvolvem as técnicas de reprogenética. Essas sim poderiam acarretar problemas sociais profundos, como uma nova forma de eugenia que faria a antiga parecer uma piada. Na tecnologia reprogenética, os genes são modificados antes de serem implantados no útero da mãe.[22] Assim, poder-se-ia remover, anular, ou modificar os genes responsáveis pela calvície ou câncer, e até mesmo algumas doenças cardíacas, por exemplo. Aparentemente saudável, entretanto, essa técnica possibilitaria a criação de uma raça genética superior. Uma vez que fossem comprovadas as suas qualidades superiores, os membros dessa espécie teriam então acesso a melhores oportunidades de cargos e salários, originando assim uma nova raça de excluídos sociais, aqueles que possuiriam "apenas" os seus genes naturais, que não conseguiriam competir no mercado de trabalho, entre tantas outras competições, tornando extremamente dificultada a sua vida nessa sociedade genoísta, devido ao seu baixo quociente genético, conforme a terminologia usada no filme de ficção-científica *Gattaca*.[23]

Enquanto os gregos e os romanos, trinta séculos atrás, haviam de esperar pelo nascimento, nós temos a possibilidade de conhecer as doenças genéticas em torno de apenas dez semanas de gravidez e, em algumas sociedades, pode optar-se ou não pelo sacrifício do embrião. Um estudo realizado na região de Boston, Estados Unidos, aponta em 86% o número de mulheres que optam pelo aborto em caso de resultados positivos para doenças como a síndrome de Down.[24] Por vezes não é necessário se esperar tanto tempo. Em grande parte das técnicas de fertilização artificial, utiliza-se a implantação de mais de um embrião, e, ao se obter

---

[22] *Ibid.*, p. 127.

[23] Direção: Andrew Niccol. Produção: Columbia Pictures CO. (US) & Jersey Films (US). Fita de vídeo (101 min.), VHS, son., color.

[24] Brian Alexander, *The Remastered Race*, cit.

sucesso, os outros embriões são devidamente descartados. Nesse sentido, a diferença entre nós e os gregos é apenas tecnológica.

Programação e síntese genética

Diante de tantas mudanças é otimista se esperar que algo se mantenha inalterado. Mas mesmo o par colaborador na união do material genético, outrora conhecido como pai e mãe, sofre a ruptura dessa violenta quebra de paradigma, talvez a mais violenta que a humanidade tenha presenciado. A adição de dois materiais genéticos diferentes que resulta em um terceiro, fonte da nossa diversidade genética, é incabível para a realidade do clone. Só pode haver uma célula para se garantir a duplicação exata de seu material genético. E mesmo a existência dessa única célula já se encontra ameaçada.

Uma vez que se tem conhecimento da arquitetura interna do cromossomo, assim como do funcionamento deste e de suas bases, a sua síntese já pode ser totalmente obtida em laboratório.[25]

Nesse caso, o próprio termo genético deve ser reconsiderado, pois está relacionado ao estudo dos fenômenos da hereditariedade, variação e da evolução dos seres.[26]

A empresa de tecnologia Chronos, em Vancouver, Canadá, utiliza uma tecnologia de cromossomos artificiais como matrizes virgens que podem ser programadas de acordo com a necessidade. O presidente e CEO[27] da companhia, Alistair Duncan, diz não estar interessado em produzir pessoas geneticamente modificadas, mas sim novos produtos farmacêuticos a partir dessas novas proteínas animais que corrigiriam genes malfuncionais.[28] O sonho de se produzir um vírus biológico pré-programado para

---

[25] Jean-Yves Nau, "Les apprentis sorciers de l'ADN inventent une nouvelle Genèse", cit.; Brian Alexander, *The Remastered Race*, cit.

[26] Salvino Leone *et al.* (orgs.), *Dicionário Bioética*, cit.

[27] CEO – *Chief Executive Office*.

[28] Brian Alexander, *The Remastered Race*, cit.

se destruir apenas vírus-alvo dedicados, como o HIV, pode estar mais perto do que parece.

Extrapolando-se esse conceito, pode-se chegar facilmente a novas formas de vida livres de doenças a partir de "cromossomos virgens". Como escreveu Jean-Yves Nau para o *Le Monde*: "É um momento histórico. Pela primeira vez na história da compreensão e do domínio dos organismos e dos seres vivos, diversos cientistas empreenderam criar novos organismos e elementos vivos que não correspondem em nada às regras do código genético".[29]

Seriam esses cientistas os novos artistas de uma realidade emergente? Até aonde chegariam os desenvolvimentos dessas novas formas de vida destinadas à sua própria sorte e dor? Decerto que infringiriam em um diálogo ético-artístico, que até mesmo os mais experientes comitês de bioética teriam dificuldade em analisar. Uma arte que transpassa os limites do corpo e da dor da body art, justamente por transgredir suas próprias estruturas corporais. Chocaria mais que a profanação de cadáveres da Specimen Art de Gunther von Hagens, justamente por esfuzear os limites entre vida e morte.

Estamos assim diante de possibilidades abertas no ramo da genética, que podem ser positivas, denominadas "variações", ou negativas, denominadas "mutações".[30]

O que nos leva então a mais um impasse: qual seria a diferença entre uma alteração positiva e uma negativa?

O que esperar deste novo profissional

Há muito tempo a biologia deixou de ser um ramo da filosofia que cadastrava e categorizava as espécies vivas. Depois a biologia se tornou mais próxima de diversas outras ciências, e até mesmo da sociologia, gerando a tão discutida sociobiologia, "a fetichização do gene".[31]

---

[29] Jean-Yves Nau, "Les apprentis sorciers de l'ADN inventent une nouvelle Genèse", cit.

[30] Kevin Davies, *Decifrando o genoma. A corrida para decifrar o DNA humano*, cit., pp. 71-72.

[31] Edgar Morin em entrevista à Guitta Pessis-Pasternak. Em Guitta Pessis-Pasternak, *Do caos à inteligência artificial* (São Paulo: Unesp, 1993), p. 91.

Hoje assistimos à união da biologia com a engenharia, a química, a física, a robótica, em busca de resultados desde a cura e prevenção de doenças, até materiais como novos tipos de polímeros ao aguardado chip de DNA.

A ciência sempre se preocupou e sempre irá se preocupar com o bem-estar da humanidade. Isto é fato. Os seus objetivos sempre foram de atuações positivas, mesmo que distorcidas para fins bélicos. Aumento de longevidade, extermínio de pragas, controle de doenças, preservação do meio ambiente e diversas outras finalidades positivas se tornam mais necessárias a cada dia. Gente mais sadia, e mais resistente, quer seja em nosso futuro próximo, quer seja em um futuro negro descrito por autores como Stelarc,[32] podemos considerá-las como variações.

A humanidade se conscientiza de que o uso das tecnologias não é neutro. Que a sua escolha, assim como a sua utilização, possui objetivos e conseqüências nem sempre positivas. Talvez por isso a ética esteja mais do que nunca em evidência, e principalmente pelas possibilidades que as ciências da vida nos abrem. O rápido crescimento da bioética nas universidades e nos hospitais é um bom prenúncio do tipo de pensamento antecipatório que oferecemos às novas tecnologias genéticas do futuro.[33]

A grande maioria dos cientistas sempre se destacou por ser mais prática do que pensante.[34] A tendência mais comum que podemos observar nos cientistas parece ser a de realizar primeiro, para ver as conseqüências, e somente depois pensar em causas e soluções. Basta observar quantas tecnologias são criadas para resolver problemas de outras tecnologias. Os bioeticistas hoje antecipam os problemas, um fato raro e precioso em uma sociedade científica que nunca conheceu algo como uma engenharia-ética.

---

[32] Stelarc, "Das estratégias psicológicas às ciberestratégias: a protética, a robótica e a existência remota", em Diana Domingues (org.), *A arte no século XXI*, cit.

[33] John Naisbitt, *High Tech–High Touch: a tecnologia e a nossa busca por significado* (São Paulo: Cultrix, 2000).

[34] Bryan Magee, *Confissões de um filósofo* (São Paulo: Martins Fontes, 2001); Freeman Dyson, *O Sol, o Genoma e a Internet. Ferramentas das revoluções científicas*, cit.

A bioética é mais do que uma ética aplicada à medicina.[35] A bioética se posiciona como um ponto de apoio ao desenvolvimento genético. E, caso os problemas advindos das engenharias genéticas não sejam devidamente antecipados, podemos nos preparar para as mutações.

Somente a ética nos guiaria entre a fina linha que separaria as variações genéticas de seu oposto negro, que a literatura tanto nos alerta, as possíveis mutações de seres híbridos inumanos, tecnorgânicos, exércitos de trabalhadores sem causa própria, serviçais, e os dominadores de uma humanidade cega de ambição desmedida.

Considerações finais

A pergunta o que é o "ser humano" retoma as preocupações do nosso pensamento, esquecido e mutilado por filósofos niilistas. Em breve, os genes serão devidamente mapeados, copiados, modificados, transportados, rearrumados, e vítimas de uma sorte de manipulações que as novas tecnologias genéticas nos permitirão. Ciências emergentes que pedem por profissionais emergentes para podermos caminhar rumo a um novo amanhecer da humanidade. E, assim como um dia nos preocupamos com sua construção, a nossa engenharia genética, devemos igualmente nos preocupar com seu projeto. Mudar o paradigma de Epimeteu, o que faz antes de pensar, para o do seu irmão Prometeu, que pensa antes de fazer.

Referências bibliográficas

AGNEW, John *et al. Human Geography, an Essential Anthology.* Oxford: Blackwell Publishers, 1996.

HANLEY, Richard. *Is Data Human? The Metaphysics of Star Trek.* Nova York: Basic Books, 1997.

---

[35] Fernando Lolas, *Bioética*, cit.

Arte como pesquisa[*]

STEPHEN WILSON

[*] Publicado originalmente em http://userwww.sfsu.edu/~swilson/artist.researcher.html. Tradução de Luís Carlos Borges.

As artes estão perplexas quanto ao que fazer em resposta à crescente importância da pesquisa científica e tecnológica da cultura. Uma resposta coloca os artistas na posição de consumidores das novas ferramentas, usando-as para criar novas imagens, sons e vídeo; outra resposta vê os artistas a distância enfatizando as funções críticas da arte para fazer comentários sobre os desenvolvimentos; uma resposta final insta para que os artistas entrem no âmago da pesquisa como participantes essenciais.[1]

É um erro crítico conceber a pesquisa contemporânea meramente como um empreendimento técnico; ela tem profundas implicações práticas e filosóficas para a cultura. O desenvolvimento da pesquisa e das agendas de desenvolvimento poderia beneficiar-se do envolvimento de um leque mais amplo de participantes, entre eles os artistas.

A pesquisa científica e tecnológica não é tão "objetiva" quanto muitos de seus praticantes gostariam de crer. Embora algumas de suas práticas lutem pela objetividade, todo o empreendimento está sujeito a forças políticas, econômicas e sociais maiores. Os historiadores da ciência e da tecnologia documentaram os ventos que determinam que tipo de pesquisa acaba conseguindo apoio, promoção e aceitação e quais produtos ven-

---

[1] Ver minha dissertação "Dark & Light Visions", em *Siggraph Visual Proceedings, Art Show Catalog, ACM*, Chicago, 1993. Também disponível em http://userwww.sfsu.edu/~swilson para análise mais detalhada.

cem no mercado. O livro de Thomas Kuhn,[2] *The Structure of Scientific Revolutions*, mostra como os paradigmas dominam o pensamento e a prática científica até que novos paradigmas se desenvolvam. Muitas teorias e tecnologias possivelmente significativas são ignoradas.

À medida que a pesquisa aumenta em importância cultural geral, torna-se mais perigoso aceitar essa triagem como inevitável. Linhas de investigação valiosas morrem por falta de apoio porque não são favorecidas em disciplinas científicas específicas. Novas tecnologias com potencial fascinante são abandonadas porque são tidas como não comercializáveis. Nossa cultura tem de desenvolver métodos para evitar a extinção prematura de linhas valiosas de investigação e desenvolvimento. Creio que as artes podem cumprir um papel crítico como zona de pesquisa independente. A vida cotidiana, cada vez mais, é dominada pelos objetos e formas culturais criados pela pesquisa tecnológica. Por exemplo, os telefones, computadores, sistemas de entretenimento, o equipamento médico, os sistemas de transporte, governo e policiamento e as tecnologias de distribuição de produtos moldam as maneiras como as pessoas do mundo desenvolvido passam seus dias, interagem com os outros e conceituam o presente e o futuro. O produto da pesquisa tecnológica não está confinado a pequenos nichos técnicos. Teóricos como Baudrillard e Virilio, por exemplo, expõem os pressupostos ocultos, a formação de categorias e as conseqüências difundidas da tecnologia.

A pesquisa científica, de maneira similar, ultrapassa questões acadêmicas estritas. Os astrônomos tentam compreender as origens e a forma do universo. Rompendo com toda a história humana anterior, eles conseguem examinar o universo usando "olhos" de ondas de rádio, luz ultravioleta e infravermelha e enxergar um universo inteiramente diferente do que se conhece. Os biólogos cada vez mais solucionam os mistérios da vida e inventam métodos para manipular o seu cerne genético. A pesquisa científica terá profundas implicações práticas e filosóficas.

---

[2] Thomas Kuhn, *The Structure of Scientific Revolutions* (Chicago: University of Chicago Press, 1970).

O que é um papel adequado para as artes?

Ao longo dos últimos séculos (depois de Leonardo), durante os quais a importância da ciência e da tecnologia tem crescido, as artes não desenvolveram um papel viável. Muitas vezes, elas tentaram ignorar esses desenvolvimentos e tratá-los como periféricos ao cerne da cultura. Mesmo quando os artistas atentaram para esses desenvolvimentos eles o fizeram como comentaristas distantes, disparando do meio do público, muitas vezes sem compreensão profunda das visões de mundo e processos da pesquisa científica. Creio que há um papel muito mais forte para as artes, no qual os artistas integram o comentário crítico com conhecimento e participação de alto nível nos mundos da ciência e da tecnologia.

Durante os últimos dezesseis anos venho explorando essa abordagem do artista como pesquisador. Incorporei o monitoramento de desenvolvimentos de pesquisa na minha disciplina artística. Monitoro periódicos de ciência e tecnologia, participo de fóruns on-line e participo de mostras comerciais e encontros acadêmicos. Envolvo os desenvolvedores na discussão a respeito de seus produtos. Fui nomeado avaliador e desenvolvedor beta para várias companhias de tecnologia e atuei como artista residente em centros de pesquisa corporativos. Atuei como inventor e consegui patente para um método de integração de eletrônica interativa e impressão.

As tecnologias emergentes são meus meios de expressão. Procuro por elas antes que se tornem amplamente conhecidas. Concentro-me em compreender de onde vêm, onde podem ir e quais poderiam ser suas implicações culturais. Faço experimentos com elas para ver se possuem potenciais não explorados.

Esses anos como *pesquisador-sombra* foram esclarecedores. Li sobre desenvolvimentos curiosos que nunca viram a luz do dia. Vi muitas invenções e tecnologias emergentes mortas porque os departamentos de comercialização julgaram que não renderiam dinheiro. Vi departamentos inteiros de pesquisa e desenvolvimento serem varridos, juntamente com anos de pesquisa, pelos ventos da política corporativa. O apoio governamental e corporativo à pesquisa básica quase desapareceu e a preocupação com os resultados financeiros encurtou o horizonte dos investimentos a um ponto em que poucos riscos são aceitos. Encontrei debates na comunidade científica que desvalorizam as abordagens que não se ajustam aos paradigmas valorizados atualmente.

Preocupa-me que a mão invisível do mercado possa não ser tão sábia quanto muitos gostariam de crer. Os julgamentos que fazem sentido a curto prazo para os acionistas não fazem sentido para a cultura. Os examinadores de resenhas especializadas nem sempre conseguem enxergar além de seus limites disciplinares. Muitas boas idéias ficam órfãs, largadas ao deus-dará. A pesquisa científica e tecnológica é tão crítica que não podemos nos dar ao luxo da eliminação prematura dessas idéias e tentativas não acolhidas pelos canais tradicionais.

As artes podem funcionar como uma zona de pesquisa independente. Elas poderiam tornar-se o lugar onde investigações abandonadas, desacreditadas e não ortodoxas poderiam ter prosseguimento. Elas poderiam muito bem valorizar a pesquisa segundo critérios bem diferentes dos critérios dos mundos comercial e científico. O papel dos artistas poderia incorporar outros, como os de pesquisador, inventor, *hacker* e empresário. Mesmo nos laboratórios de pesquisa, a participação de artistas em equipes de pesquisa poderia acrescentar uma perspectiva que poderia ajudar a impulsionar o processo de pesquisa.[3] Muitas tradições das artes as equipam singularmente para essa função:

- as tradições artísticas de iconoclasmo indicam que é possível que artistas adotem linhas de pesquisa desvalorizadas por outros;
- a valorização do comentário social indica que é possível que artistas integrem questões culturais de amplo espectro em sua pesquisa;
- os artistas tendem mais a incorporar critérios como a celebração e o maravilhamento do que empreendimentos comerciais;
- o interesse das artes pela comunicação indica que os artistas poderiam levar as possibilidades científicas e tecnológicas a um público mais amplo melhor do que pesquisadores de outros campos;

---

[3] Ver meu artigo "Industrial Research Artist", em *Leonardo*, 17 (2), São Francisco, 1984.

- a valorização artística da criatividade e da inovação indica que novas perspectivas poderiam ser aplicadas às investigações.

A história recente do computador pessoal ilustra a necessidade dessa função de pesquisa independente e o papel que as artes poderiam cumprir. Os desenvolvedores iniciais como os fundadores da Apple Computer, Steve Wozniak e Steve Jobs encontraram pouco apoio para suas idéias sobre o computador pessoal nas companhias onde trabalharam. Os supervisores assinaram renúncias ao direito sobre as idéias porque não conseguiam imaginar nenhum mercado para um computador usado por indivíduos. De maneira similar, a disciplina da computação, na sua maior parte, não se interessou pelas questões de hardware e software relacionadas a esses computadores. Os avanços, muitas vezes, vieram de indivíduos que trabalhavam fora dos canais acadêmicos e de negócios. Adolescentes tornaram-se especialistas mundiais e artistas fizeram contribuições significativas no desenvolvimento do projeto da interface e do processamento de imagens/sons.

Demonstrando de maneira similar o valor da fertilização cruzada de arte e ciência, os encontros anuais da Siggraph (promovidos pela ACM)[*] incluíram uma mostra de arte desde o início. Essas mostras foram influentes de várias maneiras. Os artistas conseguiram aprender a respeito de pesquisa e tecnologias emergentes na área de recursos gráficos computadorizados bem antes que se tornassem produtos, até o ponto em que puderam começar a fazer experimentos com elas. De maneira paralela, os pesquisadores familiarizaram-se com o trabalho artístico que impelia a tecnologia para direções imprevistas e oferecia idéias para novos caminhos de pesquisa.

Se a cultura tivesse de se valer apenas das linhas tradicionais de pesquisa, poderíamos ter tido de esperar muito mais pelos desenvolvimentos que moldaram profundamente as últimas décadas. Essa história poderia, potencialmente, ser repetida muitas vezes em muitos outros campos de investigação se fossem desenvolvidos outros foros de pesquisa. As artes podem muito bem servir a essa função se os artistas estiverem pre-

---

[*] ACM – Association for Computing Machinery. (N. da O.)

parados para aprender o conhecimento, a linguagem, os estilos de trabalho, a autodisciplina e as redes de informação instrumentais em seus campos de interesse.

Preparando artistas/pesquisadores

O que os artistas devem fazer diferentemente do que sempre fizeram para se preparar para participarem do mundo da pesquisa? Eles devem ampliar suas definições de materiais e contextos artísticos. Eles devem sentir curiosidade pela pesquisa científica e tecnológica e adquirir as habilidades e o conhecimento que lhes permitirão participar significativamente desses mundos.[4] Eles devem expandir as noções convencionais do que constitui uma educação artística. Os parâmetros da educação científica e tecnológica exigidos ainda não estão claros. Os artistas podem encontrar a mistura correta de processos objetivos e subjetivos? Os artistas podem aprender o suficiente para se envolver na pesquisa em um nível não diletante? Os cientistas e pesquisadores de tecnologia que dedicaram toda a sua vida profissional se educando a respeito de tópicos em discussão podem ser céticos.

Ao mesmo tempo, os artistas devem manter vivas as tradições artísticas do iconoclasmo, perspectivas críticas, jogo e comunicação sensual com os públicos. Eles devem estar dispostos a empreender explorações artísticas que não se ajustem confortavelmente nas mídias historicamente validadas e oferecer seu trabalho em novos contextos. Eis alguns passos concretos que os artistas podem dar para se preparar:

- preste atenção ao discurso a respeito dos tópicos técnicos e científicos nas mídias populares e profissionais. Desenvolva a capacidade de penetrar abaixo da apresentação superficial para pensar sobre direções de pesquisa inexploradas e implicações imprevistas;

---

[4] Para exemplos de pesquisa que poderiam ser de interesse para os artistas, ver meu artigo "Research and Development as Source of Ideas and Inspiration for Artists", em *Leonardo*, 24 (3), São Francisco, 1991.

- adquira o conhecimento de fundo e as habilidades relacionadas com os tópicos tecnológicos, quer por meios formais, quer por meios informais;
- aprenda a respeito das fontes de informação usadas por cientistas e engenheiros para conhecer campos emergentes, como periódicos acadêmicos e profissionais, mostras comerciais, encontros acadêmicos e fontes de fornecimento de equipamentos. Muitas das revistas comerciais são gratuitas para pesquisadores validados (os artistas podem adquirir essa validação identificando suas investigações artísticas como pesquisa);
- aprenda sobre recursos relevantes de informação on-line como mailing lists, grupos de notícias e sites que se tornaram tão cruciais na comunicação científica. (Por sorte, o crescimento da internet e da WWW tornaram mais fácil entrar nessas redes de informação.)
- desenvolva novos tipos de colaborações mutuamente benéficas com companhias, universidades e outras organizações envolvidas em pesquisa.

O que é um papel viável para os artistas em ambientes de pesquisa?

A viabilidade desse tipo de colaboração é tão crítica para o futuro da arte e da pesquisa que vale a pena pensar a respeito mais detalhadamente. Com que os pesquisadores podem contribuir para a arte e com que os artistas podem contribuir para a pesquisa? Por que as companhias de alta tecnologia podem ganhar com o envolvimento dos artistas?

Boa parte das colaborações mais bem conhecidas entre artistas e cientistas/engenheiros não oferece bons modelos. Por exemplo, os EAT (Experimentos em Arte e Tecnologia), na década de 1960, e as colaborações do LA County Museum em arte e tecnologia produziram arte interessante, mas não se dirigiram em profundidade ao papel dos artistas na pesquisa. Muitas vezes, os engenheiros funcionaram como assistentes técnicos dos artistas ou os artistas se envolveram como diletantes com as novas tecnologias.

Modelos melhores ofereceriam maior benefício mútuo. Exemplos pioneiros incluem os envolvimentos de artistas com os laboratórios Bell em pesquisas de sons instrumentais para a telefonia, o som eletrônico, a pesquisa de voz eletrônica e a música eletrônica. Também Sonia Sheridan, artista residente no centro de pesquisa da 3M, na década de 1970, ajudou a influenciar o desenvolvimento da tecnologia da copiadora colorida, além de moldar seu desenvolvimento do programa da Generative Systems no Art Institute of Chicago, que influenciou tantos artistas. Exemplos mais contemporâneos incluem os programas de artista residente (Pair)[*] iniciados pelo centro de pesquisa Xerox Parc e da companhia de pesquisa Interval. Essas colaborações experimentaram definições de programas de pesquisa mútuas. A experiência do Xerox Parc foi descrita mais completamente em um livro publicado pela MIT Press.[**]

Os céticos às vezes perguntam que possível contribuição os artistas podem dar à pesquisa e ao desenvolvimento rigorosos. Os artistas podem ampliar o processo de pesquisa de muitas maneiras. Eles podem definir novos tipos de questões de pesquisa, fornecer interpretações não ortodoxas dos resultados, assinalar oportunidades de desenvolvimento perdidas, explorar e articular implicações de amplo alcance da pesquisa, representar perspectivas de usuários potenciais e ajudar a comunicar as descobertas das pesquisas de maneiras eficazes e provocantes. Eles podem fazer com que séculos de experiência artística influenciem o futuro tecnológico. Eles muitas vezes abordam os problemas de maneira bem diferente das adotadas por cientistas e engenheiros. O papel crítico de designers e artistas na interface homem-máquina ao longo dos últimos anos demonstra esse novo modelo de pesquisa interdisciplinar.

---

[*] Disponível em http://www.pair.xerox.com/. (N. da O.)

[**] Craig Harris (org.), *Art and Innovation: the Xerox Parc Artist-in-Residence Program* (Cambridge: Leonardo Books, 1999). (N. da O.)

A arte computadorizada não é o futuro – novos desafios

Muitos artistas high tech acreditam que se voltaram para o futuro ao se tornar artistas do computador que trabalham com imagem digital, som e multimídia interativa. Cometeram um erro crítico. Compreenderam errado a significação real do trabalho dos artistas com computadores durante a última década e meia. As novas mídias são interessantes, só que mais importante é o fato de que os artistas estão fazendo experiências com microcomputadores quase ao mesmo tempo que outros tipos de desenvolvedores e pesquisadores. Os artistas não estavam meramente usando os resultados de pesquisa conduzida por outros, mas participando efetivamente como pesquisadores.

Muitas tecnologias novas, como a microbiologia genética, prometem ter impacto similar ou mesmo maior na vida e no pensamento. Os artistas precisam patrulhar ativamente as fronteiras da pesquisa científica e tecnológica para identificar tendências futuras que poderiam beneficiar-se da investigação artista/pesquisa. O conhecimento de computadores e da internet será valioso porque eles serão ferramentas exigidas na maioria das áreas de pesquisa. Os artistas que pensam, porém, que estão na vanguarda porque trabalham com computadores em breve podem descobrir-se na retaguarda. A seguir, enumero algumas áreas de investigação científica e desenvolvimento tecnológico que creio podem ter impacto cultural e serão áreas profícuas para a investigação artística. Essa lista idiossincrática não é exaustiva e a identificação de outras áreas de interesse deve ser considerada uma importante atividade artística de nossa era:

Nova biologia	Fenômenos extra-sensoriais
Consciência animal	Fisiologia do cérebro
Tecnologia médica	Pesquisa do tato, paladar e olfato
Biossensores	Vida artificial
Energia alternativa	Ciência dos materiais
Cosmologia	Astronomia não visual

Ciência espacial	Inteligência artificial
Hipermídia	Robótica
Reconhecimento de gestos	Reconhecimento e síntese de voz
Computação vestível	Visualização de informação
*Groupware**	Integração computador-telefone
Filmes inspecionáveis	Realidade virtual
Computação ubíqua	Vigilância e sensores remotos
Códigos de barra e auto ID	GPS ** (sistemas de localização geográfica)
Casa inteligente	Estrada inteligente

A integração de pesquisa e arte

A pesquisa está moldando o futuro de modo profundo, para além dos limites utilitários da tecnologia produzida. Nossa cultura precisa desesperadamente de amplo envolvimento na definição dos programas de pesquisa, nos processos efetivos de investigação e na exploração das implicações do que é descoberto. Os artistas podem contribuir significativamente para esse discurso desenvolvendo um novo tipo de papel artista/pesquisador.

Os contornos adequados desse envolvimento ainda não estão definidos. Exige-se muita experimentação. Como ambientes de pesquisa podem aprender a ser abertos o suficiente para se beneficiar da contribuição não ortodoxa que os artistas poderiam oferecer? Como os artistas podem aprender a se envolver nos caminhos e desvios dos pesquisadores sem perder o contato com suas raízes artísticas? (Muitos dos melhores jovens artistas que tive como alunos e que se envolveram como pesquisadores acabaram seduzidos pelo reconhecimento e pelas recompensas

---

* O termo *Groupware* se refere à combinação de processos realizados por grupos de pessoas e ferramentas de software. Assim, designa ferramentas computacionais existentes que facilitam a comunicação, colaboração e coordenação de ações de diversas pessoas. (N. da O.)

** GPS – Global Positioning System. (N. da O.)

ARTE COMO PESQUISA

econômicas da pesquisa e deixaram de trabalhar como artistas.) Também a investigação científica e o desenvolvimento tecnológico não são processos idênticos; que tipo de envolvimento em cada um os artistas poderiam desenvolver para si?

Não estou afirmando que os artistas devam agir exatamente como pesquisadores. Se o fizessem, seria improvável que produzissem alguma contribuição única. A arte contemporânea muitas vezes inclui elementos de comentário, ironia e crítica ausentes da pesquisa "séria". Similarmente, os cientistas e tecnólogos lutam por objetividade e os artistas cultivam sua subjetividade idiossincrática como característica principal do que fazem. A "pesquisa" que os artistas criaram, com muita probabilidade, parecerá diferente da produzida por pesquisadores tradicionais. Funcionaria como a arte sempre funciona – provocando e movendo os públicos por meio de seu poder comunicativo e perspectivas únicas. Ainda assim, poderia funcionar simultaneamente como pesquisa – usando processos de investigação para desenvolver novas possibilidades tecnológicas ou descobrir conhecimento ou perspectivas novas que sejam úteis.

Talvez a categorização segmentada de artista e pesquisador revele ser um anacronismo histórico; talvez novos tipos de papéis integrados venham a desenvolver-se. Já surgem sinais de que isso está acontecendo. Alguns dos hackers que foram pioneiros no desenvolvimento do microcomputador podem, um dia, ser vistos como artistas por causa de sua intensidade, suas visões e trabalhos culturalmente revolucionários. De maneira similar, algumas mostras de arte como a Ars Electronica agora definem idéias de pesquisa como temas centrais (por exemplo, a vida artificial) e convidam pesquisadores e artistas como expositores principais. A pesquisa alterou radicalmente nossa cultura e continuará a fazê-lo. A arte deve ser parte essencial desse processo.

Panorama da arte tecnológica

Lucia Santaella

Aquilo que, no ocidente, até hoje costuma ser concebido como arte, a idéia, que até hoje se tem do que seja arte, foi forjada no Renascimento, quando se deu a codificação dos sistemas artísticos visuais: o desenho, a pintura, a gravura, a escultura e a arquitetura. Foi no Renascimento que a arte visual se desprendeu da sua dependência religiosa, se soltou dos murais e paredes das igrejas, migrou para as telas e se tornou portátil. Tendo se tornado portátil, a arte necessitava de locais para seu armazenamento, preservação, manutenção e exposição. Para isso, surgiram os museus e a consciência da necessidade de documentação em escritos que foram dando corpo à história da arte.

Embora a arte, em todos os tempos, seja portadora de valores presumivelmente universais, tão universais quanto difíceis de discernir, a arte tem um aspecto material que não pode ser desprezado. Para ser produzida, ela depende de suportes, dispositivos e recursos. Ora, esses meios, através dos quais a arte é produzida, exposta, distribuída e difundida, são históricos.

Assim sendo, cada período da história da arte no ocidente tem sido marcado pelos meios que lhe são próprios. A cerâmica e a escultura no mundo grego, a tinta a óleo no Renascimento, a fotografia no século XIX, etc. Um dos desafios do artista é dar corpo novo para manter acesa a chama dos meios e das linguagens que lhe foram legados pelo passado.

Por isso mesmo, é sempre possível continuar a fazer escultura, pintura a óleo, fotografia, reinventando essa continuidade. Aliás, na nossa era pós-moderna, todas as artes se confraternizam: desenho, pintura, escultura, fotografia, vídeo, instalação e todos os seus híbridos. O artista pode dar a qualquer um desses meios datados uma versão contemporânea. Mas cada fase da história tem seus próprios meios de produção da arte. Vem daí o outro desafio do artista que é o de enfrentar a resistência ainda bruta dos materiais e meios do seu próprio tempo, para encontrar a linguagem que lhes é própria, reinaugurando as linguagens da arte.[1]

Esta introdução é fundamental para se compreender o que vem a ser arte tecnológica, hoje também chamada de arte midiática.[2]

Das técnicas às tecnologias

Técnicas para se produzir arte, sempre houve. A técnica se define como um saber fazer, referindo-se a habilidades, a uma bateria de procedimentos que se criam, se aprendem, se desenvolvem. As técnicas artísticas que dominaram até a Revolução Industrial eram técnicas artesanais. Do Renascimento até o século XIX, as artes eram produzidas artesanalmente, quer dizer, eram feitas à mão. Dependiam, por isso, da habilidade manual de um indivíduo para plasmar, através de pincéis, tintas e outros recursos manuseáveis, o visível e o imaginário visual em uma forma bi ou tridimensional.

Grandes mudanças nesses princípios, que duraram alguns séculos, se deram com a Revolução Industrial. Com ela, surgiram não apenas máquinas capazes de ampliar a força física muscular do homem, mas surgiu também uma máquina para se produzir imagens: a câmera fotográfica.

---

[1] Lucia Santaella, "Ciberarte de A a Z", em Diana Domingues, *Criação e interatividade na ciberarte* (São Paulo: Experimento, 2002), p. 13.

[2] Ver, por exemplo, Jeffrey Shaw & Hans-Peter Schwartz, *Perspectives of Media Art* (Cantz: Verlag Ostfildern, 1996); Hans-Peter Schwartz, *Media Art History. Are our Eyes Targets?* (Karlsruhe/Munique: ZKM/Prestel, 1997).

PANORAMA DA ARTE TECNOLÓGICA

Tem-se aí o fim da exclusividade do artesanato nas artes e o nascimento das artes tecnológicas.

Enquanto a técnica é um saber fazer, cuja natureza intelectual se caracteriza por habilidades que são introjetadas por um indivíduo, a tecnologia inclui a técnica, mas avança além dela. Há tecnologia onde quer que um dispositivo, aparelho ou máquina for capaz de encarnar, fora do corpo humano, um saber técnico, um conhecimento científico acerca de habilidades técnicas específicas.

Nessa medida, a arte tecnológica se dá quando o artista produz sua obra através da mediação de dispositivos maquínicos, dispositivos estes que materializam um conhecimento científico, isto é, que já têm uma certa inteligência corporificada neles mesmos. Enquanto as ferramentas técnicas, utilizadas para a produção artesanal, por exemplo, de imagens, são meros prolongamentos do gesto hábil, concentrado nas extremidades das mãos, como é o caso do lápis, do pincel ou do cinzel, os equipamentos tecnológicos ou "aparelhos", segundo a denominação de Flüsser,[3] são máquinas de linguagem, máquinas mais propriamente semióticas. Sem deixar de ser máquinas, elas dão corpo a um saber técnico introjetado nos seus próprios dispositivos materiais. Isso começou com a fotografia. A câmera fotográfica é, antes de tudo, um aparelho complexamente codificado, fruto da aplicação "de conceitos científicos acumulados ao longo de séculos de pesquisa nos campos da óptica, da mecânica e da química, bem como da evolução do cálculo matemático e do instrumental para operacionalizá-lo".[4] Não foram poucos os impactos sociais, culturais e, sobretudo, artísticos provocados pela fotografia.

Nos novos ambientes socioculturais inaugurados pela industrialização, as imagens fotográficas coincidiram com a explosão demográfica, com o aparecimento dos grandes centros urbanos, com o homem na multidão.[5] A partir disso, o valor simbólico do espaço mitificado do ateliê do

---

[3] Vilém Flüsser, *Filosofia da caixa preta* (São Paulo: Hucitec, 1985).

[4] Arlindo Machado, "A fotografia como expressão do conceito", em *O quarto iconoclasmo* (Rio de Janeiro: Rios Ambiciosos, 2001), p. 129.

[5] Walter Benjamin, "A modernidade", em *A modernidade e os modernos* (Rio de Janeiro: Tempo Brasileiro, 1975), pp. 7-36.

artista começou a ser ofuscado por novas possibilidades de atuação, quando o artista passou a assumir sua posição urbana, saindo do ateliê, abandonando o cavalete e o sonho da natureza em estado puro para colher flagrantes de rua e da vida mundana.

Nunca seremos suficientemente enfáticos quanto ao poder revolucionário que a máquina fotográfica, aparentemente tão inofensiva, exerceu sobre a arte em meados do século XIX, quando teve início o movimento gradativo e contínuo de desconstrução dos princípios da visualidade válidos desde o Renascimento.

A arte moderna e a desconstrução do passado

A história da arte moderna que se estendeu dos impressionistas, de Cézanne até Mondrian e Pollock, foi a história da demolição das estruturas de espaço e tempo, de movimento e ordem dos modelos visuais legados pela tradição. Do século XV até o XIX, pinturas, gravuras e esculturas

> [...] representavam o mundo, real ou imaginário, como consistindo em figuras distintas, bem definidas e reconhecíveis em um espaço tridimensional ampliado. [...] No começo do século XX, a representação do mundo visual na arte já havia mudado de modo tão abrupto quanto a física havia abalado os alicerces do modelo newtoniano.[6]

Foi por essa época que se deu o surgimento das vanguardas artísticas, tais como suprematismo, cubismo, surrealismo e especialmente o dadaísmo, que levou a crise dos suportes tradicionais da arte até o seu ponto mais radical.[7] Duchamp começou a colocar no museu partes de

---

[6] Lucia Santaella, *Matrizes da linguagem e pensamento: sonora, visual, verbal. Aplicações na hipermídia* (São Paulo: Iluminuras/Fapesp, 2001), p. 180.

[7] Peter Weibel, "An End to the End of Art? On the Iconoclasm of Modern Art", em Bruno Latour & Peter Weibel (orgs.), *Iconoclash. Beyond the Image Wars in Science, Religion, and Art* (Karlsruhe/Cambridge: ZKM/MIT Press, 2002).

PANORAMA DA ARTE TECNOLÓGICA

objetos encontrados na rua: roda de bicicleta, porta-garrafas, vaso sanitá-
rio. A partir disso, o artista se viu liberado para a sua demanda de reinte-
gração da arte com a matéria vertente da vida. Foi seminal a influência de
Duchamp em todas as manifestações subseqüentes da arte na sua busca
de fusão com a vida, nos happenings e nas artes do corpo, quando o próprio corpo do artista foi se transformando em obra de arte.

Ao mesmo tempo que desconstruíam os princípios que haviam regido
a feitura da arte durante séculos, os vanguardistas, mais particularmente
os dadaístas e futuristas, também reivindicavam a ampliação dos processos artísticos tradicionais através da mediação de dispositivos
tecnológicos. Tendo começado com a fascinação cega dos futuristas pelas tecnologias e com as tentativas do construtivismo russo de convergir
a arte na vida por meio de novas formas imaginativas, tendo continuado
na busca de um design mais rigoroso na Bauhaus e na ênfase do movimento Fluxus pela inclusão crítica de novas tecnologias de comunicação
no conceito de arte, para, finalmente, solidificar-se no trabalho de artistas individuais como Marcel Duchamp, Man Ray, Moholy-Nagy, Tatlin e
John Cage, daí para a frente, segundo Klüver,[8] uma das idéias mais per-
sistentes na arte do século XX foi a da absorção de novas tecnologias
pela criação artística.

Já em 1920, os dadaístas de Berlim propuseram a utilização do telefone
para encomendar a terceiras pessoas a execução material de obras de arte.[9]
Embora houvesse aí, certamente, um comportamento corrosivamente irônico quanto ao papel tradicional do artista, não deixa de haver também um
sinal de alerta para a expansão dos meios para a produção da arte.

Dois anos mais tarde, Moholy-Nagy colocou essa idéia em prática ao
encomendar para uma fábrica, por telefone, cinco pinturas em porcelana
esmaltada produzidas através de processos industriais de manufatura.[10]

---

[8] Billy Klüver, "Artists, Engeneers, and Collaboration", em Gretchen Bender & Timothy Druckrey
(orgs.), *Cultures on the Brink. Ideologies of Technology* (Seattle: Bay Press, 1994), p. 207.

[9] Claudia Giannetti, "Introdução", em *Ars telemática* (Lisboa: Relógio D'Água, 1998), p. 10.

[10] Eduardo Kac, "Aspectos da estética das telecomunicações", em E. Neiva & M. Rector (orgs.), *Comunicação na era pós-moderna* (Rio de Janeiro: Vozes, 1997), p. 187.

Muitos anos mais tarde, em 1969, o Museu de Arte Contemporânea de Chicago, propondo a experimentação com as possibilidades estéticas da criação por controle remoto, isto é, pelo uso do telefone como assistente de criação e elo entre a mente e a mão, inaugurou uma exposição intitulada Arte pelo telefone.[11]

Já foi mencionada a atração dos futuristas pela máquina e os ritmos de vida por ela determinados. No manifesto de 1922, já proclamavam, na arte mecânica, os primados da máquina. Todos os manifestos futuristas posteriores foram acompanhando *pari passu* o advento de cada novo meio tecnológico, tais como o rádio e a televisão – esta antecipadamente concebida como uma máquina de visão – reivindicando-os para a ampliação do gênio criativo.

A emergência das tecnologias eletrônicas

Desde as primeiras décadas do século XX, a fotografia e o cinema experimental já estavam começando a se afirmar como novas formas de arte. Dos anos 1950 a 1960, o cinema experimental voltou a receber um grande impulso principalmente nas obras de artistas do movimento Fluxus. Rush[12] afirma que, em 1966, o acervo desses artistas já atingia o número de quarenta filmes breves. Nas artes plásticas, enquanto Mondrian levara a pintura ao limite das meras variações de ângulos retos e cores primárias, Pollock a transformara na pura energia do gesto. Ao mesmo tempo, com a revolução eletrônica, um bom número de novas tecnologias começava a surgir, colocando-se à disposição do imaginário artístico.

Conforme foi bem lembrado por Kac,[13] quando surge um novo meio de produção de linguagem e de comunicação, observa-se uma interes-

---

[11] Peter Lunenfeld, "À procura da ópera telefônica", em *Ars telemática* (Lisboa: Relógio D'água, 1998), p. 78; Eduardo Kac, "Aspectos da estética das telecomunicações", em E. Neiva & M. Rector (orgs.), *Comunicação na era pós-moderna*, cit., p. 190.

[12] Michael Rush, *New Media in Late 20th-Century Art* (Londres: Thames & Hudson, 1999), pp. 25-26.

[13] Eduardo Kac, "Aspectos da estética das telecomunicações", em E. Neiva & M. Rector (orgs.), *Comunicação na era pós-moderna*, cit., p. 182.

PANORAMA DA ARTE TECNOLÓGICA

sante transição: primeiro o novo meio provoca um impacto sobre as formas e meios mais antigos. Num segundo momento, o meio e as linguagens que podem nascer dentro dele são tomados pelos artistas como objeto de experimentação. Assim aconteceu com o rádio, primeiro meio efetivamente de massa, capaz de atingir remotamente milhões de pessoas a um só tempo. Numa primeira instância, o rádio influenciou o teatro para, depois, ser explorado como fonte autônoma para a criação. Pioneiro nessa arte foi Walter Ruttman, que criou, especificamente para o rádio, no fim da década de 1920, um "filme acústico". Em meados do século XX, o rádio seria grandemente responsável pelo nascimento de uma nova estética musical, a música concreta, de Pierre Schaeffer,[14] abrindo também caminhos para as produções musicais inovadoras de John Cage, Boulez e Stockhausen, entre outros. Em 1952, Cage apresentou na Columbia University a sua peça *Imaginary Landscape nº 4*, na qual doze aparelhos de rádio eram manipulados por dois performers.

É de 1952 *o Manifesto del movimiento spaziale per la televisione*, escrito pelo argentino Lucio Fontana para reivindicar a televisão como meio para a arte. Também nos anos 1950, Otto Piene e Wolf Vostell já incluíam aparelhos de tevê em suas *assemblages*. Mas foi só em 1962 que o artista francês César, na exposição Antagonismes II – l'objet, apresentou um televisor como obra de arte.[15] Logo a seguir, Nam June Paik, o grande pioneiro e ícone de uma série de tendências das artes tecnológicas, exibiu seu primeiro conjunto de aparelhos de tevê manipulados na Exposition of Music – Electronic Television, na galeria Parnass de Wuppertal. Entre eles, sua Zen TV, uma imagem de televisão comprimida em uma tira vertical de menos de um centímetro. No mesmo ano, em Nova York, Wolf Vostell enterrou o aparelho de televisão enquanto o programa estava no ar.[16]

Pouco tempo depois, não obstante a presença do monitor, o papel de astro na arte tecnológica não estaria reservado para a televisão, mas para o vídeo. Antes de 1965, quando a Sony lançou, com preço razoável, o

---

[14] Pierre Schaeffer, *Traité des objets musicaux* (Paris: Seuil, 1966); e *La musique concrète* (Paris: PUF, 1973).

[15] Claudia Giannetti, "Introdução", em *Ars telemática*, cit., p. 12.

[16] Hans-Peter Schwartz, *Media Art History. Are our Eyes Targets?*, cit., p. 83.

equipamento portátil de vídeo, chamado de Portapak, o tratamento do meio televisivo se dava predominantemente pelo uso do aparelho de tevê como um objeto e, portanto, como uma quase-escultura. Uma das razões para isso estava no fato de que os artistas não tinham acesso aos mesmos recursos técnicos sofisticados, disponíveis aos profissionais das companhias de televisão. Outra razão estava na crítica à televisão comercial que os artistas levavam a cabo.

Segundo Huhtamo,[17] as grandes questões dos movimentos vanguardistas clássicos, no começo do século XX, apresentavam-se em conjuntos de oposições binárias: a criação individual *versus* a criação industrial, o artista *versus* o engenheiro, arte *versus* vida, tradicionalismo *versus* progresso, as bênçãos *versus* as destruições da tecnologia, o antropocentrismo *versus* o caráter inumano da máquina, a "arte pela arte" *versus* a arte aplicada e a comercialização. Devido à exploração contínua da tecnologia pelos artistas, com o tempo, muitas dessas oposições ficaram borradas. De todo modo, os movimentos da neovanguarda dos anos 1950 e 1960, retomaram e expandiram essas oposições. Entre eles, o movimento Fluxus desenvolveu uma reação crítica e cética contra a máquina, através da apropriação de seus produtos que eram deslocados de seus contextos e maltratados. As máquinas Fluxus eram antimáquinas, híbridos deliberadamente empobrecidos destinados a chocar e satirizar o estado de coisas da sociedade industrial high tech, refletindo, desse modo, um mal-estar cultural geral para com a tecnologia.

O clima de mal-estar começou a passar por modificações a partir do fim dos anos 1960. É bem verdade que o uso crítico do monitor de televisão como uma quase-escultura nunca deixou de ser utilizado. Surgiu com os artistas Fluxus, percorreu os anos 1970 e 1980, quando a videoarte e a performance multimídia já se sedimentavam, adentrou ainda pelos anos 1990 como personagem principal das videoinstalações e instalações multimídia, continuando até hoje a fazer parte das ciberinstalações. Pioneiro na arte da escultura televisiva foi Wolf Vostell, com seu *De-coll/*

---

[17] Huhtamo Erkki, "Time Traveling in the Gallery", em M. A. Moser & D. MacLeod (orgs.), *Immersed in Technology: Art and Virtual Environments* (Cambridge: MIT Press, 1996), pp. 236-239.

PANORAMA DA ARTE TECNOLÓGICA   257

ages (1958), que se constituía de seis monitores de televisão colocados em uma caixa de madeira por trás de uma tela. Nessa época, Vostell declarou que o aparelho de televisão seria a escultura do século XX.

Nam June Paik também declarou que, do mesmo modo que a colagem havia substituído a pintura a óleo, o tubo de raios catódicos haveria de substituir a tela. Para fazer jus a essa afirmação, exemplos eloqüentes podem ser encontrados por toda a obra desse mestre incontestável na criação de esculturas televisivas. Depois dos anos 1980, Paik abandonou a performance viva, substituindo-a por enormes construções com múltiplos monitores de vídeo, transformando o monitor ele mesmo em um performer. Ele injeta uma vida tão frenética em suas instalações, com imagens correndo através das telas, que suas esculturas de vídeo mais se assemelham a organismos maquínicos do que a monitores inertes. Exemplo a ser destacado, pelo efeito de ternura irônica que produz, é sua *Family of Robot, Aunt and Uncle* (1986). Paik ficou fascinado com a noção científica de que o neocórtex só cresceu depois que o ser humano se tornou bípede. Sua família de robôs, incluindo, além do tio e da tia, também os avós, pais e três crianças, são esculturas em forma humana, constituídas de monitores de televisão antigos e dispositivos relacionados.[18]

Na mesma época, Paik também construiu *Passage* (1986), uma escultura feita de monitores de televisão e estruturas relacionadas. Velhos gabinetes televisivos de madeira, funcionando como um testamento da história dessa mídia, são empilhadas de modo a criar uma espécie de arco do triunfo ligando o passado e o futuro.[19] Ainda mais ironicamente grandiosa é sua videoinstalação *Electronic Superhighway. Bill Clinton Stole my Idea*, com que Paik marcou presença monumental na Bienal de Veneza (1993). Dúzias de monitores empilhados do chão ao teto, à maneira de um banco de imagens universal, projetavam uma barragem de imagens que variavam dos temas mundanos aos políticos, dos flashes da natureza às explosões nucleares.[20]

---

[18] Michael Rush, *New Media in Late 20th Century Art*, cit., p. 54.
[19] Elizabeth Clegg (org.), *ZKM/Center for Art and Media* (Karlsruhe: Prestel Museum Guide, 1997), p. 72.
[20] Michael Rush, *New Media in Late 20th Century Art*, cit., p. 117.

Outros exemplos de videoinstalação e videoperformance estão na obra *Organic Honey's Visual Telepathy* (1972), de Joan Jonas, um vídeo performativo cujas ações alteram a percepção do espectador, e também na imponente videoinstalação *Les armes d'acier* (*Teers of Steel*), de Marie-Jo Lafontaine, na qual 27 monitores mostram imagens de homens atléticos levantando seus pesos ao som de Maria Callas, sem sinais de esforço, até que, tomados pela intensificação do autocontrole implicada nos movimentos repetitivos, as cenas começam a imitar a satisfação erótica.

Apesar da penetração crescente da videoescultura e da videoinstalação, principalmente esta última ainda bastante presente neste início do século XXI, quando se deu, em meados dos anos 1960, o surgimento do equipamento portátil de vídeo, novas maneiras de extrair novas formas de linguagem do vídeo começaram a ser exploradas pelos artistas. Com isso, abriram-se as portas para a videoarte. Aliás, um dos primeiros a comprar um equipamento de vídeo Portapak foi justamente Paik, em 1965. Quando ligou o aparelho, seguindo uma visita do Papa pelas ruas de Nova York, e passou o vídeo naquela noite no Cafe à Go Go, esta é considerada por muitos como a primeira obra de videoarte no mundo.

Os primórdios dessa arte, entretanto, já estavam sendo anunciados nos anos 1940. Ao colocar a luz artificial em movimento, os artistas cinéticos prenunciavam as imagens feitas de luz que viriam dominar a cena da videoarte, nos anos 1970, e das imagens computacionais, nos anos 1980. Mas, antes disso, quando o computador não passava de um monstrengo cheio de cabos e fios ocupando salas inteiras, nos anos 1960, artistas e poetas já sonhavam com o uso de seus recursos para renovar os princípios da arte. De fato, a arte cinética, a arte computacional emergente e as formas de arte da luz já estavam tentando resolver a divisão entre a criatividade artística tradicional e as formas de criação científicas e industriais. Ao adotar tecnologias de ponta e aplicar modelos matemáticos e científicos, advindos da cibernética, teoria da informação e estruturalismo, engenheiros-artistas tentavam revelar o potencial criativo que se escondia por trás dessas tecnologias, algumas vezes até mesmo servindo para demonstrar problemas científicos. Ben R. Laposky, por exemplo, já no começo dos anos 1950, produzia seus *oscillons* ou "abstrações eletrônicas" em um computador analógico, prenunciando o campo das imagens computacionais. Ele descrevia suas criações como

> [...] um excelente exemplo da possibilidade de se empregar tecnologia moderna na arte e de demonstrar a relação entre arte e ciência. Elas são também manifestações visuais de alguns dos aspectos invisíveis básicos da natureza, tais como os movimentos dos elétrons e os campos de energia.[21]

Os artistas tecnológicos da época eram construtores de sistemas ao mesmo tempo que criadores de seus próprios trabalhos de arte. Exemplos disso estavam nas esculturas cibernéticas "responsivas" de Nicholas Schööffer, Wen-Ying Tsai, James Seawright e outros que forneceram as fontes para a arte interativa atual. Ainda segundo Huhtamo,[22] mais importantes na criação do papel do artista tecnológico foram as atividades de Myron W. Krueger, que fez a ponte entre as ciências computacionais e a atividade artística tanto no seu desenvolvimento pessoal quanto na sua arte. No fim dos anos 1960, ele começou a desenvolver *responsive systems-cum-environments-cum-artworks* (*Glowflow*, *Metaplay*, *Videoplace*), que engajavam o espectador diretamente, trazendo para o *front* da arte a questão da relação homem–máquina.

Também tornou-se bastante conhecido, pelo seu caráter antecipatório, nos Estados Unidos, o Experiments in Art and Technology (EAT) que, nas décadas de 1960 e 1970, promoveu a colaboração entre artistas e engenheiros. Ilustrativo dessa colaboração é o depoimento do engenheiro Billy Klüver[23] na descrição que faz de várias obras criadas conjuntamente com artistas, entre as quais *Homage to New York* (1960), de Jean Tinguely, "uma grande máquina que violentamente se autodestruía, levando 27 minutos para se despedaçar, diante de um público em um teatro". Outra obra foi *Oracle*, de Robert Rauschenberg (1965). Já nessa época, Rauschenberg sonhava com um ambiente interativo no qual a

---

[21] Huhtamo Erkki, "Time Traveling in the Gallery", em M. A. Moser & D. MacLeod (orgs.), *Immersed in Technology: Art and Virtual Environments*, cit., p. 238.

[22] *Ibidem*.

[23] Billy Klüver, "Artists, Engeneers, and Collaboration", em Gretchen Bender & Timothy Druckrey (orgs.), *Cultures on the Brink. Ideologies of Technology*, cit.

temperatura, o som, o cheiro e as luzes se transformariam à medida que o público se movia através dele. Esse sonho foi tanto quanto possível realizado com a tecnologia existente na época.[24] Hoje a obra está no Pompidou em Paris. A tecnologia foi atualizada pela quarta vez. Depois de trinta anos, o desenvolvimento tecnológico finalmente fez jus ao artista, e a obra pode agora se realizar exatamente como o artista a idealizou, numa formidável antecipação das atuais artes interativas dos ambientes virtuais. Jasper Johns, com seus *Zone* (1962) e *Field Painting* (1964), pinturas em néon, e Andy Warhol, com seu *Silver Clouds* (1966), almofadas prateadas flutuando em diferentes alturas entre o chão e o teto da galeria, foram outros artistas famosos que contaram com a colaboração de Klüver. Os trabalhos se ampliaram e, em 1966, mais de trinta engenheiros estavam trabalhando com artistas. Em outubro de 1966, uma série de performances foram apresentadas no evento *9 Evenings: Theater and Engeneering*, contando com a presença de dez artistas, entre os quais John Cage, Robert Whitman, David Tudor, etc.

Com isso, a crítica anarquista da máquina como forma cultural, desenvolvida pelos dadaístas e alguns artistas do movimento Fluxus, foi cedendo terreno para uma aproximação mais construtivista, que tentava manter uma atitude crítica em relação à tecnocultura, ao mesmo tempo que contribuía para o seu desenvolvimento ao inventar novas formas de armazenamento e recuperação de informação, assim como criar novos modos de interação.[25]

Na entrada dos anos 1970, era marcante a profusão de tendências, gêneros e espécies de arte que quebravam o monopólio das práticas artesanais tradicionais. No Brasil, a comunicação artística também "explodia por meio de ações, múltiplos suportes e canais: simpósios, publicações, leituras de textos, fotos, happenings, circuitos fechados de rádio, sonoridades (utilização da obra musical para interagir no ambiente), trabalhos de *land art* e arte *povera*, com uso de materiais efêmeros ou perecíveis, presença de animais vivos, plantas, etc."[26]

---

[24] *Ibid.*, p. 209.

[25] Huhtamo Erkki, "Time Traveling in the Gallery", em M. A. Moser & D. MacLeod (orgs.), *Immersed in Technology: Art and Virtual Environments*, cit., p. 243.

[26] Walter Zanini, "Primeiros tempos da arte/tecnologia no Brasil", em Diana Domingues (org.), *A arte no século XXI* (São Paulo: Unesp, 1997), p. 235.

Com isso, deu-se por iniciado um processo cada vez mais crescente, desde então até os nossos dias, de hibridização das artes e da convivência do múltiplo e do diverso, ampliando sobremaneira a semiodiversidade (a diversidade semiótica) das artes. Essa semiodiversidade foi acentuada pela tecnodiversidade, isto é, pelo enxame de novas tecnologias que iam se tornando, intermitentemente, disponíveis ao artista. De um lado, os meios de reprodução, tais como xerox, off-set e diapositivos multiplicavam as possibilidades para a arte experimental. De outro, propagava-se o uso de audiovisuais e filmes super-8 e 16 mm, por vezes registrando ações conceituais que promulgavam a imaterialidade da arte. No Brasil, Hélio Oiticica encontrou no seu "quase-cinema", séries de dispositivos apresentados em seqüência de tempos estruturados, a sua variante híbrida de linguagem, enquanto outros artistas traziam propostas de exploração alternativa para o filme.

Paralelamente, no cenário internacional, a expressão "cinema expandido", criada por Stan van der Beek, em meados dos anos 1960, e tornada famosa no filme de Jonas Mekas, em 1965, marcou o início de uma série de trabalhos experimentais que se contradiziam nos seus objetivos, mas compartilhavam a mesma crítica aos mecanismos padronizados dos equipamentos cinematográficos. Essa crítica pode ser resumida em cinco máximas: multiplicação dos níveis de projeção, abolição das fronteiras entre diferentes formas de arte, retorno à corporealidade, desconstrução das técnicas fílmicas e a criação de obras de arte feitas de pura luz. As práticas artísticas que se localizavam sob o rótulo de "cinema expandido" tiveram início com o grupo Usco, nos Estados Unidos, destacando-se também na Holanda. Essas práticas mostravam uma relação muito clara com as concepções arquitetônicas que buscavam romper com as barreiras entre a arquitetura, arte e vida, tais como se manifestaram no grupo Archigram de Londres, nos acionistas vienenses, naquela época ligados ao Coop Himmelblau ou Haus-Hucker Co., e alguns dos metabolistas japoneses.[27]

A expressão "cinema expandido" retorna intermitentemente quando se tem em mente a estética e as raízes artísticas da arte midiática atual. A

---

[27] Hans-Peter Schwartz, *Media Art History. Are our Eyes Targets?*, cit., p. 74.

forma de desenvolvimento mais privilegiada que levou do "cinema expandido" para a arte midiática e mesmo para a ciberarte de hoje, segundo Schwartz,[28] está paradigmaticamente exemplificada nas obras de Jeffrey Shaw, artista australiano, radicado na Alemanha, e atual diretor do Instituto de Mídias Visuais do ZKM/Centro de Arte e Mídia de Karlsruhe. O pioneirismo no uso da interatividade e virtualidade de muitas de suas instalações começou na sua interpretação original do "cinema expandido". Para Shaw, esse conceito não dependia tanto do conteúdo das imagens projetadas, como queria o grupo Archigram, nem da manipulação das projeções, como queria o grupo Usco. Sua temática estava voltada para a estrutura efêmera da imagem, para a projeção nela mesma e para suas causas ambientais. Na sua obra *Corpocinema*, de 1967, esse tema foi expresso através de um domo transparente inflável, no qual as imagens, projetadas em uma "pele" transparente, tornavam-se primeiramente visíveis, quando a cobertura externa era tratada com um material opaco, uma espécie de material a partir do qual as imagens eram tradicionalmente e habilidosamente feitas: pigmentos coloridos dissolvidos em forma seca, líquida ou gasosa que eram aplicados no domo durante uma performance. A transparência do domo podia também ser manipulada a partir de dentro com balões semitransparentes.

Através dessa concentração de duas estruturas temporais dissimilares, o tempo do filme projetado se superpunha ao tempo da performance material. Com isso, um novo filme espacial era criado, cuja estrutura podia ser influenciada pelos performers e pelo público. Schwartz[29] compara essa obra de 1967 com outra obra mais recente de Shaw, o projeto Eve, de 1993, não porque a aparência externa do ambiente virtual ampliado de Eve lembre *Corpocinema*, mas porque o problema artístico de ambas é similar. Ambas lidam com a tensão entre o espaço real da performance e o espaço do filme, ou a tensão entre o espaço de ação dos participantes e o espaço virtual no qual vídeos são projetados na superfície interna do Domo-Eve.

---

[28] *Ibid.*, pp. 76-77.

[29] *Ibid.*, p. 77.

PANORAMA DA ARTE TECNOLÓGICA

A experiência com realidades misturadas é uma marca inconfundível das obras de Shaw. Já na sua instalação *Virtual Projects*, de 1979, imagens geradas computacionalmente e uma óptica especialmente desenvolvida permitem a manipulação de objetos geométricos que parecem flutuar em torno do espaço real. Seu projeto Inventer la Terre, realizado, em 1986, para o Cité em Paris, o grande Museu da Indústria em La Villette, também superpõe o espaço real e virtual não apenas através de abreviações geométricas, mas também através de formas simbólicas. O tratamento lúdico, irônico e crítico das realidades misturadas pode ainda ser encontrado nas suas obras *Virtual Musem* (1991) e *Disappearance* (1993), ambas partes do acervo do Media Musem do ZKM. Ainda no acervo do ZKM está sua mais famosa obra *The Legible City* (1989). Nesta, o visitante pedala e dirige uma bicicleta através de três cidades constituídas de letras tridimensionais geradas no computador que evocam as formas arquitetônicas de cidades, ao mesmo tempo em que podem ser lidas como textos. Imagens-textos retornam em seu *Place – a User's Manual* (1997), que apresenta a variação de um tema que tem ocupado outros artistas midiáticos interessados no espaço: a reflexão sobre o panorama. Para artistas como Shaw, Michael Naimark e outros, levando adiante uma tradição iniciada pelos artistas dos anos 1960, explorar a inocência précinematográfica do panorama é uma maneira de questionar as barreiras conceituais normativas do cinema.[30]

A trajetória de Jeffrey Shaw – que hoje, julho de 2002, atinge seu clímax no impressionante projeto em progresso *The Web of Life – Die Kunst vernetzt zu leben*,[31] uma instalação interativa em tempo real – funciona como a demonstração mais exemplar não apenas dos rumos do desenvolvimento da arte midiática dos anos 1960 aos nossos dias, mas também da semio e tecnodiversidades que foram crescentemente sendo absorvidas pelas artes a partir de meados do século XX.

---

[30] *Ibidem.*

[31] Michael Gleich, *The Web of Life. Die Kunst vernetzt zu leben* (Karlsruhe/Hamburgo: ZKM/Hoffmann und Campe Verlag, 2002).

A semio e tecnodiversidade das artes

Em 1963, trabalhando nos laboratórios Bell em Nova Jersey, A. Michael Noll começou a produzir imagens abstratas geradas computacionalmente, tais como *Gaussian Quadratic*. Juntamente com os alemães Frieder Nake e Georg Nees, Noll é considerado o pioneiro da arte computacional. Embora a exposição de trabalhos de Noll e sua colega Bela Julesz, realizada na Galeria Howard Wise em Nova York, em 1965, seja considerada a primeira exposição de arte computacional, os alemães haviam mostrado suas produções na Galeria Niedlich, em Stuttgart, alguns meses antes.

Um outro pioneiro da via eletrônica das artes foi o brasileiro Waldemar Cordeiro. Em 1968, associado ao engenheiro Giorgio Moscati, realizou seus primeiros trabalhos de arte computacional. À direção do Centro de Arteônica da Unicamp, além de realizador, foi incentivador, nos anos 1970, da nascente arte cibernética, aquela que faz uso de meios eletrônicos, entre os quais o computador. Alguns poetas ligados à poesia concreta e à tradição intersemiótica por ela instaurada nas suas relações com a música eletrônica e eletroacústica, com a vanguarda das artes plásticas e com os meios de impressão e reprodução mais avançados, entre eles, Pedro Xisto, fizeram experimentos com a poesia digital, antecipando a arte poética digital atual.

Por essa época, no entanto, a representante da arte de ponta, nos festivais e eventos, já começava a ser a videoarte. A tecnologia computacional era difícil e cara, nada comparável ao Portapak de vídeo e a câmera de mão que eram também alternativas acessíveis quando comparadas à produção onerosa de filmes. Além de Nam June Paik, a videoarte estava representada na obra dos pioneiros norte-americanos dessa mídia (John Baldessari, Ed Emshwiller, Steina e Woody Vasulka, Vito Acconci, William Wegman, Dennis Oppenheim, Peter Campus, Frank Gillette, Richard Serra, Bruce Nauman, Les Levine e Bill Viola, este último vindo a se tornar um dos paradigmas mais bem realizados da videoarte no mundo), na obra dos japoneses (Katsuhiro Yamaguchi e Keigo Yamamoto) e dos argentinos do Grupo 13, liderados por Jorge Glusberg.

Vários artistas brasileiros, reconhecidos no campo das artes plásticas, nos anos 1970, sentiram-se atraídos pelo vídeo, algo que também estava acontecendo internacionalmente.[32] No início da década de 1980, o surgimento do vídeo independente e das produtoras de tevê deu ocasião para a afirmação do talento de alguns jovens videomakers que estrategicamente se avizinhavam da tevê de massa para virar pelo avesso sua linguagem regida pelos princípios do pragmatismo mercadológico, como foi o caso, no Brasil, dos grupos TVDO e Olhar Eletrônico. Uma década mais tarde, os grandes mestres da videoarte no Brasil se confirmariam nos nomes de Arthur Omar, Lucas Bambosi, Kiko Goifman e Jurandir Müller, entre outros.

Ainda nos anos 1970, paralela e complementarmente à arte do vídeo surgiram as videoinstalações e ambientações multimídia, como já foi mencionado mais acima. Para Schwartz, "a instalação se define como um arranjo espacial parcialmente fixo dos elementos de um trabalho cuja constelação pode se modificar de acordo com o ambiente".[33] São, em síntese, novas paisagens sígnicas em ambientes que colocam em justaposição objetos, imagens artesanais bi e tridimensionais, fotos, filmes, vídeos em arquiteturas muitas vezes insólitas capazes de instaurar novas ordens de sensibilidade. Segundo Rush,[34] todas as artes de instalação têm em comum a extensão do processo criativo para além de um estúdio, atingindo o espaço social. É por isso que, na videoinstalação, o mais importante está no reconhecimento do espaço fora do monitor. De igual importância é a intensidade com que esse tipo de instalação aumenta a exploração do tempo, um conceito central na videoarte (é por acaso que dois dentre os maiores videoartistas, Paik e Viola, também têm formação em música?). Se o tempo pode ser manipulado de múltiplas maneiras em um vídeo de um só canal, as possibilidades se expandem dramaticamente nas videoinstalações que se utilizam de vários monitores ou su-

---

[32] Walter Zanini, "Primeiros tempos da arte/tecnologia no Brasil", em Diana Domingues (org.), *A arte no século XXI*, cit., pp. 239-241.

[33] Hans-Peter Schwartz, *Media Art History. Are our Eyes Targets?*, cit., p. 89.

[34] Michael Rush, *New Media in Late 20th Century Art*, cit., p. 116.

perfícies de projeção com muitos tapes que multiplicam a quantidade de imagens.

Além do exemplo já mencionado de Paik, pioneiras e antológicas são as instalações *Slipcover* (1966), de Les Levine, e *Video Corridor* (1968), de Bruce Nauman. Na primeira, imagens gravadas dos próprios participantes eram mostradas nas telas, algo que foi feito pela primeira vez, produzindo muita excitação na Galeria de Arte de Toronto. Na segunda, depois de caminhar por um longo corredor estreito e claustrofóbico, o participante se depara com dois monitores, um sobre o outro, mostrando imagens de si mesmo, gravadas por câmeras de vigilância instaladas no corredor. O uso de projeções em telas grandes enfileiradas formando geometrias que se encontram e desencontram, de modo que o participante tem de caminhar ziguezagueando entre imagens que correm nas telas, aparece na obra *Bordering on Fiction* (1993), de Chantal Ackerman, tendo se tornado bastante comum nas instalações de vídeo dos anos 1990 até hoje (há vários exemplos desse uso na Documenta 11, Kassel-jun. e set. de 2002).

Embora a arte da instalação em geral e a videoarte particularmente tenham nascido no ambiente contestatório antimuseus dos anos 1960 e 1970, ironicamente os museus e galerias avidamente absorveram esse tipo de arte. Por estar ligada a noções expandidas de espaço escultural e promover maior participação do observador, sua absorção pelos museus e entre os críticos foi bastante facilitada, pois foi imediatamente atada ao léxico crítico da escultura e a outras práticas similares. Algo semelhante ocorreu com as técnicas multimidiáticas que nasceram espontaneamente nos grupos de teatro e de dança experimental do final dos anos 1960, para serem gradativamente absorvidas no teatro oficial e nos espetáculos em estádios, especialmente nos shows de rock.

Quando a videoarte e a videoinstalação já estavam alcançando o "status museológico" de que gozam hoje, até o ponto de serem erroneamente tomadas como as únicas artes midiáticas, a artista californiana Lynn Hershman lançou seu ambiente interativo *Lorna* (1979), mundialmente considerado o primeiro trabalho independente da arte midiática interativa. Em *Lorna*, a tecnologia do videodisco interativo permite, sem o auxílio do computador, que seleções de seqüências pictóricas sejam vistas tão rapidamente que o efeito de navegação é criado em tempo real. Outra tendência inovadora, que germinou nos anos 1970 e se prolongou pelas décadas seguintes até meados dos anos 1990, quando se deu a popularização da WWW, foi a dos projetos e eventos artísticos que faziam uso das telecomunicações, isto é, das transmissões de informações intercambiadas por meio de fone, telex, fax, videotexto, slow scan TV (televisão de varredura lenta), via computadores conectados por modem e com transmissão via satélites. Aos olhos de hoje, aí estavam os primórdios da arte telemática, arte das redes, net arte ou web arte, como vem sendo chamada ultimamente.

De acordo com Prado, na sua admirável e oportuna "Cronologia de experiências artísticas nas redes de telecomunicações",[35] o gérmen da arte telecomunicacional pode ser encontrado na arte postal, uma vez que esta propunha o intercâmbio de trabalhos por meio de uma rede transnacional livre e paralela ao mercado oficial da arte. Para esses artistas, o advento de meios eletrônicos que permitiam a comunicação instantânea, a ubiqüidade, a troca e a interação em suportes imateriais, se constituiu em uma munição de inestimável valor para suas aspirações de criação de obras intercambiantes e mutantes, abertas na direção de uma cultura planetária.

A cuidadosa cronologia da arte telecomunicacional, dos anos 1970 a meados dos 1990, que já foi preparada por Prado[36] dispensa-me da preocupação com a citação de artistas e obras. Cumpre, no entanto, colocar ênfase em eventos pioneiros, chamando especial atenção para alguns artistas brasileiros que se destacaram nesse pioneirismo.

O ícone, sempre merecidamente lembrado, das artes telecomunicacionais é ainda Nam June Paik. Segundo Giannetti nos informa,[37] no estudo que elaborou para a Rockefeller Foundation sobre *Media Planing for*

---

[35] Gilbertto Prado, "Cronologia de experiências artísticas nas redes de telecomunicações", em *Trilhas 6*, vol. 1, Campinas, jul.-dez. de 1997, pp. 77-103.

[36] *Ibidem*.

[37] Claudia Giannetti, "Introdução", em *Ars telemática*, cit., pp.13-14.

the Post-industrial Society, em 1974, Paik propôs a transformação da televisão numa mídia expandida, incorporando a telefonia, o telefax e a televisão interativa. Pregava a necessidade de uma via eletrônica de comunicação mundial, prevendo a criação da Electronic Super Highway. Menção a essa idéia foi depois incorporada em sua instalação de 1993, devidamente acompanhada de uma ironia contra Clinton (ver descrição na seção "A emergência das tecnologias eletrônicas", neste artigo). Desde 1961, Paik já idealizara uma obra realizada simultaneamente em três continentes. Ele teve de esperar por quinze anos até que a tecnologia lhe permitisse realizar esse sonho. Na Documenta 6 de Kassel, em 1977, o artista organizou um programa de televisão ao vivo, transmitido via satélite com performances realizadas na Europa e nos Estados Unidos: Nine Minutes Live. Alguns anos mais tarde, em 1984, com seu projeto Good Morning Mr. Orwell, organizado entre o Centro Pompidou e a cadeia WNET-TV, cinqüenta artistas de todo o mundo, através de transmissão via satélite e por meio de *split-screen*, atuaram ao vivo sucessiva e simultaneamente.

Dentro dessa mesma proposta de interação de artistas via satélite, em 1977, Kit Galloway e Sherry Rabinowitz apresentaram, pela primeira vez, uma imagem composta via satélite de dois dançarinos que, por meio de mixagem, dançavam juntos ao vivo, não obstante estarem localizados em duas costas distintas dos Estados Unidos (Maryland e Califórnia).

Com utilização mais simples e menos cara do que os satélites, a slow scan TV (televisão de varredura lenta) começou a ser usada com sucesso no final dos anos 1970. No Brasil, a primeira transmissão de slow scan TV, ligando o Center for Advanced Visual Studies (MIT), coordenado por Otto Piene e a ECA/USP, sob coordenação de José Wagner Garcia, e contando com diversos artistas americanos e brasileiros, se deu em 1986.

Desde os anos 1960, Roy Ascott destacou-se como um dos maiores divulgadores, na Europa, da arte interativa por computador. Em 1966, escreveu o trabalho pioneiro "Behaviorist Art and the Cybernetic Vision",[38] no qual, fazendo uso dos conceitos cibernéticos de Norbert Wiener, evi-

---

[38] Roy Ascott, "Behaviorist Art and the Cybernetic Vision", em Randall Packer & Ken Jordan (orgs.), *Multimedia. From Wagner to Virtual Reality* (Nova York: W. W. Norton, 2001), pp. 95-103.

PANORAMA DA ARTE TECNOLÓGICA

dencia as características interativas já presentes nos movimentos de vanguarda dada, surrealismo, Fluxus, happenings e pop art. Em 1980, com seu projeto Terminal Consciousness, Ascott foi o primeiro a realizar uma teleconferência, utilizando sistema interativo informatizado, o sistema Notepad da Société Infomédia, que permitia estocar e estruturar a paginação de um texto. Seis anos mais tarde, esse grande pioneiro da net arte, montou o seu Ubique Laboratory que, pela primeira vez, utilizou, na Bienal de Veneza, toda a tecnologia de comunicação interativa então disponível: e-mail, computadores, sistemas de conferência, videotexto, slow scan TV, etc. Com isso, Ascott pretendia criar uma rede de ações e interações artísticas que deveria desestabilizar os sistemas de galerias e museus.

Fazendo uso do videotexto, na época recém-implantado no Brasil, Julio Plaza organizou, em 1982, a exposição Arte pelo telefone: videotexto, da qual participaram vários artistas, incluindo o próprio organizador. Em 1984, algo similar surgia com o projeto Videotex Art Network, de Manfred Eisenbein, na Alemanha, e o projeto, Vertiges, romance telemático em páginas de videotexto com múltiplas opções, de Jacques Elie Chabert, no Minitel francês.

No contexto da famosa exposição Les Immatériaux, realizada no Centre Pompidou, em 1985, que exerceu forte influência sobre os artistas que hoje trabalham com as mídias telecomunicacionais e com a internet, foi realizado o primeiro experimento de escritura colaborativa suportada pelo computador, contando com o sistema Minitel. Daniel Buren, Michel Butor, Jacques Derrida e mais vinte intelectuais franceses receberam uma conexão Minitel privada e várias palavras-chave, com as quais eles desenvolveram uma discussão on-line. Essas eram seguidas em tempo real pelos visitantes do museu.[39]

Evento telecomunicativo e ao mesmo tempo uma obra instigante foi realizada por Wagner Garcia em 1984, com o título de Ptyx. Ocorrido em dois lugares distintos da cidade de São Paulo, o Centro Cultural São Pau-

---

[39] Tilman Baumgärtel, "Net Art: on the History of Artistic Work with Telecommunication Media", em Peter Wiebel & Timothy Druckrey (orgs.), Net_Condition Art and Global Media (Karlsruhe/ Cambridge: ZKM/MIT Press, 2001), p. 153.

lo e a Galeria de Arte Paulo Figueiredo, no ano de 1984, o evento telecomunicativo se constituía do seguinte: a cantora Vânia Bastos, situada no Centro Cultural São Paulo, emitia um som através de uma linha telefônica compatível com a freqüência de onda de uma taça de cristal. Na Galeria Paulo Figueiredo, a taça real, ao entrar em contato com o som emitido pela performance sonora, se estilhaçava. Ainda na galeria havia um computador que, ao entrar, via telefone, em contato com a freqüência de onda da taça, recompunha metaforicamente, em forma de imagem, a taça que acabara de se quebrar. Essa imagem era remetida e posteriormente reestruturada, através de um plotter, como idéia gráfica e visível ao seu ponto de origem, o Centro Cultural São Paulo.

Conforme estão documentados por Prado,[40] foram inumeráveis os projetos artísticos de intercâmbios, utilizando meios e procedimentos instantâneos de comunicação e suportes imateriais até meados dos anos 1990. Essas redes efêmeras, pontuais, montadas para a ocasião e dispersadas tão logo os eventos tivessem transcorrido, foram antecipatórias ao mesmo tempo que iam fertilizando o terreno no qual a internet estava sendo incubada desde 1969. Merece notar que, na fase de transição das artes telecomunicacionais para a web arte, há alguns artistas brasileiros que se destacaram pelo pioneirismo: Eduardo Kac, Gilbertto Prado e Artur Matuck.

Antes que se desse a explosão da internet e das novas formas de arte que ela viria crescentemente instaurar a partir dos anos 1990, uma década antes, com o surgimento da imagem numérica, isto é, imagem produzida por computador, a febre da arte computacional atingiu seu ápice nos experimentos dos artistas com a geração de imagens computacionais e a representação de objetos tridimensionais animados. Existem alguns críticos, como Frank Popper,[41] que insistem na consideração de que muito raramente podem ser tidos como artísticos os trabalhos computacionais anteriores a meados dos anos 1980, antes que os computadores pessoais

---

[40] Gilbertto Prado, "Cronologia de experiências artísticas nas redes de telecomunicações", em *Trilhas 6*, cit.

[41] Frank Popper, *Art of the Electronic Age* (Nova York: Harry N. Abrams, 1993.

tivessem começado a proliferar com baixo custo. Também nessa arte, Paik foi pioneiro. Com seu Paik/Abe sintetizador, um recurso de manipulação e colorização de imagem, desenvolvido com o engenheiro eletrônico Shuya Abe, produziu, em 1975, sua Suite 212, uma colagem eletrônica monumental de imagens alteradas em cores estonteantes. Essa obra abriu passagem para a sua impressionante *Butterfly* (1986), um amálgama vibrante de colagens de sons e imagens voláteis.

Já nessa época, o potencial da arte digital, feita de imagens processadas computacionalmente, parecia ilimitado. Isso levou o curador George Fifield a declarar que "a habilidade dos artistas para a reposição e combinação sem esforço de imagens, filtros e cores dentro da memória sem fricção e sem gravidade do computador, concede a eles uma liberdade para a produção de imagens jamais imaginada". Numa avaliação similar, Weibel declarou que, tornando a imagem infinitamente maleável, a tecnologia digital transformava "pela primeira vez na história, a imagem em um sistema dinâmico".[42] De fato, conforme já discuti em um outro trabalho,[43] a digitalização levou a imagem a saltar para o paradigma pósfotográfico com todas as conseqüências que isso trouxe para a sua produção, armazenamento, difusão e recepção.

O leque de formas de arte que, já nos anos 1980, a digitalização tornou possível incluía computação gráfica, animação, esculturas cibernéticas, shows a laser. Com isso, as videoinstalações também passaram a incorporar imagens tratadas pelo computador num jogo ambíguo entre as imagens analógicas, isto é, colhidas através do vídeo e imagens produzidas numericamente, como, por exemplo, foi trabalhado, no Brasil, por Diana Domingues em *Migrações* (1989) e, mais tarde, em *Paragens* (1991), uma instalação-paisagem de imagens em contaminação, apresentada na XXI Bienal de São Paulo.[44]

---

[42] *Apud* Michael Rush, *New Media in Late 20th Century Art*, cit., pp.168 e 170.

[43] Lucia Santaella & Winfried Nöth, *Imagem. Cognição, semiótica, mídia*. (3ª ed. São Paulo: Iluminuras, 1998).

[44] Diana Domingues, *Criação e interatividade na ciberarte* (São Paulo: Experimento, 2002).

Paralelamente, na esteira dos artistas pioneiros na integração de tecnologias de luz a suas obras, tais como Bruce Nauman (holografia) e James Turell (laser), uma outra faceta da arte tecnológica se desenvolveu, com grande impulso nos anos 1980, na arte holográfica. Entre os brasileiros, exposição pioneira nessa mídia foi a de José Wagner Garcia, com sua exposição no Museu da Imagem e do Som, em 1982. Logo depois, enquanto Eduardo Kac realizava seus holopoemas no Rio de Janeiro, um grupo de poetas e artistas, Augusto de Campos, Décio Pignatari, Julio Plaza e o próprio Wagner Garcia, organizou algumas exposições coletivas de arte holográfica, em São Paulo.

No alvorecer da era digital

Dos anos 1990 para cá, estamos assistindo a uma nova revolução que, provavelmente, trará conseqüências antropológicas e socioculturais muito mais profundas do que foram as da Revolução Industrial e eletrônica, talvez ainda mais profundas do que foram as da revolução neolítica. Trata-se da revolução digital e da explosão das telecomunicações, trazendo consigo a cibercultura e as comunidades virtuais. O futuro nos conhecerá como aquele tempo em que o mundo inteiro foi virando digital.

Nessa virada digital o que está implicado não é somente a conversão de qualquer linguagem – texto, som, imagem, vídeo, etc. – em dado digital, isto é, em bits de 0-1, e a compressão desses dados que permite compactar a informação com economia de meios. Está implicada também a possibilidade de a informação viajar através do planeta em frações de segundo, formando redes que conectam terminais de computadores a seus usuários localizados em qualquer canto do globo.

Esse tipo de comunicação mediada por computador com os espaços ou sítios de interação permanentes permitidos pela internet teve sua origem em 1969 com a Arpanet, rede projetada pela Agência de Projetos de Pesquisa do Departamento de Defesa dos Estados Unidos. Seu objetivo era a criação de um sistema de transmissão de informações militares estratégicas como precaução contra a Guerra Fria. Por estar baseada em

PANORAMA DA ARTE TECNOLÓGICA

uma tecnologia por comutação de pacotes, para que as unidades de mensagem encontrassem suas rotas, sendo remontadas com coerência em qualquer ponto do sistema, a rede não dependia dos seus centros de comando e controle. Pouco mais tarde, o aperfeiçoamento da tecnologia digital iria permitir compactar qualquer tipo de mensagem: som, imagem e dados. A isso se somou, no início dos anos 1990, o desenvolvimento de softwares de navegação que levou à configuração da WWW. Esta definiu um protocolo de comunicação que possibilitou a transferência de imagens, sons e textos para a rede. Logo a seguir, o sistema foi trabalhado para se tornar mais amigável e, em 1992, o Mosaic, que já permitia a navegação com mouse, foi seguido por outros browsers ou "folheadores", como o Netscape, que ajudaram a popularizar o sistema proliferante da internet cujos sites alocam e interconectam instituições, empresas, associações e pessoas físicas.[45]

Embora tenham começado a fazer uso sistemático das redes de computadores a partir de 1980, como se pode comprovar no evento Artbox, uma rede artística de correio eletrônico, organizado por Robert Adrian, as artes das redes, que deram continuidade às artes telecomunicacionais, só se instauraram com vigor a partir de meados de 1990.

Vale ressaltar, entretanto, que as redes são meios de transmissão, apenas um dos aspectos envolvidos pelo fenômeno muito mais complexo da cibercultura ou cultura digital e, nela, do fenômeno conseqüente da ciberarte, um termo que parece mais abrangente do que web arte, net arte ou arte das redes, mais amplo ainda do que arte telemática, muito embora a grande maioria dos projetos da ciberarte envolva sua transmissão e interconexão via redes. Arte interativa é a expressão que vem sendo bastante utilizada para qualificar essa arte mediada pelo computador que requer a participação ativa do observador para se realizar. Para alguns, "interativa" é o adjetivo mais inclusivo para descrever a arte na era digital, pois os artistas interagem com máquinas (uma interação com-

---

[45] Simone Pereira de Sá, "Netnografias nas redes digitais", em J. L. Aidar Prado (org.), *Crítica das práticas midiáticas* (São Paulo: Hacker, 2002), p. 149; e Gilbertto Prado, "Cronologia de experiências artísticas nas redes de telecomunicações", em *Trilhas 6*, cit.

plexa com um objeto automatizado, mas inteligente) para criar uma interação subseqüente com participantes que complementam a arte em suas próprias máquinas, ou a manipulam através da participação em rotinas pré-programadas que podem variar de acordo com comandos ou simples movimentos dos participantes.[46]

Na ciberarte, ou arte interativa como querem alguns, não se trata apenas de que o artista crie ambientes de interação, de colaboração, de incorporação e de imersão para o usuário-receptor, ambientes que levam de roldão, misturando em trocas sucessivas e mesmo simultâneas, as tradicionais divisões de papéis entre emissor e receptor e ampliam sobremaneira, com a sua condição interativa, a tradição das artes expositivo-contemplativas e mesmo das artes participativas. Trata-se também de se dar conta da complexidade, da semio e tecnodiversidades crescentes que resultam da hibridização inextricável dos meios para se produzir arte que hoje comprimem ao máximo a capacidade de informação e processamento em um espaço mínimo, que, à maneira do Aleph,[47] se concentra em pontos densos de tempos e espaços que oscilam entre o visível e o invisível, o material e o imaterial, o presente e o ausente, a matéria e sua virtualidade, a carne e seus espectros.

Através da realidade virtual distribuída, do ciberespaço compartilhado, da comunicação não-local, dos ambientes multiusuários, dos sites colaborativos, da web-TV, dos net-games, etc., os cenários da arte tecnológica parecem estar desenvolvendo estratégias e produzindo visões antecipatórias daquilo que será o livro do futuro, de como será o teatro do futuro, de como poderão se apresentar o cinema e a televisão do futuro.

Além de tudo isso, a questão mais fundamental a ser observada, na continuidade do argumento que estou desenvolvendo neste texto, está no salto quântico que se dá na passagem das tecnologias eletroeletrônicas, pré-era digital, para as tecnologias teleinformáticas da atual era digital. Enquanto as anteriores tecnologias de linguagem, inauguradas pela foto-

---

[46] Michael Rush, *New Media in Late 20th Century Art*, cit., p. 171.

[47] Jorge Luis Borges, "El aleph", em *El aleph* (Buenos Aires: Emecé Editores, 1971), pp. 155-174.

grafia, e seguidas pelo telefone, cinema, rádio, vídeo e mesmo holografia, haviam introjetado conhecimentos científicos de habilidades técnicas, num passo além, as cibertecnologias introjetaram conhecimentos científicos de habilidades mentais. Foram, por isso mesmo, chamadas de tecnologias da inteligência por Pierre Lévy[48] e, nessa mesma lógica, foram por mim identificadas como máquinas cerebrais, em oposição às máquinas anteriores, meramente sensórias, estas já absorvidas para dentro das máquinas cerebrais através da convergência das mídias.[49]

Tendências da ciberarte

Se é verdade que cada período da história da arte no Ocidente é marcado pelos meios que lhe são próprios, os meios do nosso tempo, neste início do terceiro milênio, estão nas tecnologias digitais, nas memórias eletrônicas, nas hibridizações dos ecossistemas com os tecnossistemas e nas absorções inextricáveis das pesquisas científicas pela criação artística – tudo isso abrindo ao artista horizontes inéditos para a exploração de novos territórios da sensorialidade e sensibilidade. São muitos os artistas no mundo e também no Brasil que, farejando o futuro nas potencialidades ofertadas pelo presente, têm tomado os meios que nos são contemporâneos como tubos de ensaio para deles extrair suas propriedades sensíveis e renovar os repertórios da arte. A quase totalidade desses trabalhos está hoje em sites e, desde meados dos anos 1990, é apresentada em festivais, tais como o Ars Electronica, em Linz, o Multimediale, do ZKM, em Karlsruhe, o International Symposium on Electronic Art (iSEA), em Montreal, o New York Festivals, e alguns outros. Os museus ainda não estão sabendo muito bem o que fazer com esse tipo de arte. Foi só em 1998 que o Guggenheim Museum em Nova

---

[48] Pierre Lévy, *As tecnologias da inteligência* (São Paulo: Editora 34, 1993).

[49] Lucia Santaella, "O homem e as máquinas". Palestra proferida no evento internacional "A arte no século XXI", realizado em novembro de 1995, no Memorial da América Latina, em São Paulo. Esse artigo foi publicado em Lucia Santaella, *Cultura das mídias* (2ª ed. São Paulo: Experimento, 2000), e em Diana Domingues (org.), *A arte no século XXI* (São Paulo: Unesp, 1997), pp. 33-44.

York realizou seu primeiro projeto para a web. A Documenta X, de Kassel, 1997, dedicou um setor à arte computacional interativa. No Brasil, com a curadoria de Diana Domingues, foi realizada a mostra Ciberarte: zonas de interação, durante a II Bienal do Mercosul, em 1999. O Simpósio Brasileiro em Computação Gráfica e Processamento de Imagem (Sibgrapi) também tem sediado exposições de arte eletrônica. Na XXV Bienal de São Paulo, houve um setor dedicado à net arte sob a curadoria de Christine Mello. Os projetos do Itaú Cultural, especialmente o Transmídia, em 2002, de um lado, e o Prêmio Nelson Motta, de outro, têm dado guarida à arte tecnológica.

Para aqueles que querem se informar sobre os rumos da ciberarte, além dos sites dos artistas, que devem ser referências obrigatórias, sem que tenhamos de sair do Brasil, há, de um lado, os documentos das megaexposições Arte-Cidade, sob a curadoria de Nelson Brissac Peixoto, que, desde seu módulo II, "A cidade e seus fluxos" (1994), vem sediando projetos de rede. De outro lado, há alguns trabalhos publicados nos meios impressos, alguns deles com fartas indicações de sites, como, por exemplo, Lucia Leão, Arlindo Machado, Sérgio Bairon e Luís Carlos Petry, Lucia Santaella, Gisele Beiguelman, sobre a hipermídia, e Gilbertto Prado, Gilbertto Prado e Luisa P. Donati, Diana Domingues, Eduardo Kac, Claudia Giannetti e Lilia P. Romero, Christine Mello, Suzette Venturelli, Lucia Santaella, sobre as artes das redes e a ciberarte, além dos números da *Revista do Instituto de Artes* da Universidade de Brasília. De que tenho notícia, estão em progresso a pesquisa de Prado e a de Arantes.

Tendo como pano de fundo as referências anteriores, limito-me, em seguida, a apresentar uma tentativa de sistematização das tendências da ciberarte, uma sistematização deliberadamente provisória e aberta, tal como deve se apresentar qualquer busca de catalogação dessas formas de arte que se constituem no interior de tecnologias em contínua transformação devido à absorção permanente de novas descobertas nas ciências que redundam em novidades tecnológicas.

Na tradição das artes computacionais dos anos 1980, a ciberarte inclui a imagem, sua modelação em 3D e a animação, assim como a música computadorizada. Enquanto nos anos 1980 tratava-se de uma produção que começava no computador e dele saía para ser exposta em meios tradicionais, tais como, no caso das imagens, as impressões gráficas, gradativamente, o computador foi sendo cada vez mais utilizado para estender a capacidade de mídias tradicionais: a fotografia analógica manipulada digitalmente; o cinema ampliado no cinema interativo; o vídeo, no videostreaming; o texto ampliado nos fluxos interativos e alineares do hipertexto; a imagem, o som e o texto ampliados na navegação reticular da hipermídia em suporte CD-ROM ou em sites para serem visitados e interagidos, tudo isso já em plena atividade, enquanto se espera a ampliação da tevê digital em tevê interativa, unindo indelevelmente o computador com a televisão.

Na tradição das performances, surgem agora as performances interativas e as teleperformances, que, através de webcams ou outros recursos como sensores, fazem interagir cenários virtuais com corpos presenciais, corpos virtuais com corpos presenciais e outras interações que a imaginação do artista consegue arrancar dos dispositivos tecnológicos.

Na tradição das instalações, videoinstalações e instalações multimídia, irrompem as instalações interativas, as web-instalações, também chamadas de net-instalações ou ciberinstalações, que levam ao limite as hibridizações de meios que sempre foram a marca registrada das instalações. Ampliando os parâmetros das imagens e textos bidimensionais nas telas dos terminais das redes, as instalações baseadas nas redes (*net-based installations*) ampliam sobremaneira as definições estreitas de net arte, pois potencializam-se com o uso de vídeos conectados à internet em sites abertos para a interação do internauta, com o uso de webcams que permitem transições fluidas entre ambientes físicos remotos e ambientes virtuais ou que disparam através de sensores. Enfim, as ciberinstalações hoje se constituem elas mesmas em redes encarnadas de sensores, câmeras e computadores, estes interconectados às redes do ciberespaço.

Na tradição dos eventos de telecomunicações, aparecem, via rede, os eventos de telepresença e telerrobótica, que nos permitem visualizar e mesmo agir em ambientes remotos, enquanto se espera pelo advento da teleimersão e, com ela, da promessa da ubiqüidade que se realizaria quase inteiramente, não fosse pelo fato de que o corpo tridimensional teleprojetado será incorpóreo, impalpável. Em ambos, nas ciberinstalações e nos eventos de telepresença, tanto o mundo lá fora passa a se integrar ao mundo simulado através de trocas incessantes, por exemplo, quando se faz uso de webcams, quanto o receptor passa a habitar mentalmente o mundo simulado, enquanto seu corpo físico se encontra plugado para permitir a viagem imersiva – algo que a metáfora de *Matrix* soube ilustrar à perfeição.

Nos sites ou ambientes criados especificamente para as redes, as variações são múltiplas: sites interativos, sites colaborativos, sites que integram os sistemas de multiagentes para a execução de tarefas, sites que levam o usuário a incorporar avatares dos quais se emprestam as identidades para transitar pelas redes. Nesse ponto, começa a se dar a passagem da incorporação para a imersão em realidade virtual, quando, nos web sites em Virtual Reality Modelling Language (VRML), o internauta é transportado para ambientes de interfaces perceptivas e sensórias inteiramente virtuais.

A realidade virtual pode também se realizar em cavernas digitais de múltiplas projeções. Utilizando softwares complexos de alta performance, o artista propõe interfaces dos dispositivos maquínicos com o corpo, permitindo o diálogo entre o biológico e os sistemas artificiais em ambientes virtuais nos quais os dispositivos maquínicos, câmeras e sensores, capturam sinais emitidos pelo corpo para processá-los e devolvê-los transmutados.

Muitas das tendências acima podem integrar softwares de inteligência artificial, como, por exemplo, programas de redes neurais. Quando utilizam softwares de vida artificial, salta-se para a arte genética, tanto a arte transgênica que se utiliza de técnicas de engenharia genética ligadas à transferência de genes (naturais ou sintéticos) para um organismo vivo, criando interferências nas formas de vida, quanto, em um sentido mais amplo, a arte eco e biológica que faz uso variado de recursos tecnológicos ou mesmo de conhecimentos científicos para penetrar no interior de processos microbiológicos ou macrobiológicos, da natureza e do corpo humano.

Longe de se apropriar dos dispositivos tecnológicos como simples meios ou mesmo como prolongamentos sensoriais, os artistas levam às últimas conseqüências seu caráter de próteses corpóreas e mentais expansivas, capazes até mesmo de transmutar nosso sistema nervoso, sensório e cognitivo. Nasce daí uma arte para ser vivida em tempo real por sujeitos-agentes que recebem e, no ato, transformam o que foi proposto pelo artista, ao provocar eventos disponibilizados pelas possibilidades que os ambientes simulados abrem para situações emergentes, comutativas, em constante devir, fluxo e metamorfose.

Referências bibliográficas

ARANTES, Priscila (em progresso). *O artista imerso no ciberespaço: panorama conceitual da ciberarte no Brasil*. Tese de doutorado. São Paulo: PUC, 2004.

BAIRON, S. & Petry, Luís Carlos. *Hipermídia, psicanálise e história da cultura*. São Paulo: Educ/Mackenzie, 2000.

BEIGUELMAN, Gisele (no prelo). *O livro depois do livro*.

DOMINGUES, Diana (org.). *A arte no século XXI*. São Paulo: Unesp, 1997.

GIANNETTI, C. & ROMERO, Lilia P. "Breve seleção de projetos na rede e de web art". Em *Ars telemática*. Lisboa: Relógio D'Água, 1998.

KAC, Eduardo. "Aspectos da estética das telecomunicações". Em NEIVA, E. & RECTOR, M. (orgs.). *Comunicação na era pós-moderna*. Rio de Janeiro: Vozes, 1997.

_____. "A arte da telepresença na internet". Em DOMINGUES, Diana (org.). *A arte no século XXI*. São Paulo: Unesp, 1997.

KLÜVER, Billy. "Time Capsule". Em *Ars Telemática*. Lisboa: Relógio D'Água, 1998.

LEÃO, Lucia. *O labirinto da hipermídia: arquitetura e navegação no ciberespaço*. São Paulo: Iluminuras, 1999.

_____. *A estética do labirinto*. São Paulo: Anhembi-Morumbi, 2002.

_____. *Interlab: labirintos do pensamento contemporâneo*. São Paulo: Iluminuras/Fapesp, 2002.

MACHADO, Arlindo. "Hipermídia: o labirinto como metáfora". Em DOMINGUES, Diana (org.). *A arte no século XXI*. São Paulo: Unesp, 1997.

_____. "A fotografia como expressão do conceito". Em *O quarto iconoclasmo*. Rio de Janeiro: Rios Ambiciosos, 2001.

PRADO, Gilbertto. "As redes artístico-telemáticas". Em *Imagens* 3, 1994.

_____. "Cronologia de experiências artísticas nas redes de telecomunicações". Em *Trilhas*, 6 (1), 1997.

_____. "Dispositivos interativos: imagens em redes telemáticas". Em DOMINGUES, Diana (org.). *A arte no século XXI*. São Paulo: Unesp, 1997.

_____. "Arte e tecnologia: produções recentes no evento 'A arte no século XXI'". Em DOMINGUES, Diana (org.). *A arte no século XXI*. São Paulo: Unesp, 1997.

_____. "Experimentações artísticas em redes telemáticas e web". Em *Arte Brasil*, nº 1, ano 1, 1998.

SANTAELLA, Lucia. *Matrizes da linguagem e pensamento: sonora, visual, verbal. Aplicações na hipermídia*. São Paulo: Iluminuras/Fapesp, 2001.

_____. "As artes do corpo biocibernético". Em *Culturas e artes do pós-humano. Da cultura das mídias à cultura digital* (no prelo).

VENTURELLI, Suzette. "Um universo imaginário em formação". Em BARROS, Anna & SANTAELLA, Lucia (orgs.). *Mídias e artes: os desafios da arte no início do século XXI*. São Paulo: Unimarco, 2002.

Site

PRADO, Gilbertto. Projeto wAwRwT on-line. Disponível em http:// wawrwt.iar.unicamp.br (em progresso).

Gênesis[*]

EDUARDO KAC

---

[*] Publicado originalmente em Gerfried Stocker & Christine Schopf (orgs.), *Ars Electronica 99: Life Science* (Viena/Nova York: Springer, 1999), pp. 310-313. Trad. Luís Carlos Borges.

O projeto Gênesis começou com a criação de um gene sintético e de uma instalação interativa. Continuou com a visualização da proteína produzida por esse gene[1] e com novos trabalhos que examinam as implicações culturais das proteínas como objetos de fetiche. Uma posição crítica é manifestada ao longo de todo o projeto Gênesis pelo uso de métodos cientificamente precisos na produção material e visualização gráfica de um gene e de uma proteína que inventei, as quais não possuem absolutamente nenhuma função ou valor na biologia. Em vez de explicar ou ilustrar princípios científicos, o projeto Gênesis complica e ofusca a simplificação e a redução extremas das descrições usuais dos processos vitais na biologia molecular, reinstaurando a contextualização social e histórica no âmago do debate. Nas suas manifestações genômica e proteômica, o projeto Gênesis continua a revelar novas leituras e possibilidades.

---

[1] Na verdade, os genes não produzem proteínas, como explica claramente Richard Lewontin: "Uma seqüência de DNA não especifica proteínas, mas apenas a seqüência de aminoácidos. A proteína é um dos possíveis dobramentos mínimos de energia livre, e o meio celular, juntamente com o processo de tradução, influencia qual desses dobramentos ocorre". Ver Richard C. Lewontin, "In the Beginning Was the Word", em *Science*, vol. 291, 16-2-2001, p. 1264.

Fase 1

Gênesis (1998-1999) é uma obra de arte transgênica que explora a intricada relação entre a biologia, os sistemas de crença, a tecnologia da informação, a interação dialógica, a ética e a internet. O elemento-chave da obra é um "gene de artista", isto é, um gene sintético que inventei e que não existe na natureza. Esse gene foi criado pela tradução de uma sentença do livro bíblico do *Gênesis* para o código Morse e depois para pares básicos de DNA segundo um princípio de conversão especialmente desenvolvido para esse trabalho. A sentença diz: "Que o homem domine os peixes do mar, as aves do céu e todos os animais que rastejam sobre a terra". Esta sentença foi escolhida por suas implicações no que diz respeito à noção dúbia da supremacia (divinamente sancionada) da humanidade sobre a natureza.[2] O código Morse foi escolhido porque,

---

[2] Escolhi a versão inglesa do rei Jaime em vez do texto original hebraico como um meio de realçar as múltiplas mutações do Antigo Testamento e suas interpretações, e também para ilustrar as implicações ideológicas de uma tradução com suposta "autoridade". O rei Jaime tentou estabelecer um texto final encomendando a vários eruditos (um total de 47 trabalharam no projeto) a produção dessa tradução, que pretendia-se unívoca. Em vez disso, esse esforço de colaboração representa o resultado de várias "vozes" trabalhando simultaneamente. A maior parte dos livros do Antigo Testamento foi escrita em hebraico, enquanto partes dos livros de Daniel e Esdras foram escritos em aramaico. A *Bíblia* do rei Jaime foi traduzida em 1611, após a consulta de traduções prévias em múltiplas línguas, isto é, trata-se de uma tradução de muitas traduções. No prefácio da versão autorizada, os tradutores escreveram: "Tampouco pensamos muito para consultar os tradutores ou comentaristas, caldeus, hebreus, sírios, gregos ou latinos, nem os espanhóis, franceses, italianos ou holandeses". Acompanhando séculos de tradições orais, a *Bíblia* foi escrita ao longo de um período extenso, coberto por muitos autores. Não está claro quando exatamente a *Bíblia* foi escrita. Contudo, acredita-se que o texto foi fixado em pergaminhos durante o período de 1400 a.C. a 100 d.C. Como as primeiras versões do texto não tinham nenhuma ligação entre as letras, nenhum espaço entre palavras e sentenças, nem pontos nem vírgulas, além de nenhum capítulo, o material encorajava múltiplas interpretações. Traduções e edições subseqüentes tentaram simplificar e organizar o texto – isto é, deter sua transmutação contínua – e acabaram gerando mais versões. A divisão da *Bíblia* em capítulos foi feita por Stephen Langton (morto em 1227), mais tarde arcebispo de Cantuária. O padre Santes Pagninus, sacerdote dominicano, dividiu os capítulos do Antigo Testamento em versos em 1528. Com o advento da impressão com tipos móveis, em 1450, versões ainda mais novas proliferaram, todas diferentes à sua maneira, com modificações deliberadas e acidentais. A passagem bíblica da versão do rei Jaime empregada em meu trabalho transgênico, Gênesis, é emblemática, já que fala de domínio. O rei Jaime é o monarca fundador dos Estados Unidos. Sob seu reinado, estabeleceram-se as primeiras colônias

GÊNESIS

como utilizado na radiotelegrafia pela primeira vez, representa a aurora da era da informação – a gênese das comunicações globais.[3]

---

bem-sucedidas. Em suas próprias palavras, o rei Jaime buscava propagar "a religião cristã entre povos que ainda vivem na escuridão", e por isso os colonizadores trouxeram sua tradução autorizada. A gênesis do Novo Mundo foi construída com base no domínio "sobre todas as coisas vivas que se movem sobre a terra". Ver Kenneth L. Barker (org.), *The NIV: The Making of a Contemporary Translation* (Grand Rapids: Zondervan, 1986); Eugene H. Glassman, *The Translation Debate* (Downers Grove: InterVarsity Press, 1981); e D. A. Carson, *The King James Version Debate* (Grand Rapids: Baker, 1979).

[3] Empreguei o código Morse não por necessidade técnica, mas como gesto simbólico com o objetivo de expor a continuidade da ideologia e da tecnologia e para revelar aspectos importantes das estratégias retóricas da biologia molecular. Samuel Morse abraçou o movimento protestante radical da década de 1830 conhecido como nativismo. A plataforma nativista era racista, antiimigrantes, anticatólica e anti-semita. Durante toda a sua vida, Morse odiou e temeu os católicos americanos, apoiou que fosse negada a cidadania aos nascidos no exterior e escreveu panfletos contra a abolição da escravidão. Em meu trabalho Gênesis, a tradução da passagem do Gênesis da versão do rei Jaime para o código Morse representa a continuidade do feroz colonialismo britânico para a intolerância da ideologia nativista. A industrialização da América do Norte, juntamente com a hegemonia tecnológica, baseou-se nos lucros pantagruélicos acumulados com o tráfico de escravos no século XVIII. Em 1844, Morse enviou a primeira mensagem telegráfica, de Baltimore para Washington, D.C.: "O que Deus criou!". A tradução da versão rei Jaime/Morse para um gene pretende revelar a continuidade entre a ideologia imperialista e a visão reducionista da genética, ambas concentradas na supressão da complexidade das forças históricas, políticas, econômicas e ambientais que constituem a vida social. Ver Samuel Irenaeus Prime, *Life of Samuel F. B. Morse* (Nova York: Appleton, 1875); Jeffrey L. Kieve, *The Electric Telegraph: a Social and Economic History* (Newton Abbot: David and Charles, 1973); e Paul J. Staiti, *Samuel F. B. Morse* (Cambridge/Nova York: Cambridge University Press, 1989). Além disso, o código Morse é uma metáfora central na biologia molecular. Em seu influente ensaio, "What is Life?" [O que é a vida?] (1943), o físico Erwin Schrödinger promoveu uma visão atomista da biologia e previu características essenciais do material genético mais de uma década antes de ser compreendida a estrutura do DNA. Ele escreveu: "Muitas vezes foi perguntado como essa partícula minúscula de material, o núcleo do óvulo fertilizado, poderia conter um elaborado código que envolve todo o futuro desenvolvimento do organismo. [...] Como ilustração, pense no código Morse. Os dois diferentes sinais, de ponto e traço, em grupos ordenados de não mais que quatro, permitem trinta especificações diferentes". A metáfora do código Morse proposta por Schrödinger assumiu papel central na biologia molecular e tornou-se um instrumento epistemológico nesse campo. Isso incorre em uma questão fundamental que busco estabelecer com Gênesis, de como o significado é construído na ciência. Como passamos da metáfora dos "genes como código" para o fato de que os "genes são código"? É por meio do apagamento progressivo das condições iniciais do enunciado de uma metáfora? Ver Erwin Schrödinger, *What Is Life?: the Physical Aspect of the Living Cell With Mind and Matter & Autobiographical Sketches* (Cambridge: Cambridge University Press, 1992), p. 61; e Richard Doyle, *On Beyond Living: Rhetorical Transformations of the Life Sciences* (Stanford: Stanford University Press, 1997), pp. 25-38.

O processo inicial nesse trabalho foi a clonagem do gene sintético em plasmídios e a subseqüente transformação destes em bactérias. Dois tipos de bactérias são empregados no trabalho: bactérias que incorporam um plasmídeo contendo Proteína Fluorescente Ciano Realçado (PFCR) e bactérias que incorporam um plasmídeo contendo Proteína Fluorescente Amarelo Realçado (PFAR). PFCR e PFAR são mutantes de Proteína Fluorescente Verde (PFV), com propriedades espectrais alteradas.[4]

As bactérias PFCR contêm o gene sintético, ao passo que as bactérias PFAR não o tem. Essas bactérias fluorescentes emitem luz ciano e amarela quando expostas à radiação ultravioleta (302 nm). À medida que seu número aumenta, ocorrem mutações naturais nos plasmídeos. Ao fazerem contato, ocorre a transferência conjugal de plasmídeos e começamos a ver combinações de cores, possivelmente dando origem a bactérias verdes.

A comunicação bacteriana transgênica desenvolve-se como uma combinação de três possibilidades visíveis: 1) as bactérias PFCR doam seus plasmídeos para as bactérias PFAR (e vice-versa), gerando bactérias verdes; 2) nenhuma doação ocorre (as cores individuais são preservadas); 3) as bactérias perdem seus plasmídeos inteiramente (tornam-se pálidas, de cor ocre).

A variedade de bactéria empregada no Gênesis é JM101. A mutação normal nessa variedade ocorre 1 em 10^6 pares básicos. Ao longo do processo de mutação, a informação precisa, originalmente codificada nas bactérias PFCR, é alterada. A mutação do gene sintético ocorrerá como um resultado de três fatores: 1) o processo natural de multiplicação bacteriana; 2) interação dialógica bacteriana; 3) radiação UV ativada por humanos. O uso das bactérias selecionadas em público é seguro e elas são exibidas na galeria com a fonte de UV dentro de uma estrutura transparente, que filtra a radiação ultravioleta.

---

[4] Este trabalho foi realizado com a assistência do doutor Charles Strom, antigo diretor de genética médica do Illinois Masonic Medical Center, Chicago. Doutor Strom é diretor médico do Laboratório de Genética Bioquímica e Molecular do Nichols Institute/Quest Diagnostics, San Juan Capistrano, Califórnia.

O material exposto na galeria capacita participantes locais e remotos (rede) a monitorar a evolução do trabalho. Esse material é composto de uma placa de Petri com as bactérias, uma câmera de microvídeo, uma caixa de luz UV e um iluminador de microscópio. Esse conjunto é ligado a um projetor de vídeo e dois computadores em rede. Um computador funciona como um servidor de rede (transmitindo vídeo e som ao vivo) e cuida de solicitações remotas de ativação de UV. O outro computador é responsável pela síntese musical de DNA. A música original, que emprega o gene do Gênesis, foi composta por Peter Gena.[5] A projeção do vídeo local mostra uma imagem ampliada das bactérias, maior que a altura média de um ser humano, vistas pela câmera de microvídeo. Os participantes remotos na rede interferem no processo ligando a luz ultravioleta. A proteína fluorescente nas bactérias responde à luz UV emitindo luz visível (amarela ou ciano). O impacto da energia da luz UV nas bactérias é tal que rompe a seqüência de DNA no plasmídeo, acelerando a taxa de mutação. As paredes contêm textos em grande escala aplicados diretamente sobre elas: a sentença extraída do livro do *Gênesis* (direita), a tradução em Morse (atrás), e o gene do Gênesis (esquerda).

No contexto da obra, a capacidade de mudar a sentença é um gesto simbólico: significa que não aceitamos seu significado da forma como o herdamos e que novos significados surgem quando tentamos mudá-lo. Empregando o menor gesto do mundo on-line – o clique – os participantes podem modificar a constituição genética de um organismo localizado em uma galeria remota. Essa circunstância única torna evidente, por um lado, a facilidade iminente da engenharia genética de escorrer até o nível mais comum da experiência cotidiana. Por outro lado, realça a condição paradoxal do não-especialista na era da biotecnologia. Clicar ou não clicar é não apenas uma decisão ética, mas também simbólica. Se o participante não clica, permite que a sentença bíblica permaneça intacta, preservando seu significado de domínio. Se clica, muda a sentença e seu signi-

---

[5] Ver Peter Gena & Charles Strom, "A Physiological Approach to DNA Music", em Robin Shaw & John McKay (orgs.), *Digital Creativity: Crossing the Border. The Proceedings of Cade 2001: the 4th Computers in Art and Design Education Conference* (Glasgow: Glasgow School of Art Press, 2001), pp. 129-134.

ficado, mas não sabe que novas versões podem surgir. De uma forma ou de outra, o participante enfrenta um dilema ético e é envolvido no processo.

No século XIX, a comparação feita por Champollion entre as três línguas da pedra de Roseta (grego, demótico, hieróglifos) foi a chave para a compreensão do passado. Hoje, o sistema triplo do Gênesis (linguagem natural, genética, lógica binária) é a chave para a compreensão do futuro. O Gênesis explora a noção de que os processos biológicos podem agora ser escritos e programados, além de serem capazes de armazenar e processar dados de maneiras semelhantes às dos computadores digitais. Investigando mais essa noção, ao fim da primeira exibição de Gênesis, na Ars Electronica 99, a sentença bíblica alterada foi decodificada e traduzida novamente em inglês, oferecendo *insights* do processo de comunicação interbacteriana transgênica. A sentença mutada dizia: "let aan have dominion over the fish of the sea and over the fowl of the air and over every living thing that ioves ua eon the earth". O curioso é que, embora a maioria das mudanças acima não tenha sentido específico, surgiu de fato uma nova palavra na frase: "eon". Esta palavra existe em inglês e significa "um período infinitamente longo de tempo". As fronteiras entre a vida de base carbônica e os dados digitais estão se tornando tão frágeis quanto membranas celulares.

Fase 2

Enquanto a primeira fase de Gênesis concentrava-se na criação e na mutação de um gene sintético por meio da participação pela rede, a segunda fase concentrava-se na proteína produzida pelo gene sintético: a proteína Gênesis.

A produção de proteína é um aspecto fundamental da vida. Centros de pesquisa em todo o mundo concentram suas iniciativas no seqüenciamento, organização e análise dos genomas de organismos simples e complexos, de bactérias a seres humanos. Paralelamente à genômica (o estudo dos genes e sua função), encontramos a proteômica (o estudo das proteínas e sua função). A proteômica, a agenda de pesquisa dominante na biologia molecular no mundo pós-genômico, concentra-se na visualização da estrutura tridimensional das proteínas produzidas pelos genes seqüenciados. Também se ocupa do estudo da estrutura e da funcionalidade dessas proteínas, entre muitos outros aspectos importantes, como a similaridade entre proteínas encontradas em diferentes organismos. A segunda fase do Gênesis investiga criticamente a lógica, os métodos e o simbolismo da proteômica, assim como seu potencial como meio de criação da arte.

Com o objetivo de produzir uma representação tangível da nanoestrutura da proteína Gênesis, pesquisei sua possível semelhança tridimensional a outras usando o Banco de Dados das Proteínas, operado pelo Research Collaboratory for Structural Bioinformatics (RCSB). Usando processos de interpolação estrutural, produzi então uma visualização digital da estrutura tridimensional da proteína Gênesis.[6] Esse conjunto de dados tridimensional foi usado para produzir versões digitais e físicas da proteína. A versão digital é um ciberobjeto, apresentado na internet nos formatos Virtual Reality Modeling Language (VRML) e Protein Data Bank (PDB), para possibilitar a investigação detalhada de sua complexa estrutura volumétrica. A representação física é um pequeno objeto sólido produzido por prototipificação rápida, para comunicar em forma tangível a fragilidade desse objeto molecular.[7]

Está bem claro que a engenharia genética continuará a ter conseqüências profundas na arte, assim como nas esferas social, médica, política e econômica da vida. Busco criar obras que reflitam sobre as múltiplas implicações filosóficas e sociais da genética, do abuso inaceitável até suas promessas esperançosas, da noção de "código" à questão da tradução, da síntese dos genes ao processo de mutação, das metáforas empregadas pela biotecnologia à fetichização dos genes e proteínas, de narrativas redutoras simples a complexas visões que explicam as influências ambientais.

---

[6] A visualização da proteína foi feita com a assistência de Charles Kazilek e Laura Eggink, BioImaging Laboratory, Arizona State University, Tempe. O software usado foi o MSI 98 Insight II.

[7] A prototipagem rápida foi desenvolvida com a assistência de Dan Collins e James Stewart, Prism Lab, Arizona State University, Tempe.

A tarefa urgente é explorar os significados implícitos da revolução biotecnológica e, por meio da arte, contribuir para a criação de visões alternativas, alterando, assim, a linguagem da genética para torná-la mais acessível e inclusiva.

Fase 3

Ao transpor a nanoescala do gene e da proteína Gênesis para uma escala humana acessível aos sentidos, a terceira fase concentrou-se em dar expressão tangível a importantes aspectos dos desenvolvimentos genômicos e proteômicos do Gênesis. O projeto compreende a produção de obras que capturem e elaborem idéias centrais manifestadas na primeira e na segunda fase do Gênesis. Cinco conjuntos de obras foram produzidos: *Pedras de encriptagem*, *Jóias de transcrição*, *Dobras fósseis*, *O livro das mutações* e *À nossa própria imagem*.

As *Pedras de encriptagem* é um conjunto de placas de granito negro indiano, de 50 cm × 75 cm, que fazem alusão à pedra de Roseta na estrutura material e visual. Ambas as *Pedras de encriptagem* são cortadas e acabadas à mão. A pedra de Roseta original é uma laje de basalto negro que data de 196 d.C. Ela mede 1 m × 70 cm × 30 cm. Sua inscrição (um decreto real louvando o rei Ptolomeu V do Egito) foi escrita na pedra três vezes: em hieróglifos, demótico e grego. Foi descoberta pelos soldados de Napoleão, em 1799, perto da cidade costeira de Roseta, no Baixo Egito. Jean-François Champollion, egiptologista francês, conseguiu comparar as três línguas e decifrar os hieróglifos egípcios, capacitando, assim, nossa compreensão do passado. A pedra encontra-se no Museu Britânico, em Londres. O triplo código das *Pedras de encriptagem* coloca em forma indelével a associação simbólica e pragmática entre a biologia, a linguagem humana e os veículos de comunicação, por meio de textos, traduções em Morse e seqüências genéticas gravadas em granito. Uma pedra de encriptagem tem a passagem bíblica original (em cima), a versão Morse (no meio) e a seqüência de nucleotídeos do gene Gênesis (em baixo). A outra tem o gene Gênesis mutante em cima, a tradução Morse mutante e a passagem bíblica alterada resultante em baixo. A configuração triádica das *Pedras de encriptagem* expõe criticamente as operações intersemióticas que se encontram no âmago da compreensão contemporânea dos processos vitais.

Jóias de transcrição é um conjunto de dois objetos, encerrados em uma caixa de madeira redonda. A palavra "transcrição" é o termo empregado em biologia para nomear os processos durante os quais a informação genética é "transcrita" de DNA para RNA. Uma "jóia" é uma garrafa de 5 cm (lembrando a clássica garrafa de gênio), de vidro claro com ornamentos de ouro e, dentro dela, 65 mg de DNA Gênesis purificado. "DNA purificado" significa que inúmeras cópias do DNA foram isoladas das bactérias em que foram produzidas, filtradas e acumuladas em um frasco.[8] Aqui, o gene é visto fora do contexto do corpo, seu significado intencionalmente reduzido a uma entidade formal, para revelar que, sem o reconhecimento dos papéis vitais desempenhados pelo organismo e pelo ambiente, o "inestimável" gene pode tornar-se "imprestável". A outra jóia é uma peça de ouro, igualmente pequena, com a forma exata da estrutura da proteína Gênesis. Ao exibir os elementos emblemáticos da revolução biotécnica (o gene e a proteína) como valores cobiçados, *jóias de transcrição* faz um comentário sobre o processo de transformação dos aspectos mais ínfimos da vida em mercadoria. O gene purificado nas *jóias de transcrição* e sua proteína não são derivados de um organismo natural, mas criados especificamente para a obra de arte Gênesis. Em vez de um "gênio" dentro da garrafa, encontramos a nova panacéia, o gene. Nenhum desejo de imortalidade, beleza ou inteligência é concedido pelo gene inerte e isolado, selado dentro da garrafa em miniatura. Como resultado, a ironia ganha um efeito crítico e até humorístico, dado o fato de que a "mercadoria preciosa" é destituída de qualquer aplicação real e prática na biologia.

Dobras fósseis é uma instalação baseada na minha "proteína de artista", discutida anteriormente. Com *Dobras fósseis* busco emaranhar o do-

---

[8] As síntese, montagem, amplificação e purificação de DNA foram feitas com a assistência de Scott Bingham, cientista pesquisador associado, Arizona State University, Tempe. Desenvolveram-se seis litros de bactérias e produziram-se 130 miligramas de DNA.

bramento protéico e imagens fossilizadas. A palavra "dobras" do título alude à noção deleuziana (inspirada em Leibniz) da dobra, isto é, do modo de unidade das figuras disjuntivas.[9] Fósseis são restos de organismos preservados pela mineralização em rocha sedimentar. A seqüência de imagens protéicas criadas na pedra cria uma tensão semântica entre seu dinamismo efêmero e sua preservação visual indelével. Essa ambigüidade produtiva ainda ressoa com o título, no qual a idéia do que é plástico e dinâmico (dobra) é combinada com a referência ao que é imobilizado e preservado (fóssil), como se o fóssil representasse o dobramento e o envolvimento do vivo e da rocha no tempo.

Dobras fósseis tem como objetivo a investigação das implicações biológicas e artísticas da produção de proteínas. Ao dar esse passo, desejo refletir sobre (e contribuir para) o potencial artístico do paradigma pósgenômico, isto é, no domínio da proteômica. Ao usar o mesmo material primeiramente empregado nas *Pedras de encriptagem* (granito negro), crio continuidade entre os dois trabalhos, ligando, portanto, o gene Gênesis e sua proteína. A proteína é representada com seus giros, curvas, hélices e outras características tridimensionais. Cada pedra revela uma forma quase ideográfica que evoca gestos caligráficos, sugerindo o surgimento de novas formas lingüísticas. Cada peça entalhada da série evoca uma inscrição rúnica, um sistema de proto-escrita que expõe a fusão de tropos da vida e da escrita na biologia molecular. Esses petróglifos, ou "proteoglifos", são destituídos de significado específico e não contribuem para explicar coisa nenhuma, científica ou não. *Dobras fósseis* serve como lembrete de que, à medida que velhas metáforas biológicas, como "código", são repetidas, elas ficam "fossilizadas", perdendo contato com o contexto criativo (isto é, metafórico) em que estavam originalmente imersas. Com o tempo, à medida que deixam de ser identificadas como tropos, essas metáforas tornam-se ferramentas conceituais, instrumentos retóricos que levam a processos operacionais pelos quais certos tipos de conhecimento

---

[9] Gilles Deleuze, *The Fold: Leibniz and the Baroque*, trad. Tom Conley (Mineápolis: University of Minnesota Press, 1993). Ver também Gilles Deleuze, *Foucault*, trad. Seán Hand (Mineápolis: University of Minnesota Press, 1986).

são construídos. Parte integral do discurso científico, as metáforas tornam-se um agente essencial na produção de "verdade" científica.[10]

O livro das mutações é um portfólio composto de cinco páginas, cada uma delas uma gravura individual. A primeira "página" é uma fotografia que mostra uma imagem redonda contra um fundo preto. Essa forma circular é uma placa de Petri contendo as bactérias Gênesis azuis e amarelas brilhando sob luz ultravioleta. A quinta e última "página" é a imagem negativa da primeira, mostrando uma imagem redonda mais clara contra um fundo preto. Essas duas imagens evocam a oscilação entre luz branca e luz ultravioleta que ocorre na instalação *Gênesis* e é responsável pela mutação bacteriana. As três "páginas" restantes mostram mutações da sentença bíblica original empregada no Gênesis, exibidas em forma espiral contra um fundo preto. As palavras na segunda gravura são compostas com as bactérias Gênesis azuis e amarelas. As palavras na terceira gravura revelam a combinação das bactérias anteriores com as mais claras da última imagem. A quarta gravura do conjunto apresenta a mutação verbal exclusivamente com as cores claras da última imagem, completando assim a seqüência que evoca a transição da luz branca para a luz ultravioleta (e vice-versa). A restrição cromática dá unidade visual e semântica para *O livro das mutações*. O livro pode ser lido manualmente ou suas páginas podem ser exibidas seqüencialmente em uma parede. Ambos os modos claramente manifestam a ligação direta entre, por um lado, a mutação bacteriana promovida on-line na instalação *Gênesis* e, por outro lado, as múltiplas transformações da passagem bíblica no corpo das bactérias.

À nossa própria imagem é um par de esculturas de vídeo digitais que apresentam, respectivamente, imagens em movimento de bactérias Gênesis e da proteína tridimensional Gênesis. Cada trabalho tem uma bola de cristal (com diâmetro de 15,2 cm) por meio da qual pode ser vista

---

[10] Para uma crítica da noção de "código" e questões relacionadas, ver Evelyn Fox Keller, *Refiguring Life: Metaphors of Twentieth-Century Biology* (Nova York: Columbia University Press, 1995); Dorothy Nelkin, *The DNA Mystique: the Gene As a Cultural Icon* (Nova York: Freeman, 1995); e Richard C. Lewontin, *The Triple Helix: Gene, Organism, and Environment* (Cambridge: Harvard University Press, 2000).

uma imagem distorcida em movimento ininterrupto. Uma obra mostra os padrões dinâmicos das colônias bacterianas em velocidades impossíveis de perceber a olho nu (na verdade, não se trata de imagem documental, e sim de fantasiosa – impossível – animação feita a mão). A outra mostra uma proteína tridimensional no espaço, descontextualizada do corpo do organismo unicelular em que é produzida. Embora o observador veja a proteína em movimento, não se trata de animação, e sim de rotação e translação randômica em tempo real. Nada é o que parece. Esse trabalho desloca a referência especular do título com a metáfora de "ver o futuro" por meio de uma bola de cristal. As distorções e o movimento incessante de bactéria e proteína sugerem que mesmo a descida mais precisa aos estratos moleculares da vida é fugidia e cheia de incontrolável imprevisibilidade.

A exposição Gênesis

Todas as peças descritas e discutidas acima, inclusive a instalação em rede com bactérias vivas, foram apresentadas juntas em minha exposição solo, Gênesis, realizada na Galeria Julia Friedman, em Chicago, entre 4 de maio e 2 de junho de 2001. As mutações múltiplas experimentadas biologicamente pelas bactérias e graficamente pelas imagens, textos e sistemas que compõem a exposição, revelam que a suposta supremacia da chamada "molécula-mestre" deve ser questionada. O projeto Gênesis deixa evidente que a "vida" não é mais, pura e simplesmente, um fenômeno bioquímico. Em vez disso, afirma que devemos considerar a vida como um sistema complexo na encruzilhada entre sistemas de crença, princípios econômicos, parâmetros legais, diretivas políticas, leis científicas e construtos culturais.

Panorama da ciberarte no Brasil

Priscila Arantes

Já se tornou lugar-comum a constatação de que as novas tecnologias trouxeram consigo uma modificação na nossa visão sobre o espaço. Segundo Philippe Quéau, estamos assistindo a uma paródia da revolução copernicana de Kant, só que aqui não se trata mais da ordem dos conceitos, mas da produção de imagens significantes. Para Kant, o espaço é uma representação necessária *a priori*: condição prévia da relação entre sujeito e objeto. Para nós, o espaço parece ter se convertido em um dado relativo, em um referente modelizável; um espaço virtual, eletrônico, imaterial, em constante movimento. De Lyotard a Paul Virilio, o espaço parece esfarelar-se tornando-se um abstrato que troca sua imobilidade por uma mobilidade virtual: "ele não é feito de unidades, mas de dimensões, ou antes de direções movediças", diria Deleuze.

Com a revolução da informática, o advento do computador e das tecnologias digitais e numéricas e, conseqüentemente, deste novo espaço nômade, fluido, nasce uma nova cultura, a cibercultura, e no seio dela encontram-se as produções em ciberarte.

No Brasil as produções em ciberarte vêm crescendo nos últimos anos. Desde o início dos anos 1990, uma série de artistas brasileiros está desenvolvendo trabalhos na área, subvertendo os conceitos tradicionais da estética. Questionar as distâncias espaço-temporais, criar ambientes que ampliam o campo perceptivo do "espectador", bem como criar espaços específicos de cooperação onde os usuários experimentam, compartilham, transformam e intensificam maneiras de sentir e ver o mundo, ou até mesmo trabalhar com questões da área da biologia tem sido a tônica da ciberarte no país: ciberinstalações, cibercenários, ambientes imersivos, sistemas multiusuários, telepresença, teleperformances, robótica, vida artificial, arte transgênica, trabalhos on-line e off-line são algumas das formas que os artistas brasileiros vêm trabalhado com o ciberespaço.

Um fator importante a se considerar é que a maioria dos artistas que vem trabalhando com novas tecnologias já eram artistas consagrados em outras áreas. Vários deles já desenvolviam trabalhos, seja em vídeo, fotografia, seja em artes plásticas. Por outro lado há uma tendência destes artistas transitarem por vários campos de atuação. É muito comum ver um mesmo artista trabalhando com instalações interativas, CD-ROM ou ambientes imersivos. Neste sentido o presente trabalho tem como objetivo oferecer um breve panorama da ciberarte brasileira e não esgotar ou elencar todos os projetos realizados por cada artista, ou apontar todos os artistas brasileiros que estão trabalhando com arte digital, o que seria impossível em um espaço como este.

De uma forma geral e considerando tanto os trabalhos on-line e off-line, poderíamos dividir os trabalhos em ciberarte no Brasil em cinco grandes categorias: CD-ROM, arte telemática,[1] ambientes imersivos, instalações e performances interativas e projetos que enfatizam, de forma mais explícita, a convergência entre a arte e a biologia.

---

[1] É importante ressaltar que a interface das artes com as comunicações já vem de longa data. Se quisermos ir bem longe, a estética da comunicação tem início, como aponta Anna Teresa Fabris, em 1844, "com a disputa de uma partida de xadrez via telégrafo" ("Prefácio", em Mário Costa, *O sublime tecnológico* (São Paulo: Experimento, 1995)). Nos anos 1920, com os movimentos de vanguarda, há uma intensificação da utilização dos meios de comunicação. Mas foi mais precisamente nos anos 1970 que começou a existir, por parte de alguns artistas, a vontade de utilizar meios e suportes imateriais de comunicação de forma mais acentuada. A utilização de satélites, slow scan TV (televisão de varredura lenta), fax, entre outras formas de reprodução e de distribuição de imagens, é a tônica de vários trabalhos artísticos da época. No Brasil, artistas brasileiros, tais como Carlos Fadon Vicente, Eduardo Kac, Julio Plaza, Milton Sogabe, José Wagner Garcia, Paulo Laurentz, Gilbertto Prado, Mario Ramiro, Paulo Bruscky entre outros, fazem suas primeiras investidas no início dos anos 1980, no campo das artes e telecomunicações.

CD-ROM

Entre os trabalhos incluídos na primeira categoria, destacamos aqueles que, longe de utilizar o CD-ROM como receptáculo para armazenamento de informações, buscam explorar seu potencial poético colocando em debate a possibilidade de se fazer arte e poesia a partir de suportes hipermidiáticos.

Um dos primeiros trabalhos que podemos citar nesta categoria é o CD-ROM *Interpoesia: poesia hipermídia interativa*, elaborado por Philadelpho Menezes e Wilton Azevedo, lançado em 1999 na II Bienal de Artes Visuais do Mercosul. O projeto visou substituir o livro de poesia oferecendo a possibilidade de se fazer poesia não por páginas impressas, mas por meio de mouse, menus e teclados. Este é um projeto duplamente importante no Brasil: além de ser o primeiro CD-ROM de poesia hipermídia interativa lançado no país, criou, dentro do contexto mais geral da poesia digital, um novo conceito: o conceito de interpoesia, um tipo de poesia, como diz Philadelpho Menezes, "em que sons, imagens e palavras se fundem num processo intersígnico". Uma idéia que percorre o trabalho é a de que a interpoesia não só permite colocar em evidência uma nova era da leitura onde sons, imagens e palavras se fundem num processo intersígnico, e onde o percurso da escrita se dá por meio de um diálogo permanente com o leitor, mas também, de que a interpoesia é um espaço que dialoga com outros textos. Vale lembrar os trabalhos *Inimigo* e *Lance secreto*, de Philadelpho Menezes, que fazem uma espécie de releitura dos trabalhos de Charles Baudelaire e Lewis Carroll.

Em *Máquina*, uma revisitação digital de seu poema visual que leva o mesmo nome, Philadelpho Menezes evidencia o processo de digitalização da poesia no mundo contemporâneo. O poema tem como imagem uma máquina de calcular. Na medida em que o usuário clica os números da calculadora, eles vão escrevendo a palavra poesia, numa espécie de metalinguagem do processo de criação poética do mundo contemporâneo: de uma poesia digitalizada que reclama a intervenção do usuário.

Dando continuidade a esse projeto, Wilton Azevedo desenvolveu, recentemente, seu CD-ROM de poesia hipermídia interativa que levou o nome de *Loopoesia*. Trabalhando com imagens de animação de, no máximo, 8 segundos em uma velocidade de 0,0001 por frame, o artista faz uma brincadeira com o efeito looping propiciado pelo computador. Trabalha com a idéia de repetição e de mesmice utilizando uma escrita poética retirada do próprio programa do computador. Desta forma oferece um outro nível de interatividade, que sempre retorna ao mesmo ponto, diverso daquele desenvolvido no primeiro projeto do interpoesia. Do ponto de vista imagético, o artista oferece uma gama de cores e formas que nos remetem às propostas da arte pop. Realiza, dessa forma, não só uma referência à própria linguagem numérica e sintética que opera na esfera do cálculo matemático e do modelo, como também à idéia da repetição industrial articulada pelo pop.

Trabalhar de forma criativa utilizando as possibilidades oferecidas pelos programas do computador também parece ter sido a meta do CD-ROM *Lápis/X*, de Carlos Fadon Vicente.

O fio condutor do trabalho é sublinhar a idéia de criação dialógica entre o homem e a máquina, como se o aparato tecnológico fosse uma espécie de co-autor do trabalho desenvolvido. Para tal se apóia em algoritmos randômicos permitindo, assim, a criação de imagens híbridas, mesclas da escolha aleatória da máquina e da escolha pontual do artista.

Do título do trabalho *Lápis/X* depreendemos a intenção do artista: o termo Lápis aponta para a idéia de pedra filosofal, para a matéria-prima da criação. X refere-se à idéia de incógnita, mistério, ao processo aleatório e randômico da criação maquínica, às associações aleatórias que são realizadas pelo próprio computador na elaboração imagética.

Outro CD-ROM que merece destaque é *Valetes em Slow Motion* trabalho de Kiko Goifman, que aborda o sistema carcerário reunindo sons, textos, vídeos e imagens virtuais sobre a violência, a promiscuidade, a religiosidade, o conflito e a morte nas prisões brasileiras. Com o propósito de simular uma "prisão imaginária", o CD-ROM constitui-se de doze ambientes por meio dos quais o artista procura passar ao usuário a sensação de quem está preso. Um dos pontos fortes do projeto é a mistura de registros e mídias. Temos aí imagens em vídeo, cinema, televisão, que se misturam em um mesmo suporte, exponenciando o hibridismo tão característico da linguagem digital. Hibridismo, aliás, reforçado pela maneira como o artista aborda o sistema carcerário: não só por meio de depoimentos de presidiários, mas pelas obras de arte de artistas brasileiros que fazem referência ao tema da violência.

Do título do trabalho *Valetes em Slow Motion* depreendemos a intenção do artista: o termo valetes vem da gíria carcerária que é dormir de valetes. Refere-se à escassez espacial das prisões brasileiras onde os detentos têm de dormir em posição invertida como na ilustração da carta de baralho. Aponta, também, para a questão das regras e ordens estabelecidas dentro da prisão, como em um jogo mas, neste caso, de vida e morte. O termo Slow Motion faz, num primeiro momento, referência à dimensão social do tempo: à idéia de que o tempo na prisão está associado à idéia de angústia, espera e ociosidade. Matar o tempo na prisão significa encontrar mecanismos que possibilitem ao detento passar os dias "amenizando" o seu tempo de punição. "Na cadeia, o tempo é elemento fundamental para o detento. Eles fazem contas, sabem os dias que faltam para a sua pena terminar. E deparam constantemente com o dilema de como matar o tempo", diz Kiko Goifman.

Arte telemática

Entre os trabalhos incluídos na segunda categoria estão aqueles que têm operado na convergência do computador e telecomunicações, explorando as possibilidades poéticas oferecidas pelas redes telemáticas. Encontramos aqui tanto os projetos que enfocam a possibilidade de criações coletivas quanto aqueles que procuram evidenciar a destruição das barreiras espaço-temporais a partir das telepresença, telerrobótica, teleperformances e teleintervenções.

Em *Literaterra/Landsscript*, Artur Matuck[2] propõe uma escrita híbrida, fruto da criação dialógica entre o homem e a máquina. O site tem

---

[2] Disponível em http://www.teksto.com.br.

início com a imagem de uma máquina de escrever. À medida que escrevemos, nossas frases vão sendo automaticamente alteradas pelo computador que as reconstrói de outra forma, num processo híbrido de criação entre o usuário/escritor e a máquina/escritora. Essa escrita híbrida atualiza-se por meio de processos computacionais que atuam semi-randomicamente em relação às palavras que lhe são apresentadas, rompendo com normas de ortografia e gerando uma proposta de "escritura" co-autorada pelo computador. Uma máquina que cria novas palavras e novos significados a partir da des-escritura das frases originais. O artista busca, assim, não só evidenciar o processo de criação dialógica entre o homem e a máquina, mas também a língua é como uma entidade viva, uma linguagem fluida, em constante transformação, permeável às influências e à evolução tecnológica.

Em *Cronofagia*, de Jurandir Müller e Kiko Goifman,[3] uma paisagem urbana feita de carne ocupa a página central do site. Ao clicar sobre a imagem, os visitantes disparam um relógio web. A partir de determinado número coletivo de cliques são disparadas ações de destruição e desmaterialização da imagem de tal forma que ela se destrua e desapareça completamente. Dessa forma, o trabalho não só evidencia a possibilidade de se fazer, neste caso destruir, um trabalho coletivamente, como também aponta para a própria idéia de violência, tema em destaque no mundo contemporâneo. Do título do trabalho, Crono (tempo)/fagia (comer), entendemos a proposta dos artistas: colocar em debate não somente a temporalidade do aqui e agora propiciada pela internet e a possibilidade de se fazer uma criação coletiva, como também a idéia da passagem do tempo, numa espécie de metáfora neobarroca da própria desmaterialização da obra de arte no mundo contemporâneo.

Em outra linha temos os trabalhos que questionam, ao mesmo tempo que subvertem, conceitos como espaço real e virtual, muitas vezes possibilitando a intervenção remota em espaços distantes, ou trazendo espaços remotos e em tempo real ao espaço da rede, evidenciando, dessa forma, o aspecto fluido do espaço telecomunicativo.

---

[3] Disponível em http://www.paleotv.com.br/cronofagia.

Em *Plural Maps: Lost in São Paulo*, Lucia Leão[4] desenvolve uma espécie de metáfora entre o espaço da metrópole e o espaço fluido da rede. Realiza uma releitura da cartografia da cidade de São Paulo a partir do tema do labirinto; tema que vem percorrendo vários outros trabalhos da artista. É um projeto de net arte colaborativa que incorpora labirintos construídos em VRML[*] e links que levam o usuário a pontos específicos da cena urbana paulistana. O usuário tem, assim, a possibilidade de ter acesso, em tempo real, a várias imagens da cena paulistana. Com isso a artista coloca em evidência o poder de ruptura das distâncias espaço-temporais possibilitadas pela rede. Oferece assim, uma cartografia fluida da cidade de São Paulo, que vai se construindo em tempo real, à medida que o usuário acessa os links disponíveis para a navegação. Brinca, em um mesmo espaço, com as concepções do espaço virtual e real, trazendo para dentro do espaço virtual da rede um espaço real da metrópole paulistana captado por webcams. Destrói, de maneira simples, a barreira espacial, trazendo para o interior da WWW, e portanto para a casa do usuário, um espaço distante.

Outro trabalho nessa linha é a teleintervenção de arte digital *Leste o leste*, de Gisele Beiguelman.[5] À medida que entramos no site somos convidados a escolher uma imagem que terá saída em um painel eletrônico situado na Radial Leste, na cidade de São Paulo. As imagens vistas no painel e acionadas pelo usuário por comando remoto via web são uma série de mensagens visuais que reelabora signos da Zona Leste. Aqui, o público é chamado a operar em um espaço real, mais particularmente em um dispositivo de publicidade que se situa na cena urbana. Neste caso não se trata mais de uma intervenção virtual, mas de uma intervenção em um espaço real, pensada na escala das grandes cidades. Um trabalho que reelabora, de certa forma, as preocupações desenvolvidas pelos artistas da *land art* nos anos 1970. Ali, uma intervenção em grande escala na superfície da natureza, aqui os dispositivos midiáticos dispersos nas superfícies das grandes cidades.

---

[4] Disponível em http://www.lucialeao.pro.br/pluralmaps.

[*] Acrônimo do termo em inglês Virtual Reality Modelling Language, o VRML é um formato padrão de arquivos para representar espaços tridimensionais (3D) na www. (N. da O.)

[5] Disponível em http://www.desvirtual.com.

Ainda nessa perspectiva podemos encontrar os trabalhos do grupo brasiliense Corpos Informáticos.[6] Como diz o próprio nome, o grupo, que vem atuando desde 1991, busca trabalhar a relação do corpo humano com a máquina a partir de performances em telepresença (ou teleperformances). O fio condutor dos trabalhos do grupo parece ser o de potencializar o diálogo, no espaço virtual, de corpos localizados em espaços e pontos diversos, ou melhor, a capacidade de uma presença espectral, como diz Bia Medeiros, de fazer parte de um diálogo performático coletivo.

Atuando nos mais diversos campos, instalações interativas, telepresença, ambientes imersivos, o fio condutor dos trabalhos de Diana Domingues parece ser o de explorar a simbiose do biológico com o artificial. É nessa intersecção do real com o virtual tecnológico que Diana Domingues[7] desenvolveu o trabalho Ins(h)nak(r)es (2000). Na sua versão em telerrobótica, a idéia do trabalho era a de que participantes remotos, conectados ao site, podiam deslocar-se no mesmo espaço físico de cobras vivas ao incorporar o corpo de uma cobra-robô que se encontrava em um serpentário e que se acoplava a uma webcam. Usando as setas do teclado no computador, os usuários podiam transmitir ordens de movimento ao robô-cobra e, assim, ver e atuar a distância, no espaço do serpentário.

Ambientes imersivos

Contrariamente aos trabalhos em telepresença, a realidade virtual permite ao usuário atuar diretamente, através de interfaces, sobre um mundo virtual. A interface com a realidade virtual envolve um controle tridimensional altamente interativo de processos computacionais. O usuário entra em um ambiente virtual e visualiza, manipula e explora os dados da aplicação em tempo real.

---

[6] Disponível em http://corpos.org/telepresenca.

[7] Disponível em http://artecno.ucs.br/ouroboros.

Em *Econ*,[8] trabalho que integra o projeto Percorrendo Escrituras, Silvia Laurentiz desenvolve um poema em VRML a partir da poesia "O ECO e o ICON", de E. M. de Melo e Castro. Oferece a possibilidade de se fazer poesia não por páginas impressas, mas também por meio de um espaço tridimensional em VRML onde a palavra vira imagem, cor e movimento e onde o leitor tem a possibilidade de navegar pelo e no poema.

Já Gilbertto Prado nos oferece um espaço de pura síntese, criando um ambiente imersivo onírico utilizando tecnologia de realidade virtual. Em *Desertesejo*,[9] o usuário tem a possibilidade de navegar em um ambiente virtual interativo que comporta até cinqüenta multiusuários. O site inicia-se em uma caverna de onde caem pedras. Ao clicarmos sobre uma das pedras escolhemos nosso avatar que pode adquirir a forma de uma cobra, um pássaro ou um tigre. Somos então convidados a navegar pelo espaço do deserto, um ambiente onírico que pode ser compartilhado com outros viajantes. Do título do trabalho, *Desertesejo*, Gilbertto Prado parece colocar em destaque a condição do sujeito pós-moderno, um sujeito solitário que nem sempre tem relação com aqueles que lhe estão próximos espacialmente, mas com aqueles que ele deseja e tem afinidades. Realiza, assim, uma espécie de referência metalingüística às comunidades virtuais e às possibilidades de partilha e de convivência propiciadas pelas redes telemáticas.

Em *Our Heart*, uma criação em conjunto com o Grupo Artecno da Universidade de Caxias do Sul, Diana Domingues nos oferece a possibilidade de imersão off-line em um coração virtual simulado.

> Inicialmente programado para a imersão através de um capacete, o projeto foi adaptado para um PC caverna, transportável, que será instalado num inflável. A imersão, que pode também se dar através do capacete, faz com que as paisagens de um coração simulado fiquem condicionadas às entradas fornecidas pelo rastreador e visualizadas no *Head Mounted Display* ou nos *Eye-Glasses*.[10]

---

[8] Disponível em http://www.puc.sp/.br/~cos_puc/interlab/in4/entrada.htm.

[9] Disponível em http://www.itaucultural.org.br/desertesejo.

[10] Diana Domingues, *Criação e interatividade na cibearte* (São Paulo: Experimento, 2002), p. 213.

Um trabalho que nos permite ter contato com paisagens do interior do corpo humano: uma experiência ímpar, impossível sem a mediação das novas tecnologias.

Outro trabalho desenvolvido no Brasil que merece destaque é *Op-Era*, de Daniela Kustchat e Rejane Cantoni, que foi apresentado, pela primeira vez, em sua forma espetáculo, no evento *Dança Brasil 2001*, no Rio de Janeiro. Na forma espetáculo, o interator era um único bailarino que interagia com as imagens em tempo real, através de um sistema complexo de sensores que captavam seus movimentos. O espetáculo era composto de quatro dimensões que faziam referência a quatro dimensões espaciais. Cada dimensão possuía uma lógica matemática de funcionamento em níveis crescentes de complexidade. As imagens, projetadas em três telas e no piso, "engoliam" a bailarina no espaço cênico.

Em maio de 2003, o trabalho foi apresentado na caverna digital (Cave) da USP, evidenciando sua potencialidade como ambiente imersivo de realidade virtual. Colocando óculos de estereoscopia e utilizando dispositivos manuais, o interator era convidado a mergulhar em um espaço abstrato que se desdobrava em quatro mundos virtuais interconectados, formado por linhas, sons, formas geométricas e cores que interagiam, em tempo real, com ele, de acordo com seu movimento corporal. Cada dimensão, em sentido de complexidade crescente, conduzia à dimensão que lhe era posterior. Os objetos computacionais, programados para serem visualizados, eram constituídos por pontos, linhas, gráficos, triângulos, círculos, quadrados, colocando o interator em um espaço-tempo abstrato, constituído por entes matemáticos.

Instalações e performances interativas

Na área de instalações interativas podemos citar o grupo SCIArts que vem trabalhando desde 1995. Entre os seus trabalhos mais recentes podemos destacar *Imagina*, uma instalação multimídia interativa, ocorrida no Centro de Comunicação e Artes do Senac São Paulo no ano 2000. *Imagina* procurou evidenciar a idéia de obra aberta como processo/siste-

PANORAMA DA CIBERARTE NO BRASIL

ma em permanente devir, processo que se evolui no tempo e espaço. Geralmente, os trabalhos do grupo colocam em evidência o processo de construção em devir das imagens, por meio de uma complexa e estruturada rede de sensores, câmeras e computadores. O resultado do trabalho é toda a estrutura montada: conjunto de monitores, engenharia de construção e montagem, que revelam a dinâmica e o mecanismo do trabalho. Em *Imagina*, a proposta era a de criar uma obra na qual as imagens e sons de diversos locais, internos e externos ao local do evento, fossem captados em tempo real e se misturassem por meio do movimento das pessoas e da ação dos softwares, definindo as imagens que alimentavam o sistema e a internet. Na verdade, a questão que se coloca nos trabalhos do grupo não é somente a de mostrar uma imagem, mas, antes, a de evidenciar o processo complexo, fluido e aberto da construção imagética. É por isso que, nos trabalhos do grupo, os fios, os computadores, as câmeras, etc. são parte integrante da instalação.

A busca de uma cartografia do espaço que se move, um espaço fluido e em constante devir parece ser uma questão que percorre alguns trabalhos de artistas brasileiros. O fio comum que perpassa esses trabalhos é evidenciar que o espaço contemporâneo, longe de ser uma condição *a priori*, como diria Kant, é um espaço modelizável, que se constrói na constante relação com o espectador.

Esse parece ter sido o veio condutor do trabalho de Ronaldo Kiel, artista gaúcho, que vem trabalhando com vídeo e instalações interativas. Em *Dinvenzione*, o artista nos oferece uma projeção em DVD sincronizada em quatro canais. O título remete à famosa série de gravuras *Carcieri Dinvenzione*, de Piranesi (1720-1778), arquiteto e artista plástico veneziano que desenhou masmorras labirínticas com o pretexto de investigar em profundidade os códigos de representação – perspectiva – e as ilusões ópticas. Nesse trabalho, Ronaldo Kiel criou uma sofisticada videoprojeção interativa na qual imagens de um espaço labiríntico eram projetadas sobre quatro tecidos. Conforme o espectador entrava no ambiente da instalação, as imagens se moviam, criando um espaço vertiginoso: um edifício virtual que funcionava em looping visual e sonoro. Com esse trabalho, Kiel evidencia a complexidade do espaço labiríntico:

um espaço fluido, rizomático, um espaço que se dobra sobre si mesmo e que se constrói a partir da interação com o espectador.

4 paredes é a proposta de uma instalação interativa desenvolvida por Lucas Bambozzi. A versão on-line[11] do projeto tem início com uma imagem que lembra um dos últimos trabalhos de Marcel Duchamp, o *Etant donnés*, que convida o público a olhar, através de um pequeno buraco realizado em uma porta já envelhecida, uma mulher nua de pernas abertas. No site, o usuário vê a imagem videográfica de uma mulher nua, que se masturba. À medida que clica na imagem, tem acesso a uma série de links ilícitos e pornográficos que se repetem a cada tentativa de fechamento do trabalho. Temos, assim, a sensação de estarmos sendo vigiados e que nossa privacidade, espaço onde nos permitimos a pensamentos e atitudes mais livres, é violada. O trabalho evidencia o fato de que, com o advento da internet, há uma invasão de privacidade que atinge milhões de pessoas: aqui o usuário é impelido a receber lixos e mensagens sem prévia autorização. Na forma instalação interativa o projeto propõe um espaço interativo formado por imagens de vídeo projetadas sobre quatro janelas e sensores que captam o movimento do público. À medida que o público se aproxima das janelas, as imagens se alteram: uma espécie de janela indiscreta, como se o público fosse aquele que estivesse invadindo uma situação íntima e privada.

A possibilidade de trabalhar na interface entre real e virtual também tem sido a tônica de alguns eventos de dança e performances interativas. Esta tem sido a preocupação mais recente de Tânia Fraga, artista multimídia da Universidade de Brasília, que desde o ano 2000 vem trabalhando com cibercenários. Um de seus primeiros trabalhos nessa linha foi *Aurora 2001: fogo nos céus*, um cibercenário interativo realizado para o espetáculo de dança *Aurora 2001: Fire in the Sky*, para o grupo de dança americano Maida Withers Dance Construction Company. Nesse espetáculo vários dançarinos podiam interagir, por meio de um mouse sem fio, com o cenário virtual construído pela artista.

---

[11] Disponível em http://www.bienalsãopaulo.org.br/Meta4walls/.

Arte, ciência e biologia

No quinto grupo encontramos aqueles projetos que se situam na convergência mais explícita entre a biologia e a arte. Aqui, situamos aqueles projetos que têm explorado comportamentos orgânicos, utilizando softwares de vida artificial, como também os projetos de arte genética e transgênica ou até mesmo aqueles que tem se utilizado de processos bioquímicos para interferir esteticamente sobre a natureza.

Um artista brasileiro que podemos enquadrar nesse grupo é Eduardo Kac,[12] que, em 1999, apresentou *Gênesis*. Neste trabalho, o artista cria um gene por meio da tradução de um trecho do Velho Testamento para código Morse e depois para DNA. A sentença da *Bíblia* diz: "deixe que o homem domine sobre os peixes do mar, sobre as aves do céu e sobre todos os seres vivos que se movem na terra". O gene foi introduzido em bactérias que foram colocadas em placas de petri. Na galeria, as placas foram postas sobre uma caixa de luz ultravioleta, controlada por participantes remotos na web. Ao acionar a luz, participantes remotos poderiam causar mutação no código genético das bactérias alterando o texto contido no corpo delas e, conseqüentemente, o trecho bíblico. Com esse trabalho, Kac explora a idéia de que o processo biológico pode ser tão programável quanto um processamento no computador.

Em 1989, José Wagner Garcia desenvolveu *Light Automata*, um projeto que estabeleceu uma aproximação entre a arte e os sistemas vivos. A idéia era a de trabalhar o fenômeno da bioluminescência (um fenômeno natural observado em certos protozoários e bactérias) a partir de dois domínios: um natural *in vitro* e um artificial *in silico*. O domínio *in vitro* era formado por bactérias bioluminescentes que, sob determinadas condições, emitiam luz. O domínio artificial era constituído por um conjunto de organismos que emulavam o sistema evolutivo dos organismos *in vitro* a partir de um software de computação evolutiva (que reconhecia os padrões da bioluminescência e os convertiam na morfogênese dos organismos *in silico*). Os dois ambientes estavam conectados e estabele-

---

[12] Disponível em http://www.ekac.org.

ciam entre si um fluxo bidirecional de informações: os parâmetros físico-químicos das culturas bacterianas eram medidos por sensores e transmitidos, em tempo real, para o computador. Essas informações provocavam reações no ecossistema artificial *in silico*.

O que se pode perceber é que a linha que separa a arte da ciência tem se tornado cada vez mais tênue. Pitágoras dizia que a criação era fruto das relações numéricas. Mais tarde, Galileu retoma essa idéia ao dizer que a filosofia era filosofia da natureza e que a natureza era escrita por leis matemáticas. Hoje, com as novas tecnologias, vivemos um retorno dessa idéia: só que aqui não se trata apenas da verificação matemática e calculada dos fenômenos naturais, ou da representação geométrica da natureza, mas da simulação e da emulação matematizada dos fenômenos naturais e da própria vida a partir dos recursos tecnológicos. Essa tendência tem permitido aos artistas não somente representar a natureza, mas, antes, de criarem a própria natureza: uma natureza maquínica. E é nessa perspectiva que se desenham os projetos desenvolvidos por esses artistas, dos mais simples aos mais sofisticados. Como artistas indagadores que são perseguem no interior de cada suporte tecnológico suas possibilidades poéticas. A eles não interessa o mundo visível, mas esse mundo invisível, imatérico, e virtual criado pela manipulação de bits que habitam a memória do computador. Como nós, o ciberespaço sonha. Também aí existem encruzilhadas, nas quais sinais cintilam por meio do tráfico; também aí se inscrevem analogias e acontecimentos; também aí se articulam ruídos, sinais e murmúrios. E é essa voz, esses sinais, esses lapsos e imagens que os trabalhos desses artistas tentam captar, deixando para nós a sensação de que o mundo e o universo que nos rodeia é muito mais amplo do que nos parece ser.

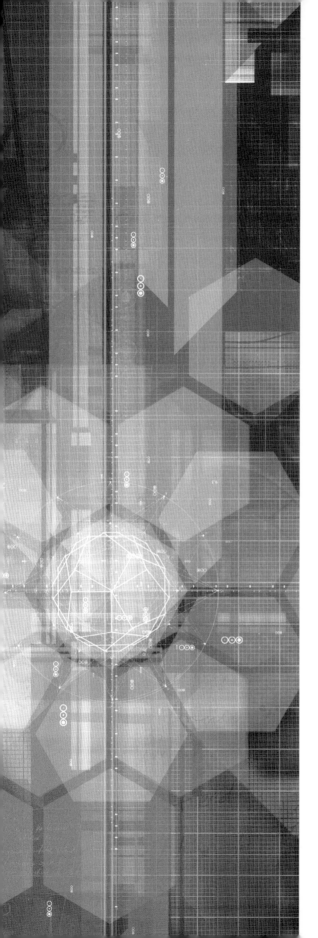

As traduções na poesia digital

Jorge Luiz Antonio

POEMA

Aquests versos resten escrits
perquè passin desapercebuts com
un vidre. Estic mirant el carrer
a través del vidre d'una finestra.
Mireu el carrer i no veieu el vidre.

A fora i a dintre vostre
hi ha un univers.

També vull que els versos
d'aquest poema siguin idèntics
a els campanades dels rellotges
de torre que hi ha per tot
el món.

JOAN BROSSA

POEMA[1]

Estes versos foram escritos
para que passem despercebidos como
um vidro: Estou olhando a rua
através do vidro de uma janela.
Olhem pra rua e não verão o vidro.

Fora e dentro de vocês
existe um universo.

Também quero que os versos
deste poema sejam idênticos
às badaladas dos relógios
de torre que existem em todo
o mundo.

JOAN BROSSA

---

[1] Joan Brossa, "Poema", em *Dimensão: Revista Internacional de Poesia*, trad. Rodolfo Franco, n°s 28 e 29, Uberaba, 1999, ano XIX, pp.196-197.

Introdução

A tradução é a parte essencial das atividades humanas: nossas relações com o mundo passam por uma conversão entre os mais diferentes códigos. Precisamos de elementos intermediários e equivalentes para poder comunicar nossas idéias e realizar o que idealizamos.

De que forma podemos ler o "Poema" de Joan Brossa e a sua tradução? O que diz o primeiro texto, numa mistura de francês, italiano, espanhol, galego-português, sem a tradução na outra coluna? Isso nos faz lembrar Octavio Paz: por um lado, a tradução suprime as diferenças entre uma língua e outra, por outro, ela as revela mais plenamente; graças à tradução, nos inteiramos de que nossos vizinhos falam e pensam de um modo distinto ao nosso. Em um extremo o mundo se nos apresenta como uma coleção de heterogeneidades, em outro, como uma sobreposição de textos, cada um ligeiramente distinto do anterior: traduções de traduções.[2]

A metáfora de olhar através do vidro de uma janela é o elemento primordial da reflexão sobre as traduções intralingual, interlingual e intersemiótica. Assim como Brossa pretende que os seus versos passem despercebidos como um vidro, a atividade tradutora precisa manter-se transparente para que uma língua se mostre em toda sua plenitude na outra. Em nosso enfoque, o vidro, através do qual olhamos a rua, torna-se a internet e a língua inglesa, por meio dos quais procuramos ver os conteúdos veiculados no ciberespaço.

Uma necessidade constante de tradução intralingual e interlingual é fato incontestável, pois a comunicação se dá, via internet, por meio de pessoas de diferentes países, muitas vezes utilizando a língua inglesa como intermediária em suas constantes traduções. É comum observar que grande parte do conteúdo dos sites é apresentado na língua do país e em inglês.

No universo da cibercultura, onde se insere a poesia digital como manifestação artística híbrida, nas fronteiras da arte visual, da poesia, da música, do teatro e da performance, com o predomínio do uso da palavra poéti-

---

[2] Octavio Paz, *Tradución: literatura y literalidad* (2ª ed. Barcelona: Tusquets, 1981), p. 9.

As traduções na poesia digital

ca, ocorre também a tradução intersemiótica, como "interpretação dos signos verbais por meio de sistemas de signos não-verbais".[3] Essa tradução, em suas mais diferentes manifestações, características, tipos, classificações, em suas mais variadas acepções e conceitos, é a ponte por meio da qual a comunicação poética se personaliza, adquire contornos de poesia, mostra-se adequada aos novos meios tecnológicos e mantém-se una, "indivisível", "fiel" à sua origem, arte da palavra, que agora é digital.

Essa palavra poética, que adquire estatuto de imagem e de signo lingüístico, vai sofrer alterações de significado e de forma, de acordo com a língua e a cultura para as quais ela for apresentada. E não pára aí: ela determina novas formas em movimento, novas texturas e hiperlinks, que, aliada à tecnologia da informática, apresenta uma nova forma do fazer poético.

Olhar essa interatividade e hipertextualidade sob o ponto de vista da tradução intersemiótica é o objetivo deste artigo. Essa leitura tem o sentido de continuação e representa o resultado de leituras e de reflexões sobre a cultura artística fora do e no ciberespaço, na página impressa e fora dela, e pretende mostrar um breve universo da poesia digital nos sites e na internet. Trata-se de um estudo sobre as relações entre as linguagens verbais, visuais e sonoras no ciberespaço, que procura observar de que forma as intersemioses ocorrem e produzem a função poética da linguagem digital.

Este estudo se reporta aos ensaios de Roman Jakobson, que conceitua três tipos de tradução: intralingual, interlingual e intersemiótica; de Haroldo de Campos, que apresenta uma teorização que culmina na proposta de criação de um laboratório de textos, no qual o lingüista e o artista irão trabalhar em equipe na tradução de textos criativos; de Julio Plaza, que considera a tradução intersemiótica como poética sincrônica, pensamento em signos, intercurso dos sentidos e transcriação de formas, para chegar a uma tipologia da tradução intersemiótica, classificada como tradução icônica, indicial, simbólica; e de Décio Pignatari,[*] que analisa a

---

[3] Roman Jakobson, *Lingüística e comunicação*, trad. Isidoro Blikstein & José Paulo Paes (8ª ed. São Paulo: Cultrix, 1975), p. 65.

[*] Décio Pignatari, *O que é comunicação poética* (São Paulo: Brasiliense, 1991), p. 9. (N. da O.)

poesia contemporânea por meio da parataxe e do signo-de; e também estabelece as relações dos processos criativos com os meios eletrônicos[4] com base numa amostra de poesia digital que circula na internet, nos sites e em CD-ROMs.

A tradução intersemiótica, além da teoria, apresenta inúmeros exemplos criados pelo autor e também artista a partir de obras de outros poetas (Haroldo de Campos, Décio Pignatari, Augusto de Campos, Paulo Leminski, Alice Ruiz, etc.), utilizando como suporte o papel, o videotexto, a montagem fotográfica, o poema-objeto (tridimensional), a holografia, o filme, a tela, etc. O tema central é a tradução intersemiótica na poesia da pós-modernidade,

> [...] uma síntese elaborada a partir das práticas artísticas com diversas linguagens e meios, ou seja, a multimídia e a intermídia, práticas estas que vêm de longa data e que sempre tomaram como centro da imantação a linguagem visual assim como os trabalhos interdisciplinares com outros artistas.[5]

Embora sob outro enfoque, *Processos criativos com os meios eletrônicos: poéticas digitais* mostra um amplo universo de arte e poesia com a utilização dos diversos recursos da informática.

Este estudo pretende enfocar a questão da tradução intersemiótica, aliada a outros tipos de tradução, existente na web (e-mails e sites), na hipermídia (CD-ROMs e disquetes), com a especificidade de restringir a análise a obras que não podem ser impressas na sua parcialidade e/ou totalidade e que se realizam no ciberespaço.

Vale também ressaltar que os procedimentos observados nos meios estudados por Plaza e Tavares são semelhantes aos verificados nos meios essencialmente digitais da cibercultura.

Sem ter a proporção e a abrangência das propostas dos autores anteriormente citados, este artigo representa um conjunto de reflexões iniciais

---

[4] Julio Plaza & Monica Tavares, *Processos criativos com os meios eletrônicos: poéticas digitais* (São Paulo/Campinas/Salvador: Hucitec/Faep-Unicamp/CADCT-Uneb, 1998.

[5] Lucia Santaella em Julio Plaza & Monica Tavares, *Processos criativos com os meios eletrônicos: poéticas digitais*, cit., texto de orelha.

As traduções na poesia digital

com um olhar voltado para os elementos basilares da tradução como criação e como crítica, bem como com a abrangência da tradução intersemiótica, para focar a atenção num tipo de poesia que circula na internet, nos e-mails, sites, disquetes e CD-ROMs, denominada poesia digital, poesia eletrônica, poesia hipermídia, interpoesia, poesia intersignos, e assim por diante.

O repertório sob análise também trata das relações entre palavra, imagem, som e movimento, mas coloca tudo isso no contexto digital, com as diferenças específicas que esse novo meio apresenta. As semelhanças de operações tradutoras torna-se o objetivo principal deste artigo, naquilo que isso representa: uma continuação, uma ruptura e uma continuidade.

E nossa primeira hipótese é a de que a poesia existente (verbal, visual, sonora) se adapta aos novos meios, às novas tecnologias e faz desses novos suportes sua forma de comunicação poética. E a adaptação aos novos meios se faz pelas mais diferentes traduções intralingual, interlingual e intersemiótica.

A tradução intersemiótica

Partimos da premissa de que a poesia não apenas usa um novo meio de difusão, mas, principalmente, faz desse meio uma novo fazer poético. A preocupação com a multidisciplinaridade, a fusão de códigos, a interatividade na relação autor–leitor–operador, a hipertextualidade, o ciberespaço como produto de equações matemáticas, a produção de imagens sintéticas, numéricas, muitas vezes sem referencialidade, etc., tudo isso se mostra como uma tradução intersemiótica digital, uma espécie de vidro através do qual a poesia digital, entre outras manifestações artísticas, é vista, conformada, produzida, criada, determinada, conduzida, etc.

A primeira tradução é a da linguagem de computador para que o leitor se torne operador. Ele precisa saber o que é um site, um CD-ROM, um mouse, um teclado e como é possível manipular esses elementos. Deve saber onde deve colocar o CD-ROM, por exemplo, em seu microcomputador e como acessá-lo e navegar na sua arquitetura. Ele precisa fazer a tradução de termos e ter conhecimentos prévios que diferenciam o ato de abrir um CD-ROM e o de acessar um site. Faz-se necessário ter a noção de que há uma linguagem numérica, binária, algorítmica, que produz palavras, imagens, sons no computador, no site e na internet, e ter conhecimento de que isso é uma série de traduções maquínicas que acompanham todo o processo, desde o momento em que ligamos o computador até quando as imagens aparecem na tela. De igual modo, sem o entendimento entre si das linguagens de máquina, nada acontece. Isso é semelhante ao fato de ver e apertar um botão, e ter o conhecimento que ele é que põe todo um mecanismo em funcionamento: nós vemos um elemento "externo", aparentemente "simples", que se traduz na possibilidade de pôr uma máquina em funcionamento.

Tradução e conversão são termos que, no presente estudo, aparentam uma estreita relação de similaridade semântica, assim como "mudança de códigos", "releitura" ou "hipertextualidade".

Uma situação bastante comum nas muitas vezes que acessamos um site é encontrar ícones que indicam uma versão em português e outra em inglês. Aí parece ocorrer uma intersemiose: os ícones representam a possibilidade de acessar comandos que nos colocam em contato com os recursos de um programa de computador. A indicação de versões em duas ou mais línguas amplia a comunicação para os navegadores de outros países.

A palavra procura expressar imagens, estabelecer semioses/intersemioses, funciona como signo de comunicação entre línguas, na mesma língua, entre outros signos. A intersemiose se constitui num diálogo e isso possibilita a comunicação.

Tradução como recriação, tradução do próprio signo, ato tradutor como recorte e atualização, com caráter crítico e criativo, eis os elementos de que se reveste a poesia digital, que pode ser vista como tradução das outras poesias existentes (verbal, visual, sonora) no meio digital. Assim podemos estabelecer a seguinte comparação: por exemplo, ao ler um poema impresso, as palavras provocam sensações e fazem com que a nossa mente interaja com o texto (trata-se da fanopéia, logopéia e melopéia poundianas), criando quadros de referências a partir da intertextualidade e da plurissignificação. Ao acessar um site ou um CD-ROM, por exemplo, boa parte dessa interatividade e hipertextualidade se resumem em nosso ato voluntário de escolher caminhos (links) para verificar a obra numa seqüência particular, de forma muitas vezes diferente da organização do conjunto da obra poética.

Outro aspecto sobre o assunto nos revela Calvino.[6] A leveza do software e do sonho mantêm estreita a relação entre a poesia e a ciência, uma permitindo que a outra direcione os sonhos para outra criação, como metáfora de "bits de um fluxo de informação que corre pelos circuitos sob a forma de impulsos eletrônicos". Software leve e hardware pesado, lembrando as máquinas de metal, aparentes semelhanças entre sonho e realidade, arte e ciência.

Exemplos comentados

Como se processam as traduções (intralingual, interlingual, intersemiótica, cultural, etc.) da poesia no meio digital?

Para que este artigo pudesse realmente mostrar as diversas traduções da poesia digital, ele deveria ser um site, com os hiperlinks para as URLs onde estão localizados os trabalhos apontados. Ou todo o conteúdo poderia estar arquivado num CD-ROM, com URLs para os sites ou com hiperlinks para arquivos armazenados no mesmo meio. Também seria necessário que cada leitor-operador lesse parte do texto e acessasse a URL indicada, para, assim, realizar a ciberleitura que estamos sugerindo. Já que estamos tratando do meio digital por meio da comunicação impressa, sugerimos que o leitor-operador anote cuidadosamente as URLs para acessá-las durante a leitura ou depois dela.

Devido ao alcance internacional da internet, a tradução interlingual é uma necessidade básica para que possamos contatar poetas dos mais diferentes países, e isso nos leva a uma comunicação em língua inglesa:

---

[6] Italo Calvino, *Seis propostas para o próximo milênio: lições americanas*, trad. Ivo Barroso (São Paulo: Companhia das Letras, 1990), p. 20.

> Mais freqüentemente, entretanto, ao traduzir de uma língua para outra, substituem-se mensagens em uma das línguas, não por unidades de código separadas, mas por mensagens inteiras de outra língua. Tal tradução é uma forma de discurso indireto: o tradutor recodifica e transmite uma mensagem recebida de outra fonte. Assim, a tradução envolve duas mensagens equivalentes em dois códigos diferentes.[7]

Uma vez que mantemos diálogo com pessoas dos mais diferentes países, há uma constante preocupação em explicar alguns enfoques culturais, ao mesmo tempo que ocorre um enriquecimento cultural pela diversidade de recepções e pontos de vista.

Algo semelhante ocorre com a tradução intersemiótica. Não se trata apenas de uma tradução entre línguas, mas entre imagens, sons e palavras no contexto digital, e, para que isso se realize, mensagens inteiras precisam ser substituídas:

> Toda experiência cognitiva pode ser traduzida e classificada em qualquer língua existente. Onde houver uma deficiência, a terminologia poderá ser modificada por empréstimos, calcos, neologismos, transferências semânticas e, finalmente, por circunlóquios.[8]

A tradução intersemiótica se faz por meio dos recursos digitais disponíveis nos sites: uma linguagem de máquina (javascript, HTML, etc.) viabiliza outras linguagens para o ciberespaço. Tanto na tradução intralingual e interlingual como na intersemiótica é necessário fazer adaptações.

De que forma traduzimos a nossa cultura por meio dos elementos digitais que se nos apresentam no dia-a-dia? Se outros movimentos literários e artísticos utilizaram-se das invenções da ciência e da tecnologia, dos métodos científicos de ver a realidade, o que a poesia de hoje traduz, representa, questiona, converte, e utiliza dos meios digitais?

---

[7] Roman Jakobson, *Lingüística e comunicação*, cit., p. 65.

[8] *Ibid.*, p. 67.

As traduções na poesia digital

Do uso das novas tecnologias, do recurso da informática como proposta, estética, criação colaborativa e como crítica das culturas que se inter-relacionam, este comunicado busca apresentar um panorama das mais diferentes traduções, dentre as quais a tradução intersemiótica (interpretação de signos verbais por meio de sistemas de signos não-verbais), ao que se acrescenta a tradução midiática e digital, com a utilização de algoritmos, sistemas binários, softwares e hardware, interfaces, interatividade, hipertextualidade, bem como por meio da interpretação de outros artistas que a nós se ligam por comunicações internéticas ou por meio de grupos eletrônicos de discussão sobre temas artísticos.

Essas questões também envolvem curadores, que interpretam culturas diferentes, artistas de um país que passam a viver em outro(s) e tentam assimilar o que vivenciaram, e que fazem releituras culturais, os fruidores de arte que tentam ler artes de outros continentes, etc. Essas questões estimularam o Forum of the House of World Cultures, em Berlim,[9] no qual um dos temas foi "Curadores, interpretação de outras culturas".

Com a tradução de diferentes culturas, e juntamente com as diferentes leituras que esse intercâmbio vai produzir, faz-se necessário se referir ao fato de que, muitas vezes, a língua inglesa passa a ser o ponto de apoio para falantes de outras línguas, o que obriga os interlocutores a explicar melhor seus projetos de arte colaborativa ou a troca de informações culturais por meio dessa segunda língua.

Semiótica e representação: inventariando para reinventar, sob o foco da estética, do design e das tecnologias, é o viés por meio do qual podemos fazer uma reflexão de como a poesia (oral, sonora, visual), arte da palavra, foi traduzida, conformada, adaptada aos meios digitais. Dentre as inúmeras possibilidades de classificação (poesia eletrônica, cin(E)poesia,[10] holopoesia, videopoesia, ciberpoesia, etc.), nossa opção se concentrou na poesia digital que circula na internet e no CD-ROM.

Vivemos num ambiente tecnológico, onde as demarcações não são claras, e, na maior parte das vezes, não é possível sequer utilizar conceitos

---

[9] Fórum disponível em http://www.hkw.de/forum/form1/doc/review99/e-rev99-4-print.html.

[10] Tradução de *cine(E) poetry*, trabalho criativo de produtores de filmes e vídeos poéticos.

antigos para explicar, por exemplo, a poeticidade que circula na internet. Então, faz-se necessário utilizar o termo comunicação poética e afirmar que essas atividades criativas são poesias, e não artes, porque, em todas elas, há a presença da palavra poética, um elemento que se identifica com a poesia já existente.

O presente levantamento nos aponta para o fato de que o meio digital está fazendo uma tradução crítica e criativa da poesia já existente, está expondo a crise da representação e este comunicado também está inventariando para reinventar.

Assim como as regras da poesia clássica convencionaram determinado fazer poético (métrica, rima, número de versos, de estrofes, etc.), um procedimento com base na matemática, e isso produziu obras criativas, dessa maneira também podemos entender a tecnologia atual, em especial a mídia digital, como possível delimitadora e, ao mesmo tempo, desencadeadora dos mais diferentes processos criativos.

Traduzir é recriar, é transcrever transformando. E essa pode ser também uma tradução cultural, especialmente a da poesia digital que circula na internet e necessita de traduções de linguagens (português, inglês, espanhol, francês, etc.), de criações, de adaptações, de entrecruzamentos de códigos, de interpretações e de releituras, de conversores de softwares, de filtros de equivalências para linguagens computacionais diferentes.

Um percurso marcado por uma tradução de linguagens por excelência (verbal, visual, sonora, digital) é o site Vispo.com, de Jim Andrews,[11] que apresenta alguma similaridade com Infopoesias: produções brasileiras, de E. M. de Melo e Castro.[*] Similar comportamento é o de The Room Without Walls, de Ted Warnell,[12] pela variedade de relações entre imagem e palavra. Nesse mesmo enfoque, temos Dan Waber,[13] em Strings, que usa o movimento para indicar ações com palavras, que se mostram performáticas, explorando o movimento das linhas como forma de

---

[11] Jim Andrews, Vispo, disponível em http://www.vispo.com, 1995-2001.

[*] E. M. de Melo e Castro, *Visão visual: 1964-1993* (Rio de Janeiro: Francisco Alves, 1994). (N. da O.)

[12] Ted Warnell, The Room Without Walls, disponível em http://warnell.com, s/d.

[13] Dan Waber, Strings, disponível em http://www.vispo.com/guests.DanWaber/index.html, s/d.

AS TRADUÇÕES NA POESIA DIGITAL

expressão e tradução de idéias e sentimentos; e David Knoebel,[14] que faz do hiperlink sua forma de virar a página e provocar uma surpresa: uma palavra, um clique, outra palavra e... uma voz humana. Scalpoema, de Joesér Alvarez,[15] faz a tradução virtual da dedicatória de *Memórias póstumas de Brás Cubas*, de Machado de Assis, fazendo recombinações de palavras (um hipertexto) por meio do uso do Macromedia Flash. Tradução intralingual e transcriação poética.

Estabelecendo diferentes traduções, Lasay e Antonio,[16] em Imaginero, fazem tradução interlingual: um poema em português vertido para o inglês é traduzido para o filipino, para, em seguida, ser relido como poesia digital. Com outros artistas, de vários países, em Gimokud The Melting Soul, Lasay[17] coordenou a tradução de um mito (passado) em linguagem digital (presente). Todos os participantes passaram a traduzir o mito filipino (gimokud, a alma que se dilui) para as suas culturas, e tudo isso foi transformado em imagens digitais pelo grupo de alunos coordenado por Lasay. Em E-m[ag]inero,[18] experiências individuais se transformaram numa reflexão cultural universal, a partir de um tema-estímulo – a energia produzida pelo homem através dos tempos –, cujo tema central tornou-se a criação da energia por meio das palavras em tradução. Em Palm Poetry,[19] Fatima levou seus alunos a traduzir sentimentos e poesia na palma das mãos, por meio do uso do escaner e de tratamento digital de imagens.

A origem de grande parte do que este estudo descobriu e está mostrando é, de certa forma, originário das vanguardas históricas do início do século XX, além de ser fatos/criações que outros suportes (papel, tela, vídeo, fotografia, etc.) já apresentaram de forma semelhante. Há contudo

---

[14] David Knoebel, Clickpoetry, disponível em http://home.ptd.net/~clkpoet/maincont.html, 2001.

[15] Joesér Alvarez, Scalpoema, arquivo recebido, via e-mail, em 1º de setembro de 2001.

[16] Fatima Lasay & Jorge Luiz Antonio, Imaginero, disponível em http://www.geocities.com/imaginero/ poetry, 2001.

[17] Fatima Lasay (org.), Gimokud the Melting Soul, disponível em http://hoydigiteer.org/gimokud/ main/, 2001.

[18] Fatima Lasay & Jorge Luiz Antonio, E-m[ag]inero, disponível em http://www.hoydigiteer.org/ gegenort/, 2001.

[19] Fatima Lasay *et al.*, Palmpoetry, disponível em http://digitalmedia.upd.edu.ph/palmpoetry.html.

uma especificidade que caracteriza o meio digital e o diferencia de outros meios, fato esse que caracteriza o nosso meio como forma diferenciada de comunicação poética.

Disse o professor E. M. de Melo e Castro, em suas aulas de Infopoesia, que a mesma imagem vista na tela do micro diferia substancialmente daquela mesma infografia que tinha sido impressa, mesmo quando utilizava o *glossy paper* como suporte. Uma certa transparência e uma tridimensionalidade davam um tom singular ao material elaborado. A fluidez do monitor dava leveza, transparência e terceira dimensão, que faziam voltar a atenção para a tela e ler a partir dela, talvez até descobrindo certos links, recepções e significados que outro(s) meio(s) não possibilitava(m).

Outros aspectos envolvem o uso dos meios digitais que superam ou repotencializam algumas poesias, dando-lhes novas possibilidades de leitura: a hipertextualidade, a interatividade, o movimento, a cor, a utilização do ciberespaço, a rapidez da comunicação, etc. Em Reflexões no vazio, de Martha Carrer Cruz Gabriel,[20] por exemplo, o uso do mouse faz o leitor-operador interagir numa tela de fundo negro para descobrir literalmente o poema digital. Uma bola branca acompanha o solitário navegante. Cada movimento do mouse se traduz em descobertas, desvelamentos. Em determinados momentos, surgem alguns sons e algumas palavras como "eco" e "vazio". Também como tradução intersemiótica digital, em *O Branco e o negro: reflexões sobre a neblina*, Regina Célia Pinto[21] faz uma releitura digital de *O vermelho e o negro*, de Stendhal, a partir de links e jogos próprios de um CD-ROM. Em Seis propostas para o próximo milênio, Gian Zelada[22] apresenta uma proposta de diálogo com o livro de Calvino com o uso das mídias interativas.

---

[20] Martha Carrer Cruz Gabriel, Reflexões no vazio, disponível em http://www.martha.com.br/poesias/reflexoes/, 2001.

[21] Regina Célia Pinto & Julien Sorel, *O branco e o negro: reflexões sobre a neblina* (Rio de Janeiro: edição da autora, 2001), incluindo o Jogo da neblina, CD-ROM.

[22] Gian Zelada, Seis propostas para o próximo milênio, disponível em http://www.mamutemidia.com.br/6propostas/, 2001.

As TRADUÇÕES NA POESIA DIGITAL

A hipertextualidade como tradução na poesia digital pode ser enfocada como tentativa de transgressão por meio do hipertexto: o rompimento da estrutura linear (linhas, parágrafos, frases, versos, estrofes, por exemplo) da poesia verbal vai sugerir outras sintaxes, como a gráfico-espacial em duas dimensões (poesia visual) e a tridimensionalidade real e/ou virtual. Faz-se necessário criar outras sintaxes para ressignificar, plurissignificar, estabelecer outros elos. Assim, o hiperlink por meio da palavra se apresenta em obras como Diagram Series 4, de Jim Rosenberg,[23] Data[h][bleeding Texts, de Mez,[24] e Poesia virtual, de Ladislao Pablo Györi,[25] embora com enfoques e tendências diferenciadas.

As experiências aqui relatadas não envolvem apenas as traduções de poesias que circulam na internet, aquelas que são consideradas como tradução interlingual, ou seja, um material lingüístico valioso que tem seu papel importante no livro impresso e que felizmente também ocupa os sites da internet, pois isso viabiliza a divulgação em outros meios. Assim, também valoroso tem sido o trabalho pioneiro e original de Julio Plaza, a obra sempre renovada de Augusto de Campos, Haroldo de Campos, Décio Pignatari, E. M. de Melo e Castro e outros, no que diz respeito às diversas traduções que fizeram.

A separação feita pretende apenas selecionar temas para poder afirmar algo que vem sendo realizado nos sites, na internet e no CD-ROM, muitas vezes como resultado de um grupo eletrônico de discussão. Essas traduções ultrapassam o limite do livro impresso e representam esforços no sentido de usar a criatividade coletiva para se fazer arte.

Grande parte do que apresentamos foi resultado de experiências vivenciadas, estudadas e pesquisadas por meio do grupo eletrônico Webartery, onde se reúnem os principais poetas e artistas digitais do mundo, um grupo eletrônico de debates e apresentações de arte e poesia digitais, coordenado por Jim Andrews, fundado em 1995, e que conta

---

[23] Jim Rosenberg, Diagram Series 5, disponível em http://www.well.com/user/jer/, s/d.

[24] Mary-Anne Breeze (Mez), Data[h][bleeding Texts, disponível http://www.netwurkerz.de/mez/datableed/complete.

[25] Ladislao Pablo Györi, Poesía virtual, disponível em http://www.postypographika.com/menu-sp1/generos/vpoesia/menu-sp.htm, 1995.

com cerca de 150 participantes dos mais variados países do mundo. Esse e-group é um hipertexto, uma rede atualizada de notícias, um meio de comunicação e divulgação da poesia e da arte digitais, uma espécie de enciclopédia eletrônica *in progress*.

O projeto colaborativo é outra forma de tradução intersemiótica: pessoas de diferentes países e línguas, muitas vezes utilizando-se do inglês como forma de comunicação internacional, procuram estabelecer um diálogo artístico em comum, apesar das diferenças estéticas e culturais. Text-Tower, organizado por Miekal aND,[26] é um projeto de poesia coletiva a partir de um tema-estímulo, que foi o atentado terrorista aos Estados Unidos, em 11 de setembro de 2001. Torna-se um texto a várias mãos, o que é uma tentativa de traduzir o maior número possível de significados a partir de um tema sugerido. Dessa maneira se comporta o Project Hope: Collecting[reflecting]spreading Hope, coordenado por Reiner Strasser,[27] Annie Abrahams e Alan Sondheim, no final de 2001, o projeto pretendia redefinir o tema esperança por meio de arte e poesia digitais. Assim também se comporta Universal Verse, projeto de Philadelpho Menezes,[28] pela tentativa de se fazer um poema universal a várias mãos. Poem by Nari, organizado por Ted Warnell,[29] é uma série de releituras de outras artes e poesias digitais, buscando ser um hipertexto poético.

Assim se comportam as traduções intersemióticas criadas pelos participantes do projeto Gimokud the Melting Soul. De similar feitura é o site Graymatters, de J. B. Daniels,[30] que associa palavras e imagens numa arte conceitual, mas adaptada ao meio virtual, ao mesmo tempo em que propõe ao leitor-fruidor-operador resenhas da sua obra em série. O conjunto

---

[26] Miekal aND *et al.*, Text-TOWER, disponível em http://www.cla.umn.edu/joglars/text_TOWER/index.php, 2001.

[27] Reiner Strasser *et al.*, Project Hope: Collecting[reflecting]spreading Hope, disponível em http://noinfinito.de/hope, 2001.

[28] Philadelpho Menezes, Universal Verse, disponível em http://www.officina8.com.br/philadelphomenezes, 1995.

[29] Ted Warnell, Poem by Nari, disponível em http://www.warnell.com/real/nari.htm.

[30] J. B. Daniels, Graymatters, disponível em http://members.aol.com/artproject/graymatters/preview, 2001.

AS TRADUÇÕES NA POESIA DIGITAL

de palavras e imagens faz parte de uma reflexão crítica sobre a cultura e seus preconceitos com relação ao corpo (matéria) e cabeça (espírito, cultura, etc.) da mulher. A tradução se faz com resenhas, e algumas delas utilizam-se de outras imagens para expressar novas relações. De semelhante maneira, Projeto "Espelho de Narciso", organizado por Lucia Leão,[31] reuniu auto-retratos de várias pessoas das mais diferentes camadas sociais para "propor um Narciso reencontrado no reino dos signos".

A tradução como conversão de funções da linguagem é outro exemplo que aparece nos meios digitais. Duas obras de tempos e de culturas diferentes representam tentativas de traduções intersemióticas por meio da mudança da função fática para a função poética das linguagens: Clichetes, de Philadelpho Menezes, poema visual, e Cigarettes, arte digital de Ted Warnell, utilizam-se da linguagem da propaganda para inserir elementos de estranhamento e produzir novas leituras.

Uma das traduções que fazem parte da comunicação internética são os smileys ou emoticons, pequenos conjuntos de caracteres ASCII que pretendem transmitir uma emoção ou estado de espírito. Funcionam como interjeições e são muito econômicos. São traduções intersemióticas: uma série de símbolos matemáticos, quando visualizados de lado, com a folha de papel a 90 graus, nos apresenta indícios de imagens, ou seja, representações de representações. Trazendo certa semelhança e mais criatividade, podemos falar em Debris, de Steve Dufy,[32] em que as palavras, números e certas combinações próprias de programas e linguagens de marcação vão formar figuras sob um fundo negro e apresentação de muitas cores.

Uma experiência de traduções foi o que Ted Warnell[33] criou sob a denominação de Code Poetry: Executables, a partir das junções de opiniões dele mesmo, de Millie Niss, Carolyn Guertin e Jorge Luiz Antonio, acerca do *code poetry* (código poético) num diálogo no e-group Webartery. Foi criado um poema de e-mails, em que a própria discussão tornou-se

---

[31] Lucia Leão, Projeto "Espelho de Narciso", disponível em http://www.lucialeao.pro.br/narciso.htm, 2001.

[32] Steve Dufy, Debris, disponível em http://www.debris.org.uk/list.bunch.html, 2001.

[33] Ted Warnell *et al.*, Code Poetry: Executables, disponível em http://warnell.com/syntac/exec.htm, 2001.

criação, numa sincronizada tradução intersemiótica. Também em matéria de traduções diversas, vale citar *Interpoesia: poesia hipermídia interativa*, de Wilton Azevedo e Philadelpho Menezes:[34] por meio da inter-relação de poesias sonora, visual e digital, eles fizeram um trabalho criativo em conjunto. Aliada à tradução criativa de David Scott, que soube trazer para o inglês o sabor da poesia em português, as traduções interlinguais, intralinguais e intersemióticas se reúnem para que o conjunto seja a interpoesia, conceito cunhado pelos autores.

A título de conclusão, mas sem a intenção de esgotar o assunto, VITA4PM, de Ted Warnell,[*] se mostra como uma tradução intersemiótica bastante original: a partir de uma foto de homenagem a Philadelpho Menezes, em 2000, que circulou no e-group Webartery, a interpoesia se torna a homenagem em si mesma. O próprio título do poema é uma tradução que usa códigos verbais e numéricos e permite leituras múltiplas: VITA4PM – VITA FOR PM – VITA 4 P.M. – VITA FOR PHILADELPHO MENEZES. O pano de fundo da obra é composto de um entrelaçado de textos que, se vistos com um nível de zoom de 200%, por exemplo, nos revela referências biográficas e bibliográficas do homenageado. E a intersemiose se mostra numa interatividade com o texto-poema: ao passar o mouse sobre parte do poema, vê-se, no canto inferior esquerdo, a expressão *intersign poetry*.

Conclusão

O elenco mostrado permite afirmar que todos os tipos de tradução, por meio da reunião de palavras, imagens, sons e movimentos, permanecem no meio digital como elemento potencializador. É uma espécie de extensão do conceito de tradução como criação e como crítica

---

[34] Philadelpho Menezes & Wilton Azevedo, *Interpoesia: poesia hipermídia interativa* (São Paulo: Mackenzie/Estúdio de Poesia Experimental da PUC/Fapesp, 1997-1998), CD-ROM.

[*] Ted Warnell, VITA4PM, disponível em http://warnell.com/real/vita4pm.htm, 2001. [N. do O.]

para os meios digitais. E, também, uma comunicação poética que se faz por parataxes verbais, visuais, sonoras e cinéticas.

Referências bibliográficas

ARROYO, Rosemary. *Oficina de tradução: a teoria na prática*. Série Princípios. 2ª ed. São Paulo: Ática, 1992.

AZEVEDO, Wilton. *Looppoesia*. CD-ROM. São Paulo: edição do autor, 2001.

CAMPOS, Augusto de. *Despoesia*. São Paulo: Perspectiva, 1994.

CAMPOS, Haroldo de. "Da transcriação: poética e semiótica da operação tradutora". Em OLIVEIRA, Ana Cláudia de & SANTAELLA, Lucia (orgs.). *Semiótica da literatura*. Cadernos PUC, São Paulo, Educ/PUC, nº 28, 1987.

_____. "Da tradução como criação e como crítica". Em OLIVEIRA, Ana Cláudia de & SANTAELLA, Lucia (orgs.). *Metalinguagem e outras metas*. 4ª ed. São Paulo: Perspectiva, 1992.

GUARIGLIA, Maria Virgília Frota. *Insaltos tradutórios: Amálio Pinheiro, transductor do signo poético*. Dissertação de mestrado em Comunicação e Semiótica. São Paulo: PEPG em Comunicação e Semiótica PUC, 1996.

MACHADO, Irene de Araújo. "Redescoberta do *sensorium*: rumos críticos das linguagens interagentes". Em MARTINS, Maria Helena (org.). *Outras leituras: literatura, televisão, jornalismo de arte e cultura, linguagem interagente*. São Paulo: Editora Senac São Paulo/Instituto Itaú Cultural, 2000.

POUND, Ezra. *Abc da literatura*. Trad. Augusto de Campos & José Paulo Paes. 9ª ed. São Paulo: Cultrix, 1990.

_____. *A arte da poesia: ensaios escolhidos*. Trad. Heloysa de Lima Dantas & José Paulo Paes. 3ª ed. São Paulo: Cultrix, 1991.

Teoria narrada: projeção múltipla e narração múltipla (passado e futuro)*

PETER WEIBEL

* Publicado originalmente em Martin Reiser & Andrea Zapp, *New Screen Media: Cinema, Art and the Reinvention of Narrative* (Karlsruhe/ Londres: ZKM/British Film Institute, 2002). Tradução de Luís Carlos Borges.

A explosão subversiva que sacudiu o código cinematográfico durante a década de 1960 afetou todos os parâmetros técnicos e materiais do cinema.

Experimentos materiais

O caráter material do cinema foi analisado por artistas que, em vez de exporem o celulóide, arranharam-no (George Landow, *Film In Which There Appear Sprocket Holes, Edge Lettering, Dirt Particles, etc.*, 1965-1966; Wilhelm & Birgit Hein, *Rohfilm*, 1968), perfuraram-no com um furador (Dieter Roth, 1965), pintaram-no (Harry Smith usou material de filme 35 mm, processando-o com graxa, tinta, fita adesiva e spray, 1947), cobriram-no com digitais (Peter Weibel, *Fingerprint*, 1967) ou colaram mariposas a ele (Stan Brakhage, *Mothlight*, 1963, no qual asas de mariposas e folhas foram fixadas entre camadas de fita perfuradas e projetadas). Molduras vazias, filme preto e material superexposto também foram usados.

Ao mesmo tempo, os recursos técnicos do cinema, da câmera ao projetor, foram desmontados, remontados, aumentados e usados de maneiras inteiramente novas. Houve filmes sem câmera, para os quais celulóide não processado, também conhecido como película limpa, foi inserido no projetor (Nam June Paik, *Zen for Film*, 1962), e filmes sem película, nos quais Kosugi, para citar um exemplo, focalizava a luz de um projetor sem película contra uma tela de papel, tirando pedaços da tela a partir do meio até não restar mais nada dela (*Film nº 4*, 1965). Em outras obras, o raio de luz foi substituído por um pedaço de corda esticada (Peter Weibel, *Lichtseil*, 1973), a tela convencional por cortinas de vapor, água corrente (Robert Whitman, *Shower*, 1964) e superfícies dos corpos humanos (em *Prune Flat*, 1965, Robert Whitman projetou um filme sobre o corpo de uma garota com roupa branca e o filme a mostrava tirando a mesma roupa; em *Exploding Plastic Inevitable*, de Andy Warhol e Jud Yalkut, 1966, o filme era projetado sobre pessoas do público, dançando ao som de *Velvet Underground*).

Experimentos com telas múltiplas

Muitos cineastas realizaram experimentos radicais com a própria tela. Ela foi explodida e multiplicada, tanto pela divisão em imagens múltiplas, técnicas de divisão da tela como pela colocação de telas em diferentes paredes. Portanto, as projeções múltiplas ocupavam o primeiro plano de uma cultura visual decidida a libertar-se do conceito convencional da pintura, das restrições técnicas e materiais da tecnologia de produção de imagem e dos determinantes repressivos dos códigos sociais. Um exemplo digno de nota é *Chelsea Girls*, de Andy Warhol (1967), uma mistura de técnicas de tela dividida e projeção múltipla, na qual alguns atores discutem suas vidas incomuns a partir de perspectivas múltiplas e em vários níveis diferentes ao mesmo tempo. Da mesma maneira que alguns pintores fatiavam suas telas (Lucio Fontana) ou usavam o corpo humano como tela (o actionismo vienense)[*] em busca de rotas de fuga ao quadro, os cineastas, no mesmo período, também se envolviam em uma busca

---

[*] Vienna Actionism, movimento da década de 1960 em Viena que radicalizou as idéias da *action paiting*, utilizando o corpo em performances. Entre seus artistas estavam Otto Muehl, Rudolf Schwarzkogler, Hermann Nitsch e Gunther Brus. (N. da O.)

por novas maneiras de escapar aos limites da película filmada. Houve projeções monumentais feitas a partir de veículos em movimento sobre fachadas de edifícios (Imi Knoebel, *Projektion X*, 1972), pessoas dançando, florestas e campos, o interior e exterior curvos das abóbadas geodésicas, bolas de plástico, mangueiras, etc.

Essas técnicas de projeção móvel ou que usam a tela como a janela de um veículo em movimento foram adotadas também nas práticas visuais contemporâneas. *Crossings* (1995), de Stacey Spiegel e Rodney Hoinkes, uma instalação interativa, simula uma viagem de trem entre Paris e Berlim. O espaço físico é transformado no espaço interativo virtual da rede mundial. *Room with a view* (2000), de Michael Bielicky e Bernd Lintermann para o Autostadt Wolfsburg, usa quatro projetores para uma projeção em abóbada perfeita, de 360 graus, com uma tela *touch screen* no centro da abóbada, para a manipulação das imagens projetadas de múltiplas maneiras.

Experimentos de narrativa múltipla

Projeções múltiplas de filmes diferentes lado a lado, um em cima do outro e em todas as direções espaciais representaram mais do que meramente uma invasão do espaço pela imagem visual. Foram também uma expressão de perspectivas narrativas múltiplas. O cineasta Gregory Markopoulos, um mestre pioneiro de cortes rápidos e complexas técnicas de *cross-fading*, publicou um manifesto de novas formas narrativas baseadas em sua técnica de corte na revista *Filmculture*, na década de 1960.

> Proponho uma nova forma de narração como combinação da técnica de montagem clássica com um sistema mais abstrato. Esse sistema incorpora o uso de fases fílmicas curtas que evocam imagens de pensamento. Cada fase fílmica compreende uma seleção de imagens específicas similares à unidade harmoniosa de uma composição musical. As fases fílmicas determinam outras inter-relações entre si; na técnica de montagem clássica, há uma relação constante

com a tomada contínua; em meu sistema abstrato, há um complexo de imagens diferentes que são repetidas.[1]

Desde o início, a extensão da tela simples para muitas telas, da projeção única para projeções múltiplas não representou apenas uma expansão de horizontes visuais e uma intensificação avassaladora da experiência visual. Ela sempre foi empregada a serviço de uma nova abordagem da narração. Pela primeira vez, a resposta subjetiva ao mundo não era forçada em um estilo construído, falsamente objetivo, mas apresentada formalmente na mesma maneira difusa e fragmentária em que foi experimentada. Na era das revoltas sociais, drogas de expansão da consciência e visões cósmicas, os ambientes de projeções múltiplas tornaram-se um importante fator na busca por uma nova tecnologia de produção de imagens capaz de articular uma nova percepção do mundo.

Em 1965, Stan VanDerBeek publicou um manifesto justificando os ambientes de projeções múltiplas em tempo real, um tipo de "fluxo de imagens" em que a própria projeção das imagens tornou-se o tema da performance. No mesmo ano, ele exibiu *Feedback nº 1: a Movie Mural*, alcançando o primeiro grande avanço para o cinema de projeções múltiplas. Para concretizar a idéia, ele estabeleceu um *Movie Drome* em Stony Point, Nova York, uma cúpula abobadada, nos moldes das abóbadas geodésicas de Buckminster Fuller. O grupo Usco, associado a Gerd Stern, começou a trabalhar nos shows de multiprojeção na costa leste dos Estados Unidos por volta de 1960 (*We Are All One*, com quatro projetores de 16 mm, dois projetores de 8 mm, quatro projetores em carrossel, etc., 1965). Vários artistas também criaram ambientes de multivisão para a Expo 1967, em Montreal (Roman Kroitor, *Labyrinthe*, 1967, por exemplo), com a intenção de desenvolver novas formas narrativas. Como afirmou Roman Kroitor, "as pessoas [estavam] cansadas do padrão da estrutura de enredo". Francis Thompson, pioneiro na cinematografia de imagens múltiplas em grande escala, apresentou sua obra, *We are Young*, em um arranjo de seis telas na Expo 1967. O pavilhão checo exibia uma

---

[1] Gregory Markopoulous, em *Filmculture*, nº 31, inverno de 1963-1964.

enorme tela, na qual 160 slides podiam ser exibidos simultaneamente (tela Diapolyceran). Milton Cohen, a principal figura do grupo Once, de Ann Arbor, Michigan, vinha trabalhando desde 1958 no desenvolvimento de um ambiente para projeções múltiplas com a ajuda de espelhos giratórios e prismas e usando telas móveis retangulares e triangulares, sob o título *Space Theatre*, "para libertar o cinema de sua orientação plana e frontal e apresentá-lo dentro de um ambiente de espaço total".[2]

John Cage, Lejaren Hiller e Ronald Nameth montaram *HPSCHD*, *intermedia event* de cinco horas, com 8 mil slides e cem filmes projetados em 48 janelas na Universidade de Illinois em 1969. Entre 1960 e 1967, Robert Whitman fez experiências com telas múltiplas de plástico e papel sobre as quais eram projetados filmes (*The American Moon*, 1960). Em *Tent Happening* (1965), filmes, entre eles uma seqüência filmada através de uma vidraça, que mostra um homem defecando, eram projetados em uma enorme tenda. Começando em 1965, Aldo Tambellini, em *Electromedia Theatre*, trabalhava com projeções múltiplas (*Black Zero*, 1965), nas quais, para citar um exemplo, um gigantesco balão preto surgia do nada, inchava e explodia. Centenas de filmes e slides pintados à mão foram usados. Em 1968, Tambellini organizou *Black Gate*, nas margens do Reno, em Düsseldorf, um evento com projeções em mangueiras e figuras de plástico de Otto Piene que flutuavam no ar, cheias de hélio. Jud Yalkut criou *Dream Reel* para o Floating Theatre, de Yukihisa Isobe, um pára-quedas gigante, seguro por fios de náilon – uma tela esférica portátil para projeções e retroprojeções múltiplas. O grupo Single Wing Turquoise Bird (Peter Mays, Jeff Perkins, o futuro artista de vídeo Michael Scroggins e outros), de Los Angeles, montou shows de luzes para concertos de rock em 1967 e 1968. Patrocinados pelo pintor San Francis, eles, subseqüentemente, conduziram experimentos em um hotel abandonado de Santa Mônica com imagens em mudança constante, de projeções de vídeo a fachos de laser. Em seu *Theatre of Light*, Jackie Cassen e Rudi Stern projetaram imagens múltiplas em cúpulas pneumáticas, cubos de Plexiglas transparente, estruturas poli-hexagonais, superfícies de água,

---

[2] GeneYoungblood, *Expanded Cinema* (Nova York: Dutton, 1970), p. 371.

etc., com seus "projetores esculturais" de construção própria, durante o fim da década de 1960. Particularmente impressionante era uma fonte iluminada por uma luz estroboscópica, uma técnica que evocava a impressão de gotas individuais de água em queda, suspensas no ar como cristais.

Experimentos de tempo e espaço

Além da expansão do repertório de técnicas por meio da experimentação com projetores e projeções múltiplas, surgiu outra abordagem, orientada para o material, a expressão visual do novo conceito de realidade, a renúncia às obrigações históricas e a nova experiência de expansão da mente induzida por drogas. Ela envolvia o deslocamento e a distorção dos parâmetros convencionais de espaço e tempo por meio de técnicas para ampliar, desacelerar, retardar e abreviar o tempo. A duração de um filme chegou a 24 horas (Andy Warhol, *Empire State Building*, 1963) ou a um extremo de apenas alguns segundos (Paul Sharits, *Wrist Trick*, dez segundos, 1966). As dilações de tempo no cinema e na música eram preferidas como meio de expressão não apenas por causa de seus efeitos de expansão da consciência, mas também por razões de composição e forma. O mesmo se aplica a técnicas de corte agressivas e abreviadoras do tempo.

O conteúdo desses filmes de vanguarda e underground, independentes, também se extraviava do terreno familiar do filme industrial em um sentido social. Imagens da esfera pessoal, documentos psicodramáticos de um individualismo excessivo, foram mostrados publicamente, sem censura. Cenas normalmente consideradas tabu foram montadas diante da câmera (Jack Smith, *Flaming Creatures*, 1962-1963, uma orgia de travestis que provocou escândalo mesmo em círculos artísticos da época, mas que se tornou importante fonte de inspiração para o universo de Warhol; Kenneth Anger, *Scorpio Rising*, 1963, que marcava o nascimento dos *Biker Movies* e da modelagem homoerótica de si, *Inauguration of the*

Pleasure Dome, 1966). A ampliação dos parâmetros materiais e técnicos também caminhou de mãos dadas com a dissolução do consenso social.

Experimentos sonoros

Ampliações formais e temáticas do código cinematográfico foram acolhidas com entusiasmo na atmosfera estética e socialmente revolucionária da década de 1960 e, como o rock progressivo, eram apoiadas por um novo público, de jovens. Na verdade, muitos desses filmes underground eram acompanhados por rock (de Grateful Dead a Cream) e música de vanguarda (de John Cage a Terry Riley). A música desempenhou um papel muito mais emancipado nesses filmes do que nos filmes industriais. Nas produções industriais comuns, independentemente do uso de música clássica ou popular, a música serve mais ou menos como fundo sonoro e como dispositivo para controlar o tom e a atmosfera – intensificando ou dissolvendo a tensão dramática. Em muitos filmes de vanguarda, por outro lado, a música e o som têm um efeito determinante sobre a estrutura das imagens, e as imagens são cortadas e compostas em conformidade com os princípios musicais. A função da trilha sonora, o arranjo em série das canções populares existentes e a peça encomendada conhecida como canção-tema, usada para associar certo filme a certo sucesso musical, claramente ilustram a tendência para a exploração e a comercialização industrial de imagens fílmicas por meio da ligação com a música. Essa técnica, usar componentes semifabricados em filmes, lembra as técnicas de edificação aceleradas com uso de pré-fabricados, utilizadas na construção industrial em massa. Em vez da construção de concreto e aço, o filme produzido rapidamente e em massa utilizava uma construção de som e música. Em contraste, os filmes de vanguarda da década de 1960 empregavam uma abordagem altamente diferenciada do desenvolvimento de novas relações entre som e imagens visuais.[3]

---

[3] Michel Chion, *Les musiques electro-acoustiques* (Aix-en Provence: INA-GRM, 1976); *Le son au cinema* (Paris: Cahiers du Cinéma, 1985); *L'audiovision* (Paris: Nathan, 1990); e *La musique au cinema* (Paris: Fayard, 1995).

O cinema expandido e o novo vídeo

Várias galerias de vanguarda promoveram refinamentos e desenvolvimentos analíticos que iam de filmes estruturalistas a instalações fílmicas espaciais durante a década de 1970. Esse período também testemunhou o surgimento da arte de vídeo, com instalações de circuito fechado, orientadas para o observador, que antecipavam as instalações computadorizadas interativas relativas ao usuário e as instalações com tempo atrasado,[*] que deram continuidade às experimentações do cinema expandido. O ressurgimento da pintura figurativa, induzido pelo mercado, na década de 1980, colocou um fim abrupto ao desenvolvimento de formas cinemáticas expandidas e da videoarte. Amplos segmentos da cultura visual foram afetados por uma amnésia tão escandalosa quanto total, pela qual foram responsáveis não apenas o mercado, mas a historiografia da arte institucional, vergada sob o poder do mercado. Visto a partir dessa perspectiva, o abraço e o ressurgimento triunfantes das tendências do cinema expandido da década de 1960 pela geração do vídeo da década de 1990 são ainda mais espantosos e recompensadores.

Essa geração segue menos o exemplo das conquistas progressivas dos artistas da videoarte da década de 1980, já que a arte destes era subordinada à escultura e à pintura de seu tempo. Portanto, ao buscar o desenvolvimento de uma linguagem específica baseada no vídeo, a arte de vídeo da década de 1990 concentra-se deliberadamente na expansão de tecnologias de imagem e da consciência social da década de 1960. Encontramos indícios surpreendentes de paralelos, que às vezes se estendem aos menores detalhes, não apenas em estilo e técnica, mas também em conteúdo e motivo. A maior parte da videoarte da década de 1990 também foi moldada por um interesse intenso na projeção múltipla e pela nova abordagem da narração de perspectivas múltiplas que a acompanha. Muitos representantes da geração do vídeo da década de 1990, entre eles artistas como Jordon Crandall, Julia Scher, Steve McQueen, Jane e Louise Wilson, Douglas Gordon, Stan Douglas, Johan Grimonprez,

---

[*] Com *delay*. (N. da O.)

Pierre Huyghe, Marijke van Warmerdam, Ann-Sofi Siden, Grazia Toderi e Aeronaut Mike, agora trabalham no contexto de uma desconstrução do "aparelho" técnico delineado aqui. Muitos artistas do computador da década de 1990, entre eles Blast Theory, Jeffrey Shaw, Perry Hoberman, Peter Weibel, e outros, também retomaram as tendências e tecnologias do cinema expandido da década de 1960. Em uma série de instalações computadorizadas interativas como *On Justifying the Hypothetical Nature of Art and the Non-Indenticality within the Object World* (1992) ou *Curtain of Lascaux* (1995-1996), Peter Weibel renderizou vários mundos virtuais, onde o observador tinha um papel decisivo, derivado de suas instalações de circuitos fechados de vídeo de fins da década de 1960 e início da década de 1970. O observador tornava-se parte do sistema que observava, articulando o sistema de imagens de imersão, e mudava o comportamento e o conteúdo da imagem por meio de suas ações. *Desert Rain* (1999) do grupo britânico Blast Theory enviava seis visitantes em missão a um ambiente virtual de seis salas. A projeção de mundos virtuais ocorria em uma cortina feita de água caindo. Cada visitante tinha trinta minutos para completar sua missão com a ajuda da comunicação com os outros cinco ambientes virtuais e seus habitantes. Contudo, os videoartistas da década de 1990 promoveram a desconstrução do código cinematográfico de uma maneira muito mais controlada, menos subjetiva, aplicando estratégias que também são mais metódicas e mais intimamente orientadas para questões sociais do que as da década de 1960. Na arte de vídeo da década de 1990, os experimentos com projeções múltiplas são empregados primariamente a serviço de uma nova abordagem da narrativa. Projeções de vídeos e slides em objetos inusitados são usadas por artistas que vão de Tony Oursler a Honore d'O. Projeções em duas ou mais telas são encontradas no trabalho de artistas como Pipilotti Rist e Sam Taylor-Wood, Burt Barr e Marcel Odenbach, Eija-Liisa Ahtila e Shirin Neshat, Samir e Doug Aitken, Dryden Goodwin, Heike Baranowsky e Monika Oechsler. As técnicas de tela dividida são traços característicos da arte de Karin Westerlund e Samir. Ambientes com monitores múltiplos são empregados por Ute Friederike Jürß e Mary Lucier.

Monitores múltiplos, projeções múltiplas e narração com perspectivas múltiplas

Essas projeções múltiplas tiram proveito das oportunidades oferecidas pela perspectiva múltipla para um afastamento das formas conhecidas de examinar o comportamento social. Em três telas com projeção alternada, *High Anxieties*, de Monika Oechsler, de 1998, mostra como a construção da identidade feminina inicia na infância e ilustra como amigas da mesma idade controlam a formação do indivíduo como agente da sociedade. A perspectiva cinemática mutável lembra-nos códigos cinemáticos conhecidos de dramas de tribunal, envolvendo promotores, advogados de defesa, vítimas e réus. Realçada pelas possibilidades oferecidas pela projeção tripla e pela perspectiva múltipla, obtidas por meio dessa técnica de montagem formal, essa nova perspectiva intensifica a violência oculta inerente à socialização do indivíduo. De maneira similar, a projeção tripla em *Today/Tanaan*, de Eija-Liisa Ahtila, de 1996-1997, realça enormemente as possibilidades de ligação complexa de elementos de imagem e texto, independentemente da perspectiva do narrador. Apenas raramente os textos correspondem aos rostos e gêneros. Os textos e as imagens não se identificam mutuamente; em vez disso, distinguem-se, flutuando lado a lado e formando ilhas móveis, nós em uma rede de relações múltiplas que o próprio observador deve criar. Cadeias de signos flutuando livremente, imagens ou textos, entrelaçam-se para formar um universo sem centro. Contudo, seu cerne abriga a catástrofe de um acidente fatal que evidentemente erradicou toda possibilidade de narrativa coerente e linear. Apenas fragmentos díspares da memória são apresentados, de maneira estranhamente objetiva, pela passiva *Networked Subjects* (Elisabeth Bronfen, 1998). A história da catástrofe não segue mais a trilha linear do pensamento racional; em vez disso, a essência irracional da catástrofe é liberada (de censura) por narrativas de trajetórias desordenadas, centrífugas, em perspectiva múltipla. Apenas dessa maneira, a catástrofe pode ser experimentada como tal – por meio da recusa dos elementos de imagem e texto de fundirem-se e ajustarem-se. Estruturas narrativas desse tipo, que empregam o caráter irracional do sonho e da psique humana como elementos de enredo, revelam claramente associações com os primeiros filmes de Ingmar Bergmann (*Morangos silvestres*, 1957, por exemplo). A obra *Augentauschen* (1993) (Troca de olhos), de Heiner Blum, investiga as relações entre fotografias e rostos. O CD-ROM interativo *Troubles with Sex, Theory & History* (1997), de Marina Grzinic e Aina Smid analisa relações aleatórias, combinatórias e recombinatórias entre imagens e texto, com base em uma seleção de trabalhos de Grzinic e Smid do período entre 1992 e 1997.

Shirin Neshat apresenta a oposição binária de homem e mulher em uma sociedade patriarcal em duas telas posicionadas frente a frente. A mulher tem voz, mas não tem palavras nem ouvintes. Ela tem apenas o som e sua capacidade de gritar. O homem possui as palavras, a cultura da linguagem e um público que o recompensa com aplausos frenéticos no final. A exclusão da mulher na construção da civilização e da sociedade não pode ser ilustrada mais vividamente do que na justaposição binária de projetores e posições. O recurso da sinédoque (usado aqui na representação da violência inerente às questões de gênero e à política da identidade) é típico de muitos dos melhores trabalhos de videoarte, que lidam de maneira metodológico-analítica com os mecanismos de poder erradicados do código social em oposição às abordagens predominantemente subjetivas do novo cinema americano da década de 1960. A sociedade moderna oferece ao sujeito real vários modelos de comportamento e possibilidades de diferentes papéis.

Em uma escala de possibilidades múltiplas definidas pela indústria cultural na mídia, que vai de filmes populares à ópera intelectualizada, de revistas reluzentes à televisão barata, o sujeito pode fazer sua escolha e posicionar-se, contanto que possa suportar a pressão do código social respectivo. Essa relação entre o sujeito como possibilidade real e a opção de sujeito imaginário é expressa como sinédoque em *Killing Time*, de Sam Taylor-Wood, de 1994. Como vários outros artistas, Taylor-Wood trabalha com "som encontrado". De maneira muito interessante, seu trabalho confirma a teoria da dominância da estrutura musical como determinante na estrutura narrativa. Não é a imagem visual, mas o som que dita o comportamento dos atores. As quatro pessoas exibidas nas projeções quádruplas escutam *Electra*, de Richard Strauss, esperando deixas para as participações vocais que lhes são atribuídas. Como o trabalho de Shirin Neshat, a seqüência fílmica é uma sinédoque para uma série de papéis (sociais) disponíveis e o papel da voz na sociedade.[4] O teatro do som propõe conceitos para o teatro das posições do sujeito. Em comparação, Pipilotti Rist tende antes para a estrutura de componentes pré-fabricados em seu trabalho. Ela usa música pré-gravada, ilustrada com suas imagens, ou a música ilustra suas imagens, segundo esquemas codificados do tipo que vemos na MTV. Ela continua nos códigos de opção de cena e da narrativa industrial prescrita e aceita pela sociedade. Encontramos uma adaptação similarmente interessante da relação entre som e imagem no nível narrativo, já que lembrar é uma das funções da narrativa, em *A Capella Portraits*, de Ute Friederike Jürß.

Imagem e som encontrados, experimentos fílmicos encontrados

Assim como os artistas da década de 1960 fizeram uso de "imagens encontradas" e "cenas encontradas" (George Landow e outros), artistas contemporâneos de vídeo e cinema, como Douglas Gordon, Marcel Odenbach e Martin Arnold também empregam material encontrado. Perry Hoberman, em seu trabalho de CD-ROM interativo *The Sub-Division of the Electric Light* (1996), usa slides e filmes de 8 mm encontrados e instrumentos de projeção velhos. Erkki Huhtamo usa uma seleção de cenas de espetáculos de *vaudeville** encontradas, a maior parte reproduzida por computador para imitar, em uma plataforma de simulação, um passeio em veículos virtuais pelos mais interessantes aparatos da história

---

[4] Kaja Silverman, *The Accoustic Mirror: the Female Voice in Psychoanalysis and Cinema* (Bloomington: Indiana University Press, 1988).

* *Vaudeville* foi uma espécie de teatro de variedades que utilizava imagens em movimento, um tipo de entretenimento bastante popular nos Estados Unidos entre os anos 1880 e 1920. Os espetáculos de *vaudeville* misturavam canto, dança, malabarismo e leitura, entre outros tipos de performances. A maioria dos artistas do rádio e cinema da época atuou em *vaudevilles* (W. C. Fields, Buster Keaton e os Irmãos Marx, por exemplo). (N. da O.)

do cinema em *The Ride of Your Life* (1998). George LeGrady, no trabalho interativo em CD-ROM *Slippery Traces* (1996), usa cerca de duzentos cartões-postais para uma narrativa não-linear construída a partir de um algoritmo, navegando através de um banco de dados. Martin Arnold desconstrói suas tomadas encontradas ao extremo, para tornar estruturas semânticas ocultas visíveis por meio da repetição. As tomadas encontradas são remontadas, de forma repetida, parcialmente refilmadas e visualmente alienadas de sua totalidade. O uso de filme encontrado é parte de uma estratégia geral de reflexão e apropriação midiática. Quando Marcel Odenbach, Gabriele Leidloff, Samir, Isabell Heimerdinger, Andrea Bowers, Burt Barr, Pierre Huyghe e Douglas Gordon aludem a filmes conhecidos, entre eles clássicos como *From Here to Eternity* (Fred Zinnemann, 1953) e *O poderoso chefão* (Francis Ford Coppola, 1972) ou a imagens televisivas populares, de líderes de torcida (Andrea Bowers, *Touch of Class*, 1998), a cenas do funeral de Lady Di (Gabriele Leidloff, *Moving Visual Object*, 1997), então, o que temos são observações de segunda ordem orientadas para as mídias, nas quais a cultura visual como um todo é exposta como um *readymade* para análise. Conseqüentemente, a observação do mundo dá lugar à observação da comunicação. O caráter inconsciente do código visual torna-se evidente em um tipo de leitura sintomática.

Nas instalações de Doug Aitken com telas múltiplas, o universo narrativo é decomposto em quadros fílmicos individuais e autônomos e séries de efeitos do tipo familiar aos espectadores habituados com técnicas do videoclipe: tomadas detalhadas, movimento esmaecido, modificações técnicas conseguidas com a câmera, o processamento digital da imagem, *short cuts* e tempo expandido. A narração não apenas é rompida espacialmente por meio da projeção em telas múltiplas, mas também em termos cronológicos.

Deslocamentos e distorções dos parâmetros convencionais de espaço e tempo desempenham um papel significativo na nova narrativa. Como na década de 1960, esses experimentos com o tempo enfatizam o tempo tecnológico da ordem cinemática em oposição ao tempo da vida. O foco está antes no tempo artificial que no "tempo redescoberto", em construções temporais como sintomas visuais de uma realidade construída, completamente artificial. Em sua projeção tripla de 1998, *L'Ellipse*, com Bruno Ganz, Pierre Huyghe ilustra a diferença entre o tempo industrial (o uso do tempo no filme industrial) e o tempo pessoal (o uso do tempo no próprio filme de Pierre Huyghe). Pierre Huyghe usa cenas prontas ou filme encontrado, o filme como obra de arte *readymade*, que ele desconstrói ao submeter à manipulação cronológica: quando Bruno Ganz está ausente no filme industrial, a projeção do filme de Pierre Huyghe começa e interrompe a projeção.[*] Huyghe brinca com a técnica cinematográfica de fazer o corte de uma cena para outra suprimindo o tempo e o espaço intermediários, técnica essa chamada "elíptica". Douglas Gordon submete os filmes industriais a manipulações temporais similares. Ele também trabalha com filmes (de *Psicose*, 1963, de Hitchcock, a *Searchers*, 1956, de Ford), expandindo-os para 24 horas e cinco anos, respectivamente.

Narração rizomática reversível

O universo narrativo torna-se reversível e não reflete mais a psicologia de causa e efeito. As repetições, a suspensão do tempo linear e a assincronia espacial explodem a cronologia clássica. As telas múltiplas funcionam como campos nos quais as cenas são representadas a partir de uma perspectiva múltipla, cujo fio narrativo foi rompido. A acusação antes dirigida à nova música, de que haviam cortado o vínculo com o ouvinte, já que o ouvinte não podia mais reconstruir nem reconhecer os princípios da composição, agora pode ser aplicada sem reservas às técnicas narrativas avançadas da videoarte contemporânea. Elas romperam o vínculo com o espectador, que não consegue mais distinguir a estrutura narrativa. A linearidade e a cronologia como parâmetros clássicos da narrativa caem, vítimas de uma perspectiva múltipla projetada em telas múltiplas. Abordagens assincrônicas, não-lineares, não cronológicas,

---

[*] O filme industrial mencionado é *O amigo americano*, de Wim Wenders, de 1977. (N. da O.)

aparentemente ilógicas, paralelas, narrativas múltiplas a partir de perspectivas múltiplas projetadas em telas múltiplas, são as metas. Esses processos narrativos que compreendem um "enredo multiforme" foram desenvolvidos em conexão com e orientados para as estruturas comunicativas rizomáticas como o hipertexto, a "indexação associativa" (Vannevar Bush, *As We May Think*, 1945), os "domínios de múltiplos usuários" (MUDs), baseados no texto, e outras técnicas digitais de narração literária.[5] A definição de Gilles Deleuze do rizoma como uma rede na qual todo ponto pode ser ligado a qualquer outro ponto é uma descrição precisa da comunicação no ambiente de múltiplos usuários da rede mundial e os sistemas de imagem e texto alusivos e abertos derivados dela. Esses sistemas narrativos têm certo caráter algorítmico. Já em 1928, Vladimir Propp demonstrou, em seu famoso estudo, *A morfologia dos contos de fadas*, que os 450 contos de fadas que ele analisou podiam ser reduzidos a 25 funções e acontecimentos narrativos básicos ou morfemas narrativos. Esses 25 morfemas formam um tipo de algoritmo, que gera uma série de novos enredos por meio de novas combinações. Com suas técnicas narrativas audiovisuais, a videoarte contemporânea decompõe formas holísticas em seus componentes morfológicos básicos. Estes, então, são remontados com o uso dos métodos múltiplos descritos acima. Essas novas técnicas narrativas expressam claramente a complexidade dos sistemas sociais. A crise da representação, que a pintura evitou durante a década de 1980 ao recorrer a uma repetição restauradora de condições figurativas e expressivas históricas, está sendo superada na videoarte com o surgimento de condições narrativas antecipadas pelas vanguardas históricas da literatura, do teatro e da música: do grupo francês Oulipo ao Grupo de Viena. A instalação interativa *Passage Sets/One Pulls Pivots at the Tip of the Tongue* (1994-1995), de Bill Seaman, refere-se às técnicas de escrita automática dos surrealistas, mas executadas por um algoritmo de acesso aleatório. Textos e imagens são interligados, dessa maneira, em combinações aleatórias. A instalação interativa *Tafel* (quadro-negro), 1993, de Frank Fietzek, um monitor em movimento

---

[5] Walter Grond, *Der Erzähler und der Cyberspace* (Innsbruck: Haymon, 1999).

diante de um grande quadro-negro, revela palavras ocultas como em um palimpsesto.

O afastamento da narrativa pela abstração levou à rejeição da narrativa como um fenômeno histórico obsoleto. Esse ditame modernista de reconhecer apenas o puramente visual e banir o verbal foi derrubado pelo pós-modernismo em favor de uma orientação discursiva mais intensa. Portanto, mesmo a linguagem visual pós-moderna da arte contemporânea, quanto mais faz uso das técnicas de narrativas de vanguarda, mais discursiva se torna. Ao contrário da tecnicamente trabalhosa arte do filme, a contemporânea tecnologia de vídeo permite o controle mais completo dos recursos cinemáticos e, portanto, promove um desenvolvimento mais estável do código cinemático. A vantagem da tecnologia de vídeo de hoje sobre a tecnologia do filme de ontem encontra-se na logística aperfeiçoada de seu repertório técnico. O que antes era virtualmente impossível e também suscetível de problemas agora é muito mais fácil de concretizar e inteiramente seguro. Graças a essa estabilidade técnica, as possibilidades para as novas técnicas narrativas baseadas em projeções de telas múltiplas grandes, talvez a característica mais notável da videoarte contemporânea, agora podem ser exploradas mais amplamente pela primeira vez. E, portanto, a videoarte de hoje retomou o legado do cinema de vanguarda da década de 1960 e desenvolveu mais um passo no universo do código cinemático.

Futuras des/construções de imagens

A tecnologia artificial em uso até agora para criar uma imagem que represente a realidade imitou a tecnologia de um aparato natural, o olho. O passo decisivo em uma representação mais próxima da realidade foi a possibilidade de imitar o movimento com imagens. Isso fundamentou a transformação de pintura e fotografia em cinema, como uma tecnologia *trompe l'oeuil* para simular movimento com a ajuda de uma engenhosa tecnologia inventada no fim do século XIX, mas padronizada e compatibilizada para o uso em massa no início do século XX. O desenvolvimento seguinte no progresso da tecnologia de imagens foi o passo da simulação do movimento, motion picture, para a simulação de uma imagem como sistema vivo, a imagem viável. O computador permitiu a armazenagem de informações como configuração eletrônica. A informação não era mais trancada magnética ou quimicamente como no caso do videoteipe ou da tira de película. A virtualidade da armazenagem de informação libertou a informação e tornou-a variável. A imagem tornou-se um campo de imagem, seus pixels tornaram-se variáveis, que podiam ser alteradas em qualquer tempo e em tempo real. Isso causou a variabilidade do conteúdo da imagem. A criação de uma tecnologia de interface entre observador e técnica de imagens possibilitou ao observador, até certo ponto, controlar, por meio de seu comportamento, o comportamento da imagem. O campo de imagem tornou-se um sistema de imagem que reagia ao movimento do observador. A imagem em movimento e o observador em movimento rumavam para uma nova síntese de imagem e observador: a imagem interativa, a mais radical transformação da imagem desde o seu nascimento. Como os sistemas artificiais, que se comportam de maneira similarmente reativa como os sistemas vivos, foram chamados de "viáveis" pela filosofia construtivista, os novos sistemas de imagens também podem ser legitimamente chamados de "viáveis". A viabilidade do comportamento da imagem transforma a imagem em movimento em uma imagem viva. Portanto, o computador é um meio decisivo para a simulação perfeita da realidade. A instalação interativa baseada em computador, *Sonomorphis* (1998), de Bernd Linterman e Torsten Belschner simula os códigos da evolução, dando ao espectador a oportunidade de criar novas espécies segundo os algoritmos de recombinação e de mutação construídos sobre seis organismos opcionais oferecidos.

Dessas revoluções da tecnologia de imagens decorre a tese da desconstrução técnica e social da imagem. Para essa desconstrução do dispositivo técnico da imagem, o artista pode solicitar a ajuda de uma revolução de materiais, que possibilita uma nova física da imagem. O importante papel do índice e da marca na arte moderna, especialmente a partir da década de 1960, já como resultado de uma pesquisa artística baseada nos materiais, indica que, a imagem indexical, que é definida por meio de uma relação material e física entre signo e objeto (por exemplo, fumaça e fogo), como imagem pós-digital, substituirá o mundo ilusório das simulações tridimensionais baseadas em computador, que, no momento, estão no seu auge. A imagem indexical é o início de uma nova cultura de materialidade da imagem. A instalação interativa *The Winds that Wash the Seas* (1994-1995), de Chris Dodge, permite ao observador soprar contra a tela do monitor. A direção e a força do sopro mudam a imagem. Um segundo observador pode interagir movendo a mão na água. Ambos os observadores estão transformando a imagem. A obra interativa em CD-ROM, *Impalpability* (1998), de Masaki Fujihata, também tem um caráter indexical, quando a mão humana que manipula o mouse mostra na tela, novamente, close-ups de mão humana. Essa nova cultura de materialidade será especialmente marcada pela transição da tecnologia do elétron para a tecnologia do fóton. Essa transição é sustentada por três etapas no desenvolvimento do computador. A era mainframe da computação viu o uso, por muitas pessoas, de um computador do tamanho de uma sala. Na era PC da computação, uma pessoa usava o computador; daí o termo computador pessoal. Na futura era da tecnologia calma e da computação ubíqua, uma pessoa carregará e usará uma porção de microcomputadores.

Computadores quânticos substituirão os computadores eletrônicos no futuro. Essa nova tecnologia do computador capacitará o desenvolvimento do código cinematográfico a partir de uma relação 1:1 (1 espectador – 1 filme – 1 espaço – 1 tempo) para um ambiente virtual distribuído de usuários múltiplos (x espectadores – x filmes – x espaços – x tempos). Nessa realidade virtual dispersada, cem espectadores vão atuar não apenas na frente da tela, mas atrás dela também. A tecnologia da internet já serve como nova etapa para a comunicação visual. Mundos reais e simulados tornam-se modelos, entre os quais ocorrem ligações e transformações variáveis e que se tornam similares (ver *The Motion Picture Matrix*, 1999). Assim como o século XX padronizou e normalizou e, portanto, transformou em indústria de massa as invenções da tecnologia de imagens do século XIX, o século XXI tem de transformar a tecnologia de imagens avançada do século XX, a tecnologia de realidade virtual interativa baseada no computador ou na rede, em uma tecnologia compatível com a massa. A tecnologia de realidade virtual de hoje lembra-nos muito o nascimento do cinema, no século XIX, que foi caracterizado pela recepção singular. Tomar como exemplo o fenacistoscópio permite que compreendamos o princípio da recepção singular: 1 pessoa vê 1 filme em 1 lugar em 1 tempo. A projeção tornou possível uma percepção simultânea coletiva: x pessoas vêem 1 filme em 1 lugar em 1 tempo. A televisão ocasionou uma percepção não local: x pessoas vêem 1 filme em x lugares em 1 tempo. O vídeo e o CD-ROM permitem a percepção singular ou a coletiva, simultânea e não simultânea: x/1 pessoa(s) vê x/1 filme(s) em x/1 lugar(es) em x/1 tempo(s). A imagem digital do fim do século XX volta a ser fragmento. O display montado na cabeça dos sistemas de RV [Realidade Virtual] novamente tem a recepção singular, como o cinema do século XIX: 1 pessoa vê 1 filme em 1 lugar em 1 tempo. Se a tecnologia de RV quer sobreviver, tem de apropriar-se das formas de percepção que já conhecemos na televisão, nos rádios, discos, CDs, no cinema, etc.: recepção coletiva, não simultânea, não local. *Nuzzle Afar* (1998), de Masaki Fujihata, é uma das primeiras instalações de rede onde observadores em dois lugares distantes podem interagir em um espaço virtual comum, abraçando o mundo dos jogos on-line.

A teletecnologia de som que conhecemos nos telefones celulares (comparar com a computação ubíqua vestível) fornece a música do futuro, que vai arrebatar também a teletecnologia da imagem. Por meio das tecnologias de imagem do futuro, tal como as esbocei, qualquer um conseguirá ver qualquer filme em qualquer lugar em qualquer tempo: x pessoas vêem x filmes em x lugares em x tempos. Qualquer pessoa, em qualquer lugar, em qualquer tempo é a fórmula para a tecnologia digital do futuro. A idéia decisiva nisso, porém, é que, com essa forma de interação coletiva (em vez da tecnologia de interface apenas individual de agora), o observador torna-se um observador interno do mundo. Ele não permanece observador externo como no cinema, mas, como observador interno, participará dos mundos de imagem e, com isso, vai modificá-los. Sua entrada no mundo de imagens provocará reações no sentido do modelo covariante, não apenas em múltiplos mundos de imagem paralelos, mas também no mundo real. A relação entre mundo de imagem e realidade será múltipla e reversível. O próprio observador torna-se a interface entre um mundo virtual artificial e o mundo real. Os acontecimentos no mundo real, controlados pelo observador interno, afetarão o mundo virtual e os acontecimentos no mundo virtual, também controlados por ele, afetarão o mundo real e mundos virtuais paralelos.

O observador faz o corte de uma narração para outra. A instalação substitui o corte clássico por um narrador. Em vez da narração linear, usuários múltiplos criarão narrações múltiplas instantâneas. As interações do observador com o mundo de imagens irão tornar-se bidirecionais. Uma causa no mundo real terá um efeito no mundo virtual e, inversamente, uma causa no mundo virtual terá um efeito em outro mundo virtual paralelo ou no mundo real. As interações controladas pelo observador entre mundos reais e virtuais e entre diferentes mundos virtuais paralelos nas instalações baseadas no computador ou na rede capacitam o espectador a ser o novo autor, o novo câmera, o novo editor, o novo narrador. O observador será o narrador nas instalações multimídia do futuro. Isso pode acontecer localmente ou ser controlado remotamente por meio da rede. Os observadores criam, por meio de sua navegação, novas formas de narrativa em instalações baseadas na rede ou no computador.

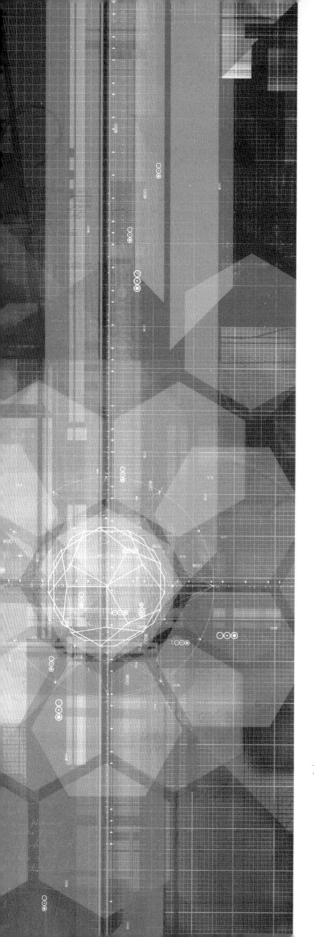

O cinema digitalmente expandido: o cinema depois do filme*

JEFFREY SHAW

* Publicado originalmente em Martin Reiser & Andrea Zapp, *New Screen Media: Cinema, Art and the Reinvention of Narrative* (Karlsruhe/Londres: ZKM/British Film Institute, 2002). Tradução de Luís Carlos Borges.

A história do cinema é uma história de experimentação tecnológica, de relações espectador–espetáculo, de mecanismos de produção, distribuição e apresentação que associam o cinema a condições econômicas, políticas e ideológicas, e, acima de tudo, é uma história da exploração criativa de capacidades expressivas variadas singularmente desse notável meio contemporâneo. Apesar da herança de diversidade tecnológica e criativa do cinema, é Hollywood que define suas formas dominantes de produção e distribuição, seu aparato tecnológico e suas formas narrativas. Contudo, a presente hegemonia do modelo hollywoodiano de fazer filmes, apesar do uso frenético dos efeitos especiais, está prestes a ser superada pelas potencialidades mais radicalmente novas das tecnologias das mídias digitais e é por isso que a ascensão do videogame e das indústrias de entretenimento Location Based[1] (LBE) representam um fenômeno significativo. Esses novos contextos parecem estar estabelecendo uma plataforma apropriada para outros desenvolvimentos das tradições do cinema experimental e expandido.

---

[1] *Location Based Entertainment* (LBE): indústria de entretenimento que desenvolve atrações de simulação de realidade alterada para múltiplos participantes e, geralmente, instaladas em um local fixo. Os projetos de LBE utilizam avanços tecnológicos, tais como interatividade, movimentos sincronizados, simulações de vídeo e cinema, imagens 3D, ambientes imersivos, realidade virtual, entre outros.

Apesar de estarmos ainda no começo do processo, podemos identificar as características focais do domínio emergente do cinema digitalmente expandido. As tecnologias dos ambientes virtuais apontam para um cinema que é um espaço de imersão narrativo, no qual o usuário interativo assume o papel de câmera e editor. E as tecnologias dos videogames e da internet apontam para um cinema de ambientes virtuais distribuídos que também são espaços sociais, de modo que as pessoas presentes tornam-se protagonistas em um conjunto de deslocamentos narrativos. Nossa condição de rede é uma circunstância, uma contingência e uma situação difícil. Ela transformou nossas telas em treliças que ocultam e expõem os territórios recém-formados dos espaços de informação inteligentes. As convergências tecnológicas muitas vezes triviais que estão sendo anunciadas aqui são apenas a ponta de um *iceberg* muito mais interessante – a convergência sinestésica de todas as nossas modalidades de percepção em um espaço-tempo conjugado de formações reais, substitutivas e virtuais. Esses ambientes compartilhados de qualquer e todo espaço de incorporação também são espaços sociais nos quais a obra artística não é mais uma mera representação, mas pode definir a própria estrutura e cosmologia desses espaços e suas atividades.

Ficções controladas e realidade aumentada

Podemos falar em duas correntes subjacentes na artemídia. A primeira configura a experiência audiovisual dentro de uma fronteira delimitadora, que estabelece uma relação distanciada entre o usuário e a ficção que é construída dentro desse quadro. Tal cercamento, seja ele a moldura de uma pintura, o arco do proscênio* de um teatro, o envoltório de um aparelho de televisão ou a borda negra de uma tela de cinema, delineia e separa o espaço ficcional do espaço real – estabelece uma janela mágica através da qual os espectadores contemplam espaços esteticamente pla-

---

* Proscênio: também denominado pano de boca, corresponde à parte anterior do palco italiano, que vai desde a cortina até o espaço reservado para a orquestra ou para a platéia. (N. da O.)

nejados. A tendência oposta quer livrar-se da moldura para que não haja nenhuma janela mágica, para que o espaço criado seja lançado como uma experiência de imersão que, de certa maneira, está inserida no mundo real. Prefigurado pelo barroco, o presente termo para isso é "realidade aumentada" (distinta de "realidade virtual"), uma estratégia pela qual erigimos construtos ficcionais que aumentam o mundo real e que são conjugados ao mundo real e a seus habitantes.

Na história do cinema, a correspondência entre espaços narrativos emoldurados e sem molduras foi especialmente característico. O desenvolvimento a partir de um formato fechado, com arco de proscênio teatral, para o formato Cinemascope, o Imax e o Omnimax aumentou a moldura cinemática até ela virtualmente desaparecer do campo de visão dos observadores, enquanto experimentos excêntricos com 3D, Sensorama e Smellorama também demonstram os anseios de imersão nativos do cinema. Contudo, parece-me que, apesar dessas formas expansivas e sensacionais, tal cinema continua a ser o que era, um espaço emoldurado e contido de experiências afastadas. Filmes como *Hellzappopin* (Estados Unidos, 1941), de H. C. Potter, admitem e exploram essa discrepância como origem de humor extravagante.

Um esforço mais radical para desconstruir a moldura desse espaço ilusório e transgredir as fronteiras normais da experiência visual pode ser encontrado em trabalhos de cinema expandido feitos por cineastas e artistas experimentais da década de 1960 e início da década de 1970. Antecipando o domínio contemporâneo das interatividades digitais, uma das características distintas desses trabalhos são suas tentativas de estabelecer a participação do público em uma forma ou outra, para que a realidade do ambiente de visualização seja com isso interpolada com a virtualidade do ambiente cinemático. Um exemplo foi *Movie Movie* (Bélgica, 1969), uma performance de cinema expandido especialmente criada para o Festival de Cinema Experimental de Knokke-le-Zoute, Bélgica. Ela aconteceu no *foyer* do prédio do festival, com o público sentado nas escadas e no balcão. Os autores – Jeffrey Shaw, Theo Botschuyver e Sean Wellesley-Miller – vestidos com aventais brancos, primeiramente trouxeram uma grande estrutura inflável e a desenrolaram no chão. Depois, ela foi gradualmente inflada, enquanto filmes, slides e efeitos de luz líquida eram projetados em sua superfície. A forma arquitetônica dessa estrutura inflável era cônica, com uma membrana exterior transparente e uma superfície interior branca. As imagens projetadas primeiro colidiam com o envoltório exterior completamente inflado e depois surgiam na superfície interior semi-inflada. No espaço intermediário entre a membrana transparente e a membrana branca, várias ações materiais eram executadas para materializar as imagens projetadas. Isso incluía inflar balões e tubos brancos e injetar fumaça.

Esse trabalho procurava transformar a tela de projeção plana convencional do cinema em um espaço de visualização tridimensional, cinético e arquitetônico. As superfícies de projeção múltiplas permitiam que as imagens se materializassem em muitas camadas, e os corpos dos performers e, também, do público (muitos dos quais tiravam espontaneamente suas roupas) tornavam-se parte do espetáculo cinemático. Dessa maneira, o espaço de imersão da ficção cinemática incluía a imersão literal e interativa dos espectadores, que modulavam as formas em mutação da arquitetura pneumática, que, por sua vez, modulava as deformações das imagens projetadas. Uma conjugação sensual de fatos e ficção era conseguida por meio de uma desmaterialização mediada de suas respectivas fronteiras. Tal convergência de espaço arquitetônico e espaço cinemático prefigura claramente as modalidades de arquitetura mediada que hoje estão sendo construídas no ciberespaço, como, por exemplo, o Museu Virtual Guggenheim,[*] realizado pela empresa de arquitetura Asymptote, de Nova York.[**]

---

[*] O Museu Virtual Guggenheim, criado pela Asymptote, é uma estrutura mórfica, em constante transformação. A primeira fase do projeto foi publicada na WWW em 2001 e é constituída por um espaço 3D navegável, com componentes interativos em tempo real, alocados em diversas partes do museu propriamente dito. Disponível em http://www.guggenheim.org/exhibitions/virtual/virtual_museum.html. (N. da O.)

[**] A empresa Asymptote, fundada em 1989 por Hani Rashid e Lise Anne Couture, realiza trabalhos que exploram as relações entre o mundo físico e o digital. Em 1998, a empresa venceu o concurso para a realização do projeto do Museu Virtual Guggenheim. Outro trabalho que merece ser conhecido é o projeto realizado para a Bolsa de Valores de Nova York. Ver portfólio da empresa, disponível em http://www.asymptote-architecture.com/. (N. da O.)

O *Movie Movie* também incorporava uma abordagem inovadora e interativa do projeto de espaço acústico. A *Musica Electronica Viva* (Roma) estava intimamente envolvida na cenografia, criando uma intensa e alta densidade de sons eletrônicos que eram interativamente modulados pelos músicos por meio de um sistema de amplificação espacialmente distribuído, colocado tanto fora como dentro da estrutura inflável. De dentro, os performers e membros do público podiam manipular a forma da estrutura inflável, arrastando suas membranas em uma direção e em outra; ao fazer isso, mudava a forma de seus espaços acústicos. Portanto, essa arquitetura interativa, leve e mole permitia ao público modular dinamicamente a execução da música ao vivo e acrescentar à experiência cinemática outro nível de conjugação imersiva de corpo, arquitetura e manifestação mediada.

Modalidades de interação e espaço imersivo

O domínio do digital se distingue, acima de tudo, pelo variado leque de novas modalidades de interação. É desnecessário dizer que todas as formas tradicionais de expressão também são interativas tendo em vista que devem ser interpretadas e reconstruídas no processo de apreensão. A interatividade digital, porém, oferece uma nova dimensão direta do controle e do envolvimento do usuário nos procedimentos criativos. A tradicional relação compulsiva espectador–espetáculo será transformada quando o crescente espectro de tecnologias de input/output e técnicas de produção de algoritmos for aplicado ao cinema digitalmente expandido.

O cinema constrói hiper-realidades, construtos de espaço e tempo que são conectados à presença do espectador no espaço mágico escurecido da sala de cinema. Do Cinerama ao 3D e ao Omnimax esférico, o cinema ansiou por traduzir suas ficções em um espaço de equivalência com o real. O Santo Graal, como em todas as formas de arte, é a presença, a experiência de *estar naquele lugar*, que induz uma totalidade de envolvimento no construto conceitual estético do trabalho. O objetivo não é o espetáculo totalitário que sobrepuja e diminui o observador; é, antes, a demonstração sublime que afirma a posição única de cada indivíduo diante da representação e sua relação crítica com esta. Além disso, as novas tecnologias de redes permitem que essas experiências culturais se expandam na forma de espaços sociais virtuais, que podem constituir um nível adicional de imersão.

conFiguring the Cave é uma instalação de vídeo baseada em computador que empreende um conjunto de estratégias técnicas, pictóricas e interativas para identificar várias conjunções paradigmáticas de corpo e espaço nas quais a figura humana é usada como um *locus* psicogeográfico para representações espaciais multiformes. *conFiguring the Cave* foi um dos primeiros trabalhos a ser criado usando a Cave[tm], uma forma única de ambiente de realidade virtual, desenvolvido na Universidade de Illinois. O trabalho foi encomendado para a coleção permanente do NTT InterCommunication Centre, em Tóquio, onde foi instalado em 1997. No ambiente original, imagens estereoscópicas geradas por computador em tempo real são projetadas nas três paredes e no assoalho de uma sala especialmente construída, criando uma experiência de realidade virtual de imersão total para os observadores.

A interface do usuário nessa instalação interativa é uma marionete de madeira, quase em tamanho natural, com a forma estereotipada do manequim de madeira dos artistas. Equipada especialmente com dispositivos de medição eletrônica escondidos em cada uma das juntas móveis, a marionete situa-se no centro da área de projeção e pode ser manipulada pelos observadores para controlar as transformações das imagens geradas por computador.

conFiguring the Cave é constituída por sete domínios pictóricos diferentes. Juntos, eles oferecem uma exploração consoante das múltiplas relações entre corpo, espaço e linguagem. As imagens foram criadas usando um conjunto único de ferramentas de software para algoritmos, desenvolvidas por Bernd Linterman, na ZKM, capazes de gerar uma complexidade emergente de formas mutáveis e abstrações orgânicas, conjugadas a imagens representativas e simbólicas. O movimento do corpo e dos membros da marionete causam mudanças dinamicamente nos parâmetros do software gerador de imagens em tempo real. Posturas específicas da marionete causam eventos visuais específicos. Muito significativa, a ação de mover as mãos da marionete, para cobrir e descobrir seus olhos, causa a transição de um domínio pictórico para o outro.

O compositor americano Les Stuck criou sete composições sonoras para sete domínios pictóricos desse trabalho, que é apresentado por meio de um sistema de som espacializado de oito canais, que aumenta as qualidades tridimensionais do ambiente visual estereoscópico. As composições sonoras, como as imagens, são afetadas pelo observador interativamente, por meio da manipulação do corpo e dos membros da marionete, e, portanto, contribuem para a unidade sincrônica de transformações visuais e sonoras nesse trabalho e sua singularidade sinestésica.

conFiguring the Cave incorpora uma metalinguagem das relações funcionais entre coordenadas corporais e espaciais. Essas relações são físicas e conceituais, criando um mundo antropomórfico que se liga à longa história, em todas as culturas, do conjecturar sobre o corpo como o *locus* e medida do universo. Ao mesmo tempo, esse trabalho localiza-se em uma exigência pós-moderna, que atirou o corpo em um vertiginoso espaço de coordenadas desconstruídas e complexidade ambígua. As antigas harmonias são colocadas em questão na frágil co-variação do corpo substitutivo representativo (a marionete), localizado em um espaço sem medida de formas reticulares (os sete domínios). Contudo, há um novo equilíbrio que esse trabalho busca formular, por meio de uma metalinguagem de imagens capazes de traduzir uma etapa de significado, que é uma extensão interativa e sanção coerente de nossa condição humana contemporânea, tanto separada como ligada a configurações históricas.

Visão periférica e narrativas distribuídas

O excelente cineasta chileno Raul Ruiz[*] condenou em seus escritos os atributos compulsivos da centralidade na narrativa do cinema hollywoodiano e expressou a necessidade de estratégias pelas quais a autocracia

---

[*] Raul Ruiz, *Poetics of Cinema* (Paris: Éditions Dis Voir, 1995). (N. da O.)

do diretor e de seu aparato óptico subjugador possa ser deslocada rumo à noção de um cinema localizado na periferia, passível de ser descoberto pessoalmente. Como exatamente chegar a isso parece ser um desafio muito pertinente e vejo soluções sendo oferecidas pelos novos métodos de visualização e utilização.

O maior desafio para o cinema expandido digitalmente é a concepção e o planejamento de novas técnicas narrativas que permitam que as características interativas e emergentes desse meio sejam incorporadas satisfatoriamente. Indo além da trivialidade de opções ramificadas de enredo e de labirintos de videogame, uma estratégia é desenvolver estruturas modulares de conteúdo narrativo que permitam um número indeterminado, mas significativo, de permutas. Outra abordagem envolve o projeto algorítmico de caracterizações de conteúdo que permitam a geração automática de seqüências narrativas que possam ser moduladas tanto pelo usuário como pelo uso de um modelo genético de seleção. E talvez o desafio supremo seja a noção de um cinema digitalmente expandido que seja efetivamente habitado pelo seu público, que, então, se torna agente e protagonista de seus desenvolvimentos narrativos.

Place-Ruhr amplia as tradições da pintura de panoramas, do teatro e da cinematografia para os vetores da simulação e da realidade virtual. *Place-Ruhr* é um retrato pessoal do vale do Ruhr e, na paisagem virtual que é seu palco, os performers apresentam ao observador-explorador as transmutações passadas, presentes e futuras de seu patrimônio geográfico e geológico em uma arena profunda de exigência humana.

A instalação *Place-Ruhr* é uma plataforma rotativa que permite ao observador girar interativamente uma imagem projetada em uma grande tela de projeção circular e explorar um ambiente virtual tridimensional constituído por uma constelação emblemática de locais e acontecimentos panorâmicos. Ao convidar o observador a subir em uma plataforma giratória, *Place-Ruhr* obriga-o a abandonar sua relação corporal com o espaço real em redor e entrar no espaço ficcional que o trabalho oferece. Isso acontece de maneira inteiramente inconsciente – só depois que os observadores descem da plataforma giratória é que percebem que têm de se relocalizar no espaço real. Tais experiências cinestésicas são a razão

O CINEMA DIGITALMENTE EXPANDIDO: O CINEMA DEPOIS DO FILME

pela qual a tecnologia da plataforma de movimento é tão convincente para fins de simulação e para os cada vez mais populares filmes de entretenimento local-based. Usando essas tecnologias, o trabalho artístico pode dirigir-se e envolver não apenas os sentidos audiovisuais, mas todo o corpo do participante.

Place-Ruhr apresenta uma paisagem virtual que contém onze cilindros fotográficos que retratam locais específicos na região do Ruhr. O observador pode navegar por esse espaço tridimensional e entrar nesses cilindros panorâmicos. Uma vez dentro, as imagens representadas tornam-se uma seqüência cinemática completamente envolvente, que enche a tela de projeção e apresenta a circunstância registrada como um acontecimento de imersão. A identidade de cada um dos onze locais é definida pela cenografia ambiental (real e artificial), conjugada a uma ocorrência baseada no tempo encenada ali. Esses acontecimentos têm aproximadamente um minuto de duração e repetem-se continuamente em um loop contínuo. Similarmente, a arquitetura tornada paisagem dos onze cilindros repete-se infinitamente em todas as direções. A superfície geral do chão dessa paisagem tem inscrita um diagrama da "Árvore da vida" dos Sephiroth, que se encontra em relação figurativa com os onze cilindros do Ruhr. Esse diagrama conjuga-se a um mapa dos túneis de mineração na região de Dortmund.

Na plataforma há uma coluna com uma câmera de vídeo subaquática. Esse dispositivo é a interface interativa do usuário, e a manipulação de seus botões permite ao observador controlar seu movimento pela cena virtual, assim como fazer girar a plataforma e a imagem projetada na tela circular. Um pequeno monitor dentro desse invólucro também mostra a planta do ambiente virtual em referência à localização do usuário nele.

Um microfone em cima dessa câmera de interface capta qualquer som feito pelo observador e isso provoca a liberação de palavras e sentenças tridimensionais em movimento contínuo na cena projetada. Originando-se do centro da tela, o arranjo físico desses textos no ambiente virtual é determinado pelo caminho do movimento do observador enquanto eles estão sendo gerados. Esses textos têm uma vida com extensão temporal de cinco minutos, tornando-se gradualmente transparentes, até desaparecerem; e constituem um traço e uma lembrança transitória da presença do visualizador ali.

O palco de *Place-Ruhr* é uma paisagem virtual povoada por onze cilindros de formações visuais móveis – uma constelação de acontecimentos cinemáticos teatrais que o observador pode visitar e examinar na ordem que escolher. Em outras palavras, é um teatro interativo modular, onde dois tipos de espaço são conjugados – os espaços cinematicamente representados e os espaços do ambiente virtual em que esses acontecimentos cinemáticos localizam-se geograficamente.

Tal conjunção espacial evoca as novas condições da narrativa interativa e suas possíveis modalidades de operação. Por um lado, há o conjunto de narrativas autônomas incorporadas em cada uma das gravações de vídeo panorâmicas. Por outro lado, há a hipernarrativa de relações e experiências interativas afetadas pela jornada explorativa do observador no ambiente virtual. Como essa viagem é, na verdade, um processo de controle do observador sobre a câmera e a edição dos dados cinemáticos pré-gravados, ela entra no domínio de um teatro tecnologicamente aumentado, onde cada performance torna-se um recontar exclusivo das cenografias que abriga.

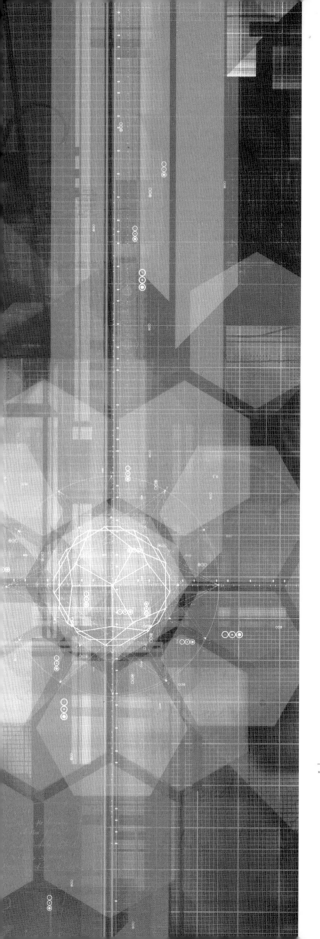

Os mitos do cinema interativo*

PETER LUNENFELD

* Publicado anteriormente em Peter Lunenfeld, "The Miths of Interactive Cinema", em Dan Harries (org.), *The New Media Book* (Londres: British Film Institute, 2002). Tradução de Luís Carlos Borges.

Ainda acho estranho usar Charlie Chaplin e Leni Riefenstahl para vender computadores às massas, mas não sou nem fui publicitário. E foi assim, na primeira metade da década de 1980, quando os computadores passaram por uma reformulação, que vi o Pequeno Vagabundo transformado em mascate corporativo e as atléticas Valquírias de *Olympiad* (1938) reformuladas como "revolucionárias" digitais. No exato momento em que os negociantes de tecnologia descartavam os mandarins das mainframes em favor das populações "capacitadas" dos usuários de computadores pessoais, os dois maiores produtores de PCs, a IBM (desesperada para livrar-se da imagem de sóbrios cientistas de avental branco, com a qual havia construído sua fortuna) e a Apple (a própria corporificação da "revolução" dos computadores), escolheram invocar o cinema diretamente nas suas campanhas publicitárias mais importantes. Em 1981, a IBM obteve a licença da imagem de Charlie Chaplin como porta-voz de sua nova linha de PCs e usou uma pessoa fantasiada como Chaplin para vender todo o conceito de um computador IBM para o homem comum em anúncios impressos e televisionados. Já era bastante esquisito que a pessoa fosse uma mulher, mas não tão esquisito quanto contratar o Pequeno Vagabundo, um ícone da batalha entre o espírito romântico e o brutalismo da era da máquina, para vender o portal para a era da informação. Como os barões ladrões que construíam fábricas mecanizadas enquanto equipavam suas casas vitorianas com todos os tipos de arte decorativa produzida à mão, a IBM estava contando com o descompasso entre tecnologia e estética para vender suas máquinas.

Três anos depois, em 1984, o comercial de televisão da Apple para o primeiro computador Macintosh alvejou diretamente o PC da IBM, e a Apple também referia-se ao cinematográfico. Era dirigido, como dizem na *Variety*, por Ridley Scott, um dos melhores diretores de comerciais da Inglaterra e o homem que havia acabado de criar *Blade Runner* (1982), indiscutivelmente o filme mais influente de seu tempo. Sua première foi durante o Super Bowl, o campeonato de futebol americano, o acontecimento publicitário mais importante e mais caro, e teve um impacto enorme. Uma jovem irrompe em uma sala de projeção totalitária, o Big Blue da IBM fundido com o Big Brother de Orwell. Ela corre pelo corredor brandindo uma marreta com as duas mãos, a deixa voar, estilhaça a tela e liberta o público escravizado pela tirania de interfaces de linhas de comando e mensagens C//: com o poder do graphical user interface (GUI – interface gráfica de usuário) do Mac. *Bricoleur* talentoso que é, Scott também serviu-se livremente de uma série de imagens cinematográficas totalitárias, do *Cidadão Kane*, de Orson Welles (1941) à outra obra-prima fascista de Riefenstahl, *O triunfo da vontade* (1936).

Essas duas campanhas publicitárias podem provocar muitas discussões, desde um debate a respeito da provocação de Marshall McLuhan, de que o conteúdo de qualquer nova mídia é, na verdade, sempre velho, até uma condenação séria da disposição do capitalismo para alistar toda estética para satisfazer as necessidades do consumismo. Contudo, uso o exemplo de Charlie e Leni como uma maneira de literalizar a ligação entre os computadores e o cinema, uma relação que, quando analisada, muitas vezes resulta em banalidades estéticas, generalidades tecnológicas e futurismo de mercado. Naturalmente, o computacional e o cinematográfico são agora forças culturais e econômicas tão grandiosas e interligadas que uma discussão geral sobre elas é quase impossível. Então, perversamente, escolho discutir não um dos intermináveis sucessos desse casamento, dos efeitos especiais gerados por computador (CGfx) aos DVDs

Os MITOS DO CINEMA INTERATIVO

e filmes digitais, mas um fracasso: o "cinema interativo", um híbrido que foi um grande hype, mas que nunca deu certo. É interessante, porém, que o fracasso dessa forma nunca diminuiu o entusiasmo de seus proponentes e que a sua própria falta de sucesso ocasionalmente inspirou um fervor ainda maior de "endireitá-la".

Nisso, o cinema interativo ascendeu ao reino do mítico. Há seminários sobre cinema interativo da San Francisco State à University of Southern California; oficinas de desenvolvimento de ferramentas da University of Washington à Princeton; conferências acadêmicas da New York University (NYU) à Brown e ao MIT; e festivais, do Telluride's International Experimental Cinema Exposition até o The Rotterdam Film Festival e, o assim chamado, primeiro Festival de Cinema Interativo no programa Portugal Media 2001. No verão de 2001, um sistema de busca aleatória consegue 2 mil respostas para a expressão "cinema interativo" na rede mundial. Os jornalistas continuam a emitir uma espécie vaporosa de tecno-otimismo ao fazerem essa cobertura, como testemunha uma recente reportagem em Sydney: "Imagine uma tela de cinema ao seu redor, exibindo uma cena panorâmica na qual você pode escolher a ação que deseja ver, aplicando o zoom em certos acontecimentos e vendo algo diferente do que está sendo visto pela pessoa ao seu lado". Na verdade, "imagine" é a palavra operativa. Nas páginas que se seguem, espero explorar os mitos do cinema interativo para gerar um tipo de discernimento abjeto do momento tecnocultural contemporâneo.

Primeiro, porém, é necessária uma discussão quanto ao que é realmente cinema interativo. Ofereço três exemplos na breve história dessa mídia. O primeiro é um experimento de Glorianna Davenport, diretora do Grupo de Cinema Interativo do MIT e, sem dúvida, a mais destacada proponente da forma no mundo. Na tela, surge um bando de pássaros ciscando no chão. Quando o espectador se aproxima, os pássaros voam. Outra tela oferece uma dançarina indiana executando sua complexa coreografia. Quando o espectador se vira para ir embora, a imagem é substituída por um close-up da dançarina, as narinas arfando de raiva diante da afronta do espectador que se atreve a dar as costas a sua exibição.

> Uma nova abordagem [...] celebra a narrativa eletrônica como um processo no qual os autores, um sistema de apresentações interconectado, e o público colaboram ativamente na construção de significado. [...] Uma rede de ativação de distribuição é usada para selecionar elementos históricos relevantes em uma base de dados multimídia e conjugá-los dinamicamente em uma apresentação narrativa coerente. [...] Ligado à máquina narradora por meio de seqüências de respostas ricas e interfaces compreensíveis intuitivamente, o público torna-se um parceiro ativo na construção e na apresentação da história.[1]

Essa narrativa enfatiza a novidade, a base de dados e a capacitação do observador. Todas essas são idéias que combinam perfeitamente com o compromisso do Media Lab de promover os vínculos entre universidade e indústria e com o objetivo da convergência, um mantra virtual de lá, sob o reinado do diretor e fundador, Nicholas Negroponte.

Nas obras mais longas e mais esteticamente instigantes do artista Grahame Weinbren, entre elas *The Erl King* (1986) e *Sonata* (1990), histórias existentes são recontadas usando tropos cinematográficos clássicos, mas sob o "manto" do fraque interativo, uma gramática da assinatura que permite ao usuário controlar os movimentos de uma cena para outra. Isso é mais memorável em *Sonata*, em que Weinbren reconta a história mais niilista de Tolstói, "A sonata Kreuzer". Um marido é atormentado por pensamentos de que sua mulher, uma violinista, está tendo um caso com seu acompanhante. A cena climática do conto original e do cinema interativo ocorre quando o marido irrompe na sala de música e mata a mulher a punhaladas. Weinbren oferece o prelúdio a essa chocante violência com uma visão da mulher tocando e do marido atormentado do lado de fora. O usuário pode fazer qualquer uma das perspectivas "deslizar", no grau em que quiser, sobre a outra que ele ou ela escolha. Isso permite uma espécie de simultaneidade que a montagem

---

[1] Os comentários de Glorianna Davenport são de um artigo escrito com M. Murtagh e intitulado "Automatist Storyteller Systems and the Shifting Sands of Story", publicado originalmente no *IBM Systems Journal*, em 1997. Pode ser acessado pelo site copiosamente documentado do Interactive Cinema Group: http://ic.www.media.mit.edu/icpublications/biblio.html.

Os mitos do cinema interativo

clássica entre as duas cenas não permitiria. Weinbren analisou sua própria prática:

> A base do cinema interativo é a de que o observador tem certo controle sobre o que está na tela. Ele sabe que o que está lá mudará se ele agir, que teria sido diferente se ele tivesse agido diferente antes. Portanto, o observador tem consciência de uma indeterminação fundamental... o observador deve sempre ter consciência de que produziu esses novos sons e imagens e devem ser desenvolvidas técnicas para incentivar essa consciência. Em meu julgamento, as técnicas mais imediatamente disponíveis podem ser encontradas na linguagem da montagem. O uso deliberado de estratégias de edição cinematográfica pode continuar a reconvencer o observador do caráter não arbitrário da ligação entre os elementos velhos e os novos, entre os elementos já presentes e os produzidos pela ação do observador.[2]

A narrativa do artista também enfatiza a percepção que o observador tem do controle, mas começa a sondar as estratégias formais que tornariam instigante tal trabalho. Ela oferece uma estratégia diferente ao conteúdo, menos como narrativa coerente e mais próxima da condensação do trabalho onírico.

Se os comentários de Weinbren são subjacentes a dois dos mitos originários do cinema, da engenharia e da estética interativas, o que dizer daqueles oferecidos pelo mercado? Max Whitby, um produtor de mídia interativa, oferece o seguinte:

> Algo acontece às pessoas, especialmente às pessoas que vêm de um contexto cinematográfico ou televisivo, quando são expostas inicialmente à idéia de multimídia interativa. Quando você percebe pela primeira vez que os computadores não são apenas ferramentas, mas uma nova mídia, por meio da qual a informação pode ser entregue de maneiras completamente novas, uma lâmpada se acende – certamente aconteceu na minha cabeça e vi acontecer na cabe-

---

[2] Grahame Weinbren, "In the Ocean of Streams of Story", em *Millennium Film Journal*, nº 28, primavera de 1995, disponível em http://mfj-online.org/journalPages/MFJ28/GWOCEAN.HTML.

ça de uma porção de gente. Ao invés de sumos-sacerdotes em torres de marfim decidindo o que será um programa de TV, você pode oferecer o material do programa ao público e eles podem construir suas próprias experiências.[3]

Whitby,[4] porém, prossegue e oferece esta objeção: "Ora, essa premissa básica é muito entusiasmadora. O problema é que não se sustenta. Quando você está lá e tenta fazer as coisas de maneira interativa, a premissa desaba". Esse é o poder limitador do mercado, a dialética digital em ação: os vôos teóricos contrabalançados pelas limitações da prática no mundo.

Isto se torna claro ao olhar meu terceiro exemplo, *Eu sou o seu homem*, dirigido por Bob Bejan, que reivindicou ser o "primeiro filme interativo no mundo", quando estreou em um número seleto de cinemas em 1992. É um filme interativo curto, no qual os observadores, empurrando botões nos braços das poltronas, decidem, em pontos específicos da narrativa, seguir um personagem específico e a trajetória dos movimentos desse personagem. Cada versão do filme tem apenas quinze minutos. *I'm Your Man*, ostensivamente, é a história de uma informante do sexo feminino, seu chefe corrupto e um agente do FBI que se coloca entre os dois. Dependendo das escolhas do espectador, porém, a história se desenvolve de maneira diferente e vários aspectos do contexto do personagem revelam que escolher um outro caminho realmente conduziria a conclusões muito diferentes.

Contudo, quão interativa é tal proposição, tal produto e, mais exatamente, quão radical é sua noção de interatividade? Como assinala Lev Manovich[5] em *The Language of New Media*, "toda arte clássica e, mais ainda, a arte moderna são 'interativas' de várias maneiras". Contudo, quando os computadores saíram do local de trabalho para a casa, sua capacidade de montagem não-linear – de ligação, se quiserem – desintegraram as expectativas de linearidade dos usuários e impulsionaram a fome por interatividade antes como um fim em si do que como um meio. Privilegiar

---

[3] Citado em Andy Cameron, "Dissimulations: Illusions of Interactivity", em *Millennium Film Journal*, nº 28, primavera de 1995, disponível em http://mfj-online.org/journalPages/MFJ28/Dissimulations.html.

[4] *Ibidem.*

[5] Lev Manovich, *The Language of New Media* (Cambridge: MIT Press, 2001), p. 56.

OS MITOS DO CINEMA INTERATIVO

a interação entre o usuário e a máquina tornou-se o Santo Graal das mídias baseadas no computador e a busca por essa interação gerou uma potente combinação de narrativas tecnológicas, culturais e econômicas.[6]

E as mitologias próprias do cinema? O cinema é mais do que uma mídia; é um sistema inseparável dos mitos que o impelem e que, por sua vez, o cinema forma. Há os mitos que rodeiam a indústria – os mitos do estrelato, os sonhos dourados, o deplorável excesso de riqueza e a loteria da sorte. Há os mitos da tecnologia do próprio cinema, dos apócrifos que rodeiam sua origem – a idéia de que brasileiros fizeram disparos contra vilões da tela e parisienses se atiraram no chão enquanto a locomotiva vinha em sua direção – até o mito do cinema total de André Bazin.[7] Vale a pena considerar a idéia de Bazin de que o cinema lutou, desde o início, para tornar-se a mais elevada forma de arte, substituindo a ópera como supremo *Gesamtkunstwerk* da cultura. Não obstante, Bazin escreveu isso no final da era clássica do cinema, pouco antes da investida da mídia que superaria o cinema e, na verdade, uniria todos os tipos de consumo, isto é, a televisão.[8] Menos de meio século após a televisão como mídia ter alcançado o cinema, ela, por sua vez, é desafiada pelo computador. Como já observado, quando o computador se mudou para casa, esse domínio anteriormente não desafiado do console colorido, novos mitos de usabilidade, conectividade e capacitação pessoal surgiram.

Neste ponto, poderia oferecer alguma espécie de panacéia, de como tudo o que é necessário para provar a viabilidade dos mitos é alguém, algum dia, demonstrá-los com sucesso. Eu poderia dizer isso, mas não

---

[6] John Caldwell desenvolve sua própria análise dos mitos da interatividade em *Televisuality: Style, Crisis, and Authority in American Television* (New Brunswick: Rutgers University Press, 1995).

[7] André Bazin, "The Myth of Total Cinema", em *What Is Cinema?*, vol. 1, ensaios selecionados e traduzidos por Hugh Gray (Berkeley: University of California Press, 1967). Neste contexto, é interessante observar o descuidado comentário de Bazin nesse ensaio, "que o cinema não deve virtualmente nada ao espírito científico" (p. 17).

[8] Simon Frith descreve sucintamente a hegemonia da televisão: "No mundo ocidental, a televisão foi a mídia dominante da segunda metade do século XX. [...] As outras mídias de massa – o rádio, o cinema, a música gravada, o esporte, a imprensa – alimentam-se da televisão". Cf. "The Black Box: the Value of Television and the Future of Television Research", em *Screen*, 41 (1), primavera de 2000, p. 33.

direi, pois a pioneira artista da rede, a russa Olia Lialina[9] observou a respeito de sua mídia que "dizer que a arte da rede está apenas começando não é muito diferente de dizer que está morta". Contudo, é justamente nos domínios do mito que inícios e fins coexistem em eterna presença. Os novos mitos que surgiram giravam em torno da noção de que o impacto narrativo do cinema poderia ser enxertado na não-linearidade em rede do digital para criar um novo cinema, interativo e libertador. Não faz sentido falar de um cinema interativo isolado quando de fato existem vários cinemas interativos. A ciência dos computadores iniciou projetos que moveram fronteiras na interface, nos agenciamentos inteligentes e na especialidade na computação. No circuito europeu dos festivais de mídias, podíamos encontrar as explorações mais estéticas, tanto os resultados de artistas solitários se dedicando com grande esforço às pesquisas no meio digital, como daqueles que conquistaram residência em um lugar como o Banff Centre for Computing and the Arts, no Canadá. Finalmente, e pelo período mais breve, poderíamos até ir ao cinema multiplex (pelo menos em Hollywood) e pagar dinheiro para ver um "filme interativo" como *I'm Your Man*, completo, com um enredo trivial e uma obsessão por ciclos de história e bifurcações na narrativas e de atualização tecnológica da indústria de entretenimento.

O fato de que poucos ouviram falar dessas exemplificações concretas do cinema interativo e que menos ainda o experimentaram não tem sido impedimento para que as pessoas fiquem filosóficas, até mesmo utópicas a seu respeito. Isso acontece porque, como seu primo tecnológico, a realidade virtual, o cinema interativo funciona melhor no domínio do mito. Não haverá nenhum desmascaramento definitivo, pois os mitos do cinema interativo satisfazem necessidades criadoras, tecnológicas e até mesmo financeiras. Um exemplo são as elaboradas fantasias executivas a respeito de *Silliwood*, aquela tão alardeada mistura de vale do Silício e Hollywood, promovida por técnicos em computação e espertinhos da indústria cinematográfica em meados da década de 1990. O triunfo de

---

[9] Olia Lialina postou seus comentários para o seminal <nettime> listserve, em 18 de fevereiro de 2001, arquivado em http://www.nettime.org.

Silliwood teria feito muito para justificar a fé de capitalistas empreendedores e outros investidores na idéia de uma estética tecnologicamente determinista, o mito de que a máquina, de certo modo, daria à luz uma mídia nova e *sui generis*, que transformaria a autoria e a experiência.

O que, então, transcende o domínio da fantasia e existe no mundo real? A resposta está em mudar da fixação pela interatividade com relação ao objeto narrativo para pensar em uma aplicação que amplie as novas tecnologias de sistemas de comunicação. Isso acompanharia meu interesse pela estética das mídias digitais de incompletude e moveria a discussão de hipertextos para hipercontextos. À medida que cada vez mais produções culturais seguem um arco duchampiano, no qual a apresentação do objeto define a função desse objeto na cultura, a construção e a modelagem do contexto ocupam o primeiro plano. Isso não é novidade; na verdade, o trabalho de um quarto de século, de definir as diferenças entre o momento moderno elevado e aquele que o seguiu, baseou-se justamente nessa elevação do contexto à paridade com o próprio texto. A palavra "telemático" tem circulado há quase tanto tempo quanto esse debate, mas foi apenas na última década que a combinação de computadores e redes de comunicação mostrou como pode contribuir para a criação do contexto. Esse contexto assume muitas formas, especialmente em relação às mídias populares: a comercialização pré-planejada de produtos vinculados, de CDs de música a subprodutos televisivos e material promocional, e há o florescimento de comunidades discursivas geradas pelos fãs. Em certos casos, todos eles combinam-se para criar algo muito mais interessante do que alternativas para o enredo e mais complicado do que sinergia de *marketing*. É isso que chamo de "hipercontexto", uma comunidade comunicativa rizomática e dinâmica que usa as redes para a curadoria de uma série de contextos em mudança.

Se remodelamos o cinema interativo em torno do conceito de hipercontextualização em vez de em torno do graal mítico da narrativa não-linear, um fenômeno como *The Blair Witch Project*[10] (1999) funciona

---

[10] J. P. Telotte, "The Blair Witch Project: Film and the Internet", em *Film Quarterly*, 54 (3), primavera de 2001, discorre com certo detalhe sobre os hipercontextos do BWP.

como um exemplo atipicamente bem-sucedido do cinema interativo. Quando o filme chegou aos cinemas, foi apresentado como se fosse um documentário. Começou com um aviso informando o público de que aquilo que se seguiria era composto de tomadas feitas nas florestas de Maryland um ano após o desaparecimento de três jovens cineastas, que haviam ido em busca de uma legendária presença sobrenatural da localidade. O gênero, o tratamento específico do tema, o pseudo-realismo da expressão, um pouco de atuação improvisada muito convincente (os três astros do filme realmente foram isolados e aterrorizados pelos diretores durante uma semana em florestas de verdade em Maryland), tudo se combinou para criar aquilo que Brenda Laurel[11] chama de *affordances** que um objeto narrativo oferece para o desenvolvimento do corpo de fãs.

Filmado com muito pouco dinheiro, o filme foi um enorme sucesso comercial e o cinema dominante vem copiando suas estratégicas hipercontextuais desde então. Central para o impacto desse projeto, que certamente foi e continua a ser mais do que um "filme", foi a escolha de usar um novo meio de comunicação para descarregar a tensão criada no espectador pelo falso documentário. O hipercontexto foi estabelecido um ano antes do lançamento do filme. Uma campanha de cartazes pelos *campi*, voltada para o grupo demográfico almejado, pedia ajuda de qualquer um que pudesse oferecer informações a respeito dos estudantes de cinema "perdidos". Enquanto isso, os diretores e seus pequenos estúdios montaram um site que continha o cerne da narrativa do filme e criava um conjunto de elementos pseudodocumentários interligados – videoclipes, notícias, fragmentos de áudio – o que envolvia o sentido de que, embora a informação quisesse ser livre (para usar um clichê da década de 1990), ela não parecia ter nenhum imperativo corolário de ser exata. No caso, o potencial comunicativo da rede foi habilmente posi-

---

[11] Don Norman popularizou o termo *affordances* no design de interfaces, valendo-se do trabalho do psicólogo perceptual J. J. Gibson. Cf. "The Theory of Affordances", em R. E. Shaw & J. Bransford (orgs.), *Perceiving, Acting, and Knowing* (Nova Jersey: Lawrence Erlbaum Associates, 1977). Brenda Laurel discute *affordances* em relação aos sistemas narrativos e à cultura dos fãs em *Utopian Entrepreneur* (Cambridge: MIT Press, 2001).

* Capacidade de gerar vários tipos de respostas diferentes. (N. da O.)

cionado para criar um hipercontexto de notável profundidade, algo pré e pós-sobrevivente ao próprio filme. O site preparou o público-alvo e sobreviveu após o filme ter saído de cartaz e passado para o vídeo e o DVD. Os links dos DVDs com a WWW completam o circuito, ao mesmo tempo em que abrem novas camadas de hipercontexto enquanto o site principal do *The Blair Witch Project* oferece links para sites não comerciais de fãs, construídos a partir dos *affordances* do objeto narrativo e de seus hipercontextos explicitamente comerciais.

Dito isso, *The Blair Witch Project*, e seja qual for seus descendentes no cinema dominante, ou mesmo no embuste que hoje passa por cinema "independente", não desenvolverá toda a faceta da hipercontextualização. Na verdade, o fenômeno é, tanto quanto isso, uma função da capacidade do entretenimento dentro do capitalismo em rede para cooptar qualquer coisa em sua agenda promocional. De qualquer modo, a explosão hipercontextual iniciada por *The Blair Witch Project* não se manifestou realmente de forma plena desde 1999. Os atributos do cinema interativo que estivemos procurando em outros modos realmente encontram sua apoteose no DVD "expandido", no qual o objeto narrativo linear está inserido em um sistema de mídia auto-reflexiva em permanente expansão. Tal casulo extratextual e em contínua expansão é o futuro real das esperanças investidas no cinema interativo. O DVD hipercontextual "expandido" é parte de uma narrativa histórica da tecnologia de *play-back* doméstico. Este começa com o lançamento comercial de filmes em videoteipe na década de 1970 e a subseqüente explosão desse mercado na década de 1980. Nessa mesma década, os videófilos, como vieram a ser conhecidos, começaram a se interessar por laser-discs por causa da imagem e do som superiores. Eles também ofereciam, pela primeira vez em formatos comerciais, acesso randomizado, não-linear ao material e à capacidade de ter trilhas de áudio e materiais adicionais como imagens e mesmo artigos escritos ligados ao "objeto" fílmico em seu centro. Nessa época, um novo produto surgiu no mercado – o laser-disc expandido, especialmente na forma aperfeiçoada da Criterion Collection. Tratava-se de um empreendimento conjunto da Janus Films, uma das mais antigas distribuidoras do que antes era conhecido como "cinema de arte", e a Voyager

Company, administrada pelo pioneiro editor multimídia Bob Stein. Stein, então, aproveitou-se do sucesso da Criterion Collection para lançar os primeiros CD-ROMs multimídia. Agora há os DVDs Criterion Collection, o quarto substrato tecnológico para esse tipo de narratividade aumentada.

O que é pouco questionado em todas essas "características acrescentadas" é sua promoção da falácia intencionalista. Os prazeres dos DVDs hipercontextuais expandidos são manifestos, mas promovem uma voz autoral cada vez mais forte a teóricos e públicos igualmente. Uma das características mais rotineiras nos DVDs é o acréscimo de uma trilha sonora com o diretor fazendo comentários sobre a ação, às vezes com o acréscimo de entrevistas com astros e outros membros da equipe. Embora fascinantes em si e comercializados como uma maneira de expandir a compreensão e a apreciação da arte cinematográfica do espectador, esses aumentos também tendem a circunscrever as leituras do público de um texto fílmico, usando a novidade tecnológica do hipercontexto para calcificar a versão do diretor como a maneira definitiva de ler um filme. Os cineastas serão impelidos primariamente por um impulso rumo à promoção crua, embutindo o maior número possível de "proporcionáveis" para conquistar um público, ao passo que é mais provável o envolvimento em uma postura irrefletida de fã por parte dos públicos do que realmente a bricolagem transgressiva tão cara aos estudos culturais. Um dos mitos do cinema interativo que foi particularmente embriagante foi o que prometia, por meio da combinação de tecnologia e estética, libertar o cinema das rotinas narrativas em que havia caído. Foi a idéia de que as novas tecnologias gerariam não apenas novas histórias, mas novas maneiras de contar essas novas histórias. O registro na tela, porém, indica que o real impacto das tecnologias digitais não foi fortalecer a narrativa, linear ou não, mas contribuir para o seu extermínio.

O sucesso de bilheteria contemporâneo notabilizou-se por seus desvios do modelo narrativo normal desenvolvido durante o período hollywoodiano clássico. A narrativa foi evacuada das mídias contemporâneas, mas isso é tanto um reflexo da saciedade de narrativa quanto um sinal de seu desaparecimento. Na verdade, seria ridículo afirmar algum tipo de "morte da narrativa" em meio ao seu triunfo cada vez mais amplo. Quanto mais a televisão expande seu domínio pelo globo, mais a raça humana é banhada em histórias, mergulhada em narrativa. Do comercial de trinta segundos à sitcom de meia hora e ao filme de noventa minutos, ao evento esportivo de duas horas e pouco, a experiência televisual é igualmente uma experiência telenarrativa. Não deve parecer chocante a ninguém que o cinema dominante de Hollywood, especialmente no modo *blockbuster*, pareça importar-se cada vez menos com convenção e coerência narrativa. Quando Bruce Willis, astro de *O quinto elemento*, de Luc Besson (1997), foi confrontado, em um evento de imprensa, com a incoerência agradavelmente capenga daquele filme movido por efeitos especiais, ele riu e deu a entender aos repórteres que ninguém se importa mais com a história. Apesar de geralmente não esperarmos que nossos heróis de ação façam jornada dupla como narratologistas, a observação de Willis[12] foi, no mínimo, parcialmente, precisa.

Há tanta narrativa a nossa volta que muitas vezes basta fazer referência a ela. Como a sampleagem na música contemporânea e em muito da nossa cultura de propaganda infinitamente auto-reflexiva, o gesto de cabeça apontando para uma tradição narrativa estabelecida e transbordante é suficiente. Em outras palavras, o movimento rumo a uma estratégia narrativa antes de referência que de desenvolvimento, exemplificada pelo arquivo brilhantemente acessível de todas as coisas. Na verdade, o acesso à internet de alta velocidade promete tornar as lojas de vídeo tão arcaicas quanto o cinema de repertório. Não esqueçamos, porém, que a arte do cinema, e a própria cultura do filme, floresceram com muito mais saúde na era do cinema de repertório do que agora. A própria proliferação da narrativa, mesmo da narrativa da mais elevada qualidade, pode ter o efeito paradoxal de fazer com que pareça muito menos importante – a percepção de Willis de que "ninguém se importa". É esse o efeito da tecnologia das comunicações sobre a liberdade de acesso e mesmo de discurso: quando a cultura *samizdat* da Europa Oriental e da União Soviética, durante a década de 1970, transformou-se no mercado em estilo ocidental da era

---

[12] A coletiva de Bruce Willis em Cannes, em 1997, está disponível em http://www.citypages.com/databank/18/860/article3513.asp.

pós-1989, algo inefável e importante se perdeu. A WWW oferece uma explosão maravilhosa de acesso, mas a lei das conseqüências não pretendidas pode ser o prenúncio de um mundo em que qualquer coisa pode ser obtida, mas onde nada é especial.

Este seria um capítulo realmente melancólico se parasse por aqui: os mitos da interatividade massacrados, a morte de certo tipo de cultura do filme lamentada, as forças da hipercontextualização firmemente sob o controle dos estúdios de Hollywood, a coerência narrativa tão anacrônica quanto canções populares bem feitas da Tin Pan Alley. Se queremos alívio desse ataque, sugiro que nos afastemos do cinema e comecemos a pensar sobre arte. Alfred Barr, o famoso curador do Museum of Modern Art, nos dias de glória de meados do século XX, falava confiantemente da "arte do nosso tempo" ao se referir à pintura, à escultura e à fotografia que assim definiam sua instituição, de Pablo Picasso a Walker Evans e Jackson Pollock. Barr podia contar com a percepção de narrativa coerente das "artes de vanguarda" e, na verdade, era pessoalmente responsável por ela. Apesar de vivermos naquilo que caracterizei como um período de pluralismo feroz, sinto-me aturdido com o conceito de propor as "mídias de nosso tempo". Os últimos dez anos viram o florescimento de um rico corpo de instalações artísticas de vídeo em grande escala, e é para elas que me volto como próximo passo nesta *mythopoesis*. Discutirei o trabalho dos artistas Sam Taylor-Wood e Jane e Louise Wilson em relação aos mitos do cinema interativo, quando esses artistas oferecem um leque de abordagens desse "excesso" de narrativas. Fiz referência a essa plenitude anteriormente e observei como o *blockbuster* de Hollywood oferece uma maneira de confrontar esse dilúvio de histórias: simplesmente ignorá-las e as suas convenções e aprender a criar um cinema de noventa minutos de atrações, com estrelas lucrativas. As poucas tentativas de cinema interativo computadorizado não conseguiram provar que eram capazes de oferecer uma forma narrativa não-linear viável para competir com os modelos-padrão. Os videoartistas em que estou interessado oferecem uma terceira estratégia: eles aceitam a onipresença da narrativa e se arriscam, criando instalações que destilam narrativa ao mesmo tempo em que confundem a plenitude.

Os mitos do cinema interativo

Atlantic (1997), de Sam Taylor-Wood, é um espaço de três telas que condensa a inversão narrativa do problema romântico em uma repetição breve e interminável de sentimento sem substrato narrativo. Instalado em uma galeria grande, retangular, de modo que o espectador entre e fique diante da maior das três paredes e confronte uma tomada inicial de um restaurante de alta classe. Em sintonia com o tipo de detalhamento obsessivo que o mundo da arte espera dos *tableaux* fotográficos de Andreas Gursky, o restaurante de Taylor-Wood torna-se exatamente o tipo de teatro que os *restaurateurs* invocam na descrição de seus espaços. Há, porém, pouca coisa de dramático ocorrendo nesse palco refinadamente representado, pelo menos se pensamos no dramático como evoluindo ao longo do tempo e envolvendo pelo menos um mínimo de narrativa. O que Taylor-Wood oferece no caso é um aceno de cabeça ao dramático, uma condensação do arco romântico do cinema, destilando-o em dois roteiros cíclicos, apresentados um diante do outro nas paredes perpendiculares à projeção do espaço do restaurante. Um é o close-up do rosto lacrimejante de uma mulher, o outro um close-up extremo das mãos de um homem torcendo-se nervosamente. O quarto é banhado por uma trilha sonora ambiente, com uma mulher implorando com a voz lamentosa "Por quê?", enquanto três tomadas repetidas (loops) formam um ciclo em eterno presente. De 1977 a 1980, Cindy Sherman fez uma série de *Untitled Film Stills*, que aperfeiçoavam certa referência semiótica ao imaginário cinemático – com a própria artista assumindo uma variedade de encarnações perfeitas da *office-girl*, da *femme fatale*, e da *the moll*,* todas posicionadas em ambientes com sutil direção de arte. Pode-se considerar que o trabalho de Taylor-Wood animou os stills de Sherman até certo grau, espacializando-os e temporalizando-os levemente, sem percorrer todo o percurso no sentido de realmente fazer um filme. Se é que em alguma coisa os stills de Sherman são transformados em uma estranha variedade de animação por Wood em sua instalação. No caso, a plenitude da narrativa é tida como certa a tal ponto que o artista pode supor que

---

* Da garota de escritório, da mulher fatal e da namorada do gângster. (N. da O.)

conhecemos exatamente essa coisa a que nos referimos quando invocamos a expressão latina *in media res*.

Se Taylor-Wood está seguindo a referência de Sherman às narrativas que conhecemos tão bem a ponto de tornar desnecessária sua presença, Jane e Louise Wilson praticam uma referência às narrativas que vivemos completamente, mas, pelo menos no Ocidente, ainda não internalizamos o bastante para compreender por completo. Elas são gêmeas, plenamente conscientes do caráter potencialmente aberrativo de uma colaboração entre os mais idênticos. Em peças como *Stasi City* (1997), *Proton Unity, Energy, Blizzard* (2000) e *Star City* (2000), elas usam sua afinidade natural com o entrelaçado para lidar com a interseção de espaço e política inerente à grande história dos últimos vinte anos – a dissolução do muro de Berlim e o fim da União Soviética. É uma história que, como mencionado anteriormente, todo mundo conhece, mas ninguém realmente compreende, pelo menos não ainda. As irmãs Wilson vêm adotando essas estratégias e aplicando-as a uma das questões centrais de nosso tempo: o que acontece com a arte depois que a grande separação entre comunismo e capitalismo foi tão abruptamente rompida em 1989? É uma narrativa que grita para ser considerada central, mas que é abafada pelo barulho da cultura de celebridade que segue, borbulhando, por um pacífico e facilmente distraído Ocidente.

As irmãs Wilson criam ambientes de telas múltiplas que desestabilizam o ato de ser espectador, evidenciam os riscos da cultura da celebridade e da distração ao mesmo tempo em que catalogam os espaços e objetos da narrativa estruturadora da segunda metade do século XX – a Guerra Fria. Elas estiveram em quartéis da Stasi na antiga Berlim Oriental, nos silos de mísseis abandonados Norad, no Wyoming e nos arredores cavernosos da Star City, o centro de treinamento de cosmonautas da antiga União Soviética. Os espaços que elas criam têm a ameaça e a esterilidade das instalações de segurança, mas os artefatos tecnológicos que eles revelam oferecem um historicismo pungente. Aqui, confrontamos a eletrônica da Guerra Fria, não o consumismo lustroso e dinâmico do catálogo de objetos de design Sharper Image. Elas fetichizam os aparatos desajeitados de espiões que nunca vieram do frio. Isso apresenta a eletrônica como fios crus e transformadores em casas de madeira, uma história regressa para nosso presente fascínio pelo inserido e perfeito, por exemplo, os PDΛs, telefones celulares capacitados pela rede e modems sem fio que formam nossa noção livre de fluido do *sexy*. As irmãs Wilson estetizam o retorno do politicamente reprimido. Afinal, foi há apenas algumas décadas que o impulso rumo à defesa civil, uma narrativa que culminou no pensar o impensável, no fim completo, foi dominante. Elas tornam possível reivindicar um ponto de observação individual para incluir tudo isso. O espectador move-se de lugar para lugar na instalação, e a totalidade da experiência visual, como a totalidade da narrativa histórica, está sempre impossível e implausivelmente além de nós. Elas criam um cinema interativo com história, derrota, medo e triunfo. Contudo, esses espaços de história eviscerada e poder esgotado oferecem tamanha sedução visual e imersão interativa que se tornam tão cativantes quanto a cultura pop aturdida por celebridades que forma nosso contexto cultural geral.

Sam Taylor-Wood e as irmãs Wilson não fazem cinema interativo, mas capitalizam os mitos aspirativos do malfadado gênero, as melhores esperanças do digital de reanimar as formas artísticas precedentes. Escrevi em outra ocasião que foi justamente porque o vídeo como meio passou por sua fase utópica que os artistas de instalações da década passada puderam ser considerados por direito próprio; eles foram libertados dos fardos psicológicos impostos pelas expectativas impossivelmente grandiosas dos primeiros anos dos vídeos. Da mesma maneira, quando os tecnólogos, artistas e *luftmenschen* hollywoodianos esgotarem os mitos do "cinema interativo", sínteses instigantes entre o cinema e o digital poderão surgir.

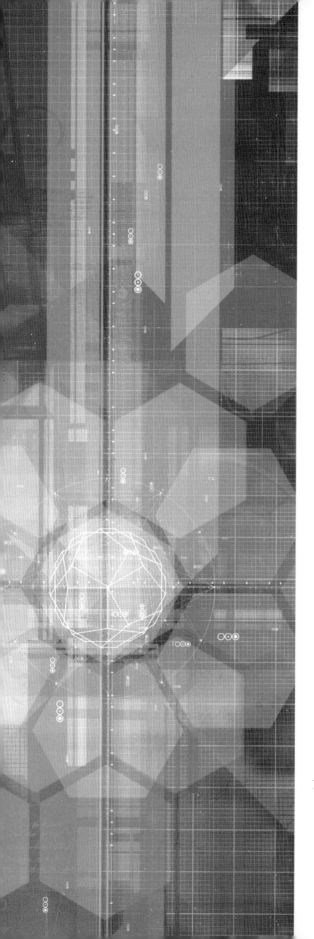

Fronteiras em mudança*

TIMOTHY DRUCKREY

* Publicado anteriormente em "Archive 1998", *ICC Online*. Disponível em http://www.ntticc.or.jp/Archive/1998/The_Second/essay.html. Tradução de Luís Carlos Borges.

> O tempo não está mais relacionado com o movimento que
> mede, mas o movimento está relacionado com o tempo que
> o condiciona: esta é a primeira grande inversão kantiana na
> Crítica da razão pura.
>
> GILLES DELEUZE[*]

A "revolução" gerada pela mudança das mídias analógicas para as digitais não veio acompanhada de uma teoria estética unificada. Em vez disso, os efeitos cumulativos das mídias eletrônicas transformaram e dispersaram muitos de nossos pressupostos a respeito da feitura da arte e de sua relação com a comunicação, a tecnologia, as mídias, a distribuição e a temporalidade. Ao longo da última década, uma série de trabalhos amadureceu a ponto de algumas reavaliações rigorosas serem necessárias. Animação computadorizada, som/imagem/vídeo digitais, livros eletrônicos, hipermídia, interatividade, ciberespaço, termos de um novo discurso eletrônico, precisam estar integrados a um discurso estético mutante, posterior às teorias críticas da representação e à experiência pós-moderna. A fusão de tecnologia e arte suscita algumas questões no que diz respeito à maneira pela qual as experiências serão articuladas. Ao abran-

---

[*] Gilles Deleuze, "Sobre quatro fórmulas poéticas que poderiam resumir a filosofia kantiana", em *Crítica e clínica* (São Paulo: Editora 34, 1997), pp. 36-44. (N. da O.)

ger a literatura, o entretenimento, o cinema e as artes, a tecnologia tornou-se a força propulsora que acelera o surgimento do que poderíamos chamar de telestética.

As ramificações dessa mudança acelerada são difíceis de avaliar. Nenhuma transformação cultural ocorreu sem uma tecnologia correspondente. As redes, os sistemas especialistas, a inteligência artificial, a imersão, a interatividade, a biogenética, etc., são formas nas quais, sem dúvida, muitas das práticas criativas do futuro irão fundamentar-se. O grau em que isso se liga com a relação entre os computadores e a representação é fundamental para lidarmos com o desenvolvimento da hipermídia, das mídias interativas, da cibermídia, da mídia virtual e da mídia de rede. De fato, o desenvolvimento das mídias digitais, das redes e da tecnologia forma boa parte da base para a comunicação social. E se o desenvolvimento da tecnologia conseguir criar um sistema universal de intercâmbio (como parece provável), então, será necessária uma crítica de longo alcance da comunicação, uma crítica que daria conta do significado cultural da tecnologia em função dos significados que ela forma estética e politicamente. Reconstruir a representação na cultura eletrônica é uma chave para rastear a complexidade e a sutileza das configurações da comunicação emergentes.

Há vários desafios essenciais para o desenvolvimento das tecnologias digitais: dar conta de maneira adequada das histórias mutáveis da tecnologia em função de sua relação com a teoria cultural e a experiência, criar um fórum crítico para elucidar as formas que essas mudanças assumem, integrar as questões sociais e estéticas ao discurso da tecnologia, desenvolver iniciativas para o apoio à produção independente, encontrar e identificar meios de distribuição para projetos criativos e contextualizar por completo a longa e profundamente conseqüente história da arte eletrônica.

Há uma série de transformações emergindo das mídias digitais em várias das tradições: a montagem, a narrativa, a temporalidade, uma reavaliação ou ampliação das questões em torno da constituição da imagem como semiótica simples e uma preocupação com o "espaço temporalizado" da eletrônica.

Nas mídias eletrônicas, estão se desenvolvendo novas séries de problemas, que invocam não meramente questões formais de justaposição e associação, mas também as de inter-relação (ou colisão) entre texto, imagem e som em camadas espaciais e temporais. Em vez de resolver-se como uma singularização, o fluxo de associações emerge como uma narrativa temporal fragmentada. De várias maneiras, o hipertexto (por exemplo) desenvolveu-se a partir de uma mídia simples, baseada no texto, até uma mídia polivalente. Em vez da referência cruzada do hipertexto, trabalhos envolvidos em mídias dinâmicas fazem ruir muitos dos limites entre texto, som e imagem e situam o usuário no meio da assimilação e do feedback. Os efeitos disso sugerem um campo caracterizado pela transição e não pela resolução, no qual a experiência oscila entre a presença epistêmica e a contingência temporal.

O que parece tão interessante a respeito dos trabalhos que confrontam a mudança dos modelos linear-causais para os modelos relativistas é que o processo criativo torna-se mais um sistema recíproco do que um significante de maestria narrativa. Fundamentando boa parte dessa abordagem de experiência está uma avaliação das fronteiras em dissolução entre os discursos de espaço e tempo no domínio da eletrônica. Como Virilio escreve: "A medida da extensão e do movimento agora é quase que exclusivamente a de um vetor técnico, um modo de comunicação ou telecomunicação que dessincroniza o tempo e o espaço da passagem".[1] Contudo, o esmaecimento de espacial e temporal é menos um problema comunicativo que um problema cultural no qual sujeitos reconfigurados navegam em sistemas virtualizados cujo domínio sobre as leis da física não é "medido" em temporalidades materiais e cujo efeito desespacializado não é uma perda de presença.

Na verdade, a inter-relação entre história, memória, ficção e discurso coloca questões essenciais a respeito do significado da mídia eletrônica. Em vez de abordagens que equacionam a formação de ligações em formas temáticas, surgem abordagens que estruturam o material como episódico. Poderíamos nos valer do desenvolvimento não apenas da teo-

---

[1] Paul Virilio, *The Vision Machine* (Londres: British Film Institute, 1994), p. 8.

ria literária para dar conta disso, mas também dos estudos culturais, particularmente das obras de Foucault, Deleuze e Guattari. Foucault estabeleceu a relação entre informação e poder em função do arquivo e propôs a metodologia da arqueologia para enfrentá-la:

> A arqueologia tenta definir não os pensamentos, representações, imagens, temas e preocupações que são ocultados ou revelados nos discursos, mas esses próprios discursos, esses discursos como práticas que obedecem certas regras. Ela não trata o discurso como documento ou signo de alguma outra coisa, como um elemento que deva ser transparente, mas cuja infeliz opacidade deve muitas vezes ser penetrada para que finalmente alcancemos a profundeza do essencial no local em que é mantida de reserva; ela está interessada no discurso em seu próprio volume, como monumento. Não é uma disciplina interpretativa; ela não busca outro discurso, mais bem ocultado. Ela se recusa a ser alegórica.[2]

Deleuze e Guattari descobriram na metáfora dos "mil platôs" uma maneira de teorizar a experiência na mídia digital, o rizoma.

> O mundo perdeu seu pivô; o sujeito já não pode mais sequer dicotomizar, mas acede a uma unidade superior, de ambivalência ou determinação excessiva, em uma dimensão sempre suplementar a de seu sujeito [...] Um sistema desse tipo poderia ser chamado um rizoma [...] O rizoma é inteiramente diferente, um mapa, não um decalque [...] Talvez uma das características mais importantes do rizoma seja o fato de que sempre tem múltiplos caminhos de entrada.[3]

Esses "caminhos de entrada" são ligados por uma rede de associações em que as mudanças causais são superadas por ligações temporais. Portanto, em vez de fazerem referências cruzadas, muitos dos trabalhos da mídia eletrônica derrubam os limites entre texto, som e imagem e situam o usuário no meio da assimilação e do feedback. Episódica, ou organiza-

---

[2] Michel Foucault, *The Archaeology of Knowledge* (Nova York: Pantheon, 1982), p. 139.

[3] G. Deleuze & F. Guattari, *Mil platôs*, vol. 1 (São Paulo: Editora 34, 1995), p. 14.

da, essa informação é criada em formas que sugerem que a utilidade de imagem, texto, espaço ou tempo unificado não pode servir como uma totalidade, mas, antes, que as conjugações de acontecimentos são configurações complexas de experiência, intenção e interpretação. Nesse sentido, as narrativas da eletrônica são antes não-lineares e cinéticas que lineares e potenciais, são tanto prática representativa quanto medida de produção que surge como discurso essencial na ampliação das idéias na "esfera" do experiencial.

O livro *Media manifestos*, de Regis Debray, delineou uma estrutura ampla para caracterizar o significado social da mídia: logosfera, grafosfera, videosfera, cada uma correspondendo a um "regime" diferente, representado como "pós-escrita", "pós-imprensa", "pós-audiovisual". E, embora haja problemas em tais caracterizações históricas, Debray identifica questões culturais significativas referentes à imagem.

Assim, a imagem artificial teria passado por meio de três diferentes modos de ser no cérebro ocidental – a presença (o presente sagrado através de sua efígie), a representação e a simulação (no sentido científico), enquanto a figura percebida exercia sua função intermediária a partir de três perspectivas sucessivas e inclusivas: a sobrenatural, a natural e a virtual.[4]

Esse tipo de modelo reflexivo se assemelha ao que Debray admite como o trabalho da midiologia e não como historicismo. Contudo, o âmbito da questão ultrapassa os limites dessas duas disciplinas e penetra nos domínios da epistemologia social, da psicologia experiencial e da metodologia científica. O delineamento, não obstante, serve para sugerir que a virtualização da imagem tem uma história enraizada no simbólico, mesmo que Debray não leve em conta as tecnologias que formam essas imagens nem o encontro com o impacto epistemológico da representação.

As questões suscitadas pela relação entre o desenvolvimento da tecnologia e a imaginação colocam desafios estonteantes às tradições da cultura. Está claro que teorias sistêmicas de comunicação, inteligência artificial, biologia sintética, identidade ciborgue, coletividade virtual ou democracia eletrônica não serão suficientes para abranger o significado

---

[4] Regis Debray, *Media manifestos* (Londres/Nova York: Verso Books, 1996).

da cultura eletrônica, nem mesmo da arte eletrônica. Em vez disso, as teorias da comunicação precisarão ser reconfiguradas em termos de interatividade, dispersão e representação tecnológica. Zelosamente produzidas, essas tecnologias parecem oferecer remédios para as culturas desenraizadas da modernidade e confrontos com o retorno da estabilidade da afiliação política e da colaboração discursiva. Tão interessada na ideologia quanto na identidade, a tecnosfera é mais do que uma nova questão cibersociológica. Ela se coloca como local possível para o estabelecimento da identidade histórica em termos das condições de afiliação dispersa e poder contingente.

A rede rompe a prisão dos limites da telefonia ponto a ponto e abala o domínio dos meios de comunicação de massa. Em seu lugar está um sistema dinâmico no qual o abandono do local não significa ausência de lugar e no qual a representação não é um sinal de perda do real.

Na verdade, embora as questões de espaço e tempo dominassem os discursos da modernidade, as questões relacionadas à interface e duração vieram a colocar-se na pós-modernidade como significantes de uma situação muito mais intricada. Tradições gastas da esfera pública, da sociologia da pós-industrialização, do caráter distinto da identidade, foram suplantadas por uma forma de inserção distribuída ou, melhor, a imersão do eu nas paisagens midiáticas da telecultura que deve gerar uma prática comunicativa cujas fronteiras não estão mapeadas no espaço físico. Em vez disso, as tecnologias da nova mídia mapeiam uma geografia de cognição, de recepção e de comunicação que surge em territórios cujo domínio sobre a matéria é efêmero, cuja posição no espaço é tênue, cuja temporalidade não está mapeada em momentos descontextualizados e cuja presença é medida antes em atos de participação que em coincidências de local.

O fenômeno único de uma distância

KEN GOLDBERG

Publicado originalmente em Ken Goldberg (org.), *The Robot in the Garden: Telerobotics and Telepistemology in the Age of the Internet* (Cambridge: MIT Press, 2000). Disponível também em http://www.ieor.berkeley.edu/~goldberg/art/tele/intro.html. Tradução de Luís Carlos Borges.

> Todo dia, torna-se mais forte o impulso de capturar um objeto a uma distância bem curta por meio de sua semelhança, de sua reprodução.
>
> WALTER BENJAMIN[*]

Algumas das tecnologias mais influentes – o telescópio, o telefone e a televisão – foram desenvolvidas para oferecer conhecimento a distância. Os telerrobôs, robôs controlados a distância, foram desenvolvidos na década de 1950 para facilitar a *ação* a distância. Os especialistas usam os telerrobôs para explorar ativamente ambientes como Marte, o *Titanic*, Chernobyl. Os militares cada vez mais usam aviões de reconhecimento operados por controle-remoto e mísseis telerrobóticos. Em casa, temos controle-remoto para a porta da garagem, o alarme do carro e a televisão (um controle-remoto para o remoto).

A internet amplia dramaticamente nosso raio de ação e alcance. Como os programas de "vida real", em estilo de documentário, são cada vez mais procurados na televisão, milhares de webcameras estão sendo instaladas por amadores para transmitirem continuamente cenas ao vivo de suas esquinas, escritórios e quartos. A internet oferece não apenas novas

---

[*] Walter Benjamin, "A obra de arte na época de sua reprodutibilidade técnica", em Luiz Costa Lima, *Teoria da cultura de massa* (São Paulo: Paz e Terra, 2000). (N. da O.)

maneiras de ver, mas também novas maneiras de exibir. A estrutura bidirecional da internet também oferece um novo meio de ação. Dispositivos telerrobóticos podem ser controlados diretamente a partir da internet. Qualquer pessoa na internet pode, do seu desktop, empilhar blocos em um laboratório distante ou cuidar de um jardim distante.

Acesso, agenciamento, autoridade e autenticidade são questões centrais para o novo tema da telepistemologia: o estudo do conhecimento adquirido a distância. Uma das grandes promessas da internet é seu potencial de aumentar nosso acesso a objetos remotos. A natureza distribuída da internet, projetada para assegurar a confiabilidade evitando a autoridade centralizada, aumenta simultaneamente o potencial para o logro. Muitas câmeras de internet e sistemas telerrobóticos foram expostos como fraudes, que oferecem aos usuários crédulos imagens pré-gravadas, fazendo-as passar por tomadas ao vivo. A capacidade de logro é inerente à internet e é particularmente vivida no contexto da telerrobótica.

Estamos sendo logrados? O que podemos conhecer? Do que devemos nos valer como testemunho? Estas são questões centrais da epistemologia, o estudo filosófico do conhecimento, que data de Aristóteles, Platão e dos antigos céticos. A invenção do telescópio e do microscópio no século XVII deslocou a epistemologia para o centro do discurso intelectual de Descartes, Hume, Locke, Berkeley e Kant. Embora a epistemologia tenha perdido a primazia dentro da filosofia, cada nova invenção para comunicação ou medição força-nos a recalibrar nossa definição de conhecimento.

Isto é particularmente verdade no caso da internet, que provê acesso amplo à agência remota sem valer-se de uma autoridade institucional. À medida que a internet amplia nosso alcance, ela nos deixa cada vez mais vulneráveis ao erro, ao logro e à fraude. Nos termos de McLuhan,[1] ela simultaneamente amplia e amputa. Hal Foster[2] acompanha essa "desconexão" bipolar nos escritos de Benjamin,[3] McLuhan, Debord[4] e Haraway.[5]

---

[1] M. McLuhan, *Understanding Media* (Cambridge: MIT Press, 1964).

[2] H. Foster, *The Return of the Real* (Cambridge: MIT Press, 1996).

[3] W. Benjamin, *Illuminations*, trad. Harry Zohn (Nova York: Shocken Books, 1969).

[4] G. Debord, *The Society of the Spectacle* (Nova York: Zone Books, 1969).

[5] D. Haraway, *Simians, Cyborgs, and Women: the Reinvention of Nature* (Nova York: Routledge, 1991).

"Agora, no fim do século XX", escreve Hubert Dreyfus, "novas teletecnologias [...] estão ressuscitando as dúvidas de Descartes".[6] A telepistemologia pergunta: em que medida a epistemologia pode informar nossa compreensão da telerrobótica e em que medida a telerrobótica pode fornecer novos *insights* nas questões clássicas a respeito da natureza e da possibilidade do conhecimento?

Os artistas sempre se preocuparam com a maneira como as representações nos fornecem conhecimento.[7] A telerrobótica, como a fotografia e o cinema, é um modo de representação. Como tal, tem implicações estéticas; uma variedade de obras de arte que incorporam a telerrobótica surgiu na internet. Contudo, como observamos, as representações podem representar erroneamente. Se *A guerra dos mundos*, de Orson Welles, foi o momento de definição do rádio, qual será o momento de definição da internet? Como as estratégias artísticas serão moldadas pela telerrobótica e qual é o seu potencial como veículo artístico?

Desde 1994, venho explorando questões epistemológicas a respeito de percepção, conhecimento e agenciamento de uma série de projetos da internet. Organizei um livro cujo título refere-se ao Telegarden, uma instalação de arte robótica na internet na qual os usuários dirigem um robô para que semeie e regue sementes em um jardim real localizado no Ars Electronica Museum, na Áustria.[8]

The Robot in the Garden: Telerobotics and Telepistemology in the Age of the Internet inclui dezesseis capítulos originais de destacadas figuras contemporâneas na filosofia, na arte, na história e na engenharia, com um pós-escrito de Maurice Merleau-Ponty. Ao reunir diversas perspecti-

---

[6] H. Dreyfus, "Telepistemology: Descartes's Last Stand", em K. Goldberg (org.), *The Robot in the Garden: Telerobotics and Telepistemology in the Age of the Internet* (Cambridge: MIT Press, 2000).

[7] L. Shlain, *Art and Physics: Parallel Visions in Space, Time, and Light* (Nova York: Quill William Morrow Press, 1991); e *The Alphabet v. the Goddess: the Conflict Between World and Image* (Londres: Viking Press, 1998).

[8] Disponível em http://telegarden.aec.at. G. Hardin, "The Tragedy of the Commons", em *Science*, nº 162, 1968, pp. 1243-1248; P. Lenenfeld, "Technofornia", em *Flash Art*, 1996; W. Mitchell, "Replacing Place", em P. Lunenfeld (org.), *The Digital Dialectic* (Cambridge: MIT Press, 1999); e R. Winters, "Planting Seeds of Doubt", em *Time Digital*, 8-3-1999.

vas sobre questões filosóficas fundamentais em torno dessa nova tecnologia, nosso objetivo é identificar pontos de referência críticos.

Esse livro trata antes da telerrobótica (TR) que da realidade virtual (RV). Embora o termo "ciberespaço" de Gibson abranja os dois sentidos, a distinção é vital: a RV é simulacro, a TR é distal.[9] *Cyberspace: First Steps*, de Michael Benedikt,[10] iniciou várias décadas de diálogo a respeito das implicações teóricas da realidade virtual.[11] Três anos depois, a rede mundial forneceu as bases para a telerrobótica da internet, o que conduziu ao presente artigo. Outro livro, co-editado com Roland Siegwart,[12] reúne ensaios técnicos sobre doze projetos de telerrobótica da internet.

Não tentaremos cobrir a categoria da informação textual não confiável na internet, sobre a qual não há escassez de estudos. Concentrar-nos-emos na subcategoria da informação que se origina da interação ao vivo com ambientes físicos remotos. Portanto, não trataremos especificamente de "softbots": sistemas de coleta de informação que permanecerem inteiramente dentro dos limites do software.

---

[9] K. Goldberg, "Virtual Reality in the Age of Telepresence", em *Convergence*, 4 (1), março de 1998, pp. 33-37.

[10] Michael Benedikt, *Cyberspace: First Steps* (Cambridge: MIT Press, 1991).

[11] P. Lévy, *Becoming Virtual: Reality in the Digital Age* (Nova York: Plenum Press, 1998); M. Heim, *Virtual Realism* (Oxford: Oxford University Press, 1997); M. Poster, "Theorizing Virtual Reality: Baudrillard and Derrida", em Maire-Laure Ryan (org.), *Cyberspace Textuality* (Bloomington: Indiana University Press, 1999); e J. Steuer, "Defining Virtual Reality: Dimensions Determining Telepresence", em F. Biocca & M. R. Levey (orgs.), *Communication in the Age of Virtual Reality* (Nova Jersey: Lawrence Erlbaum Associates, 1995), pp. 33-56. Ver também Andrew Feenberg & Alastair Hannay (orgs.), *Technology and the Politics of Knowledge* (Bloomington: Indiana University Press, 1995). Para coletâneas de teoria crítica sobre novas mídias, ver L. Hershman (org.), *Clicking In* (Seattle: Bay Press, 1996); A. Kroker & M. Kroker (orgs.), *Digital Delirium* (Nova York: St. Martin's Press, 1997); C. Sommerer & L. Mignonneau (orgs.), *Art @ Science* (Viena/Nova York: Springer Verlag, 1998); e o bem recente, P. Lunenfeld (org.), *The Digital Dialectic* (Cambridge: MIT Press, 1999).

[12] Ken Goldberg & Roland Siegwart (orgs.), *Beyond Webcams: an Introduction to Online Robots* (Cambridge: MIT Press, 2001). Entre os exemplos: G. Bekey *et al.*, "Digimuse: an Interactive Telerobotic System for Viewing of Three-Dimensional Art Objects"; P. Saucy & F. Mondada, "Khep-on-the-Web: One Year of Access to a Mobile Robot on the Internet"; R. Simmons, "Xavier: an Autonomous Mobile Robot on the Web"; B. Dalton & K. Taylor, "A Framework for Internet Robotics"; R. Siegwart *et al.*, "Guiding Mobile Robots Through the Web", todos incluídos na oficina sobre robôs da web, IEEE/RSJ International Conference on Robots and Systems (Iros), organizada por Roland Siegwart, 1998.

The Robot in the Garden tampouco tem a intenção de ser um tratado sobre o construtivismo social, o debate apaixonado sobre a existência fundamental de entidades científicas como campos, quarks e fótons. Nosso foco está menos em questões ontológicas e metafísicas da existência do que nos fundamentos epistêmicos práticos do conhecimento. Naturalmente, os dois estão relacionados: um realista científico que acredita firmemente na existência de quarks pode ainda interessar-se pela maneira como conhecemos suas propriedades. E o construtivista social, convencido da natureza construída do modelo dos quarks, pode, não obstante, interessar-se pelo que conhecemos a respeito desse modelo. Ninguém negaria a existência de modelos construídos na internet que fossem evidentemente falsos, mas isso não deve ser interpretado como um argumento a favor do construtivismo.

Os vinte capítulos do livro foram organizados em três seções: 1) Filosofia, 2) Arte, história e teoria crítica, e 3) Engenharia, interface e projeto de sistemas.

O que é um telerrobô?

Um robô, grosso modo, pode ser definido como um mecanismo controlado por um computador. Um telerrobô é um robô que aceita instruções a distância, geralmente de um operador humano treinado. O operador humano, portanto, executa ações ao vivo em um ambiente distante e, por meio de sensores, pode avaliar as conseqüências. Os sistemas telerrobóticos datam da década de 1940, quando houve a necessidade de manusear materiais radioativos, e agora estão sendo aplicados à exploração, ao lançamento de bombas e à cirurgia. No verão de 1997, o filme *Titanic* incluiu cenas com telerrobôs submarinos e o telerrobô Mars Sojourner completou com sucesso uma missão em Marte. *Telerobotics, Automation, and Human Supervisory Control*, de T. Sheridan,[13] oferece um excelente exame de questões de pesquisa na telerrobótica.

---

[13] T. Sheridan, *Telerobotics, Automation, and Human Supervisory Control* (Cambridge: MIT Press, 1992). Ver também "Musings on Telepresence and Virtual Presence", em *Presence Journal*, 1 (1), 1992.

A internet torna a telerrobótica acessível a um público em rápido crescimento. Interfaces de internet baseadas em textos para máquinas de refrigerantes foram demonstradas já em 1980. A primeira câmera de internet foi construída por pesquisadores da Universidade de Cambridge para monitorar a situação de um bule de café. Em agosto de 1994, meus colaboradores e eu construímos o primeiro telerrobô da internet.[14] Uma câmera digital com jato de ar foi montada no braço de um robô para que qualquer um na internet pudesse visualizar e escavar artefatos em uma caixa de areia no nosso laboratório na University of Southern California.

Em setembro de 1994, Ken Taylor,[15] na University of Western, Austrália, demonstrou um telerrobô de seis eixos controlado remotamente na internet. Em outubro de 1994, Eduardo Kac e Ed Bennett exibiram uma obra de arte telerrobótica combinando telefone e controle de internet. Posteriormente, naquele outono, Richard Wallace demonstrou uma câmera telerrobótica, e Mark Cox montou um sistema que permite aos usuários da internet programar remotamente fotografias de um telescópio robótico. Os primeiros telerrobôs da internet projetados por John Canny e Eric Paulos são descritos no capítulo 15 de *The Robot in the Garden*. Duas oficinas técnicas patrocinadas internacionalmente foram recentemente organizadas na internet. Exemplos de projetos telerrobóticos na internet estão disponíveis on-line em http://mitpress.mit.edu/telepistemology.

O artigo "Eden by Wire" concentra-se em webcameras na internet.[16] Thomas J. Campanella, do Programa de Estudos e Planejamento Urbano do MIT, descreve-as como "pontos de contato entre o virtual e o real – âncoras espaciais em um mar sem lugar". Campanella caracteriza a capacidade distribuída de montar tais câmeras como um "fenômeno de base" concretizado por milhares de voluntários. A metáfora da base aplica-se também ao tema de muitas dessas câmeras: a paisagem local. Ci-

---

[14] K. Goldberg *et al.*, "Beyond the Web: Manipulating the Real World", em *Computer Networks and ISDN Systems Journal*, 28 (1), dezembro de 1995.

[15] B. Dalton & K. Taylor, "A Framework for Internet Robotics", em *Iros*, 1998.

[16] K. Goldberg (org.), *The Robot in the Garden: Telerobotics and Telepistemology in the Age of the Internet*, cit., pp. 22-46.

O FENÔMENO ÚNICO DE UMA DISTÂNCIA

tando a influente análise literária de Leo Marx,[17] Campanella caracteriza a relação entre a máquina e o jardim como uma das dialéticas centrais da história americana. Nossa ambigüidade para com a justaposição de robô e jardim é construída por preocupações telepistêmicas de que nossas imagens "ao vivo" podem não ser realmente ao vivo. Campanella sugere que a correlação cuidadosa de iluminação de imagem e período do dia, que responde por diferenças em zonas de tempo, pode fornecer testemunho quanto ao caráter "ao vivo". O meio mais confiável de checar a veracidade de nossa paisagem telerrepresentada pode muito bem ser o próprio sol – o mais antigo de nossos auxiliares cronográficos.

Filosofia

Nesta seção, cinco autoridades consideram a telerrobótica e a telepistemologia a partir da perspectiva da filosofia. Embora o papel da mediação na tecnologia tenha sido permanente na filosofia desde o século XVII,[18] a internet torna obrigatória uma reconsideração. À medida que o público consegue acesso a instrumentos telerrobóticos anteriormente restritos a cientistas, questões de mediação, conhecimento e confiança assumem novos significados para a vida cotidiana. A telepistemologia, antigamente uma curiosidade teórica, torna-se um problema prático. Como escreve Michael Idinopulos no capítulo 17, "O ceticismo muitas vezes é tratado como uma [...] questão 'filosófica' sem nenhuma conseqüência real para a vida cotidiana [...] essa visão está profunda e importantemente errada".

Podemos dividir as questões telepistemológicas em categorias técnicas e morais. A telepistemologia técnica está preocupada com perguntas céticas: A telerrobótica e a internet realmente nos fornecem conhecimen-

---

[17] Leo Marx, *The Machine in the Garden: Technology and the Pastoral Ideal in America* (Oxford: Oxford University Press, 1964).

[18] R. Descartes (1641), em John Cottingham (org.), *Meditations on First Philosophy* (Cambridge: Cambridge University Press, 1996).

to? Em que medida a experiência telerrobótica é equivalente à experiência próxima? A telepistemologia moral pergunta: Como devemos agir em ambientes mediados telerroboticamente? Qual é o impacto da mediação tecnológica sobre os valores humanos? Ambas as categorias são tratadas nesta seção.

O agenciamento é a capacidade de executar ações, de intervir enquanto observamos. Ian Hacking[19] forneceu uma excelente descrição das distorções e limitações ópticas dos primeiros microscópios, observando que a percepção obtida com um microscópio é fundamentalmente diferente da percepção a "olho nu". Hacking cita *New Theory of Vision* (1710), de George Berkeley, segundo o qual nosso sentido de visão é adquirido não apenas pelo olhar passivo, mas pela intervenção no mundo. Ao olharmos por um microscópio, nossa capacidade de manipular ativamente uma célula à medida que olhamos nos dá confiança no que estamos vendo. O agenciamento desempenha um papel análogo para a telepistemologia na telerrobótica.

No capítulo 3, Hubert Dreyfus, uma autoridade sobre Heidegger, Merleau-Ponty e os limites da inteligência artificial, observa que a epistemologia cartesiana surgiu como resposta aos desenvolvimentos da óptica e da biologia no século XVII. Instrumentos como o telescópio e o microscópio desafiaram nossas afirmações de conhecimento científico e lançaram um novo espírito de dúvida e ceticismo. Descartes aplicou esse ceticismo aos órgãos dos sentidos humanos, tratando-os como transdutores de conhecimento mediado cuja precisão sempre estava em questão. Dreyfus examina como os filósofos trabalharam durante trezentos anos para refutar a concepção mediada dos sentidos – mais recentemente com um recurso fenomenológico à percepção incorporada. Como no século XVII, estamos experimentando agora um rápido aumento da medida em que nosso conhecimento é tecnologicamente mediado. Dreyfus sugere que avanços na telerrobótica da internet podem revigorar a idéia de que nosso conhecimento do mundo é fundamentalmente indireto, provocando mais avanços e refutações.

---

[19] Ian Hacking, *Representing and Intervening* (Cambridge: Cambridge University Press, 1983).

O FENÔMENO ÚNICO DE UMA DISTÂNCIA

Catherine Wilson,[20] autora de *The Invisible World*, uma análise histórica e filosófica dos microscópios, localiza nossa desconfiança para com o conhecimento mediado por instrumentos ainda mais longe, na idéia grega de que todas as representações são ignóbeis. No capítulo 4, Wilson assinala que, assim como os filósofos do século XVIII desenvolveram teorias da paisagem em resposta à locomotiva, os fenomenologistas do século XX desenvolveram teorias da experiência imediata em resposta ao telefone e ao rádio. Essas categorias privilegiam objetos do cotidiano ante o funcionamento "opaco" e "inescrutável" de máquinas industriais como as usinas hidrelétricas. Wilson reconhece que "há cada vez menos jardins [...] e há cada vez mais robôs", mas assinala que tecnologias contemporâneas como a telerrobótica da internet funcionam "não para substituir o mundo natural, mas para exibi-lo [...] como janelas e telescópios". As teletecnologias podem realçar nosso respeito e compreensão de culturas distantes. Wilson, porém, adverte que nossa associação primitiva de distância e ficção também pode tornar-se uma desculpa para a violência.

No capítulo 5, Albert Borgmann também trata da telepistemologia moral, embora discorde de Wilson em vários pontos. Borgmann,[21] autor de *Information and Reality at the Turn of the Millennium*, começa caracterizando diferenças técnicas entre o espaço próximo e o espaço mediado. Borgmann usa os termos "continuidade" e "satisfação" para descrever as dimensões horizontais e verticais de riqueza de que carece a experiência telerrobótica. Ao aplicar uma noção de continuidade diferente da de Wilson, Borgmann afirma que há um nítido contraste entre a flexibilidade da experiência natural e a fragilidade da experiência mediada por computador.

Por que, então, a buscamos cada vez mais? Borgmann observa que, na era da caça e da coleta, os açúcares e gorduras eram desejáveis, mas raros e dispersos, exigindo grande esforço para a coleta. Quando a tecnologia tornou os açúcares e gorduras abundantes, "conservamos nossos desejos,

---

[20] Catherine Wilson, *The Invisible World* (Princeton: Princeton University Press, 1995).

[21] Albert Borgmann, *Information and Reality at the Turn of the Millennium* (Chicago: University of Chicago Press, 1999).

mas perdemos as circunstâncias que os temperavam". Borgmann argumenta que a internet desempenhou um papel análogo na informação: nossa curiosidade continua, mas estamos perdendo a atenção e o vigor necessários para identificar e extrair o conhecimento.

Jeff Malpas,[22] autor de *Place and Experience*, argumenta, no capítulo 6, que o "conhecimento mediado" é uma contradição: o conhecimento está inextricavelmente ligado à localização física. Ele ataca a visão de experiência "cartesiana/lockiana", segundo a qual todo o nosso conhecimento do mundo é mediado. "É essa visão", ele argumenta, "que leva à idéia equivocada de que a mediação tecnológica é uma extensão natural da experiência comum".

O capítulo de Alvin Goldman[23] pode ser lido como uma resposta ao ceticismo de Dreyfus e Malpas para com o conhecimento telerroboticamente mediado. Uma das figuras mais destacadas da epistemologia contemporânea, Goldman desenvolveu uma teoria de que o conhecimento pode ser definido em função da causação confiável. No capítulo 7, ele argumenta que essa descrição confiabilista pode ser ampliada de modo a incluir o conhecimento telerroboticamente mediado. Desenvolvendo um famoso exemplo de D. M. Armstrong, Goldman sugere que usar um dispositivo telerrobótico é como usar um termômetro: ele nos dá conhecimento se nos faz adotar confiavelmente crenças verdadeiras. Portanto, uma webcam ou telerrobô fornece conhecimento se produz crenças verdadeiras e não produziria, em nenhuma outra situação relevante, crenças falsas. Contudo, como assinala Goldman, nossos cenários telerrobóticos podem alterar a análise-padrão das possibilidades relevantes em termos de "vizinhanças próximas". Os roteiros telerrobóticos também constituem um argumento particularmente forte a favor do contextualismo – a visão de que os critérios para o conhecimento dependem das conseqüências do erro: o que está em jogo no saber.

---

[22] Jeff Malpas, *Place and Experience* (Cambridge: Cambridge University Press, 1999).

[23] Alvin Goldman, *Epistemology and Cognition* (Cambridge: Harvard University Press, 1986); e Alvin Goldman, *Knowledge in a Social World* (Oxford: Clarenden Press, 1999).

O FENÔMENO ÚNICO DE UMA DISTÂNCIA

Os epistemologistas consideram nosso conhecimento de proposições o tipo de coisa que pode ser objeto de afirmação, crença, dúvida e negação, como "Júpiter tem dezesseis luas". Considere uma proposição P. Segundo a clássica definição platônica de conhecimento, conheço P se, e apenas se, 1) eu creio em P; 2) essa crença é justificada; e 3) P é verdadeira. Esse tripé de condições para o conhecimento é a pedra angular da epistemologia clássica.

Suponha, por exemplo, que eu visite o Telegarden, o qual afirma permitir aos usuários interagir com um jardim de verdade na Áustria por meio de um braço robótico. A página explica que ao clicar em um botão "água", os usuários podem regar o jardim. Que P seja a proposição "Eu rego o jardim distante". Suponha que, quando clico o botão, acredito em P. Além disso, tenho boa razão para acreditar em P: uma série de imagens na tela de meu computador mostra-me o jardim antes e depois que aperto o botão, revelando um padrão esperado de umidade no solo. E suponha que P seja verdadeira. Portanto, segundo a definição acima, todas as três condições são cumpridas e podemos dizer que sei que reguei o jardim distante.

Quarenta anos atrás, os epistemologistas expuseram uma falha fundamental na definição de Platão. Edmund Gettier[24] construiu casos de crença verdadeira justificada que não deviam ser considerados conhecimento. Podemos adaptar seu argumento ao caso do jardim telerrobótico da seguinte maneira: Que P' seja a proposição de que eu *não* rego um jardim distante. Suponha agora que, quando eu clico no botão, acredito em P' e que tenho boas razões: um engenheiro especializado informou-me a respeito de fraudes na internet, sobre como o jardim podia ser uma fraude elaborada, baseada em imagens previamente armazenadas de um jardim morto há muito tempo. Suponha agora que realmente há um Telegarden funcionando na Áustria, mas que o reservatório de água está vazio no dia em que clico no botão de água. Portanto, P' é verdadeira. Contudo, devemos dizer que eu conheço P'? Não. Mas creio em P', tenho boas razões e P' é verdadeiro. Embora os epistemologistas tenham desenvolvido novas

---

[24] Edmund Gettier, "Is Justified True Belief Knowledge?", em *Analysis*, nº 23,1963, pp. 121-123.

maneiras de definir conhecimento que excluem P', o problema da justifi-
cativa é desafiado por casos que envolvem fraude. Um programador inteligente pode construir uma fraude telerrobótica facilmente e com pouco custo. Muitas câmeras de internet supostamente ao vivo foram expostas
como fraudes. Se a fraude lança luz sobre a natureza da autenticidade, a
internet oferece um amplo suprimento de iluminação.[25]

Tem importância se um site telerrobótico é real ou não? Talvez não
para a maioria de internautas ocasionais, mas, para aqueles que dispen-
sam tempo suficiente para se importarem, para pacientemente interagir
com um suposto site telerrobótico, descobrir que o site é uma fraude pode
ser tão traumático quanto é para um curador descobrir uma fraude entre
a coleção de Rembrandts do acervo permanente do museu.

Arte, história e teoria crítica

> A ilusão é o primeiro de todos os prazeres.
>
> VOLTAIRE

A palavra *media*,[*] em inglês, deriva do latim "meio": a experiência
mediada, em contraste com a experiência imediata, insere alguma coisa
no meio, entre a fonte e o espectador. Os autores desta seção trabalham
com as implicações estéticas da mediação telerrobótica.

No capítulo 8, o historiador e teórico crítico Martin Jay considera a
diferença de tempo entre a realidade e a aparência, inerente à visão telescópica e aos dispositivos telerrobóticos na internet. Jay localiza as implicações dessa diferença na descoberta, em 1676, da velocidade finita da
luz, pelo astrônomo dinamarquês Ole Roemer. Essa "visão retrospectiva
astronômica" tem implicações ontológicas e epistemológicas que vão da
noção da luz estelar como *Memento Mori*, de Benjamin, à antecipação,
por Nietzsche, da dissolução do conceito fundamental de presente, como

---

[25] N. Goodman, "Art and Authenticity", em *Languages of Art* (Indianápolis: Bobbs-Merrill, 1968).

[*] Em português a tradução correta de *media* é meio. (N. da O.)

fundamentado na noção aristotélica/lockiana/berkleiana/cartesiana de visão atemporal. Ao analisar a referência de Baudrillard[26] à velocidade finita da luz, Jay argumenta que os "simulacros" supostamente "puros" da realidade virtual são, na verdade, parasitas de experiências corporais prévias e que os sistemas telerrobóticos têm o potencial de transmitir traços atenuados de índices a partir de suas fontes distantes.

Lev Manovich, artista e crítico de novas mídias, começa o capítulo 9 analisando como o índice é subvertido no cinema. A capacidade de registrar e editar imagens na montagem espacial e temporal permite ao filme "superar sua natureza de índice, apresentando ao espectador cenas que nunca existiram na realidade". O cinema não se vale da suspensão voluntária da descrença por parte do espectador; os computadores agora são usados para planejar cuidadosamente a ilusão inegável.[27] Alguns filmes, como *Blow Up*, *Capricorn One*, *Blade Runner*, *The Truman Show* e *The Matrix*, incorporam esse processo ao seu tema. Embora o esporte seja uma área em que as transmissões ao vivo são altamente valorizadas e a fraude é penalizada, o sucesso recente da luta livre profissional na televisão sugere que os espectadores de esporte estão desenvolvendo um apetite maior pela ironia.

Manovich considera a realidade virtual como o ápice de uma tendência para a fraude que data do século XVIII, da construção de fachadas falsas por Potemkin na Rússia czarista. Ele descreve a teleação, a capacidade de atuar ao longo de distâncias em tempo real, como uma "tecnologia muito mais radical do que a realidade virtual". Ao citar a definição de Bruno Latour do poder como "a capacidade de mobilizar e manipular recursos ao longo do espaço e do tempo", Manovich observa que os sistemas telerrobóticos não apenas representam a realidade, mas permitem que atuemos sobre ela. Agora que os sistemas telerrobóticos da internet proporcionam teleação a um público amplo, é vital reconsiderar a relação entre os objetos e seus signos. A televisão permitiu que os objetos

---

[26] J. Baudrillard, "Fatal Strategies", em Mark Poster (org.), *Selected Writings* (Stanford: Stanford University Press, 1988).

[27] Para uma discussão em profundidade da fenomenologia no cinema, ver V. Sobchack, *The Address of the Eye: a Phenomenology of Film Experience* (Princeton: Princeton University Press, 1992).

fossem transformados instantaneamente em signos; os sistemas telerrobóticos permitem que nós, por meio dos signos, toquemos instantaneamente os objetos que eles representam.

> As fronteiras entre o que é visto e o que é encenado são cada vez mais indistintas [...] a questão central pode não ser a câmera, mas uma percepção corrosiva de que o próprio mundo, cognoscível apenas por meio de percepções imprecisas, é um tecido de incertezas, ambigüidades, ficções que se fazem passar por fatos e fatos tênues como nuvens.[28]

Os artistas estiveram entre os primeiros a usar a telerrobótica para explorar essa "percepção corrosiva" da incerteza. Há uma rica história da arte das comunicações que vai de Moholy-Nagy a Nam Jun Paik, Roy Ascott e Douglas Davis. Boa parte desse trabalho artístico "telemático" baseou-se na tecnologia do telefone e dos satélites; artistas contemporâneos estão agora incorporando a telerrobótica ao seu trabalho. Uma lista (incompleta) inclui: Maurice Benayoun, Erich Berger, Shawn Brixey, Susan Collins, Elizabeth Diller, Ken Feingold, Scott Fisher, Masaki Fujihata, Kit Galloway, Greg Garvey, Emily Hartzell, Lynn Hershman, Perry Hobermann, Natalie Jeremijenko, Eduardo Kac, Knowbotic Research, Rafael Lozano-Hammer, Steve Mann, Michael Naimark, Mark Pauline, Eric Paulos, Simon Penny, Sherry Rabinowitz, Michael Rodemer, Julia Scher, Ricardo Scofidio, Paul Sermon, Joel Slayton, Nina Sobell, Stelarc, Gerfried Stoker, Survival Research Laboratories, Rirkrit Tiravanija, Victoria Vesna, Richard Wallace, Peter Weibel, Norman White e Steve Wilson

> O motivo pelo qual existe diferença estética entre uma fraude enganosa e um trabalho original desafia uma premissa básica, da qual dependem as próprias funções do colecionador, do museu e do historiador da arte.[29]

---

[28] V. Goldberg, resenha de Jeff Wall Photography, em *New York Times*, 16-3-1997.

[29] N. Goodman, "Art and Authenticity", em *Languages of Art* (Indianápolis: Bobbs-Merrill, 1968).

O FENÔMENO ÚNICO DE UMA DISTÂNCIA

Em dois artigos recentes, David Hunt[30] e David Pescovitz[31] fazem o levantamento de exemplos de arte telerrobótica, entre os quais *Refresh*, uma instalação artística baseada na internet, de Diller Scofidio,[32] que justapõe uma webcamera ao vivo e vídeos gravados encenados por atores profissionais. Cada imagem é acompanhada de uma narrativa ficcional que torna difícil distinguir qual é a webcamera ao vivo.[33]

O artista brasileiro Eduardo Kac exibe projetos envolvendo a telerrobótica desde 1986. No capítulo 10, Kac descreve quatro de seus projetos, entre eles *Rara Avis*, uma crítica do exotismo em que um pássaro de madeira telerrobótico foi colocado em uma gaiola com trinta tentilhões. Os visitantes da internet acessam câmeras dentro da cabeça do avatar, para conseguir a visão que o pássaro tem de dentro da gaiola. No projeto *Ornitorrinco*, de Kac, um vídeo em tempo real foi inserido em uma interface de internet falsa, que força o pássaro e os participantes humanos a navegar por uma complexa rede de projeções verdadeiras e fictícias. O *Telepresence Garment* colocou o artista em uma bolsa de borracha selada, na qual seus movimentos e voz eram contidos e controlados por um "mestre" humano externo, transmitindo instruções a partir de uma galeria de arte remota.

No capítulo 11, o curador e crítico de novas mídias, Machiko Kusahara, examina o trabalho de cinco artistas que usam a telerrobótica. Ao permitir que os usuários afetem o mundo real por meio de ações a distância, esses artistas criam uma tensão entre "aqui e lá". Alguns, como Lynn Hershman Neeson, usam a dicotomia para representar simultaneamente pontos de vista múltiplos, de modo que o usuário é, ao mesmo tempo, observador e observado. Outros, como Masaki Fujihata, usam a telerrobótica para estabelecer uma percepção da comunidade e da cooperação humanas a despeito da separação física. Outros enfatizam os limites da

---

[30] David Hunt, "Telepresence Art", em *Camerawork Journal*, 1999.

[31] David Pescovitz, "Be There Now: Telepresence Art Online", em *Flash Art*, 32 (205), pp. 51-52.

[32] Disponível em http://www.diacenter.org.

[33] Em Paris, a Fundação Cartier de Arte Contemporânea abrigou uma exposição envolvendo telecâmeras da internet entre 29 de junho e 30 de novembro de 1999. Disponível em http://www.fondation.cartier.fr.

telerrobótica; Ken Feingold mostra como ela pode levar à alienação e Sterlac vai além, ilustrando como a telerrobótica tem potencial para infligir dor física.

A artista e crítica Marina Grzinic considera as implicações estéticas da diferença de tempo no capítulo 12. Muitas vezes vista como um aspecto irritante e problemático da internet, Grzinic defende a diferença de tempo como uma fonte potencial para a representação de espaço e tempo. Como Walter Benjamin sugeriu no contexto da fotografia, diminuir o "tempo de exposição" pode esgotar a essência de uma imagem. Ao citar Baudrillard,[34] Grzinic observa a ausência de aura nas estéreis imagens televisivas dos recentes bombardeios no Iraque e na Sérvia. Em contraste, a diferença de tempo inerente que há entre a solicitação do visualizador na internet e a imagem resultante funciona de maneira análoga ao tempo de exposição, dando ao espectador tempo para considerar e animar a imagem com significado. A diferença de tempo, portanto, surge como uma vantagem estética e telepistemológica, que leva a uma visão mais profunda da tecnologia das imagens e do mundo que ela busca capturar.

No capítulo 13, o historiador da arte Oliver Grau considera como um desejo gnóstico de transcender as limitações do corpo físico fornece um referente inicial para o interesse contemporâneo na telerrobótica. Grau concentra-se na telepresença – a superclasse de tecnologias de imersão que muitas vezes fazem uso de capacetes, óculos e projeções 3D.[35] Grau vê as ilusões realistas da arte da renascença e dos panoramas do século XIX como primeiros exemplos de tecnologia da telepresença. Os robôs e seus precursores – os *golems*, marionetes e andróides – oferecem uma estratégia diferente para transcender o corpo. Grau discute como o mais novo projeto de arte de Simon Penny combina esses temas de rejeição

---

[34] J. Baudrillard, *The Gulf War Did Not Take Place*, trad. Paul Patton (Sydney: Power Publications,1995).

[35] M. Minsky, "Telepresence", em *Omni*, 2 (9), 1980, p. 48. Ver também J. Steuer, "Defining Virtual Reality: Dimensions Determining Telepresence", em F. Biocca & M. R. Levy (orgs.), *Communication in the Age of Virtual Reality* (Nova Jersey: Lawrence Erlbaum Associates, 1995), pp. 33-56. A telepresença imersiva ainda não é praticável na internet por causa dos retardamentos de transmissão.

O FENÔMENO ÚNICO DE UMA DISTÂNCIA

corporal, ilusão e autômatos. Grau conclui citando Ernst Cassirer e Paul Valéry a respeito da relação entre distância e contemplação estética.

Engenharia, interface e projeto de sistemas

A terceira seção oferece perspectivas de engenheiros e projetistas. Blake Hannaford, professor de engenharia e autoridade em telerrobótica, oferece uma visão geral histórica da pesquisa telerrobótica no capítulo 14. Concentrando-se nas questões de retardamento, controle e estabilidade, Hannaford examina o trabalho de R. Goertz na década de 1950, que desenvolveu teleoperadores mecânicos para manipular materiais radioativos em Los Alamos. Como as ligações mecânicas foram substituídas por sinais elétricos, a cinemática e a dinâmica foram incorporadas a eficientes algoritmos de controle de computadores para sistemas telerrobóticos. Quando se tenta o controle a longas distâncias, na internet, por exemplo, retardamentos variáveis introduzem o potencial para as instabilidades de sistema. Hannaford descreve várias técnicas propostas para compensação, como o *Supervisory Control*, de Sheridan e o *Time Clutch*, de Conway e Volz. As distorções inerentes à telerrobótica colocam questões fundamentais de telepistemologia que ainda se tornam maiores na internet, onde o usuário pode não conhecer ou não confiar nos engenheiros que projetaram o sistema.

No capítulo 15, os cientistas de informática John Canny e Eric Paulos tratam da comunicação mediada por computadores a partir de perspectivas cartesianas e fenomenológicas. O presente modelo cartesiano para teleconferências ignora o papel do corpo e decompõe a comunicação em partes separadas para vídeo, texto e áudio. Os resultados muitas vezes são desajeitados e insatisfatórios. Canny e Paulos propõem um modelo alternativo baseado em uma integração fenomenológica de pistas físicas e respostas naturais; eles projetaram uma série de dispositivos de "teleincorporação" para facilitar interações acreditáveis pela internet, de dirigíveis cheios de hélio equipados com câmeras e transceptores sem fio a telerrobôs instalados em locais fixos. Como surgem questões de confiança e intimidade em seus experimentos, Canny e Paulos conjeturam que os futuros sistemas de telepresença serão "anti-robóticos". Em vez de autômatos que repetem ordens cegamente, as "máquinas sociais" e brinquedos do futuro expressarão um amplo leque de comportamentos, inclusive emoções. A telepistemologia pode ajudar-nos a compreender melhor não apenas o que pode ser comunicado on-line, mas também o que é essencial para abraços e apertos de mão.

No capítulo 16, Judith Donath, diretora do MIT Media Lab's Sociable Media Group, trata do ceticismo em nosso conhecimento a respeito de outras mentes. Essa questão é do interesse da filosofia há muito tempo (o problema das outras mentes) e da ciência cognitiva (o Teste Turing, o Eliza, de Joseph Weizenbaum, os "robôs de bate-papo" (*chatterbots*) da internet, como o Alice, de Richard Wallace).[36] Como assinalam Canny e Paulos, a tecnologia que atua como intermediária na nossa interação com outras pessoas – salas de bate-papo, e-mail, videoconferências, etc. – geralmente restringe o leque de pistas sociais que guiam nosso comportamento. Nossa capacidade de reconhecer a fraude on-line tem implicações importantes. A menos que saibamos com quem estamos nos comunicando, não sabemos como nos comportar. Compatível com o argumento de Wilson no capítulo 4, Donath sugere que, à medida que a telerrobótica capacita o agenciamento remoto, ela pode dessensibilizarnos para com aqueles cuja identidade, ou mesmo humanidade, permanece escondida da visão.

No capítulo 17, Michael Idinopulos usa considerações epistemológicas para extrair conclusões normativas a respeito do projeto de interfaces telerrobóticas na internet. Valendo-se de Descartes, Berkeley e dos filósofos contemporâneos Donald Davidson e Richard Rorty, ele distingue entre a mediação "causal" e a "epistêmica": o conhecimento sempre é mediado causalmente (pelos acontecimentos que o produzem), mas é mediado epistemicamente apenas se for o produto de inferência. O ceticismo – o problema central da epistemologia – desafia o conhecimento que é epistemicamente mediado. Se o conhecimento a distância é o objetivo

---

[36] Richard Wallace projetou Alice, um refinado robô de bate-papo da internet: http://www.alicebot.org.

dos dispositivos telerrobóticos, então, a imediaticidade deve ser o objetivo do projeto de interfaces. Isso pode ser conseguido pelas interfaces que permitem ao usuário "virar-se habilidosamente" no ambiente remoto – a interagir instintiva e irrefletidamente com objetos distantes em vez de tratá-los como entidades teóricas a serem inferidas a partir de indícios em uma tela de vídeo.[37] Como os óculos, telescópios e microscópios, os dispositivos telerrobóticos devem mediar nosso conhecimento causalmente, mas não epistemicamente. Ao visitarmos um site telerrobótico, não devíamos ver a interface em si. Devíamos ver através da internet e enxergar o ambiente distante além dela.

Como pós-escrito, o ensaio de 1945 de Merleau-Ponty foi reimpresso como "The Film and the New Psychology".[38] Merleau-Ponty descreve como a psicologia da gestalt e a fenomenologia rejeitam a dicotomia cartesiana de mente e corpo. Em vez de analisar cada sensação separadamente, a fenomenologia reconhece que os humanos respondem como "seres atirados no mundo e ligados a ele por um vínculo natural". Merleau-Ponty aplica esse modelo de percepção ao cinema, o novo veículo de seu tempo. Por exemplo, as seqüências cinemáticas de Pudovkin usando o rosto de Mosjoukin são casos de gestalt temporal. O ensaio de Merleau-Ponty oferece um precedente no qual os "modos da (filosofia) correspondem a métodos técnicos" e recorda a observação de Kant de que, no conhecimento, a imaginação serve a compreensão, ao passo que, na arte, a compreensão serve a imaginação.

À medida que avançamos, jogando fora os valores que serviam de lastro, lutamos para manter nosso domínio sobre a coisa escorregadia que chamamos conhecimento. Qual será a forma e a condição do conhecimento à medida que aceleramos nosso avanço em um novo milênio? Como Walter Benjamin previu, em 1936, temos uma necessidade crescente de ver e manipular objetos distantes através de suas imagens. As

---

[37] H. Dreyfus & S. Dreyfus, *Mind Over Machine: the Power of Human Intuition and Expertise in the Era of the Computer* (Nova York: Free Press, 1986).

[38] M. Merleau-Ponty, "The Film and the New Psychology", em *Sense and Non-Sense*, trad. H. Dreyfus & P. Dreyfus (Evanston: Northwestern University Press, 1964).

teletecnologias, sempre úteis para a ciência, são cada vez mais relevantes para a política e para nossa vida diária. É nesse contexto que a telepistemologia, o estudo do conhecimento adquirido a distância, pode nos ajudar a manter o rumo.

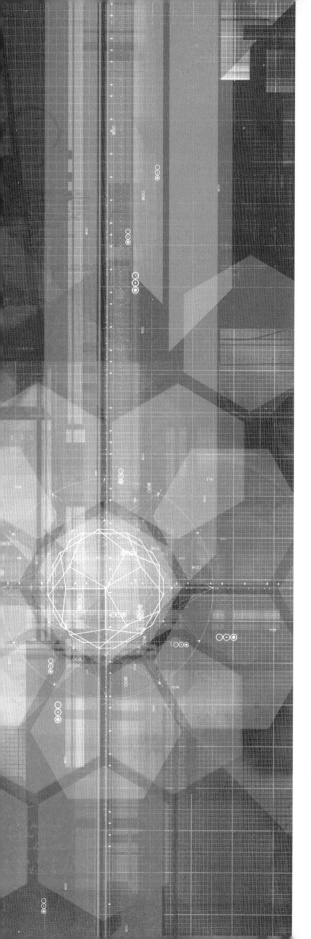

Plissando o texto: origens e desenvolvimento da arte telemática*

Roy Ascott

* Texto originalmente cedido para publicação pelo autor. Uma versão modificada foi publicada em http://www.olats.org/projetpart/artmedia/2002eng/te_rAscott.html. Tradução de Luís Carlos Borges.

La plissure du texte: um conto de fadas planetário

Durante meu período como decano do San Francisco Art Institute na década de 1970, falou-se que eu consultava o tarô e jogava o *I Ching* regularmente. Fui abordado pelo doutor Brendan O'Regan, antigo associado de Buckminster Fuller, que havia acabado de assumir o posto de diretor de pesquisa no recém-formado Instituto de Ciências Noéticas, em Sausalito. O Instituto era encabeçado por Willis Harman e havia sido fundado pelo astronauta Edgar Mitchell.

Eu vinha estudando sistemas psíquicos desde o início da década de 1960 de modo que, retrospectivamente, posso perceber que, uma década depois, eles me levaram a idéias de mente distribuída e "autoria distribuída", presentes em meu projeto, *La plissure du texte*. Segui o lado esquerdo e o lado direito do caminho na busca de meus interesses esotéricos (estou pensando, aqui, no papel dos hemisférios esquerdo e direito do cérebro na determinação de normas lingüísticas e culturais na tese de Robert Ornstein,[1] e, especialmente, sua reunião de leituras extraídas da antropologia, psicologia, filosofia, religião mística e fisiologia, que incluem idéias de William James, o sufismo de Idries Shah, a sincronia de

---

[1] Robert E. Ornstein, *The Pshychology of Consciousness* (São Francisco: W. H. Freeman, 1972); e *The Nature of Human Consciousness* (São Francisco: W. H. Freeman, 1973).

Jung e os estudos Psi de Charles Tart, todos os quais me influenciaram muito na época. Nessas áreas, entre outras coisas, li extensamente, por exemplo, o trabalho de J. B. Rhine sobre parapsicologia na Duke University, em Durham, Carolina do Norte, e a teoria de tempo e memória, de J. W. Dunne[2] (uma cópia dela fazia parte da biblioteca essencial de Buckminster Fuller) e, por outro lado, autores como Ouspensky,[3] Papus[4] e, em um nível de generalidade, mas com enorme impacto em minha imaginação, *A View over Atlantis*, de John Michell.[5]

Brendan O'Regan quis saber se eu participaria de um documentário de TV sério (a ser exibido de costa a costa) sobre a atual pesquisa psíquica, e, no meu caso específico, entrevistar Luiz Antonio Gasparetto, um paranormal brasileiro que demonstrou a impressionante capacidade de fazer quatro pinturas simultaneamente, cada uma no estilo de um "mestre moderno" diferente, pintando com os pés e as mãos. Ele "incorporava" as personalidades desses pintores falecidos e dizia que "caminhava e conversava com eles" diariamente. Na filmagem, parecia que praticamente toda a comunidade de parapsicólogos, analistas, terapeutas e psicólogos transpessoais do norte da Califórnia estava reunida para assistir à demonstração.

Assim, fui introduzido no mundo paranormal e, até certo ponto, no mundo esotérico da Bay Area. Eu já havia começado uma amizade com Jack Sarfatti, antigamente professor de física quântica na Universidade da Califórnia, Berkeley, e parte do grupo Esalen, que, dizem, influenciou as idéias de Fritjof Capra[6] e Gary Zukav,[7] cujos livros sobre misticismo e física viriam a ser amplamente lidos. Fred Alan Wolf,[8] autor de *Parallel*

---

[2] J. W. Dunne, *An Experiment with Time* (Londres: Faber & Faber, 1927).

[3] P. D. Ouspensky, *In Search of the Miraculous: Fragments of an Unknown Teaching* (Londres: Routledge & Kegan Paul, 1949).

[4] Papus, *The Tarot of the Bohemians*, trad. A. P. Morton (Nova York: Samuel Weiser, 1958).

[5] John Michell, *A View over Atlantis* (Londres: Sago Press, 1969).

[6] Fritjof Capra, *The Tao of Physics* (Londres: Wildwood House, 1975).

[7] Gary Zukav, *The Dancing Wu Li Masters: an Overview of the New Physics* (Londres: Rider Hutchin, 1979).

[8] Fred Alan Wolf, *Parallel Universes: the Search of Other Worlds* (Nova York: Simon & Schuster, 1989).

Universes, além de outros livros influentes, também participava de nossas reuniões. Por meio de Brendan fui apresentado a Jacques Vallee, popularmente conhecido como o especialista francês em OVNIs, interpretado por François Truffaut, em que se baseou o filme *Contatos imediatos do terceiro grau*.

Fascinado como estava com esse mundo e seu significado na formação de minha compreensão da consciência como campo de estudo, o interesse de Vallee, para mim, estava mais no seu trabalho com conferências por computador (como eram então chamadas). Ele havia fundado uma companhia chamada Infomedia, em San Bruno, que provia a rede Planet internacionalmente, oferecendo acesso por rede a enormes bancos de dados e a uma prática extensa de conferência por computador. Jacques Vallee, Roy Amara, Robert Johansen e outros desenvolveram o sistema Planning Network (Planet) no Instituto para o Futuro, em 1973. O Planet foi o primeiro programa de bate-papo projetado para a Arpanet e capacitava qualquer pessoa na rede a registrar-se no sistema. O Planet foi usado em uma série de estudos de avaliação e teve considerável influência sobre os que o usaram. Ao contrário de outros sistemas de conferência, o Planet foi originalmente projetado para ser usado por planejadores no governo e na indústria, provavelmente sem experiência anterior com computadores, e, portanto, desde o início, foi projetado para apresentar o máximo em facilidade de uso. Por exemplo, os comandos eram os mais simples possíveis e o sistema foi projetado para operação com apenas algumas teclas, em um terminal de telecomunicações portátil, especialmente construído. O aplicativo Planet desenvolveu-se e tornou-se o Notepad, um sistema de conferência global, usado por vários clientes corporativos como a Shell Oil.

(Por mais ameaçadora que pudesse parecer a sombra da associação com usos corporativos e militares de tais sistemas, eu estava confiante em que os artistas podiam mostrar maneiras de usar a telemática que seriam alternativas benignas e poéticas.)

Mais tarde, Vallee descreveria assim sua introdução nas redes de computadores:

Por volta de 1971 juntei-me ao laboratório de Douglas Engelbart's na SRI. O pessoal de Doug estivera explorando uma visão de comunidades on-line e havia começado a desenvolver algumas ferramentas básicas, como o mouse e uma forma inicial de hipertexto. Foi muito divertido, especialmente quando a Arpanet realmente abriu, em 1972. Também começamos a perceber alguns dos efeitos comportamentais e sociais imediatamente. Uma das minhas tarefas no laboratório era construir a primeira base de dados para a NIC (Network Information Center), que só tinha alguns sites na época. Mais tarde, conheci Paul Baran, que tinha inventado o *packet switching* na Rand e era meu mentor em um novo projeto Arpa, voltado para o estudo das comunicações de grupo através de computadores. Com patrocínio da Arpa e do NSF, meu grupo no Instituto para o Futuro construiu e testou o primeiro sistema de conferências baseado em rede.[9]

Apesar de minha preocupação contínua com a cibernética, isso tudo era novo para mim, e era particularmente estimulante o fato de que terminais portáteis, com acopladores acústicos de borracha em um monofone, podiam ser introduzidos na rede a partir de praticamente qualquer lugar. Assim como acontecera antes, em 1961, tive um vislumbre de iluminação e dei-me conta do valor da teoria cibernética para sustentar minha prática artística interativa,[10] de modo que, também aqui, percebi nessa nova rede de computadores a possibilidade de um novo meio de conexão para minha arte. Minha primeira tarefa foi assegurar patrocínio para estabelecer um projeto de rede que pudesse testar minhas idéias. O National Endowment for the Arts, em Washington, surgiu com o apoio e eu imediatamente enviei terminais portáteis Texas Instruments 765 a Douglas Davis, Jim Pomeroy, Don Burgy, Eleanor Antin, nos Estados Unidos, e Keith Arnatt, no Reino Unido.

As possibilidades do meio começaram a se revelar. Vallee convidou-me a participar de um grupo de cientistas no *Saturn Encounter*, uma

---

[9] Disponível em http://www.omnimag.com/archives/chats/br111596.html.

[10] Roy Ascott, "Behaviourist Art and the Cybernetic Vision", em *Cybernetica, Journal of the International Association for Cybernetics*, nº 9, 1966, pp. 247-264; e também a edição nº 10, 1967, pp. 25-26.

conferência por computadores global, que, no espaço eletrônico, acompanhava a sondagem de Saturno pela Voyager II da Nasa.

Quando meu projeto estava em andamento (batizado como "arte terminal" pela imprensa britânica), eu estava de volta a minha casa em Bath, Inglaterra. Ali, soube da iniciativa do governo francês de criar um Programme Télématique nacional. O termo *télématique* havia sido cunhado por Minc e Nora[11] em seu recente relatório ao presidente francês, de 1978. Minhas leituras nesse novo campo, fundidas com as linhas de pensamento que eu vinha desenvolvendo ao longo das décadas de 1960 e 1970, haviam seguido um caminho que ia da lingüística estrutural de Saussure[12] e da antropologia estrutural de Lévi-Strauss[13] até a arqueologia do conhecimento de Foucault[14] e os domínios mais inebriantes de Derrida e do pós-estruturalismo plenamente desenvolvido.

Em 1978, eu havia hasteado minha bandeira ao apresentar um credo pós-moderno em um encontro da associação do College Art, em Nova York, em uma mesa-redonda convocada por Douglas Davis. Este se valia das implicações da cibernética de segunda ordem como articulada em um livro publicado na época por Heinz von Foerster[15] e reforçava a compreensão da interatividade na criação de significado pela qual eu teorizara a minha prática artística. Estabelecido em São Francisco, eu inevitavelmente lera *Steps to an Ecology of Mind*, de Bateson,[16] onde descobri e achei muito forte o termo "mente em geral". Mais tarde, soube que Aldous Huxley[17] havia cunhado o termo originalmente no livro *Proper Studies*.

Na época, tinha afeição pela obra de Roland Barthes, que, para mim, representava o centro de boa parte da literatura sobre a semiótica, com sua ênfase em como se pode extrair significado das coisas aparentemente mais triviais ou sem interesse. Não obstante a excelência do magistral

---

[11] S. Nora & A. Minc, *The Computerization of Society* (Cambridge: MIT Press, 1980).

[12] F. de Saussure, *Cours de linguistique générale* (Paris: Payot, 1949).

[13] Claude Lévi-Strauss, *Structural Anthropology* (Nova York: Basic Books, 1963).

[14] Michel Foucault, *A arqueologia do saber* (Rio de Janeiro: Forense, 2000).

[15] H. von Foerster, *Observing Systems* (Nova York: Intersystems, 1981).

[16] G. Bateson, *Steps to an Ecology of Mind* (São Francisco: Chandler, 1972).

[17] Aldous Huxley, *Proper Studies* (Londres: Chatto & Windus, 1949).

A Theory of Semiotics, de Eco,[18] ou minhas incursões na década de 1960 no trabalho pioneiro de Charles Sanders Peirce,[19] foi *Mythologies*[20] que primeiro capturou minha imaginação, com sua combinação de sátira, humor e a desconstrução de mitos com probidade intelectual. Em 1977, o artista canadense Mowry Baden enviou-me uma cópia de *The Pleasure of the Text* que eu percebi que levava a "crítica literária" a um nível inigualável de importância naquele campo acadêmico exaurido.

> Texto significa tecido, mas, enquanto até agora consideramos esse tecido como um produto, um véu recém-produzido, atrás do qual se encontra, mais ou menos oculto, o significado (verdade), agora estamos enfatizando, no tecido, a idéia gerativa de que o texto é feito, é formulado em um entrelaçamento perpétuo; perdido nesse tecido – nessa textura – o sujeito se desfaz, como uma aranha que se dissolve nas secreções construtivas de sua teia.[21]

Achei o livro rico em *insights*, fértil em idéias e ambição.

> Tão logo uma palavra é dita, em algum lugar, sobre o prazer do texto, dois policiais estão prontos a pular em cima de você: o policial político e o policial psicanalítico: futilidade e/ou culpa, o prazer é ocioso ou vão, uma noção de classe ou uma ilusão.
>
> Uma tradição antiga, muito antiga: o hedonismo foi reprimido por quase todas as filosofias; nós o vemos defendido apenas por figuras marginais, como Sade, Fourier [...][22]

Foi justamente a teoria universal da atração apaixonada, de Fourier,[23] que inspirou meu utopismo, uma paixão que se estendeu ao texto, isto é,

---

[18] Umberto Eco, *Theory of Semiotics* (Bloomington: Indiana University Press, 1979).

[19] Charles Sanders Peirce, *Collected Papers 1931-1958* (Cambridge: Harvard University Press, 1998).

[20] Roland Barthes, *Mythologies* (Paris: Seuil, 1970).

[21] Roland Barthes, *The Pleasure of the Text*, trad. Miller R. (Nova York: Hill and Wang, 1975), p. 64.

[22] *Ibid.*, p. 57.

[23] C. Fourier, *The Utopian Vision of Charles Fourir: Selected Texts on Work, Love, and Passionate Attraction*, trads. Jonathan Beecher & Richard Bienvenu (Londres: Beacon Press, 1971).

PLISSANDO O TEXTO: ORIGENS E DESENVOLVIMENTO DA ARTE TELEMÁTICA

que deu liberdade para fazer (dar/oferecer) prazer narrativo no contexto de sistemas abertos de tempo não-linear (assincrônico) e de espaço ilimitado (não localizacional). Em resumo, a telemática da utopia – estar aqui e em outro lugar ao mesmo tempo, onde o próprio tempo poderia ser infinitamente diferido, como poderia ser, na verdade, a finalidade do significado. Eu estava pronto para a *différance* de Derrida,[24] vendo a diferença funcionar muitas vezes como uma aporia: a diferença não no tempo nem no espaço, mas tornando ambos possíveis.

Meu interesse por signos, semiótica e, especialmente, mitos também foi parcialmente satisfeito pelo estudo da estrutura narrativa e da morfologia do conto de fadas, de Vladimir Propp.[25] Ao contrário da busca dos estruturalistas pela estrutura subjacente dos mitos, a investigação dos contos folclóricos por Propp buscava vários elementos básicos na própria superfície da narrativa. Ele mostrou como esses elementos correspondem a diferentes tipos de ação. Sua análise estrutural das *dramatis personae* e sua concentração no comportamento, que reconhecia que as ações são mais importantes do que os agentes, harmonizavamse com o interesse que eu tinha por processo e sistema. No conto de fadas, segundo sua descrição, há 31 funções que são distribuídas entre sete *dramatis personae* principais: o vilão, o doador, o ajudante, a princesa, o mensageiro, o herói e o falso herói (ou anti-herói). Senti-me especialmente atraído pela idéia de que cada personagem mítico representava efetivamente mais um centro de ação do que uma simples *persona*.

Em 1982 Frank Popper me contactou para que eu contribuísse com uma obra para a exposição que planejava, *Electra. Electricity and Electronics in the Art of the XX*[th] *Century*, a ocorrer no Musée d'Art Moderne de la Ville de Paris, no outono de 1983. Popper havia defendido meu trabalho em várias publicações desde a década de 1960.[26] Pareceu-me uma oportunidade admirável de criar um evento telemático de grande

---

[24] J. Derrida, *Writing and Difference*, trad. Alan Bass (Londres: Routledge & Kegan Paul, 1978).

[25] Vladimir Propp, *apud* Anatoly Liberman (org.), *Theory and History of Folklore* (Mineápolis: University of Minnesota Press, 1985).

[26] Frank Popper, *Origins and Development of Kinetic Art* (Londres: Studio Vista, 1968); e *Art: Action and Participation* (Londres: Studio Vista, 1975).

escala, que poderia, de certa maneira, combinar as muitas correntes de idéias que mencionei.

Cibernética, esoterismo, interatividade, mentes conectadas, campos de consciência, centros de ação narrativos, o mito, contos de fadas e um compromisso com a telemática como meu veículo de trabalho. Essas questões, entre outras definidas com menos facilidade, levaram-me, inexoravelmente, a encontrar o meu tema. Como pintor e sonhador, o pensamento associativo sempre foi mais produtivo para o meu processo criativo do que a racionalidade estrita. Tudo isso, juntamente com o valor que a noção de *juissance* de Barthes dava ao prazer do texto, e o título de meu projeto logo se formou em minha mente.

Este devia ser um projeto envolvendo caminhos associativos múltiplos para uma narrativa que se desenrolaria no tempo segundo os centros de ação que determinaram seu desenvolvimento. O processo de plissar o texto seria assincrônico, de múltiplos níveis e não-linear em todas as suas bifurcações. Eu havia recentemente feito um projeto que fez parte do *The World in 24 Hours*, um evento de interligação eletrônica de Robert Adrian X para o Ars Electronica em 1982. Meu projeto devia ter participantes em seus terminais de computador ao redor do mundo, atirando moedas, para a primeira consulta planetária do *I Ching*. Ao refletir sobre isso mais tarde, escrevi:

> Lembro que chegamos perto do número 8, PI, Coesão/União, mas a linha de baixo foi -X- , que transformou a leitura no número 3, CHU. *Dificuldade no início*, o que era verdade, sem dúvida. Na verdade, ao examinar o surgimento da interligação para a arte, a descendência dessa momentosa convergência de computadores e telecomunicações, o comentário sobre CHU é particularmente adequado: "Os tempos de crescimento são rodeados de dificuldades. Lembram um primeiro nascimento. Mas essas dificuldades surgem da própria profusão de tudo aquilo que está lutando para assumir forma. Tudo está em movimento: portanto, se perseveramos, há perspectiva de grande sucesso".[27]

---

[27] Roy Ascott, "Art and Telematics: Towards a Network Consciouness/Kunst und Telematik/L'Art et le télématique", em H. Grundmann (org.), *Art + Telecommunication* (Vancouver: The Western Front, 1984), p. 28.

Para a comunicação, Adrian empregou o sistema Artex, programa de correio eletrônico para artistas na rede mundial de compartilhamento de tempo I. P. Sharp Associates (IPSA). Foi iniciado como Artbox em 1980, por Robert Adrian, Bill Bartlett e Gottfried Bach para oferecer aos artistas uma alternativa simples e relativamente barata para o programa mais caro, mas orientado para as grandes empresas. A versão final, Artex, foi finalizada alguns anos depois. Foi usada como uma rede de correio para artistas, um instrumento para a organização de eventos on-line e um veículo para projetos de telecomunicação baseados em textos. Havia um grupo de cerca de dez artistas que o usaram regularmente e mais trinta ou quarenta outros em qualquer período durante os seus dez anos de operação.

Encontrei-me com Bob Adrian em Viena para conseguir seu envolvimento no projeto e sua anuência para administrar a complexidade da Artex como instrumento organizador da infra-estrutura de telecomunicações. Ele ficou imediatamente entusiasmado e demos início ao que seria uma longa e enriquecedora amizade, que se estendeu a sua esposa, a autora e crítica Heidi Grundmann. Também levou dois anos, indiretamente, para minha nomeação como professor de teoria da comunicação na Hochschule für angewandte Kunst em Viena de 1985 a 1992.[28]

Os fundos para o projeto foram cobertos em boa parte pelo escritório parisiense do Canada Council. Bob Adrian era canadense, apesar de viver há muito tempo em Viena, e, na década de 1970, eu tinha sido presidente do Ontario College of Art.[29] O plano era publicar o resultado de alguma maneira, mas a liderança do Bureau mudou e os fundos necessários nunca vieram. Contudo, há uma versão on-line, um tanto fragmentada e incompleta, capturada em disco em Toronto, por Norman White, e que pode ser vista em http://www.normill.com/Text/plissure.txt.

Minha proposta era usar o meio telemático para a criação de uma narrativa distribuída, mundial – um conto de fadas global coletivo. O projeto foi de particular significado para mim pelo fato de que, em 1982,

---

[28] E. Patka (org.), *Kunst: Anspruch und Gegenstand* (Viena: Residenz Verlag, 1995).

[29] M. Wolfe, *Oca 1967-1972: Five Turbulent Years* (Toronto: Grub Street Books, 1967-1972).

eu havia renunciado a minha prática nas artes plásticas, na qual estivera envolvido por mais de vinte anos, para dedicar-me, total e inteiramente, à arte telemática. Eu estava desenvolvendo a idéia de que, com a rede como meio, o trabalho do artista havia mudado do papel clássico de criar conteúdo, com todo o "fechamento" composicional e semântico implícito, para o de "produtor de contextos", fornecendo um campo de operações no qual o observador poderia tornar-se ativamente envolvido na criação do significado e na modelagem de experiência que a obra de arte como processo poderia exigir. Estava me recordando de *Le plaisire du texte*, de Roland Barthes, especialmente ocupado com seu conceito de *juissance*, e me parecia que a idéia de Barthes de conseguir *juissance* era um objetivo muito mais desejável para a narrativa não-linear envolvendo vários autores do que o modo clássico de catarse ou *dénouement*.

Em 13 de julho postei uma descrição do projeto do pedido de participação no Artex:

```
<> Message ID: Ascott 77
msg title: La plissure du texte
dated: july 18 1983
Projeto de narrativa colaborativa, envolvendo uma rede de artistas
ao redor do planeta.
Objetivo: Criar um texto de conto de fadas gerado por artistas
localizados na Áustria, Austrália, Canadá, Holanda, França, Havaí,
Inglaterra, Gales e EUA.
Método: Terminais de dados ligados ao IP Sharp Artbox
com terminais de exibição e cópia no Musée D'Art Moderne de la
Ville de Paris.
Línguas: Francês e inglês. francês na maior parte.
Papéis: Os artistas colaboradores irão gerar o texto do ponto de
vista de um papel ou identidade assumidos. Cada um irá se tornar um
personagem no conto de fadas, atribuído pelo organizador do proje-
to, como vilão, herói, falso herói, princesa, ajudante, etc. (se-
```

PLISSANDO O TEXTO: ORIGENS E DESENVOLVIMENTO DA ARTE TELEMÁTICA

guindo muito informalmente os arquétipos do conto de fadas segundo
Vladimir Propp).*

Duração: Primeiras três semanas de dezembro. Registre-se quando
for conveniente. Roy Ascott convocará participações periodicamente
no museu para exibição regular. Haverá alguns dias de aquecimento
antes.

Publicação: Esperamos negociar uma publicação da transcrição, biografias e notas sobre o processo depois.

Terminal: Propõe-se que cada artista convidado veja o terminal
como um ponto de encontro de uma sub-rede de pessoas colaborando
para gerar os dados do personagem/papel atribuído nessa localização. Um tipo de canal de atividade alimentando toda a rede através
de uma localização de terminal específica.

Se você pode de fato participar (isto é, tem acesso a um terminal,
linha telefônica e artbox) os custos de tempo serão pagos pelo
projeto.

Biografia: Envie-me uma breve nota biográfica para publicação tão
logo seja possível. Haverá um quadro de informações na mostra
mapeando os participantes, com foto e biografia de cada um.

Quaisquer perguntas, entre em contato comigo imediatamente.

Roy Ascott Art Access Networking, 15, Bloomfield Road, Bath
England BA224B, fone 0225 31355.

Por favor, confirme sua aceitação deste convite o mais rápido
possível.

Chimo, Roy

Aceita   (S/N) ? : S

Convite inicial à participação no projeto.

Ao mesmo tempo, circularam panfletos e anúncios na imprensa. Artistas e grupos de artistas em onze cidades da Europa, América do Norte
e Austrália concordaram em juntar-se ao projeto. Em novembro, cada

---

* Vladimir Propp, *Morfologia do conto maravilhoso*, em Boris Schnaiderman (org.), trad. Jasna Paravich
Sarhan (Rio de Janeiro: Forense-Universitária, 1984). [N. da O.]

participante recebeu o papel de um personagem tradicional de conto de fadas: princesa, bruxa, fada-madrinha, príncipe, etc. Além da simples idéia de um conto de fadas, não sugeri uma linha narrativa ou enredo – pedi aos artistas que simplesmente improvisassem. O resultado foi que, devido à diferença de fusos horários, as narrativas muitas vezes se sobrepuseram e se fragmentaram à maneira do jogo surrealista 'Exquisite Corpse'.

```
<>
MESSAGE ID: ASCOTT 13
MSG TITLE: LA PLISSURE DU TEXTE
DATED: NOVEMBER 05 1983
Instruções completas do projeto por correio expresso devem chegar
a vocês em 12 de novembro. O projeto começa formalmente às 17h00.
8 de dezembro o projeto todo não será em modo Artex
Não será, repito, não será em modo de conferência. Sugere-se entrar
aproximadamente 2 hs por dia ou dia sim, dia não.
Anote meu número de telefone, 072 550 151. Agora o endereço:
64 Upper Cheltenham Place, Montpelier, Bristol, England.
A história será gerada do ponto de vista de personagens de contos
de fadas, como atribuídos a cada terminal.
Distribuição dos personagens:
Alma, Quebec      animal
Amsterdã          vilão
Bristol           embusteiro
Honolulu          velho sábio
Paris             mágico
Pittsburgh        príncipe
São Francisco     bobo
Sydney            bruxa
Toronto           fada-madrinha
Vancouver         princesa
Viena             aprendiz de feiticeiro
```

```
Texto completo e biografias com fotodocumentação de todos os lo-
cais com terminais em ação serão publicados pelo  Canadian Culture
Center em 1984
cordialmente
Roy Ascott


Aceita        (s/n)  ?  :  s
```

Mensagem Artex distribuindo os papéis para La plissure du texte.

La plissure du texte esteve ativo on-line por 24 horas, durante doze dias – de 11 a 23 de dezembro de 1983. Revendo o projeto alguns anos depois, escrevi:

> A onipresença da nova tecnologia da informação e da aplicação da inteligên-
> cia artificial a todas as coordenadas da vida social produzirão estruturas de
> pensamento e formas de expressão inteiramente compatíveis com os impulsos
> para uma nova ordem que observamos nos esforços pós-modernos e pós-es-
> truturalistas. No fim de 1983, o projeto telemático de grande porte [...] *La
> plissure du texte* [...] foi apresentado. Com terminais em onze cidades, a rede
> desenvolveu-se até incluir redes locais de artistas, amigos e membros aleató-
> rios do público geral que estivessem visitando o museu ou espaço artístico
> onde estivessem localizados os terminais. Durante o período de três semanas
> do projeto, centenas de "usuários" envolveram-se em um grande intertexto, na
> feitura de um "tecido" que não poderia ser classificado, se bem que, ostensiva-
> mente, o projeto deveria gerar um "conto de fadas planetário".[30]

Cada participante ou grupo de participantes do processo podia interagir com os dados de todos os outros, recuperando da vasta memória todo o texto acumulado desde que haviam entrado pela última vez. O intercâmbio textual era complexo, funcionando em muitas camadas de significado: o espirituoso, o licencioso, o inteligente, o acadêmico, o filosófico,

---

[30] Roy Ascott, "Concerning Nets and Spurs/Netze un Sporen", em Richard Kriesche (org.), *Artificial Intelligence in the Arts* (Graz: Steirischer Herbst, 1985).

o entretido, o inventivo, o chocante, o engraçado – assimilando a grande diversidade de contextos culturais, sistemas de valor e interesses intelectuais dos participantes, localizados em Honolulu, Pittsburgh, São Francisco, Paris, Vancouver, Viena, Toronto, Bristol, Amsterdã, Alma, Quebec e Sydney.

La plissure du texte foi realmente um divisor de águas, um fulcro para meu trabalho. Ele me mostrou a importância do texto como a prática agente não meramente da teoria e demonstrou a potência da autoridade distribuída no processo criativo. O projeto passou pela imprensa de arte sem comentários, exatamente como o projeto on-line internacional de 1986 na Bienal de Veneza, *Planetary Network*, organizado por Tom Sherman, Don Foresta, e eu, como delegados internacionais, não recebeu nenhuma atenção. Era muito cedo e o mundo da arte levou um bom tempo para se atualizar. Foi só em 1989, com minha instalação on-line, *Aspects of Gaia: Digital Pathways Across the Whole Earth*, para a Ars Electronica, que meu trabalho telemático interativo conquistou um lugar no mundo da arte.

Foi o ano em que o termo "arte interativa" foi inscrito no cânone da prática com textos como "Gesamtdatenwerk", que publiquei na *Kunstforum*[31] naquele ano. Um ano depois, o Prix Ars Electronic estabeleceu a arte interativa como categoria importante da prática.

---

[31] Roy Ascott, "Gesamtdatenwerk: Connectivity, Transformation and Transcendence", em T. Druckrey (org.), *Ars Electronica: Facing the Future* (Cambridge: MIT Press, 1999). Originalmente publicado como Roy Ascott, "Gesamtdatenwerk. Konnektivität, Transformation und Tranzendenz", em *Kunstforum*, Köln, setembro/outubro, p. 103.

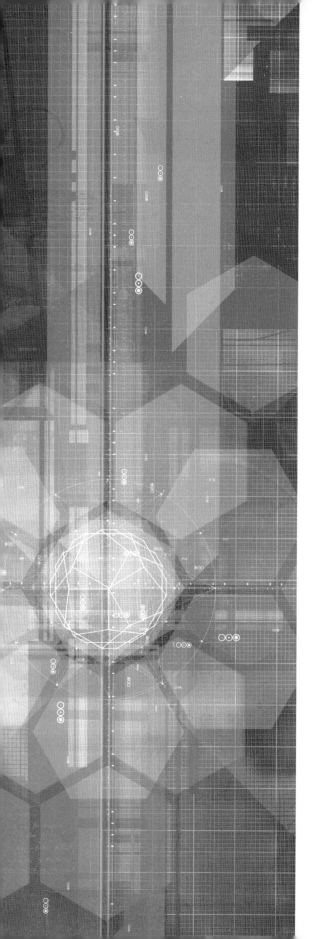

VR Webcams: distorções de tempo como aspectos construtivos*

MICHAEL NAIMARK[1]

---

* Originalmente publicado em The International Symposium of Electronic Art (Isea), Nagoya, Japão, 2002. Disponível em http://www.naimark.net. Tradução de Luís Carlos Borges.
[1] Agradeço o apoio do Artist Residency Program do Institute of Advanced Media Arts and Sciences (Iamas), Ogaki, Japão.

Introdução

Em 1560, o pintor flamengo Pieter Bruegel, o Velho, pintou *Jogos de crianças*,[2] que retrata, como boa parte do trabalho de Bruegel, a vida cotidiana.[3] Nela, podem ser vistas mais de cem crianças, jogando dúzias de jogos na praça de um povoado. Embora a cena possa realmente ter ocorrido, sabemos que não foi o caso. Há muita coisa acontecendo de uma vez, e toda a ação é perfeitamente composta. Nem mesmo Cecil B. De Mille poderia ter criado tal cena com um cenário e atores vivos. Supomos que *Jogos de crianças* é uma representação realista de um acontecimento irreal, uma composição agregada, baseada em um "acúmulo" de momentos na memória de Bruegel ou em sua imaginação.

Em 1979, o cartunista americano Robert Crumb desenhou *Uma história da América*,[4] representando, em doze quadros, a progressão de um único lugar, de prado intocado a povoado de fronteira e a uma esquina de rua americana completa, com lojas de conveniência e um emaranhado de fios de energia.[5] Mesmo na forma de cartum, os detalhes são abrangentes.

---

[2] Ver http://www.artchive.com/artchive/B/bruegel/bruegel_childrens_games.jpg.html.

[3] Ver http://www.artchive.com/artchive/B/bruegel/bruegel_childrens_games.jpg.html.

[4] Ver http://www.crumbmuseum.com/history2.html.

[5] Ver http://www.crumbmuseum.com/history2.html.

Se houvesse uma câmera nos primeiros dias da história colonial americana, posicionada, imóvel, no mesmo lugar durante duzentos anos, *Uma história da América* poderia ter sido um "filme de lapso de tempo" (*time-lapse film*).[*]

A pintura de Bruegel e o cartum de Crumb são, ambos, obras baseadas no lugar, representando visões "acumuladas", em uma progressão de quadros por Crumb e de uma vez só por Bruegel. Em teoria, os elementos que estão acumulados podem ser armazenados como informações separadas e acrescentados ou deletados interativamente. Essa classe de imagens "hiper-reais" pode ser um modelo para câmeras na internet.

O dilema VR/webcam

O sonho da "realidade virtual (RV)" e da realidade das "webcams" não poderia ser mais distante. Associamos a RV a experiências multissensoriais, banda larga,[**] experiências de imersão, interativas, enquanto as webcams se associam a imagens do tamanho de selos que raramente se atualizam numa velocidade maior que uma vez por segundo. Enquanto a atração da RV é a riqueza sensorial, a atração das webcams é o caráter "ao vivo".

Esse dilema existe por várias razões, tais como a necessidade de material original rico, imersivo e a necessidade de tecnologia de exibição imersiva, mas a razão mais proeminente é a largura estreita de banda da internet. Considere que uma boa velocidade de conexão de internet doméstica (por exemplo, DSL ou modem a cabo) raramente é superior a mais de 1 megabit por segundo. A televisão digital de alta definição (HDTV) é mil vezes superior, 1 gigabit por segundo, e a tecnologia cinematográfica Imax é aproximadamente dez vezes superior a HDTV. O gargalo

---

[*] Filme realizado a partir do registro de um processo lento e contínuo no tempo. Os exemplos clássicos são: crescimento de uma planta, movimento das nuvens, etc. (N. da O.)

[**] A largura de banda (*bandwidth*) mede a quantidade de informações que podem fluir entre dois pontos. Quanto maior a "largura" de banda, maior é o fluxo de informações. (N. da O.)

(*bottleneck*)* para uma experiência de webcam "do tipo RV" é a banda estreita da internet.

Mesmo com uma conexão lenta,** é possível usar bastante força de processamento computacional e memória digital em ambas as extremidades com um custo baixo. Por exemplo, podemos construir um sistema de câmeras de imersão (de alta definição, estereoscópicas, panorâmicas) com um computador ligado permanentemente à rede (host) que armazena seqüências curtas e as transmita devagar para destinos remotos, onde são exibidas.

Como tal sistema não pode operar em tempo real, serão necessárias decisões a respeito do que transmitir. Essas decisões podem envolver transmitir imagens com uma granulação menor do que a dos frames capturados. Considere, por exemplo, ter a capacidade de transmitir apenas elementos "interessantes" de uma cena de rua comum – namorados andando de mãos dadas, um cão pulando no ar, um pássaro voando – mesmo que esses acontecimentos não sejam simultâneos.

Agora imagine ter uma biblioteca de tais acontecimentos. Poderíamos subpovoar ou superpovoar a cena como quiséssemos. (Imagine um Bruegel interativo!) A cena, porém, nunca parecerá perfeita, no sentido de verossimilhança aceitável, por causa das distorções de tempo.*** Acontecimentos que ocorram separados apenas por alguns segundos muitas vezes exibirão distorções de tempo devido à mudança da luz do sol. Tais distorções não são do tipo facilmente consertáveis no Photoshop. Exige-se o conhe-

---

* Termo técnico usado em informática para indicar o estágio em um processo que causa o atraso no processamento de todo o sistema. Indica o fator limitante, aquilo que impede que o sistema atinja seu potencial total. No caso citado, a velocidade de transmissão de dados através da internet está sendo o *bottleneck* do sistema. (N. da O.)

** Em inglês *narrow pipe*, jargão na WWW. O termo *pipe* indica o método de conexão com a internet. Uma conexão rápida é descrita como *fat pipe*. (N. da O.)

*** No original em inglês, *time artifact*. *Artifact* é um termo usado para indicar um defeito, adição ou distorção visual em uma imagem causados por limitações técnicas ou pelos próprios equipamentos. É aplicado tanto nas áreas da fotografia como no cinema e em computação. No caso das imagens em movimento acessadas através da internet, devido à lentidão das taxas de transferências de arquivos, podem surgir diversos tipos de defeitos e distorções, tais como pausas e saltos na seqüência das imagens. (N. da O.)

cimento semântico da cena e dos acontecimentos. Na verdade, transformar um elemento registrado à noite para que pareça ter sido registrado durante o dia pode nunca ser totalmente possível.

Estudos

Com que se pareceriam tais distorções de tempo? Uma imagem preservaria sua totalidade como "hiper-representação"? O local representado conservaria suas especificidades locais?

Essas são as perguntas que geraram a série de estudos feitos a partir das filmagens de uma de minhas instalações, *Be Now Here*.[7] Essa instalação foi filmada em quatro cidades "ameaçadas", segundo a lista do Patrimônio Mundial da Unesco, usando um sistema de câmeras com configuração personalizada. O sistema era composto por duas câmeras de cinema sincronizadas, lado a lado (para estereoscopia), lentes de grande angular de 60 graus (horizontal), para imersão, e um tripé motorizado de precisão, que girasse uma vez por minuto (para panorâmicas). Na instalação final, os visitantes usavam óculos polarizadores simples para 3D e sentavam-se em um assoalho que girava lentamente, em sincronia com a imagem, o que resultava na ilusão de que o filme estava girando em torno dos visitantes. O som, em quatro canais, era composto de gravações assincrônicas feitas em cada localidade. (Vale a pena notar que o acúmulo artificial de elementos de som em uma única composição muitas vezes não provoca perda de credibilidade.) Cinco momentos do dia foram registrados em cada uma das quatro localidades, incluindo São Francisco.

Três estudos foram produzidos a partir do material de *Be Now Here* para explorar distorções de tempo.[*] O primeiro estudo envolvia *match-cutting*[**] em três diferentes momentos do dia à medida que a câmera gira-

---

[7] Ver http://www.naimark.net/projects/benowhere.html.

[*] Uma versão desta publicação na web, incluindo clipes dos estudos, pode ser encontrada em http://www.naimark.net/writing/vrwebcam.html. (N. da O.)

[**] Técnica clássica no cinema que consiste em editar seqüências de cenas buscando criar a ilusão de continuidade no tempo. (N. da O.)

va em panorâmica, começando com um corte por segundo e aumentando para ritmos mais rápidos. Os resultados são ambíguos, dependendo de onde o observador se fixa. Quando nos fixamos em elementos que se movimentam, como pessoas caminhando, os resultados são desarmônicos. Quando, porém, nos fixamos nos elementos não transitórios, como edifícios, cujas cores e sombras se transformam, mas permanecem estacionárias, os resultados mostraram-se suaves.[8]

O segundo estudo apresentava apenas dois quadros do mesmo local, com a câmera apontando na mesma direção, em diferentes momentos do dia. Foi feita uma pequena máscara circular em Photoshop, para permitir que uma porção de uma imagem aparecesse através da outra. A máscara podia ser movida em tempo real. O resultado era como um "buraco no tempo" interativo, com todos os elementos sem movimento (árvores, edifícios, etc.) perfeitamente registrados.[9] Este efeito simples parecia mágica para muitos dos observadores, que achavam que muito mais estava ocorrendo. Qualquer um pode reproduzir esse efeito com uma câmera, um tripé e o Photoshop.

O terceiro estudo foi produzido projetando três imagens lado a lado, como em um tríptico. Dadas as propriedades das cenas, vários experimentos foram feitos. O mais óbvio foi simplesmente contrapor a mesma tomada por dez segundos de diferença entre cada uma das três telas, recriando uma cena espacial de 180 graus sem emendas, do mesmo lugar, quase ao mesmo tempo. Sem nenhum elemento em movimento,[10] a cena parecia virtualmente perfeita, já que o sol e as nuvens, em dez segundos, não mudavam o suficiente para que se notasse.

Com elementos em movimento na cena, as coisas ficavam mais complexas. Quando a cena contém elementos proeminentes, em movimento lento (como uma caravana de camelos em Timbuktu),[11] a contraposição de dez segundos era suficiente para criar o desalinhamento dos elemen-

---

[8] Ver http://www.naimark.net/images/vrwebcam/timetestcomp.mov.

[9] Ver http://www.naimark.net/images/vrwebcam/circletestcomp.mov.

[10] Ver http://www.naimark.net/images/vrwebcam/ybcomp.mov.

[11] Ver http://www.naimark.net/images/vrwebcam/ttu camelscomp.mov.

tos em movimento entre as telas. Quando a cena contém elementos proeminentes, em movimento rápido (como um caminhão de segurança em Jerusalém), o movimento repetido do mesmo elemento em todas as telas é óbvio.[12] Quando o movimento ocorre na borda do quadro (como um menino que está imóvel e depois se afasta no instante em que sua imagem deixa o quadro), isso também é muito evidente.[13] Quando, porém, muitos elementos em movimento não proeminentes surgem no quadro (como uma multidão), a repetição em todas as telas, justapostas por dez segundos, é difícil de detectar.

Outro experimento com três telas exibia o mesmo lugar, espacialmente sincronizado, mas em diferentes momentos do dia, como o alvorecer, o meio-dia e o crepúsculo. Tanto em um exemplo rural (Angkor Wat)[14] como em um exemplo urbano (Dubrovnik),[15] as distorções de tempo eram evidentes: as sombras caem em diferentes direções, o céu e as nuvens mudam, assim como a temperatura da cor.[*] Contudo, é evidente que o tríptico ainda representa o mesmo local: a "localidade" surgia intacta.

Um experimento final em três telas exibia o mesmo tempo, temporalmente sincronizado, mas em diferentes locais. Seqüências de nascer do sol[16] foram sincronizadas para que o sol parecesse mover-se suavemente pelo quadro em Jerusalém, depois continuasse a mover-se pelo quadro seguinte, em Dubrovnik, e, outra vez, no quadro seguinte, em Timbuktu. É difícil descrever esse tipo de continuidade. O tríptico claramente representava uma continuidade perceptível, mas uma continuidade mais abstrata do que a simples continuidade espacial. Alguns observadores notaram a existência de continuidade, mas não conseguiram descobrir o que era.

---

[12] Ver http://www.naimark.net/images/vrwebcam/jer truckcomp.mov.

[13] Ver http://www.naimark.net/images/vrwebcam/jerboycomp.mov.

[14] Ver http://www.naimark.net/images/vrwebcam/ang%203comp.mov.

[15] Ver http://www.naimark.net/images/vrwebcam/dub3comp.mov.

[*] O autor está se referindo à classificação das cores como frias (azul, roxo, verde) ou quentes (amarelo, laranja, vermelho). As cores de uma paisagem mudam no decorrer do dia. (N. da O.)

[16] Ver http://www.naimark.net/images/vrwebcam/suncomp.mov.

A VR webcam fixa

O que torna possíveis tais imagens acumuladas, espacialmente coerentes, afinal, é uma câmera fixa. Estando fisicamente ancorada em um local específico, a câmera permite o registro espacial perfeito de diferentes elementos de imagem. Essa câmera pode ser grande, com óptica de imersão e movimento robótico e pode empregar computação poderosa. Também pode estar conectada à internet através de uma conexão de banda larga (que permita alternativas de banda larga para destinos que também possuam tal conectividade). Também poderia servir como um local de distribuição para câmeras sem fio menores. Tal sistema integrado seria ideal não apenas para "hiperimagens" acumuladas, mas, possivelmente, também para dados ambientais acumulados.

Enquanto boa parte da comunidade de alta tecnologia está se concentrando nas tecnologias sem fio (wireless), também está aceitando as concessões que o acesso de banda estreita acarreta, como a perda da imersão em grande escala. Tal perda muitas vezes tira das imagens o "sentido de lugar". As "RV webcams" fixas oferecem uma alternativa e uma maneira complementar de fazer e experimentar imagens, especialmente imagens baseadas em lugar.

MUDs e identidades alteradas*

HOWARD RHEINGOLD

---

* Publicado anteriormente como "Capítulo 5", em Howard Rheingold, *The Virtual Community* (Cambridge: Mit Press, 2000). Disponível em http://www.rheingold.com/vc/book/5.html. Tradução de Luís Carlos Borges.

Seu personagem, Buffy Mojo, está rastejando por um labirinto de túneis na masmorra do castelo de seu arquiinimigo. As paredes são úmidas, a iluminação é fraca e o silêncio ameaçador. Um encantamento transformou o único aliado de Buffy em um sapo. As mãos pousam úmidas sobre o teclado; as batidas do coração soam alto demais. Se Buffy encontrar o personagem errado ali embaixo, sua *persona* morrerá e centenas de horas de trabalho investidas na sua construção terão sido desperdiçadas. Não é apenas o seu personagem imaginário que está em jogo. O destino de Buffy influenciará a vida virtual de outros personagens, que representam amigos reais no mundo material. Você está em uma MUD,[*] juntamente com dezenas de milhares de outras pessoas em todo o mundo que constroem mundos de fantasia na net.

Bem-vindos ao lado selvagem da cultura do ciberespaço, onde a mágica é real e a identidade é um fluido. MUD significa Multi-User Dungeon – mundos imaginários em bancos de dados computadorizados, onde as pessoas usam palavras e linguagens de programação para improvisar melodramas, construir mundos e povoá-los de objetos, solucionar enigmas, inventar diversões e ferramentas, competir por prestígio e poder,

---

[*] MUD é um acrônimo para Multi-User Dungeon, ou Dimension, ou Domain. Trata-se de um jogo de computação do tipo Role-Playing Game (RPG) que roda em Bulletin Board System (BBS) ou em um servidor da internet. (N. da O.)

conquistar sabedoria, buscar vingança, abandonar-se à cobiça, à luxúria e aos impulsos violentos. Pode-se encontrar sexo sem corpo em algumas MUDs. Num certo tipo de MUD, é possível até matar – ou morrer.

Tudo começou no computador de uma universidade da Inglaterra em 1980. Em julho de 1992, havia mais de 170 games de múltiplos usuários na internet, usando dezenove linguagens para a construção de mundos. Os mundos mais populares têm milhares de usuários. Em 1992, Richard Bartle, um dos pais do MUDding, estimou em 100 mil o número de MUDders ativos em todo o mundo, no passado e no presente. O pesquisador de MUD Pavel Curtis[*] estimou em 20 mil o número de MUDders em atividade em 1992. A população MUDding, no entanto, é bem menor do que as populações de outras partes da internet, mas está crescendo rápido e dando origem a novas formas em um ritmo impressionante.[**]

As MUDs são laboratórios vivos para o estudo dos impactos de primeiro nível das comunidades virtuais – os impactos sobre nossas psiques, nossos pensamentos e sentimentos como indivíduos. E nossas tentativas de analisar os impactos de segundo nível de fenômenos como as MUDs em nossas relações e comunidades reais levam a questões fundamentais a respeito dos valores sociais em uma era em que muitas de nossas relações humanas são mediadas pela tecnologia das comunicações.

"Qual é o problema com essa gente?" é uma pergunta que muitos fazem quando ouvem falar pela primeira vez do MUDding. "Essa gente não tem vida?" Esta é a pergunta mais séria que surge na história inicial da mídia – "É uma espécie de compulsão?" O argumento mais vigoroso para sustentar que as comunicações baseadas em computador[***] poderiam representar, além de oportunidades, sérios riscos sociais, nasce dos casos

---

[*] Ver artigo de Pavel Curtis, "MUDding: Social Phenomena in Text-Based Virtual Realities", disponível em http://www.zacha.net/articles/mudding.html. (N. da O.)

[**] As teorias de Curtis não se confirmaram. Existem diferenças básicas entre as interfaces baseadas em textos dos MUDs e os games baseados em interfaces gráficas (GUIs). Pode-se traçar um paralelo entre essas diferenças e os sistemas operacionais baseados no DOS e Windows. Curtis considerava que as interfaces textuais teriam mais futuro por serem menos dispendiosas. Hoje sabemos que os jogos com interfaces gráficas (GUI games) tornaram-se muito mais populares do que os jogos baseados em textos. (N. da O.)

[***] No original, Computer-Mediated Communication ou CMC. (N. da O.)

MUDs e identidades alteradas

documentados de MUDders que passam a maior parte de sua vida desperta em seus mundos alternativos. A questão da compulsão comunicativa não é tão simples quanto parece no início. Uma de minhas guias no universo MUD, ela mesma uma estudiosa do fenômeno, é Amy Bruckman, do Media Lab do MIT. Ela se exprimiu da seguinte maneira:

> Como nos sentimos a respeito dos milhares de estudantes universitários que gastam seu tempo e recursos patrocinados pelo governo para perseguir dragões virtuais? Para responder a minha pergunta, você tem de mergulhar e explorar suposições quanto ao que é uma maneira significativa de passar o tempo. Quais são os julgamentos de valor implícitos nas várias respostas a essa pergunta? *

Primeiro, é necessário examinar o fascínio, a atração, as razões pelas quais as pessoas usam o veículo tão entusiasticamente, tão obsessivamente até. Quais são as características únicas desse meio que atraem psicologicamente as pessoas e o que isso diz a respeito das necessidades psicológicas de cada uma delas? Creio que a resposta se encontra nas noções mutáveis de identidade precipitadas pelos meios de comunicação anteriores. Algumas pessoas são treinadas para o tipo de saturação comunicativa que as MUDs oferecem por causa dos ambientes saturados de comunicação que ocupam sua atenção desde o nascimento. As MUDs são parte da mais recente fase em uma longa seqüência de mudanças ocasionadas pela invenção e pelo uso amplamente difundido de ferramentas simbólicas.

Os meios de comunicação anteriores dissolveram antigas barreiras de tempo e espaço que separavam as pessoas e, no processo, mudaram a maneira pela qual as pessoas pensavam: primeiro, a linguagem alfabética e, depois, a tecnologia de impressão criaram um tipo de memória comunitária, uma mente grupal armazenada, acessível a muitos, não apenas

---

* A pesquisadora Amy Bruckman utiliza o conceito de MUD como sendo o de ambientes de realidade virtual baseados em texto na internet (*text-based virtual reality environments on the internet*). Sua pesquisa examina as possibilidades da utilização de MUDs na educação de linha construtivista. Ver artigos disponíveis em http://www.cc.gatech.edu/~asb/papers/old-papers.html#NECC. (N. da O.)

aos bardos e sacerdotes, que haviam sido os guardiões do conhecimento coletivo na era das culturas orais. A natureza da psique individual mudou quando se tornou possível que muitas pessoas, fora da categoria dos sacerdotes, tirassem vantagem do conhecimento acumulado da cultura. O modo pelo qual as pessoas letradas pensam é diferente do modo pelo qual pensam as pessoas em culturas não letradas ou pós-letradas, e elas pensam em si de maneira diferente. O telégrafo, o telefone, o rádio e a televisão, como assinalou Marshall McLuhan,[*] transformaram todos os lugares e todos os tempos em aqui e agora. Hoje, uma pessoa comum, que tenha uma moeda e acesso a uma cabine telefônica, domina poderes no tempo e no espaço que os legisladores da Antiguidade nunca se atreveram a cobiçar. Pessoas que aceitam rotineiramente tal poder como parte de sua realidade pensam em si mesmas de certa maneira. Como mudanças históricas anteriores, por exemplo, a transformação de pessoas que pensavam em si mesmas como súditos da realeza em pessoas que pensam em si como cidadãos da democracia, essa mudança começou na periferia e está avançando para o centro.

Similarmente à maneira pela qual as mídias anteriores dissolveram fronteiras sociais relacionadas com o tempo e o espaço, as mais recentes mídias das comunicações mediadas por computadores parecem dissolver também as fronteiras da identidade. Uma das coisas que nós, "filhos de McLuhan" ao redor do mundo, que crescemos com a televisão e a discagem direta, parecemos fazer com nosso tempo, via Minitel, em Paris, e serviços comerciais de bate-papo por computador no Japão, na Inglaterra e nos Estados Unidos, além de zonas intercontinentais da internet, como as MUDs, é fingir sermos outra pessoa ou, às vezes, até mesmo fingir sermos pessoas diferentes ao mesmo tempo.

Conheço um respeitável cientista de computação que passa horas como oficial a bordo de uma nave estelar cheia de outras pessoas reais de todo o mundo, que fingem ser personagens de uma aventura de *Jornada nas*

---

[*] Marshall McLuhan, autor de vários livros, entre eles o conhecido *Os meios de comunicação como extensão do homem* (São Paulo: Cultrix, 1996). Em inglês: *Understanding Media: the Extensions of Man* (Nova York: McGraw-Hill, 1964). (N. da O.)

MUDs E IDENTIDADES ALTERADAS

447

estrelas. Eu mesmo tenho três ou quatro *personae* em diferentes comunidades virtuais na rede. Conheço uma pessoa que passa horas como um personagem que lembra uma mistura de Thorin Oakenshield e o Pequeno Príncipe, é arquiteto, educador e um pouco de mágico em uma colônia espacial: de dia, David é um economista em Boulder, Colorado, pai de três filhos; à noite, ele é Spark, de Cyberion City – um lugar onde sou conhecido como Pollenator.

Algumas pessoas parecem usar esses modos despersonalizados de comunicação para se tornarem muito pessoais entre si. Para essas pessoas, nos momentos certos, a comunicação baseada em computador (CMC) é uma maneira de se ligar a outro ser humano. Contudo, a autenticidade das relações humanas está sempre em questão no ciberespaço, por causa do mascaramento e do distanciamento da mídia, de uma maneira que não está em questão na vida real. As máscaras e exposições de si são parte da gramática do ciberespaço, do mesmo modo que os cortes rápidos e imagens intensas são parte da gramática da televisão. A gramática da CMC envolve uma sintaxe de jogo de identidades: identidades novas, identidades falsas, identidades múltiplas, identidades exploratórias estão disponíveis em diferentes manifestações da mídia.

Uma vez fora da MUD, você pode ser um homem, uma mulher ou qualquer outra coisa. Você pode ser uma identidade-colméia. A rede, que, para os outros, representa acesso à Biblioteca do Congresso, a debates políticos, a dados científicos ou a bate-papos despretensiosos, é, para os MUDders, apenas o caminho pelo qual têm de viajar para chegar aos lugares virtuais onde habitam suas outras identidades.

A identidade é a primeira coisa que você cria em uma MUD. Você tem de decidir o nome de sua identidade alterada – o que os MUDders chamam de seu personagem. E você tem de descrever quem é esse personagem para as outras pessoas que habitam a mesma MUD. Ao criar sua identidade, você ajuda a criar um mundo. O papel de seu personagem e os papéis dos outros que jogam com você são parte da arquitetura da crença que sustenta, para todos na MUD, a ilusão de ser um mago em um castelo ou um navegante a bordo de uma nave estelar: os papéis dão às pessoas novas etapas nas quais exercitar novas identidades e suas identidades afirmam a realidade do roteiro.

Nas MUDs, assim como no Well,[*] os participantes podem comunicar-se por meio de muitos canais públicos e privados: os habitantes da MUD podem enviar uns aos outros mensagens de correio eletrônico, que são armazenadas nas caixas postais dos destinatários, para serem lidas e respondidas conforme a conveniência do usuário; podem chamar-se eletronicamente (page) entre si em diferentes partes da MUD com bate-papo pessoa a pessoa, como um telefonema de pessoa para pessoa; eles podem "dizer", "sussurrar" e "*emote*"[**] a qualquer outra pessoa na sala – uma forma de bate-papo grupal que usa as fronteiras de salas metafóricas como fronteiras sociais; podem ativar ou desativar canais de rádio de interesses especiais para outras conversas semipúblicas em diferentes partes da MUD e que ocorrem enquanto você está falando ou *emoting* em um lugar específico.

O uso de emoticons, além de palavras, para comunicar significado confere às MUDs um tipo estranho, mas definitivamente útil de linguagem corporal descorporificada, além de palavras para comunicar significado. *Posing* (também conhecido como *emoting*) pode ser usado na conversação polida, na conversação informal, no discurso mais estruturado e no comportamento radicalmente informal conhecido como *tinysex*. Se você é um personagem chamado Hivemind[***] e dá o comando "emote: pula em cena", todos os que estão na sala vêem a mensagem "Hivemind pula em cena" nas telas de seus computadores. Isso acrescenta uma nova dimensão a suas comunicações. Em vez de responder a um enunciado, você pode dar um sorrisinho de superioridade. Em vez de sair da sala, você pode desaparecer em uma nuvem de bolhas iridescentes de chiclete. Comunicar-se via *emoting* parece desajeitado e artificial no início, mas, assim que você pega o jeito, os emoticons oferecem certo controle adicio-

---

[*] Uma das mais antigas comunidades virtuais on-line. Disponível em http://www.well.com. (N. da O.)

[**] No texto original, Rheingold utiliza o termo *pose*. No início das MUDs, *pose* era um comando bastante usado, mas foi substituído por *emote* e tem o mesmo significado e função. *Emote* são os comandos dados em sistemas de conversação e em MUDs para indicar uma expressão facial ou estado emocional. Atualmente são bastante usuais em e-mails os emoticons, signos construídos a partir da combinação de caracteres comuns do teclado, como por exemplo: :-). (N. da O.)

[***] Personagem com características de liderança e sem medo. (N. da O.)

nal sobre a atmosfera em que ocorre a conversação – um sabor do contexto fundamental e que às vezes está ausente das palavras isoladas.

Uma MUD é uma mistura de comunicações em tempo real, com um sabor de teatro de improvisação. Ao contrário dos sistemas de conferência por computador ou quadros de avisos, as interações sociais das pessoas encontram-se em variedades diferentes do modo bate-papo em tempo real, não na comunicação em estilo de quadro de avisos que você encontra nos BBSs ou em lugares como o Well. As MUDs dizem respeito, em boa parte, aos que estão no local ao mesmo tempo e a como eles interagem. É mais como um ponto de encontro do que como uma publicação, mais como um tabuleiro de jogo do que como um quadro de avisos.

Nas MUDs, porém, ao contrário dos sistemas de conferência por computador ou serviços de bate-papo comuns, os participantes também criam objetos com poderes, como tapetes mágicos que transportam seus donos a regiões secretas do reino. Outros participantes podem comprar ou roubar esses tapetes; as pessoas podem obter poder para fazer tapetes ainda mais úteis, mas, apenas depois de acumular conhecimento suficiente na sabedoria das MUDs, além do domínio formal das linguagens para a construção de mundos das MUDs e do enfrentamento de certos desafios. Há aventuras e julgamentos pelo fogo. Em alguns mundos, a única maneira de conseguir os segredos mais potentes no caminho para os mais extraordinários poderes é matar outro participante ou lançar um encantamento incapacitante. Em outras palavras, antes de conseguir obter poderes de craque, uma maioria dos outros MUDders tem de concordar que você construiu algo digno de ser conservado para uso público.

Há mundos em que você tem de se precaver contra adagas nas costas e mundos em que construir algo em conjunto em vez de duelar é o modo aceitável de discurso. Conquistar o poder para modificar o ambiente em que o jogo ocorre é um objetivo primário para os recém-chegados tanto nas MUDs de "aventuras" como nas "sociais". Quando você abandona o Well, tudo o que deixa são as palavras que postou. Quando sai de uma MUD, muitas das habitações que você construiu, as cidades que você erigiu, as ferramentas, brinquedos e armas que criou, podem ser exploradas ou usadas por outras pessoas.

As comunidades que surgiram nos mundos MUD são distintamente diversas de lugares como o Well ou o vasto almanaque eletrônico da Usenet ou das inúmeras prefeituras e salas de banho de pequenos BBSs. Em uma MUD, você está se comunicando com outras pessoas em outras partes da rede, por meio dos seus personagens, mas também está desempenhando um papel e aprendendo a se virar em um mundo em que o conhecimento de como ele funciona pode traduzir-se em poder sobre os outros habitantes. As pessoas que gastaram horas de sua vida para transformarem-se em "*wizzes*" (termo informal, derivado de *wizards*, de gênero neutro, para os que conseguiram poderes especiais), por exemplo, podem conquistar o poder da invisibilidade, que lhes dá a capacidade de espiar as conversas de outros. Um truque notório em cantos menos respeitáveis do universo MUD é convencer alguém a ir para um canto escuro de uma MUD para um pouco de *tinysex* – linguagem suja pela tela do computador, adequada à MUD, juntamente com *explicit posing* – em um canto escuro onde alguns *wizzes* estão escondidos. O uso errado de poderes de "bisbilhotice" no nível de *wiz* é um tema recorrente de debate nas partes da Usenet em que os MUDders debatem.

O *Net.sleazing*, como é conhecida a prática de aliciar agressivamente estímulo narrativo mútuo, é um comportamento detestável, mas sempre popular no país das MUDs. Talvez a peça mais nojenta que se pode pregar em um recém-chegado à cultura MUD é convencê-lo (a maioria dos MUDders são homens, apesar de muitos se apresentarem como mulheres) a fazer *tinysex*, que é gravado clandestinamente em um arquivo de texto e postado para a discussão global da vida MUD na Usenet. É como seduzir alguém, filmar o encontro e deixar cópias gratuitas na locadora do bairro. Há MUDs em que os cenários inequivocamente orgiásticos são a realidade dominante. Há MUDs que são castas como salas de aula, mas as conversas sexuais definitivamente têm um lugar no universo MUD.

Tinysex, net.sleazing e dissimulação de gênero são aspectos das MUDs e CMC que merecem ser examinados, mas é um erro estereotipar o enorme leque de comportamento MUD com imagens de seus elementos mais bombásticos. Vale a pena ter em mente que a maioria dos infratores mais notórios são, na verdade, segundanistas em faculdades de Indianápolis e

MUDs E IDENTIDADES ALTERADAS

Helsinque. A maior categoria individual de MUDders são estudantes universitários entre 17 e 23 anos, e os usos específicos que encontram para essa tecnologia – o jogo de identidades e a insinuação sexual – refletem as preocupações dessa população. Nem todos os MUDders, porém, são imaturos, nem todos são universitários. Para muitos, uma MUD é um lugar onde se sentem, de certa maneira, mais confortáveis do que no mundo real. Eis como Amy Bruckman descreve o lugar onde gosta de passar seu tempo:

> São 3h30 da madrugada, e estou conversando com meu amigo Tao em meus alojamentos na Astronave da Federação, a USS Yorktown. Na verdade, estou em Massachusetts e Tao está na Carolina do Sul. Estamos logados em um ambiente de simulação de usuários múltiplos (Muse)* baseado em um tema de *Jornada nas estrelas*. Neste momento, há 36 pessoas de todas as partes do mundo logadas. O nome de meu personagem é Mara. Qualquer coisa que eu diga ou faça é vista por Tao, já que ele está na mesma sala; qualquer coisa que seja anunciada é vista apenas por todos os 36 logados. Nossa conversa privada – a respeito de papéis de gênero e da maneira pela qual os personagens femininos recebem um monte de atenção – está entrelaçada com uma conversação pública cheia de trocadilhos computacionais e referências a *Jornada nas estrelas*.[1]

Amy está descrevendo um lugar intelectual, irônico, com consciência de mídia, no qual metáforas, trocadilhos, jogos de palavras de múltiplos níveis e programação inteligente são a moeda do reino. O Trek-Muse baseia-se nos papéis desempenhados na série de televisão *Star Trek – the Next Generation*. Em contraste, se você entrasse na MUD1 original, criada em 1979 e 1980 por Roy Trubshaw e Richard Bartle, na época alunos da Universidade de Essex, Inglaterra, isto é o que você veria:

---

* Em inglês, Multi-User Simulated Environment ou Muse. (N. da O.)

[1] Amy Bruckman, "Identity Workshop: Emergent Social and Psychological Phenomena in Text-Based Virtual Reality", 1993, disponível em http://www.cc.gatech.edu/fac/Amy.Bruckman/papers/index.html#IW.

> Você está em uma estrada estreita, entre a Terra e o lugar de onde você veio. Ao norte e ao sul estão os pequenos contrafortes de duas majestosas montanhas, com uma muralha em volta. A oeste, a estrada continua, e, a distância, você vê um chalé com cobertura de colmo diante de um antigo cemitério. A saída fica a leste, onde uma mortalha de névoa encobre a passagem secreta pela qual você entrou na Terra.

A Terra é um lugar onde a astúcia pode ser essencial à vida, e a amizade de um mago um atalho para a prosperidade. É um lugar onde seu personagem pode perder a vida se você não for cuidadoso na hora de dizer para onde ele deve ir. Você vai precisar de um escudo e de uma espada se quiser durar muito tempo e, se encontrar algum objeto ou ser, é melhor pensar duas vezes sobre o que vai fazer com ele.

Ao digitar comandos, viajar, determinar posições, conquistar conhecimento, fazer amigos e demonstrar suas contribuições para o empreendimento coletivo, você consegue conhecimento e poder suficientes nas suas andanças em uma MUD para ser capaz de oferecer acréscimos ao mundo de fantasia e tornar a vida interessante para as pessoas que vão jogar ali. Os *wizzes* são apenas o grau inferior dos *illuminati* MUD. As pessoas que atingem o grau superior da maçonaria MUD começando a sua própria MUD, com toda a devida *hubris*, são conhecidos como deuses. Os *wizzes* tornam a vida interessante para os jogadores, e os deuses são os árbitros finais.

Contudo, para os MUDders mais convictos, o tradicional epíteto online "Arrume uma vida" é mais a questão. Quando você está investindo setenta ou oitenta horas por semana no seu personagem de fantasia, não sobra muito tempo para uma vida social saudável. Se você é um universitário, como a maioria dos MUDders é, jogar por setenta horas por semana pode ser tão destrutivo para a sua vida quanto a dependência química. O cientista da computação Pavel Curtis criou uma MUD experimental, a LambdaMOO, em sua estação de trabalho no renomado Centro de Pesquisa de Palo Alto, da Corporação Xerox (o Xerox Parc). Em uma mesa-redonda em Berkeley, Califórnia, Curtis disse isto a respeito do potencial compulsivo das MUDs:

Estou preocupado com o grau em que as pessoas acham encantadoras as comunidades virtuais. Há usuários do LambdaMOO que não têm controle e que são, acredito, séria e clinicamente, usuários compulsivos [...]. Essas pessoas não são usuárias compulsivas de videogames. Não teria o mesmo efeito para elas. Elas são viciadas em comunicação. São viciadas em serem capazes de sair e encontrar pessoas 24 horas por dia e ter conversas interessantes com elas. Estamos falando sobre pessoas que gastam até setenta horas por semana conectadas e ativas em uma MUD. Setenta horas por semana, enquanto estão estudando em Cambridge. Estou falando de um sujeito que devia estar em casa, em Cambridge, para visitar a família no feriado, que chegou cinco horas atrasado à ferroviária, telefonou aos pais, contou uma mentira para explicar o atraso, pegou o trem seguinte, chegou meia-noite e meia, não foi para casa, e sim para uma sala de terminais da Universidade de Cambridge e jogou por mais duas horas. Chegou em casa às 2h30 da madrugada e encontrou a polícia, pais apavorados, e ficou imaginando que talvez tivesse perdido o controle.[2]

São lugares muito sedutores para um segmento da comunidade. E não é como os tipos de compulsão com que lidamos como sociedade no passado. Se eles estão sem controle, penso que isso é um problema. Mas se há pessoas gastando grande parcela do seu tempo sendo sociáveis com pessoas que vivem a quilômetros de distância, não dá para dizer que elas são introvertidas. Elas não estão evitando a sociedade, mas buscando-a ativamente. Provavelmente estão fazendo isso mais ativamente do que qualquer outra pessoa ao redor. É todo um novo jogo. É o que estou dizendo sobre as sociedades virtuais.

Amy Bruckman usou os ricos mundos sociais que descobriu em suas MUDs favoritas como tema de seus estudos no MIT sobre a significação psicológica e social da cultura MUD. Em 1992, Bruckman escreveu sobre as MUDs como "oficinas de identidade". Em 1993, ela instigou a criação da MediaMOO, a versão de MUD do Media Lab – projetada para ser um sério adjunto de conferências científicas. O estudo de Bruckman, de 1992,

---

[2] Pavel Curtis & D. Nichols, "MUDs Grow Up: Social Virtual Reality in the Real World", em Xerox Parc, Palo Alto, 1993.

lidava com a questão do que havia de compulsivo nas MUDs. Como Pavel Curtis, Amy Bruckman tocou nos problemas de julgar apressadamente se o jogo prolongado é bom ou ruim para uma pessoa específica em uma situação específica. Em seu trabalho, Bruckman cita o caso de um MUDder, conhecido seu, que conseguira manter média B na graduação, um trabalho de meio-período e ainda achara tempo para jogar por setenta horas ou mais toda semana. Essa pessoa cumpria suas responsabilidades na vida, e, portanto, de quem é o patrulhamento cultural que vai lhe dizer que ele é um compulsivo que precisa de ajuda?

Uma das mentoras de Bruckman, a professora doutora do MIT Sherry Turkle, escreve algo a respeito do comportamento de jovens programadores de computador compulsivos, que parece oferecer uma chave para a compreensão do potencial das MUDs para o uso compulsivo. Turkle concentrou-se na noção de domínio como um elemento ausente crucial na vida de alguns desses jovens:

> A questão do domínio tem um papel importante no desenvolvimento de cada indivíduo. Para a criança em desenvolvimento, há um ponto, geralmente no início dos anos escolares, em que o domínio assume um papel privilegiado, central. Ele se torna uma chave para a autonomia, para o crescimento da confiança na própria capacidade de ir além do mundo dos pais e adentrar o mundo dos pares. Mais tarde, quando a adolescência começa, com novas pressões sexuais e novas exigências sociais de pares e pais, o domínio pode oferecer alívio. Os micromundos seguros que o mestre criança construiu – os micromundos dos esportes, do xadrez, dos carros, da literatura ou do conhecimento matemático especializado – podem tornar-se refúgios. A maioria das crianças usa essas plataformas como bases para testar as difíceis águas da adolescência. Elas se movem no seu próprio ritmo. Para algumas, porém, as questões que surgem durante a adolescência são tão ameaçadoras que o lugar seguro nunca é abandonado. A sexualidade é ameaçadora demais para ser abraçada. A intimidade com os outros é imprevisível a ponto de ser intolerável. À medida que crescemos, forjamos nossas identidades construindo sobre o último lugar do desenvolvimento psicológico em que nos sentimos seguros. Como

resultado, muitas pessoas vêm a definir-se em função da competência, em função do que conseguem controlar.[3]

O orgulho pela própria capacidade de dominar um veículo é uma coisa positiva. Contudo, se a percepção do eu passa a ser definida em função das coisas sobre as quais podemos exercer controle perfeito, o mundo das coisas seguras torna-se gravemente limitado – porque essas coisas tendem a ser coisas, não pessoas. O domínio pode deixar de ser uma força de crescimento no desenvolvimento individual e assumir outra face. Torna-se uma maneira de mascarar temores a respeito do eu e das complexidades do mundo além. As pessoas podem ficar aprisionadas.

O conhecimento da sabedoria MUD, a habilidade em comunicar-se com as pessoas para ajudar a conseguir seus fins e a capacidade de criar lugares e enigmas a serem explorados pelos outros são uma forma de domínio, uma maneira pela qual pessoas que talvez careçam de status social na sua comunidade do mundo real ganham status através de suas habilidades MUD na comunidade alternativa. Para pessoas cujas vidas são controladas por professores ou chefes, há certa atração em um mundo no qual o domínio e a admiração dos pares estão disponíveis para qualquer um que tenha imaginação e curiosidade intelectual.

Em uma família que conheci em uma MUD, o pai instrui seus filhos em programação, ciências e na simples arte de ter fantasias letradas. Na verdade, a educação que essas crianças estão recebendo ocorre, uma pequena parte dela, em Cyberion City, uma MUD especial em que tais experimentos educacionais são encorajados. Para essa família, o uso da MUD é uma compulsão ou um modelo da maneira como a educação deve ocorrer? Essa pergunta pode ser generalizada para englobar o uso de outras mídias de CMC em outros contextos sociais. Você tem de examinar a maneira como uma pessoa usa a mídia e a maneira como a tecnologia afeta o comportamento, os pensamentos e as relações da pessoa com os outros antes de começar a determinar se um MUDder que gasta nisso oitenta horas por semana é um usuário compulsivo ou um virtuoso.

---

[3] Sherry Turkle, "Constructions and Reconstructions of Self in Virtual Reality: Playing in the MUDs", em *Mind, Cultures, and Activity: an International Journal 1*, nº 3, 1994, pp. 158-167.

Você pode ter diferentes identidades em vários tipos de lugares. Sou representado por um personagem conhecido como Pollenator em Cyberion City e Funhead em WellMuse. Quando uso o comando "olhar" para examinar Spark em Cyberion City, a descrição de sua identidade me informa a respeito de sua semelhança com Thorin Oakenshield:

```
olhar Spark
Você vê uma mistura de Thorin Oakenshield e o Pequeno Príncipe.
Sempre sorrindo e assobiando. Na maioria das vezes, melodias de 600
anos.

Carregando:

A prancha de flutuar de Spark (#41221vl)

O Criador Iluminado (#1255v)

mg

chama

maçã
```

Olhar qualquer um dos objetos que Spark carrega revelaria mais descrições, talvez até instruções sobre como usá-los. Nos mundos MUD, descrição é o mesmo que criação. As MUDs são indício de que o texto ainda tem seus poderes, mesmo nesta era altamente visual. Quando você entremeia texto no tipo de paisagem interativa que os modelos computadorizados fornecem, pode construir um tipo de mágica no ambiente. Amy Bruckman lembra que o primeiro objeto que ela criou em uma MUD foi um prato de massa que "se contorcia de inquietação" sempre que alguém na sala mencionava a palavra "fome". Mesmo que o personagem de Amy não estivesse na MUD no momento, todos que estivessem na sala da MUD em que ela deixou o prato de massa veriam nas suas telas, quando proferida a palavra "fome" em uma conversa pública, a mensagem de que "o prato de espaguete se contorce de inquietação". Ter tigelas de espaguete

MUDs E IDENTIDADES ALTERADAS

sensíveis espalhadas a sua volta esperando para entrar na conversa contribuiu para um tipo diferente de contexto para a comunicação. Ver a reação das pessoas aos objetos que você cria torna o uso da MUD mais instigante ainda.

O primeiro objeto que criei em uma MUD era uma câmera mágica que aprendi a criar em uma aula de magia autodirigida em uma universidade virtual na MUD. Eu podia colocar a câmera em meu quarto e ela me contaria, onde quer que eu pudesse estar nas minhas andanças, qualquer atividade ocorrida na minha ausência. Jetboy, em Cyberion City, tem um fonógrafo antigo na sala; se você invoca o comando "tocar fonógrafo", dali em diante, a cada trinta segundos, um novo título da extensa coleção de clássicos havaianos de Jetboy é anunciado no meio de seja o que for que estiver acontecendo.

As raízes das MUDs estão nas profundezas de parte da natureza humana que se deleita com a narrativa e com o faz-de-conta. Brenda Laurel, em *Computers as Theater*,[4] afirma que a forte identificação dos jogadores com os personagens artificiais de um banco de dados computadorizados é um exemplo da mesma capacidade humana para a mimese, à qual Aristóteles atribuía o poder de modificar a alma (e, portanto, modificar a sociedade) do teatro.

Richard Bartle, co-criador da primeira MUD, o primeiro dos deuses MUD, tem sua própria versão da teoria da mimese. Em 1988, ele escreveu:

> As MUAs[*] podem exercer influência sobre um grande número desses jogadores, totalmente desproporcional ao de uma linha de bate-papo ou game sozinho. As MUAs têm um domínio sobre seus jogadores que se origina da capacidade de os participantes projetarem-se em suas *personae*, sentindo como se as coisas que acontecem às *personae* do jogo estivessem acontecendo diretamente aos próprios jogadores.[5]

---

[4] Brenda Laurel, *Computers as Theater* (Nova York: Addison-Wesley, 1993).

[*] Em inglês, Multi-User Adventures (aventuras de múltiplos usuários). (N. da O.)

[5] Richard Bartle, "Social Phenomena in MUAs", em *Adventures Club Ltd. Member's Dossier*, novembro de 1988, disponível em http://www.mud.co.uk/Richard/aclnov88.htm.

A primeira MUD era uma masmorra de usuários múltiplos, modelada com base em um reino tolkieniano de anões e tesouros, guerreiros e magos, lutas de espada e magia, conhecido como "A Terra". As MUDs de segunda geração abrangeram metáforas diferentes. E agora temos as variantes da terceira, da quarta e da quinta geração. Um Muse é um ambiente de simulação de usuários múltiplos, um dentre uma variedade de MUDs em que todos os jogadores, não apenas os magos, recebem poderes para moldar o ambiente; o código Muse também comunica a capacidade de construir autômatos, simulações de computador que podem modelar fenômenos reais, a qual tem implicações científicas e educacionais.

A narrativa é o material de que são feitos os mundos MUD. Todas as pessoas, coisas e lugares têm uma história. Todo objeto em uma MUD, da identidade do seu personagem à cadeira em que ele está sentado, possui uma descrição escrita que é revelada quando você decide olhar para o objeto. A história, no jargão MUD, é conhecida como "a descrição". Se você tem autorização para tanto, pode criar um ratinho marrom, uma cordilheira roxa ou o que seja, que possa ser descrito por palavras. Embora os mundos MUD sejam fantasias, sem mais realidade tangível do que os cenários e personagens de um romance ou de uma telenovela, as pessoas que conheci na vida real e que vivem em terras MUD testemunham apaixonadamente que os sentimentos que elas têm por seus personagens e mundos são reais para elas e, muitas vezes, muito intensos.

Em uma conversa com o autor, em 1992, Richard Bartle disse:

> Perder sua *persona* em um jogo é absolutamente terrível. É a pior coisa que pode acontecer a você, e as pessoas realmente ficam chateadas. Elas geralmente dizem que estão "estripadas". "Estripado" [*gutted*] é a palavra que os jogadores usam porque, de certo modo, é a única que descreve como isso é horrível. Não é dizer: "Puxa, perdi minha *persona*" da mesma maneira que se pode dizer: "Perdi meu sapato". Não é sequer dizer: "Puxa, perdi minha *persona*" da mesma maneira que "Perdi meu *hamster* de estimação". É mais como: "Puxa, acabo de morrer. Foi a mim que acabaram de matar!". Não é: "Oh, perdi todo aquele trabalho, todo aquele tempo, todo aquele esforço". É: "Acabo de morrer. Isto é terrível! Oh, meu Deus! Que vazio!".

Em algumas MUDs, seu personagem pode reencarnar; em outras, a morte é definitiva.

Minha primeira aventura em uma MUD – na verdade, em um Muse – foi uma colônia espacial/museu de Ciências. Quem me falou de Cyberion City foi um wellita que eu conheci em uma conferência privada, séria, voltada para negócios. Ele descobriu que eu tinha interesse por comunidades virtuais e, assim, contou-me em um e-mail que havia um lugar da rede em que ele e seu filho de dez anos estavam ajudando na construção de uma colônia espacial. Meu amigo, um homem que eu nunca conhecera pessoalmente, conhecido como Kline no Well e Spark em Cyberion City, contou-me que algumas pessoas de conhecimento, que tinham fé utópica no potencial do ciberespaço como veículo educativo, haviam licenciado um novo tipo de sistema de conferências por computador explicitamente como comunidade virtual.

Aslan e Moulton, os primeiros magos que encontrei em uma MUD, foram pessoas prestativas. Podia ter sido uma experiência inteiramente diferente se eu aparecesse, sem o patrocínio de ninguém, em um mundo teimosamente agressivo, e atraísse a atenção de um mago ou deus de mau temperamento antes que tivesse como arrumar um escudo. Percebo agora que tive sorte de escolher Cyberion City. Foi antes que Pollenator existisse, antes que eu dedicasse um pensamento que fosse à idéia de criar o nome certo para a identidade que eu viria a assumir em todo um mundo novo. Eu era, como dizem em algumas das áreas mais pesadas do universo MUD, um *"clueless newbie"* ("novato desorientado"), um exemplo de jargão das escolas de elite que chegou ao linguajar MUD por meio das raízes britânicas originais da MUD.

Quando cheguei ao portão de entrada, Moulton, um dos três diretores do MicroMuse, estava lá para me mostrar o lugar pela primeira vez. Foi assim que vi Ciberyon City na primeira vez em que a visitei:

```
MUDding   -----------------------------------------------------
------------------ Bem-vindo ao MicroMuse! Estamos hospedados em
chezmoto.ai.mit.edu, port 4201.

-------------------------------------------------------------
-------------
```

```
LEMBRETE: Leia "NOTÍCIAS" regularmente para manter-se atualizado
quanto a mudanças e acréscimos no servidor. Novos comandos serão
listados em "Notícias", com detalhes em "AajudaA". Para mais in-
formações, novos jogadores devem digitar: ajude a começar.

----------------------------------------------------------------
--------------
Estação de Recepção do Transportador Principal (ERTP) de Cyberion
City
```

Os contornos brilhantes da Estação do Transportador de Cyberion City surgem lentamente no foco. Você foi teletransportado (com gasto considerável) de uma das Estações do Transportador na Terra. Você está entre os poucos, aventureiros e moderadamente ricos, que decidiram visitar Cyberion City, a maior cidade espacial do Sistema Solar, e, talvez, morar nela. Você é recebido pelo atendente de transporte, que dá orientações a todos os novatos nessa cidade espacial.

```
Conteúdo:
Atendente
Saídas evidentes:
Fora


Bem-vindo ao MicroMuse; seu nome é Hóspede1.


Atendente diz "Bem-vindo, Hóspede, a Cyberion City".
Atendente diz "Sinta-se livre para entrar em contato com qual-
quer Funcionário se precisar de ajuda".
Atendente diz "Assegure-se de usar nosso comando de ajuda on-line
extensa."
Atendente diz "Espero que aprecie sua estada".
O atendente sorri para você.
Você desce da plataforma da ERTP.
Lobby do Transportador Principal
```

Essa sala tem tetos altos, em abóbada, e paredes brancas. O tapete preto, grosso, não faz nenhum som embaixo dos seus pés. Você está dentro do *lobby* do Transportador, onde chegam os visitantes da Terra. De um lado, fica um balcão de informações. Uma porta leva ao escritório de excursões e outra leva para fora, para a Cyberion City propriamente dita. Há um Intercom do Departamento de Relações Públicas no centro: digite "olhar intercom" para instruções.

```
Conteúdo:
Spark
O auxiliar de Spark, o Vaga-lume
koosh
Mymosh
Ramandu
Intercom
TourBot
Saídas evidentes:
Informação, Excursões, Saída
Spark diz "Oi!"
Você diz "Oi"
Spark diz "Você não é o Howard?"
Você diz "Sim. Venha aqui!"
Spark diz "Tubo bem!"
Spark diz "Um instante"
Você diz "O que foi agora?"
```

Seu comunicador de pulso anuncia silenciosamente: "Pegue um vôo em um dragão para o fabuloso planeta de Pernth, lar dos DragonRiders de Pern! Os vôos por dragão partem da seção 0-7, no Centro de Teleporte e Teletransporte. Vá até lá e 'acene dragão' para um vôo de descoberta gratuito para Pernth".

```
Spark diz "Acho que Aslan gostaria de dizer 'Olá', e ele disse que
tem de partir em breve".
```

Aslan chegou.

Enquanto você não está olhando, Aslan aparece.

Spark diz: "Gostaria de dizer olá?"

Spark diz "Magos danados:)"

Aslan diz "Olá, Howard. Prazer em conhecê-lo!"

Você diz "Olá!"

Hóspede5 chegou.

Hóspede5 deixa a Instalação do Transportador Principal.

Hóspede5 foi embora.

Aslan diz "Talvez você prefira um personagem com outro nome que não Hóspede1?"

Você diz "Tenho de pensar sobre isso. Nome é uma coisa importante. No momento, estou tentando descobrir onde estou. ;-)"

Aslan diz "OK:)"

Aslan diz "Bem, eu preciso correr. Estou contente porque você conseguiu e imagino que Spark vai lhe mostrar o lugar".

Você diz "Até mais tarde".

Spark diz "Eu recomendaria que continuasse como hóspede mais um pouco. Para começar, você está usando um sinal que diz 'Seja gentil. Sou hóspede'".

Aslan acena.

Spark diz "Tchau!"

Enquanto você não está olhando, Aslan desaparece.

Aslan vai para casa.

Aslan partiu.

Spark acena.

Você diz "O que você quer dizer com 'Spark acena?' Como você faz isso?"

Spark diz "Se você digita dois-pontos em vez de aspas, como neste caso, ':acena', todos vemos seu personagem adotar essa pose.

:acena

Hóspede1 acena.

No trecho de uma sessão do MicroMuse citada anteriomente, você vê que o computador anuncia sempre que alguém entra no mesmo espaço que você ocupa. Sempre que alguém entra ou deixa um espaço, uma mensagem é enviada à tela de todos os que têm um personagem nesse espaço. Portanto, é importante quem está no lugar em que você fala, e isso significa que você tem de olhar em volta e ver quem está lá. Como Cyberion City e os planetas do MicroMuse depois dela são compostos de muitas centenas de espaços interligados, você pode descobrir áreas altamente populosas (como a área de chegada principal) ou áreas privadas (como as casas dos cidadãos).

Quando as pessoas entram, saem, falam ou digitam signos de *emote*, todos os que estão na mesma sala sabem disso. Ou se um objeto mágico na sala, ou mesmo a própria sala, foi programado para reagir a certas palavras ou comportamentos, todos que estão na mesma sala sabem disso. O anúncio público que irrompeu em minha conversa com Spark estava no canal público, um tipo de rádio pública * em âmbito de sistema. Há vários canais disponíveis, e qualquer um pode criar canais privados para si e seus amigos ou grupos de trabalho. Você pode ligar e desligar canais e pode criar lugares privados onde pode ter certeza de que ninguém vai escutar a conversa – a menos que um mago esteja "espionando" você.

Levei horas andando por Cyberion City para ter uma idéia da abrangência do lugar. Como novo cidadão, Pollenator, meu personagem, recebeu créditos suficientes para comprar uma residência nos distritos habitacionais. Moulton, que parecia ser um dos magos encarregados (a não ser pelo fato de que, aqui, eles os chamam cidadãos, construtores e administradores em vez de novatos, magos e deuses), mostrou-me como emitir os comandos que criariam algumas salas para que eu recebesse hóspedes e trabalhasse em projetos. Há um conjunto de tutoriais de ritmo regulável na Universidade de Cyberion City e um glossário de comandos on-line, mas a maneira de aprender, todo mundo diz, é perguntando aos outros. A metáfora dessa MUD é uma colônia de aprendizagem, onde todo mundo ensina todo mundo. Quando você entra, a carta de Cyberion

---

* No original em inglês, The Citizen's Band (CB) Radio Service. (N. da O.)

City avisa que há crianças, educadores, bibliotecários e pessoas se divertindo e que qualquer um que desrespeitar as regras da comunicação polida estará sujeito a ter o personagem removido. Após a confusão do Well, da Usenet ou de uma MUD séria, em estilo de aventura, é uma sensação inteiramente diferente tentar encontrar seu caminho em um lugar novo, onde aparentemente todos se prontificam a mostrar o lugar a você.

Enquanto eu estava examinando o lugar e tratando de me sentir em casa, conheci alguns outros personagens. Um amigo que nunca conheci no mundo material é Eri, um bibliotecário da Carolina do Norte com um senso de humor perverso: uma placa na casa de Eri em Cyberion City diz: "Cuidado, buraco negro". Se você comete a imprudência de olhar pelo buraco negro, cai no porão, onde descobre que o comando de olhar só oferece a mensagem: "O porão está escuro". Então, você tenta uma porção de comandos e consegue a mensagem: "Diga a palavra mágica". E se você diz: "shazam" ou "abracadabra", recebe a mensagem: "Diga a palavra mágica que a mamãe ensinou". Quando você diz: "por favor", o buraco negro de Eri leva-o de volta à sala de estar.

Moulton ensinou-me a fazer objetos com código Muse – uma atividade frustrantemente misteriosa para um não-programador como eu. Adolescentes procurando algo que fazer com suas mentes curiosas parecem achar o código Muse hipnoticamente fascinante. Uma das grandes recompensas de uma MUD social vem de criar uma ferramenta, um brinquedo ou uma pequena maravilha que os outros queiram adotar, comprar ou copiar. Se você se apresenta como mulher, os magos às vezes lhe dão objetos de poder que podem ser muito úteis para ir de um lugar a outro ou para proteger-se contra alguns tipos de ataque.

Enquanto ele me mostrava como tornar-me um dos construtores de mundos de Cyberion City, perguntei a Moulton como ele havia entrado no negócio de Muse. Moulton, também conhecido como Barry Kort, tinha uma carreira de vinte anos como planejador de rede para os Bell Laboratories, a estação espacial da Nasa e a Mitre, um importante celeiro de mentes na área de software. No fim da década de 1980, Kort sentiu-se impelido a fazer algo a respeito do estado do mundo. Decidiu concentrar-se na educação, uma área em que achou que sua especialização podia

MUDs e identidades alteradas

ajudar. A educação científica, em particular, é algo de que nossa sociedade precisa muito e de que tristemente carece. Ele sabia que a tecnologia de redes de alta capacidade, juntamente com um meio de fazer modelos e simulações computadorizados, tinha potencial educacional quase que totalmente por concretizar. Ele tropeçou nas MUDs e convenceu-se de que podia transformar a tecnologia MUD em algo de valor social maior do que o de apenas um jogo violento. Em uma dessas MUDs ele conheceu Stan Lim, na época veterano da California State University, habilidoso com projetos de sistemas. Eles começaram a planejar um novo tipo de MUD.

Kort aposentou-se do planejamento de redes há vários anos. Ele dedica parte de seu tempo como voluntário do Museu do Computador de Boston e o resto do tempo à construção da MicroMuse, o universo computadorizado em que a Cyberion City está se desenvolvendo (juntamente com outros planetas e colônias). Ele usa hardware e ligações de internet no laboratório de Inteligência Artificial do MIT e um escritório na firma de consultoria de Bolt, Beraneck e Newman, em Cambridge – onde, há vinte anos, nasceram as primeiras redes de computadores.

O estudo de Kort sobre teoria educacional levou-o ao trabalho do psicólogo educacional suíço Jean Piaget, que passou décadas observando diretamente como as crianças brincam. O fato de que as pessoas passam tantas horas de sua vida nas MUDs, muitas vezes negligenciando seus outros deveres, era, para Kort, indício do poder latente do veículo – basta ver o esforço das pessoas para aprender os esotéricos códigos MUD. Piaget disse que as crianças parecem aprender sobre o mundo explorando-o e brincando com ele – que a brincadeira é uma forma poderosa de aprendizado – e que, moldando a maneira como o ambiente convida à descoberta, as pessoas podem projetar parte desse poder na forma de currículos tradicionais. Os piagetianos acreditam que as crianças conseguem mais compreensão em menos tempo e com o mesmo material se ele for apresentado como um mundo a ser explorado, não como um pacote de informações a ser memorizado.

"Eu sabia que, se pudéssemos criar um espaço de brincadeira adequado", disse-me Kort, durante uma de nossas sessões de construção de mundo, "as crianças aprenderiam em ritmo notável e aprenderiam uma enorme gama de habilidades e matérias". Kort também estava interessado na construção de comunidades. A educação também podia ser o foco de uma comunidade intencional on-line.

Kort e Lim modelaram a carta organizacional do MicroMuse, o ambiente de simulação em que a Cyberion City existe, na Children's Television Workshop – como uma empresa não-comercial, sem fins lucrativos, dedicada ao emprego do poder educacional das redes. A carta – leitura exigida para os cidadãos potenciais – apresenta um padrão democrático, mas definido de conduta, e o compromisso pessoal dos arquitetos da MicroMuse envolvidos no empreendimento estabeleceram o tom do novo tipo de MUD. No lugar de campos de batalha, há um museu de ciência em que as crianças podem brincar com simulações computadorizadas que ensinam princípios científicos, um currículo, com tutor ou auto-orientado, em código Muse na universidade, *playgrounds*, reinos mágicos, até mesmo espaços de onde você pode embarcar para outros planetas no Muse.

Cyberion City e o universo maior do MicroMuse chegaram a 2 mil cidadãos registrados em todo o mundo. Os cidadãos são livres, sem restrição, para construir cem objetos. Se quiserem construir mais, pede-se que construam algo de valor público. O centro de ciências, o museu, a universidade, o *shopping*, a seção de entretenimento, a floresta pluvial, o parque Yellowstone e o planetário foram construídos por cidadãos que se tornaram construtores.

As MUDs tradicionais, ou de aventuras (*Adventures*), em suas muitas formas, dependem todas de um jogo estruturado, no qual um número fixo de pontos de "experiência" obtém a iniciação a níveis superiores de poder e prestígio. Nos mundos mais sangrentos nascidos da MUD1 da Universidade de Essex e seus descendentes, decapitar jogadores novos e inexperientes como maneira de conseguir pontos de experiência é reprovado, mas não ilícito. Em alguns mundos, nada é reprovado. Pode ser como participar de um filme sangrento seu.

Se as MUDs não fossem mais nada além de uma maneira de participar de violência vicária e outras condutas anti-sociais, a questão de como

MUDS E IDENTIDADES ALTERADAS

lidar com elas nos câmpus universitários e nas redes sustentadas por impostos seria mais fácil de responder. A evolução das MUDs, porém, começou a ramificar-se quando as pessoas começaram a explorar modos de interação menos lúridos usando a mesma tecnologia. O gênero das MUDs sociais, onde pode ou não haver hierarquias de poder, mas não há objetivos fixos nem sistemas de pontos e o assassinato não é possível, surgiu quando James Aspnes, da Carnegie-Mellon University, criou a TinyMUD, em 1988. Ela deu origem a um grande número de mundos diferentes e novas linguagens MUD baseadas em valores igualitários e não-violentos. Quando todo cidadão, não apenas magos, conquistou o poder de construir o jogo e deixou de haver ganho no assassinato ou no roubo, surgiu uma nova variedade de MUD.

Em resposta à pergunta de Amy Bruckman sobre a origem desses ideais – intenção deliberada de sua parte ou dos membros da primeira comunidade TinyMUD? –, Aspnes ofereceu um argumento revelador:

> A maioria dos jogos em estilo de aventura e as MUDs iniciais tinham um tipo de sistema de pontuação que se traduzia em hierarquia e privilégios especiais; não que eu não quisesse tal sistema por causa de fortes ideais igualitários (apesar de achar que existem bons argumentos igualitários contrários a ele), mas porque eu queria que o jogo fosse aberto, e qualquer sistema de pontuação teria o problema de que, no fim, todo jogador atingiria a posição ou nível de avanço máximo e teria de considerar o jogo encerrado e abandoná-lo ou arrumar novas razões para jogá-lo. Essa abordagem atraiu pessoas que gostavam que todos fossem iguais e afastou as pessoas que não gostavam de um jogo no qual não se marcam pontos e não há vencedor (eu até coloquei um comando de "pontuação" no começo, mas a maioria dos jogadores logo percebeu que era piada). Creio que esse efeito criou um tipo de seleção natural que, por fim, levou aos presentes ideais igualitários. Eu gosto do igualitarismo, mas ele não era meu objetivo original. [*]

---

[*] Conversa por e-mail entre Amy Bruckman e James Aspnes. Transcrita por Amy Bruckman em *MOOSE Crossing: Construction, Community 26 and Learning in a Network Virtual World for Kids*, tese de doutorado (Cambridge: MIT Media Lab., 1997), disponível em http://llk.mit.edu/papers/archive/bruckman-phd/index.html. (N. da O.)

Bruckman tratou a resposta de Aspnes como:

> [...] uma confirmação da asserção de Langdon Winner* de que os artefatos têm política. A mudança no software encorajou estilos distintos de interação e atraiu um tipo diferente de pessoa. A ética da comunidade emergiu. O design de software foi um forte fator na forma que emergiu.**

Richard Bartle não tem muito a dizer a respeito do uso das MUDs como ferramentas sociais, mas tem opiniões fortes a respeito das MUDs como jogos. Em uma conversa com o autor, ele enfatizou repetidamente que a substância real do MUDding como ele primeiramente o concebeu é removida se você elimina a possibilidade de que um personagem venha a morrer. As pessoas podem usar como um brinquedo social ou recurso teatral, mas, na opinião de Bartle, não é jogo se você não pode morrer. A evolução das MUDs dividiu-se em dois caminhos quanto a essa questão e pode-se esperar que cada caminho – a aventura e as variedades sociais da MUD – desenvolva-se ainda mais.

Lado escuro

Quando você não está apenas se comunicando, mas construindo objetos virtuais em edifícios virtuais em reinos virtuais, você também está ocupando muito mais espaço em um banco de dados computacional. As MUDs trazem duas coisas aos computadores que as hospedam – um tráfego de telecomunicações de todas as partes e o maior uso da memória do

---

* Langdon Winner é um teórico político cuja pesquisa relaciona questões sociais e políticas com as transformações tecnológicas modernas. Segundo Winner, a atividade social é um processo contínuo de feitura de mundo. (N. da O.)

** Esse trecho foi retirado de Amy Bruckman, "Identity Workshop: Emergent Social and Psychological Phenomena in Text-Based Virtual Reality", disponível em http://mirror.ccs.new.edu/MOO/papers/identity-workshops.rtf. Nesse trecho, Rheingold está citando o capítulo "Do Artifacts Have Politics?", do livro de Rangdon Winner, *The Whale and the Reactor* (Chicago: University of Chicaco Press, 1986). (N. da O.)

computador. Uma das MUDs não-violentas mais famosas, Islândia, uma TinyMUD na Universidade de Califórnia, em Berkeley, chegou a mais de 3 mil jogadores, dos quais mais de 1.500 eram ativos, e os bancos de dados expandiram-se para 14.900 salas. A combinação do potencial para tornar-se compulsivo e a drenagem dos recursos de sistemas computacionais locais levaram ao banimento do MUDding na Amherst University em 1992. O aumento no tráfego de telecomunicações foi a razão oficial para o banimento das MUDs na Austrália. A rede regional australiana que se conecta à internet tem de usar um satélite para transportar informações aos sites dorsais de outros continentes; a Nasa, que paga metade da conta, pediu à rede australiana que encontrasse maneiras de reduzir o crescimento do tráfego. As MUDs eram de prioridade extremamente baixa na lista da administração da rede de "usos aceitáveis" para a internet.

Gênero

A prevalência do jogo de gêneros nas MUDs é um fator que leva autoridades de mentalidade mais tradicional a desencorajar o MUDding nos computadores dos câmpus universitários. O logro quanto ao gênero e a presença de impostores não é novidade no ciberespaço. Richard Bartle contou-me a história de "Sue", que havia cativado tantas mentes e corações na primeira MUD, no início da década de 1980:

> Sue morava em South Wales, situada a certa distância do resto da comunidade de jogadores de MUD. E Sue ascendeu até o nível de administradora do jogo Arquifeiticeira. Ela escrevia cartas para todos, cartas longas, antiquadas, em papel. Ela mandou fotografias. Bonita. Para nós, Sue era mulher. Um dos outros magos ficou apaixonadíssimo por Sue e enviou fotografias, presentes, flores e chegou a pedi-la em casamento. Então, Sue começou a se comportar de maneira diferente. E, de repente, disse que ia para a Suécia trabalhar como acompanhante e que era isso aí. Nunca mais tivemos notícias, e, então, achamos que havia algo suspeito ali.

Então, um grupo de magos juntou fatos das cartas de Sue, como o de que o pai dela dirigia algum tipo de fábrica, e, você sabe, ela mora em South Wales e temos o endereço para onde escrevíamos, e fomos até lá. Eu não estava, mas eles foram ver Sue, bateram à porta, e uma mulher apareceu. "Oi, a gente veio ver a Sue." A mulher diz: "Acho melhor vocês entrarem. Infelizmente, o nome da Sue é Steve, e ele foi preso por fraudar o Departamento de Transportes. Atualmente ele está na cadeia. Eu sou a mulher dele".

A possibilidade de que um impostor eletrônico invada a vida mais íntima das pessoas é inerente à tecnologia. Há muitos por aí querendo ser impostores. Se você conta as *messageries* que surgiram em Paris, juntamente com os serviços eletrônicos de bate-papo e BBS em todo o mundo, a população de membros transgêneros on-line chega a centenas de milhares. Poucos conseguem levar suas imposturas longe o suficiente a ponto de virar do avesso toda uma comunidade virtual.

"O estranho caso do amante eletrônico", de Lindsy Van Gelder, uma história de admoestação a todos os que se aventuram em comunidades virtuais, foi publicado na revista *Ms.* em outubro de 1985, quando o Well tinha seis meses. [*]

Van Gelder vinha explorando os mundos das comunicações on-line e acabou caindo no canal CB da CompuServe. A CompuServe é um serviço comercial nacional de informações que provê acesso a correio eletrônico, conferências e serviço de bate-papo nos canais de rádio dos cidadãos da década de 1970. Em 1985, a CompuServe já tinha mais de 100 mil assinantes – a preços de três a cinco vezes mais altos que os do Well. Uma freqüentadora regular do CB que Van Gelder conheceu, Joan, era uma celebridade na CompuServe. Depois que Van Gelder encontrou Joan em uma sessão pública e aberta de bate-papo, ele conseguiu conversar com ela reservadamente. Soube que Joan era uma neuropsicóloga, tinha vinte e tantos anos, morava em Nova York e tinha sido desfigurada, aleijada e tornara-se muda devido a um acidente de automóvel com um motorista bêbado. O

---

[*] Publicado em Lindsy Van Gelder, "The Strange Case of the Electronic Lover", em Charles Dunlop & Robert Kling (orgs.), *Computerization and Controversy* (San Diego: Academic Press, 1991), pp. 533-546. (N. da O.)

mentor de Joan havia lhe dado um computador, um modem e uma assinatura da CompuServe, onde Joan instantaneamente floresceu.

Joan não era apenas uma fonte de espírito e calor para as centenas de pessoas que participavam do CB CompuServe no final da década de 1980, relatou Van Gelder, citando muitos dos amigos de Joan, ela também tinha uma espécie de carisma on-line. Joan estabelecia ligações com as pessoas de uma maneira especial, conquistava a sua intimidade rapidamente e oferecia conselhos e apoio valorosos a muitos outros, especialmente a mulheres incapacitadas. Ela mudou a vida de pessoas. Assim, foi um choque para a comunidade do CB quando Joan foi desmascarada como uma pessoa que, na vida real, não era incapacitada, desfigurada, muda, nem mulher. Joan era um psiquiatra de Nova York, Alex, que ficara obcecado por suas experiências em ser tratado como mulher e participar de amizades femininas.

A sensação de ultraje que se seguiu à revelação da identidade de Joan vinha, primeiro, do ataque direto às relações pessoais entre Joan e os outros, amizades que haviam se tornado profundas com base em pura dissimulação. Mas o ataque indireto à percepção de confiança, essencial a qualquer grupo que pense em si como comunidade, foi outra traição. Van Gelder expressa isso desta maneira:

> Mesmo aqueles que mal conheciam Joan sentiram-se implicados – e, de certa maneira, traídos – pelo engodo de Alex. Muitos de nós que estamos on-line acreditamos que somos uma comunidade utópica do futuro, e o experimento de Alex provou a todos nós que a tecnologia não é uma proteção contra o engano. Perdemos nossa inocência, ainda que não a nossa fé. [*]

Van Gelder citou outra mulher, uma das melhores amigas de Joan, que concordou com a entrevista apenas porque:

> [...] embora eu ache que seja um veículo maravilhoso, é também um veículo perigoso e mais perigoso para as mulheres do que para os homens. Nesta socie-

---

[*] Lindsy Van Gelder, "The Strange Case of the Electronic Lover", cit. (N. da O.)

dade, os homens são mais predispostos a fazer esse tipo de jogo, e as mulheres são mais predispostas a dar às pessoas o benefício da dúvida.*

Pessoalmente, acho que a compreensão fundamental de que CMC não é "uma proteção contra o engano" é uma imunização necessária para as populações maiores, não iniciadas, que estão colonizando o ciberespaço hoje. A presença de impostores habilidosos em toda comunidade virtual é uma informação que deve ser disseminada formal e informalmente antes que a população on-line possa desenvolver um sistema imunológico coletivo para identificar a predação. As pessoas que se juntam a comunidades virtuais hoje não recebem nenhum conjunto de regras formais quanto aos pontos mais refinados das relações on-line – como a possibilidade de identificar o logro. A melhor resposta do mundo on-line seria formular normas e difundi-las para que os recém-chegados possam saber das possibilidades mais sombrias de fazer amigos que você não pode ver.

Embora a tecnologia de CMC forneça o instrumento do logro, a importância especial que colocamos nos papéis de gênero e a prevalência de enganadores em uma população têm raízes em questões sociais que vão muito além da tecnologia que os coloca em foco. A oportunidade de engano, porém, é projetada no meio. Os exploradores do ciberespaço ignoram esse fato por sua conta e risco.

Quase uma década se passou desde o artigo de Van Gelder, mais de uma década desde Sue, da MUD1, e a dissimulação do gênero ocorre com tanta freqüência nas MUDs que personagens que se apresentam como mulheres geralmente são tidos como mentirosos até que provem o contrário. Pavel Curtis ofereceu seus palpites acadêmicos, em um artigo de 1992, a respeito das razões para a persistência da troca de gêneros nas MUDs:

> Parece que a grande maioria dos jogadores é homem e que a vasta maioria deles escolhe apresentar-se como tal. Alguns, porém, aproveitando-se da relativa escassez de mulheres nas MUDs, apresentam-se como mulheres e, por-

---

* Lindsy Van Gelder, "The Strange Case of the Electronic Lover", cit. (N. da O.).

> tanto, destacam-se em certo grau. Alguns usam essa distinção apenas pela diversão de enganar os outros, a ponto de tentarem seduzir jogadores que se apresentam como homens e envolvê-los em discussões e interações sexualmente explícitas. Trata-se de um fenômeno tão amplamente observado que a sabedoria comum aconselha supor que quaisquer jogadores que se apresentem como mulheres e flertem são, na vida real, homens. Tais jogadores muitas vezes estão sujeitos ao ostracismo com base nessa suposição. [*]

Alguns jogadores sugeriram que esses flertadores travestidos talvez estejam exteriorizando seus impulsos ou fantasias homossexuais, latentes ou não, tirando vantagem da segurança perfeita da situação de MUD para ver como é abordar outros homens. Apesar de nunca ter tido a experiência de conversar com tais jogadores, muito menos a oportunidade de sondar suas motivações, a idéia me parece plausível dadas as outras maneiras pelas quais o anonimato da MUD parece liberá-los de suas inibições.

Outros homens apresentam-se como mulheres mais por curiosidade do que como tentativa de engano; até certo ponto, eles estão interessados em ver "como vive a outra metade", como é ser percebido como mulher em uma comunidade. Pelo que posso dizer, eles conseguem se sair razoavelmente bem nisso.

Jogadores que se apresentam como mulheres contaram-me que muitas vezes são objetos tanto de constrangimento como de tratamento especial. Um relatou que viu dois recém-chegados chegarem ao mesmo tempo, um apresentando-se como homem e o outro como mulher. Os outros jogadores da sala travaram conversa com a suposta mulher e ofereceram-se para guiá-la, mas ignoraram completamente o suposto homem, que teve de se virar sozinho. Além disso, provavelmente por causa do que se ouve quanto ao número de homens que se apresentam como mulheres, muitas jogadoras relatam que freqüentemente (e, às vezes, bastante agressivamente) são desafiadas a "provar" que são realmente mulheres. Pelo que sei, os jogadores que se apresentam como homens não são desafiados dessa maneira.

---

[*] Pavel Curtis, "Mudding: Social Phenomena in Text-Based Virtual Realities", disponível em http://vv.arts.ucla.edu/publications/publications/95-97/intell/references/DiAC92.htm. (N. da O.)

Romances reais, às vezes em nível intercontinental, não são raridade nos círculos de MUDding. Até casamentos on-line, com ou sem cerimônias corpóreas correspondentes, não são nenhuma novidade. Há pessoas, em diferentes partes do mundo, que hoje estão casadas porque se conheceram e se apaixonaram em uma MUD antes de se conhecerem cara a cara. A tecnologia que pode servir para enganar também pode servir para ligar.

Por que as pessoas fingem que são personagens de um programa de televisão? Talvez a "cultura de fãs" mais conhecida no mundo material seja o culto internacional e intergerações dos entusiastas de *Star Trek* (*Jornada nas estrelas*) – os *trekkies*. Eles têm boletins informativos, fanzines e convenções. Foram até objeto de piada no programa de televisão Saturday Night Live, quando William Shatner, o ator que fazia o Capitão Kirk da Enterprise original, disse a um público de *trekkies*, em uma convenção ficcional, que fossem "procurar o que fazer".

Uma resposta honesta para a pergunta, "essa gente não tem vida?", é que a maioria das pessoas não tem uma vida tremendamente glamourosa. Elas trabalham, subsistem, são solitárias, medrosas, tímidas, sem atrativos, ou sentem que não têm atrativos. Ou, simplesmente, são diferentes. O fenômeno dos fãs é testemunho de que nem todos podem ter uma vida, tal como "ter uma vida" é definido pelas tendências dominantes, e que algumas pessoas simplesmente saem e tentam construir uma vida alternativa. Na maçonaria Deadhead, esse não se adaptar a expectativas culturais normais é abraçado de maneira similar como "poder de desajustado". Por quais critérios julgamos se uma cultura de fãs constitui uma comunidade construtiva ou é mero escapismo? E quem faz o julgamento? Essas perguntas são tema de acaloradas discussões entre os estudiosos de uma disciplina conhecida como "teoria da resposta do leitor".

Amy Bruckman chamou minha atenção para a cultura dos fãs quando eu estava procurando razões para que tantas pessoas se sentissem atraídas pelo MUDding, algumas delas obsessivamente. Na sua tese de mestrado, *Identity Workshops*", [*] Bruckman cita o trabalho de Henry Jenkins, um estudioso da cultura dos fãs, como chave para compreender

---

[*] Amy Bruckman, "Identity Workshop: Emergent Social and Psychological Phenomena in Text-Based Virtual Reality", cit. (N. da O.)

MUDs e identidades alteradas

475

a cultura MUD irredutível e a sua atração hoje. Por que esses mundos ficcionais são tão populares? Os fãs de *Star Trek* vão a convenções, escrevem histórias e romances, fazem vídeos, compõem canções *folk* a respeito do mundo de *Star Trek*. Em *Textual Poachers, Television Fans and Participatory Culture*, Henry Jenkins[*] analisa a cultura dos fãs com ênfase em práticas de escrita e leitura. Como as MUDs, o mundo dos fãs é uma realidade alternativa que muitos participantes acham mais estimulante do que suas vidas mundanas. A conclusão do texto de Jenkins se intitula "'In my Weekend-Only World...': Reconsidering Fandom"[**] e começa com uma epígrafe de uma escritora do mundo dos fãs:

> Nestes cálidos salões de convenções
> Em uma hora de faz-de-conta
> Nestes cálidos salões de convenções
> Minha mente é livre para pensar
> E sente tão profundamente
> Uma intimidade nunca encontrada
> Atrás de suas paredes silenciosas
> Em um ano ou mais
> Do que eles chamam realidade.
> Em meu mundo de fim de semana,
> Que eles chamam de faz-de-conta,
> Estão os que compartilham
> As visões que eu diviso.
> Na sua vida em tempo real,
> Que eles me dizem que é real,
> As coisas com as quais se importam
> Não são reais para mim.[***]

---

[*] Henry Jenkins, *Textual Poachers, Television Fans and Participatory Culture* (Nova York: Routledge, Chapman and Hall, 1992). (N. da O.)

[**] "'No meu mundo de fim de semana...': reconsiderando o mundo dos fãs." (N. da O.)

[***] Henry Jenkins, "'In my Weekend-Only World...': Reconsidering Fandom", em *Textual Poachers, Television Fans and Participatory Culture*, cit., p. 277. Canção escrita pela fã T. J. Burnside Clapp. (N. da O.)

Jenkins escreve, a respeito da canção *Weekend-Only World*, que ela é o "reconhecimento de que o domínio dos fãs oferece não tanto uma fuga da realidade, mas uma realidade alternativa, cujos valores podem ser mais humanos e democráticos do que os sustentados pela sociedade mundana". A autora da canção "conquista poder e identidade no tempo que passa dentro da cultura dos fãs; o domínio dos fãs permite que ela mantenha a sanidade diante da indignidade e da alienação da vida cotidiana".[*]

"As afirmações de Jenkins nesse ponto são fortes", Bruckman assinala,

> [...] e não sei se são verdadeiras para o domínio dos fãs ou se traduzem o mundo do MUDding. Contudo, é importante reconhecer que, quando fazemos afirmações a respeito do que é um uso construtivo do tempo de outra pessoa, estamos realizando um julgamento de valor. Tais julgamentos muitas vezes são mascarados como "gosto", e a natureza política e ética pode ser obscurecida.[**]

Outra maneira de dizer isso é que muitos dos intelectuais da Inglaterra elisabetana morreriam de rir se soubessem que Shakespeare, aquele *nerd* vulgar, seria lembrado como grande literatura séculos depois; quem vai dizer que as MUDs e outros subúrbios alienígenas do domínio dos fãs não são tão legítimos quanto o teatro elisabetano? Lembramos Shakespeare pela qualidade de seu discernimento e seu uso do inglês, não porque seus contemporâneos o considerassem um "grande artista" ou "de bom gosto".

Outro comentarista social, examinando mais amplamente a maneira pela qual as tecnologias de comunicação vêm mudando a psicologia humana, usa o termo "tecnologias da saturação social" como um tipo de mudança impelida pela mídia no ritmo de nossas vidas interpessoais. Kenneth J. Gergen, em *The Saturated Self: Dilemmas of Identity in Contemporary Life*,[***] argumenta que os meios de comunicações moder-

---

[*] Henry Jenkins, "'In my Weekend. Only-World...': Reconsidering Fandom", cit. (N. da O.)

[**] Amy Bruckman em *MOOSE Crossing: Construction, Community 26 and Learning in a Network Virtual World for Kids*, cit.

[***] Kenneth J. Gergen, *The Saturated Self: Dilemmas of Identity in Contemporary Life* (Nova York: Basic Books, 1991).

nos expõem a pessoa média às "opiniões, valores e estilos de vida dos outros". É evidente que muitos de nós nos comunicamos com muito mais pessoas todos os dias, por meio de telefone, fax e correio eletrônico, do que nossos bisavós em um mês, um ano ou uma vida. Segundo Gergen, a saturação social é um efeito da internalização de partes de mais pessoas do que quaisquer humanos já internalizaram antes. Nossos *selves* se tornaram "povoados" por muitos outros, afirma Gergen.

Eu não sabia se Kenneth Gergen já havia ouvido falar de MUDs, mas uma passagem escrita por ele destacou-se como outra pista sobre o que as MUDs poderiam estar refletindo na personalidade humana:

> No processo de saturação social, os números, as variedades e as intensidades de relacionamento congestionam cada vez mais os dias. Uma apreciação plena da magnitude da mudança cultural e sua provável intensificação nas décadas futuras requer que nos concentremos primeiro no contexto tecnológico. Pois, em grande medida, uma gama de inovações tecnológicas levou-nos a uma enorme proliferação de relacionamentos [...]
>
> Em um sentido importante, à medida que a saturação social prossegue, tornamo-nos pastiches, montagens mutuamente imitativas. Na memória, carregamos os padrões dos outros conosco. Se as condições são favoráveis, podemos colocar esses padrões em ação. Cada um de nós torna-se o outro, um representante ou um substituto. Colocando mais amplamente, à medida que o século avançou, os *selves* foram cada vez mais povoados pelo caráter dos outros. Não somos um nem alguns, mas, como disse Walt Whitman, contemos "multidões". Afiguramo-nos uns aos outros como identidades individuais, unificadas, inteiras. Contudo, com a saturação social, cada um de nós abriga uma vasta população de potenciais ocultos – ser um cantor de blues, um cigano, um aristocrata, um criminoso. Todos os *selves* encontram-se latentes e, sob as condições certas, podem despertar para a vida.[*]

Nas MUDs, esses *eus* latentes são liberados pela tecnologia. E eles "despertam para a vida" mesmo!

---

[*] *Ibid.*, p. 71.

Extrapolar o futuro das MUDs a partir das aplicações da tecnologia hoje é um empreendimento perigoso porque o meio está em grande fluxo criativo. As MUDs sociais e de aventura são espécies ancestrais. Ninguém pode prever quais variações e mutações dessa tecnologia surgirão correnteza abaixo daqui a algumas gerações.

No verão de 1992, o Centro de Pesquisa de Palo Alto da Xerox (o Xerox Parc), onde Pavel Curtis iniciou o experimento LambdaMOO, desenvolveu o projeto Júpiter – uma MUD multimídia, eventualmente intercontinental, destinada a ser uma ferramenta de trabalho para designers das estações de trabalho virtuais do futuro.

Curtis, no momento, está envolvido na adaptação do servidor LambdaMOO para o uso como sistema de banco de imagens internacional para teleconferências de astrônomos. Isso capacitaria os cientistas a fazer apresentações on-line para seus colegas ao redor do mundo, com slides e ilustrações automaticamente exibidas na estações de trabalho dos participantes. Curtis escreveu:

> A mesma abordagem poderia ser usada para criar locais de reunião on-line para trabalhadores de outras disciplinas, assim como para outras comunidades não científicas. [...] Não acredito que somos os únicos pesquisadores que planejam tais instalações.[6]

No futuro próximo (alguns anos, no máximo), espero que tais realidades virtuais especializadas sejam lugar-comum, aceita pelo menos pela comunidade acadêmica.

Outra idéia que orienta a pesquisa no Xerox Parc é usar a realidade virtual para quebrar as barreiras geográficas de um grande edifício, de pessoas que, cada vez mais, trabalham a partir de suas casas, acrescentando vozes digitais às MUDs. Quando duas pessoas estão na mesma sala virtual, seus canais de áudio são conectados.

---

[6] Pavel Curtis & D. Nichols, "MUDs Grow Up: Social Virtual Reality in the Real World", cit.

Videolink

O Xerox Parc, onde os computadores pessoais e as redes locais foram inventados, na década de 1970, tem braço de pesquisa em Cambridge, na Inglaterra, que se ajusta a esse esquema grandioso de um futuro escritório multimídia virtual ligando os pesquisadores da Xerox em todo o mundo. Quando visitei o EuroParc em Cambridge, em 1992, experimentei como é expandir o mundo da rede no âmbito do vídeo. Meu guia local, Paul Dourish, um cientista de computadores da Escócia, é um *deadhead nethead*, e, portanto, tínhamos maçonarias sobrepostas sobre as quais conversar enquanto eu me aclimatava ao que estava acontecendo. Em seu escritório, Paul estava sentado diante de uma grande tela, com várias janelas abertas para documentos e para a net. E, a sua esquerda, havia outra tela, só que um pouco menor, que mostrava uma imagem de vídeo. No momento em que entramos, exibia a imagem da sala comum do laboratório, um andar abaixo do nosso. Acima do monitor de vídeo havia uma lente de câmera.

Depois de mais ou menos um minuto de conversa com Dourish, ouvi uma espécie de guincho, como o de uma porta velha se abrindo. Ele explicou que era o mais usado entre os muitos sons que os pesquisadores do EuroParc tinham à disposição para sinalizar que alguém estava espiando.

"É importante colocar algo invasivo como uma tecnologia de vídeo em seu escritório sob controle oficial", explicou Dourish, chamando um menu de opções de comunicação no computador. Vi uma lista de nomes de pessoas. Alguns deles estavam marcados.

"Posso selecionar, no rol de pessoas com acesso técnico, aquelas a quem dei permissão para me espiar", continuou Dourish. "Espiar" significa que a pessoa autorizada pode olhar seu escritório, com sua permissão, à vontade, em uma olhada de dois segundos. É o equivalente a espreitar na porta para ver se você está ocupado ou livre para uma conversa. Ele me mostrou o menu no qual escolheu a porta que guincha como meio de lembrá-lo de que alguém está espiando. E mostrou-me o controle social definitivo da tecnologia no canto de sua escrivaninha – uma lente.

Quando a câmera guinchou para nós outra vez, Dourish olhou por cima do monitor abaixo da câmera e começou a falar com ele. A cena no monitor do vídeo passou de uma tomada longa da sala comum a um close-up de uma jovem. Eles conversaram, também olharam o documento nas telas dos computadores. Paul me apresentou. Olhei para a câmera de vídeo, sorri e disse "olá". Podia ver seu rosto enquanto falava com ela. Sua conversa sobre certo parágrafo do documento levou cerca de trinta segundos. Depois, eles se despediram, e Paul voltou-se para mim outra vez. A cena no monitor de vídeo dele voltou à sala comum.

A cada dez minutos, havia outro som, um clique como o de uma câmera. Era a câmera slow scan que transmitia uma imagem imóvel através do oceano Atlântico e do continente norte-americano até o laboratório-irmão da Xerox, em Palo Alto. Essas imagens imóveis foram a primeira etapa do que viria a ser um link de vídeo completo.

A idéia da sala comum muda quando você sabe quem está lá. Uma premissa por trás de dar-se ao trabalho de acrescentar um canal de vídeo para a comunicação de grupo é a de que ele pode estimular o tipo de conversa informal e gratamente fortuita que ocorre no corredor ou na máquina de café, mas de tal maneira que o espaço informal estenda-se a qualquer lugar em que seus colegas estejam. Em certo sentido, estão tentando sintetizar o que o sociólogo Ray Oldenburg chama de "espaços públicos informais". Outro experimento recente da Xerox ligou um monitor de parede inteira em uma sala comum no Laboratório de Palo Alto a uma sala comum em um laboratório-irmão no Oregon. As pessoas no Oregon podiam andar pelo salão no mundo material, observar no monitor que você está na metade californiana da sala comum e travar conversação com você.

Não vi o experimento da parede-vídeo, mas um mestre da informática, John Barlow, viu uma demonstração. Estamos ambos interessados na possibilidade de acrescentar o vídeo às conferências por computador. Parte da não-confiabilidade ontológica do ciberespaço é a falta da linguagem corporal e de expressão facial. Incompreensões que embaralham as comunicações em grupo e azedam relacionamentos pessoais poderiam ser evitadas se você pudesse acrescentar uma sobrancelha erguida ou um

MUDs e identidades alteradas

481

tom de voz brincalhão ao vocabulário on-line. Barlow disse-me que estava um tanto desapontado quanto a essa esperança. Parecia que algo estava faltando. Ele falou de seu desapontamento ao cientista de informática que estava oferecendo a demonstração. O pesquisador, um indiano, sorriu e disse-lhe que o que o vídeo não transmite é o "prana", a força vital, literalmente, o alento das outras pessoas. A julgar pela maneira como outros meios de comunicação em grupo mostraram ser facas de dois gumes, seria prudente supor que acrescentar vídeo ao CMC traria vantagens e desvantagens nas tentativas de conseguir comunicação entre grupos de pessoas.

A idéia do projeto Júpiter, que se desenvolveu a partir da MUD multimídia que Curtis descreveu, é um espaço comum em que você pode ampliar seu espaço informal, com voz, texto e vídeo, todos misturados em um espaço de escritório virtual; a estrutura de MUD dá aos diferentes canais de comunicação coerência na forma de metáfora arquitetônica. Com a capacidade de construir seus próprios espaços dentro da MUD é possível criar "salas" especificamente para certos projetos; nelas, você pode manter materiais de referência, comunicar-se com colegas em uma lousa virtual, aparecer para conversas informais. Você pode deslocar seu personagem por um mapa do espaço MUD e fazer contato, com vozes reais, com qualquer pessoa presente no mesmo espaço virtual, ao mesmo tempo que conserva a capacidade de colocar palavras e recursos gráficos no espaço MUD comum. Os pesquisadores do Parc estão tentando criar vários objetos com esse projeto. Em paralelo, estão projetando um modelo mental de ciberespaço, realizando experiências com maneiras de usá-lo como uma ampliação do escritório material, além de estarem misturando mídias diferentes e usando essas ferramentas no seu trabalho diário à medida que as constroem, na tradição da pesquisa auto-sustentada.

Estão começando a surgir as primeiras MUDs multimídia. As primeiras de que tive notícia, na Escandinávia, exigem uma poderosa estação de trabalho gráfico e uma ligação de alta velocidade à internet. Agora você pode guiar seu personagem através de um modelo visual de uma masmorra ou de uma colônia espacial, ou mesmo criar seus próprios mundos visíveis e compartilhá-los com outros participantes. O advento do MUDding multimídia é recente demais para que possua um corpo de observações significativo para sua avaliação. Agora, as pessoas que conseguem expressar-se visualmente, usando ferramentas de computador para manipular a linguagem gráfica, podem acrescentar um novo elemento aos mundos que antes estavam limitados ao texto. Mundos apenas de texto continuarão a prosperar, considerando quão mais fácil é construir uma civilização inteira com palavras em vez de recursos gráficos, mas resta descobrir se as MUDs multimídia vão prosperar como meio por direito próprio.

Amy Bruckman, depois de terminar a pesquisa para sua tese de mestrado *Identity Workshops*,[7] estendeu sua exploração profissional do veículo MUD criando, com colegas do Media Lab do MIT, o MediaMOO, mais um tipo de MUD de comunicação séria. Bruckman percebeu outra área de sua vida em que um meio de comunicação com algumas características MUD poderia servir a um propósito sério e, não obstante, conservar a diversão e a informalidade de uma MUD – as comunidades virtuais que existem em torno de certas áreas de interesse especiais ou de disciplinas profissionais. Cientistas, pesquisadores ou especialistas do setor privado reúnem-se para conferências e convenções face a face uma ou duas vezes por ano, lêem as mesmas publicações e publicações eletrônicas e trocam correspondência, mas há falta de uma continuidade diária e informal dessas comunidades de interesses que se estendem por continentes. Por que não projetar uma MUD para continuar o tipo de conversa informal que torna as conferências tão importantes para a comunicação científica? A "comunidade virtual profissional" que Bruckman e o colega Mitchel Resnick tinham em mente era a comunidade de pessoas como elas mesmas – pesquisadores de mídia.

O MediaMOO foi anunciado em 1993. Em um resumo para uma apresentação oral, Bruckman e Resnick falaram da relação entre o projeto de MUD e os objetivos sociais do projeto:

---

[7] Amy Bruckman, "Identity Workshop: Emergent Social and Psychological Phenomena in Text-Based Virtual Reality", cit.

O MediaMOO é uma versão virtual do Media Laboratory do MIT [...]

Os desenvolvedores escolheram deliberadamente não construir o Media Lab inteiro, mas apenas os corredores públicos, os poços das escadas, os elevadores e alguns lugares públicos de interesse. Cabe à comunidade de usuários criar o resto. Isso não é uma limitação prática, e sim uma decisão deliberada. O ato de colaborar na construção de um mundo compartilhado cria base para interação e comunidade.

Os visitantes de uma conferência não compartilham apenas um conjunto de interesses, mas também um lugar e um conjunto de atividades. A interação é gerada tanto pelos dois últimos quanto pelo primeiro:

Pessoa A: Pode me dizer como chegar ao Salão de Baile A?

Pessoa B: Estou indo para aquela direção agora. É por aqui.

Pessoa A: Obrigado!

Pessoa B: Vejo que você está na Companhia X...

Pessoa C: Está livre este assento?

Pessoa D: Não, não está.

Pessoa C: Surpresa encontrar a sala tão cheia.

Pessoa D: Bem, Y fala mesmo muito bem...

Um ambiente virtual baseado em texto pode proporcionar um lugar compartilhado (o mundo virtual) e um conjunto compartilhado de atividades (explorando e ampliando o mundo virtual). Como em um intervalo para o café em uma conferência, há uma convenção social que é adequada para encetar uma conversa com estranhos baseada simplesmente nas suas etiquetas de nomes. Na maioria das MUDs, os personagens são anônimos; não há nenhuma maneira de ligar a pessoa do mundo real à pessoa virtual. No MediaMOO, um personagem pode ser anônimo ou confiavelmente identificado com o nome da pessoa no mundo real. Além disso, os usuários são encorajados a usar uma descrição de seus interesses de pesquisa. Oferece-se mais informação do que uma etiqueta com nome, e ela é oferecida mais discretamente – a pessoa não é notificada de que você olhou seus interesses de pesquisa e, portanto, você é livre para decidir se vai ou não usar essa informação como base para iniciar uma conversa. [*]

---

[*] Amy Bruckman & Mitchel Resnick, "The MediaMOO Project: Constructionism and Professional Community. Convergence 1:1", primavera de 1995, pp. 94-109, disponível em http://www.cc.gatech.edu/~asb/papers/convergence.html.

Os arquitetos do MediaMOO decidiram fazer um baile inaugural em 20 de janeiro de 1993. Uma semana antes, a convite de Amy Bruckman, apareci mais cedo e desenhei os trajes dos homens para as festividades. Primeiro, eu tinha de descobrir o caminho do guarda-roupa perto do salão de baile, que estava localizado dois pisos acima do teto do Media Lab da vida real. Em alguns lugares, a topologia do MediaMOO replica os corredores do edifício material do Media Lab e, em outros, como o salão de baile, o MediaMOO simplesmente constrói sua própria extensão de ciberespaço. Assim que aprendi o caminho até o salão de baile, Amy mostrou-me o encantamento de que eu precisaria para criar trajes. Cada traje assim criado poderia ser acrescentado ao cabide. Quando 67 participantes de cinco países vieram ao baile inaugural, eles foram convidados a ir ao guarda-roupa, dar o comando "buscar" e usar um dos trajes. Fui um entre vários estilistas e contribuí com um *smoking* trespassado em padrão *cashmere* verde e laranja, um *smoking* minimicro de velcro e uma tanga multicolorida.

Além de meu traje, outros que foram ao baile puderam ver meu nome real, saber do fato de que estou escrevendo sobre comunidades virtuais e ver meu endereço eletrônico. Apesar de ter sido inaugurado com uma festa e de ter uma atmosfera informal, o MediaMOO é composto de pessoas que estão estudando comunidades virtuais. Nesse contexto, encontrar alguém "socialmente" em um evento como um baile inaugural tem implicações para a vida intelectual e profissional de todos.

Sempre que as pessoas encontram em um novo meio de comunicação alguma coisa tão atraente que se torna o foco de comportamento obsessivo, surgem várias questões:

- o que há na maneira como as pessoas são hoje e na maneira como nós interagimos que deixa as pessoas tão vulneráveis à compulsão comunicativa?
- que responsabilidade instituições como as universidades têm para regulamentar o comportamento on-line de usuários obsessivos e que direitos os estudantes têm para protegê-los contra a invasão de privacidade?

- por quais critérios deve ser determinado o uso obsessivo?

Não conheço as respostas para perguntas a respeito do valor do MUDding, mas sei que são questões amplas, voltadas para ambivalências centrais que as pessoas têm a respeito da identidade pessoal e dos relacionamentos interpessoais na era da informação.

Da geração X à geração "ctrl alt del": consumindo tecnologia, reiniciando a cultura

ROSE DE MELO ROCHA

Talvez a primeira parcela da construção de meu imaginário tecnológico tenha vindo menos da própria e, em verdade, mais propriamente da ficção. O mundo dos Jetsons povoava de forma impactante e lúdica meus olhos infantis. Mais do que um mundo de sonhos, era um universo que me fascinava pelo fato de se ancorar em uma interminável transposição de toda sorte de fronteiras espaciais.

Assistindo aos episódios desse paradigmático desenho animado finalmente convenci-me de ter encontrado um cenário definitivamente mais surpreendente do que o País das Maravilhas de Alice. Viajar naquelas imagens era quase tão agradável quanto vestir asinhas de anjo no dia da coroação de Nossa Senhora. Das micronaves às roupas psicodélicas dos Jetsons, passando pelos híbridos de seres animados/inanimados, tudo aquilo era fantástico por um especial motivo: parecia muito próximo, soava por demais familiar. Aquele infinito campo de condições de possibilidade parecia mais do que amigável. Era "tocável"; era, de fato, um quase possível.

Talvez tenha começado ali parte de minha alfabetização pelas imagens da tecnologia. Outras tantas compuseram o estoque, a minha coleção de imagens sobre imagens. Inesquecível o robô da minissérie *Perdidos no espaço* e, aqui, já estarão sorrindo os amigos que enxergam nessa identificação as bases de um às vezes insistente viés apocalíptico: "Perigo! Perigo!"; essa era a frase mais repetida pelo simpático "membro" da família Robinson.

O elenco de minhas rememorações talvez esteja fazendo sentido para aqueles que, como eu, só depois dos dez anos foram conhecer um, digamos, computador. Porque quando os conheci, pelas mãos de meu irmão mais velho, então estudante de um então estranho curso de Ciências da Computação, os computadores da universidade eram mesmo máquinas assustadoras, enormes, cuspidoras de cartões perfurados e, para meu absoluto espanto, capazes de transmitir mensagens escritas de uma sala a outra do câmpus.

Vejam. Uma década é pouco ou muito? Foi o suficiente para que os filhos de meu irmão já tenham sido criados, desde a mais tenra idade, batucando com absoluta desenvoltura os teclados de um PC. Perguntei a um deles qual a primeira lembrança de um computador. A resposta foi rápida: "Ah, lembro-me do XT do papai! Eu era bem pequeno, comecei com os joguinhos. Escrever", ele continua, "veio depois. Pesquisar, na seqüência. Os trabalhos no colégio... uhn... claro! Um grande marco foi a internet. Com ela a relação com o computador deixou de ser pra dentro e projetou-se pra fora. Junto dela veio a descoberta dos chats, o ICQ e, agora, o mIRC".

Enquanto ele falava, uma coisa ia ficando visível para mim. Como ele, milhões de outros jovens foram alfabetizados com essas novas tecnologias informacionais, assim como eu, um dia, fora testemunha viva da constituição da geração televisual. O relato de meu sobrinho possivelmente corrobora o de outros jovens. Para ele, está muito claro que tecnologia não é nada sem os usos que fazemos dela. Está claro também que o uso muda à medida que a usamos. Foi assim, para ele, a construção e a subseqüente modificação das formas de sociabilidade desenvolvidas na rede. Dos chats passou a dar prioridade ao ICQ e, agora, afirma que, como muitos outros amigos da mesma idade, apenas se corresponde "com quem já conhece", não importando, aqui, se o conhecimento tenha se originado na rede ou fora dela.

Ainda que o imaginário de jovens como meu sobrinho componha-se igualmente de imagens de "cientistas malucos dos quadrinhos com seus

DA GERAÇÃO X À GERAÇÃO "CTRL ALT DEL": CONSUMINDO TECNOLOGIA, REINICIANDO A CULTURA

computadores enormes, cheios de luzinhas piscando", batucar o teclado não só se tornou um hábito cotidiano. Essa experiência é anterior, constitutiva da forma de esse garoto ser e estar no mundo. Ela, se me faço entender, vem antes, é marco inscrito no "real", no mundo dos "objetos". E mais. Como ele disse, em especial com a internet, o computador volta-se "para fora", deixando de ser exclusividade de quem, como seu pai, "trabalha com computador".

Anos depois de ter conhecido meu primeiro computador e mais tantos depois de meu sobrinho ter nascido, fui apresentada, por meio de um colega da Faculdade Senac, a um livro que, segundo penso, pode nos ajudar nessa tarefa de refletir sobre os usos que os jovens vêm fazendo das novas tecnologias informacionais e, em especial, possibilitar que nos perguntemos em que medida esses usos, por seu turno, têm impactado e transformado as próprias tecnologias. Se consumimos cultura e se, de fato, estamos em um momento em que a produção cultural é cada vez mais tecnologicamente mediada, qual o resultado efetivo e simbólico desse consumo?

Meu colega falou-me certo dia de *O padrão gravado na pedra*, cujo autor, Daniel Hillis, ficou conhecido como o homem por trás do projeto do computador mais veloz do mundo. Hillis, como eu, também começou sua aventura no mundo dos objetos computacionais através de um robô. Mas o robô de Hillis era como o XT citado por meu sobrinho. Era "real". Diversamente do meu, que eu podia tocar apenas com os olhos, o de Hillis era de fato manipulável:

> Quando eu era criança, li uma história sobre um menino que construíra um robô com materiais que encontrara em um ferro-velho. O robô do garoto se mexia, falava e pensava, igualzinho a uma pessoa, e virou amigo do menino. Por algum motivo, achei muito interessante a idéia de construir um robô e resolvi montar um. [...] Depois de quase me eletrocutar algumas vezes, comecei a fazer com que [as partes do robô] se mexessem, acendessem e produzissem ruídos. [...] [Contudo,] eu não fazia a menor idéia de como controlar os motores e as luzes, e percebi que estava faltando alguma coisa em meu conhecimento de como os robôs funcionavam. Hoje tenho um nome para o que

faltava: chama-se *computação*. Naquela época, eu chamei isso de "pensamento".[1]

Como insiste Daniel Hillis, o computador é uma máquina de imaginação, de projeção do pensamento, alçando nossa cognição, de forma original, a campos que ultrapassam o potencial de previsibilidade inicialmente concebido. Se concordamos com o fato de que a tecnologia agencia subjetividades, fica mais fácil perceber a natureza de sua utilização por todos aqueles que se mostram insatisfeitos em relação às comunidades clássicas (como a empresa, a família, o Estado), buscando, como tantas vezes destacado por autores como Pierre Lévy, uma inserção em agrupamentos alternativos, muitos criados e geridos no campo da virtualidade.

Nesse contexto de trespasse de fronteiras, de onde partirá nossa interpretação sobre o campo tecnológico? Se seguirmos a sugestão do francês Bruno Latour,[2] adotaremos uma abordagem da técnica como problema filosófico, definindo-se tanto pela mediação das relações entre os homens, quanto entre homens, coisas e animais. Diz-nos o autor que em toda invenção há um choque de interpretações. Assim posto, toda inovação implica negociação, implica lidar com crise e conflitos.

A inovação técnica nada mais é do que uma série de modificações em uma cadeia de associações entre os diversos atores envolvidos. Exatamente daí provém sua complexidade. Voltamos, mais uma vez, aos quadrinhos: o cenário escolhido por Latour para explicitar sua filosofia da técnica é uma redação de jornal belga, retratada em uma tira de Gaston Lagaffe. Os atores vão desde um chefe de redação colérico, passando por um gato indisciplinado, uma ciumenta gaivota e uma porta. A metáfora para se pensar a técnica é justamente a da porta modificada para atender a interesses, desejos e sensibilidades conflitantes.

O sujeito que dispara a modificação é um engenhoso Lagaffe, que, incessantemente lidando com conflitos e soluções, flexibiliza tanto o

---

[1] Daniel Hillis, *O padrão gravado na pedra* (Rio de Janeiro: Rocco, 2000).

[2] Bruno Latour, *Petites leçons de sociologies des sciences* (Paris: La Découverte, 1993). Mais uma indicação valiosa, dessa vez feita pelo professor Silvio Barini Pinto.

DA GERAÇÃO X À GERAÇÃO "CTRL ALT DEL": CONSUMINDO TECNOLOGIA, REINICIANDO A CULTURA

objeto, porta, quanto os outros agentes envolvidos nessa verdadeira transmutação técnica. Em Latour, há de fato pouca distância entre arte e tecnologia. Como resultado da bricolagem técnica, vemos as distintas lógicas dos seres de madeira, carne ou espírito sendo substituídas por aquilo que o autor denomina "sócio-lógicas". Desse ponto de vista, não existe técnica nem homens em si. Existe uma rede de ação e interação, existe jogo cultural e social.

Contudo, a arte do *bricoleur* não é de modo algum despretensiosa, menos ainda imparcial. Seguindo-o em sua astúcia de negociador, perceberemos, sem maior dificuldade, como a tecnologia instala e agencia novos espaços de poder e, obviamente, campos originais de renegociação simbólica. Assim, se a tecnologia possui um aspecto material, objetivo, duro, há pois que irremediavelmente considerar seus aspectos subjetivos, sua potência, variável sem dúvida, de flexibilização e absorção de dados e atores imprevistos. Ela traz impressa em si toda uma rede de afecções daqueles que a criaram e daqueles que, ao utilizarem-na, a modificaram.

A geração à qual pertenço já foi chamada, lá pelos idos de 1990, de geração X. Sobrava-nos conflito interno e faltava um olhar mais otimista em relação ao futuro. Melancólicos contestadores, herdeiros a um só tempo da new wave e da new age (argh!), parecíamos ter sido condenados à patologia da aceleração inercial: velocidade máxima e mínimo deslocamento.

Mas o tempo é senhor, caros amigos. A geração a que pertencem meus sobrinhos não é chegada a romantismos. Mas, por outro lado, parece ter nos devolvido a possibilidade, aquela mesma que me animava ainda criança. Essa geração parece estar começando a perceber que pode "reiniciar". Reiniciar a cultura, reinventar a linguagem, sonhar um pouco mais adiante do aqui e agora.

Reiniciar a cultura, consumir tecnologia. E não de qualquer forma. E não para um uso qualquer. Sei que, enquanto escrevo, vários serão aqueles que, quando lerem essas palavras, pensarão: mas em que diabos a utilização dos tais recursos informacionais tem contribuído para melhorar a situação de nosso país? Eu lhes direi: ouvir estrelas. Foram várias as que ouvi, ao final do primeiro semestre do ano de 2002, ao orientar e participar de algumas bancas dos trabalhos de graduação interdisciplinar do curso de Design de Multimídia da Faculdade Senac de Comunicação e Artes. Os trabalhos de alguns desses jovens profissionais, vários deles parceiros de meu sobrinho na geração "ctrl alt del", fizeram-me ter a certeza de que é possível, sim, reiniciar a cultura.

Hábeis bricoladores, traduziram multimediaticamente conceitos éticos e estéticos, mais do que belos, necessários. Falaram, em seus CD-ROMs e sites, de intolerância, de dilemas existenciais, da utilização do corpo como interface, da cultura da paz, da cultura de rua, da cultura dos sem-teto, da alfabetização digital. Transformaram em visualidade os mais preciosos conceitos das teorias do caos e da complexidade. E o melhor: acreditaram. Através da e com a tecnologia, através de e com suas contemporâneas subjetividades inscreveram em nosso desencantado espírito do tempo um tempo raro. Aquele em que encontramos tempo para reencantar.

Cibercultura, cultura audiovisual e *sensorium* juvenil[1]

RITA DE CÁSSIA ALVES OLIVEIRA

---

[1] Este artigo é fruto da pesquisa "Jovens urbanos, concepções de vida e morte, experimentação da violência e consumo cultural" desenvolvida na PUC-SP. O grupo responsável pela investigação é formado pelas doutoras Silvia Helena Simões Borelli, Rosamaria Luiza de Melo Rocha, Gislene Silva, Josimey da Costa Silva, Rita de Cássia Alves Oliveira e Rosana de Lima Soares.

> Cultura é menos a paisagem que vemos do que o olhar com que vemos.[2]

A palavra *cibercultura* corre o risco de cair na armadilha da "boca do povo", convertendo-se naquele conceito útil nas mãos de profissionais da comunicação que concentram numa palavra-chave complexas relações econômicas, sociais, culturais e históricas. Vimos *globalização* passar por esse processo e virar um conceito quase popular, muitas vezes abordado de maneira superficial e rápida até mesmo nos meios acadêmicos.

Para entendermos cibercultura, podemos recorrer à idéia de cultura como prática cotidiana vivida envolvendo sujeitos e relações sociais que carregam tensões, conflitos, inovações e mudanças reais e constantes.[3] Deve-se olhar para o cotidiano vivenciado pelos indivíduos, o "modo como as pessoas produzem o sentido de sua vida e como se comunicam e usam os meios".[4]

---

[2] Jesús Martín-Barbero, "Cidade virtual: transformações da sensibilidade e novos cenários da comunicação", em *Margem*, nº 6, Educ/Fapesp, São Paulo, dezembro de 1997.

[3] Raymond Williams, *Marxismo e literatura* (Rio de Janeiro: Zahar, 1979); e Antonio Gramsci, *Literatura e vida nacional* (São Paulo: Civilização Brasileira, 1986).

[4] Jesús Martín-Barbero, *Dos meios às mediações: comunicação, cultura e hegemonia* (Rio de Janeiro: UFRJ, 1997).

Essa produção de significados acontece nas constantes lutas hegemônicas que se constituem num um jogo de *limites e pressões*, como afirma Raymond Williams.[5] São continuidades e rupturas de um processo histórico marcado pela disputa hegemônica: situações conflituosas do dia-a-dia, que podem tanto trazer continuidades de tradições que ganham novo sentido no presente quanto, no limite, desaguar em rupturas introduzidas pela emergência de novas forças e redes de significações sociais.

Trata-se, assim, de perceber o modo como se produzem as transformações na experiência cotidiana, e não só na técnica. Essas duas esferas da existência humana, aliás, são indissociáveis e afetam-se mutuamente, dialeticamente. Para Walter Benjamin,[6] a transformação nas condições de produção implica mudanças historicamente identificáveis no espaço da cultura, isto é, as alterações na técnica e no modo de produção atrelam-se às transformações do *sensorium*: transformações dos modos de percepção e, portanto, da experiência social.

A tecnologia não é só uma ferramenta, um meio, mas um novo modo de produção composto por novas forças e relações produtivas. Ao contrário do que se pode pensar, as tecnologias são desenvolvidas para dar conta dos problemas ou desejos já colocados e vivenciados pelos homens. Para Jesús Martín-Barbero, a técnica não é apenas instrumental, mas é constitutiva da estrutura do conhecimento e da vida cotidiana. Sabemos que *téchné*, para os gregos, significava destreza e habilidade de fazer, mas também descrevia a habilidade de argumentar, de expressar, de criar e de comunicar. Assim, na técnica "há novos modos de perceber, ver, ouvir, ler, aprender novas linguagens, novas formas de expressão, de textualidade e escritura".[7] Nas transformações das técnicas, pode-se perceber as significativas alterações na experiência cultural, implicando

---

[5] Raymond Williams, *Marxismo e literatura*, cit.

[6] Walter Benjamin, "A obra de arte na era da sua reprodutibilidade técnica", em *Obras escolhidas: magia e técnica, arte e política* (São Paulo: Brasiliense, 1993).

[7] Maria Immacolata Vassalo Lopes, "Apresentação à edição brasileira", em Jesús Martín-Barbero & Germán Rey, *Exercícios do ver: hegemonia audiovisual e ficção televisiva*, trad. Jacob Gorender (São Paulo: Editora Senac São Paulo, 2001).

mudanças na forma de vivenciar e perceber a realidade, assim como na forma de expressar esta realidade sensível.

Fala-se muito hoje no predomínio de uma cultura tecnológica que, a partir da relação com a TV e do manejo das redes de informática, estaria transformando os modos de experimentar as identidades e os pertencimentos ao território, especialmente nos jovens. O desenvolvimento dos meios de comunicação e de transporte trazem o paradigma da comunicação para o centro da arena cultural e os conceitos de fluxo e conexão ganham destaque nesta cidade vivenciada virtualmente.[8]

Para Martín-Barbero é importante refletirmos sobre as novas formas de experimentar e conceber as noções de tempo e de espaço; há uma nova percepção espacial que aparece como pano de fundo dos novos modos de *estar junto* e das novas formas de perceber o próximo e o distante; uma nova percepção de tempo mostra-se marcada pelas experiências do fluxo, da instantaneidade e da simultaneidade que fundem os tempos num constante culto ao presente.

O importante não é mais estar reunido, mas conectado. O que interessa é o que se ganha com a velocidade da circulação constante de pessoas, veículos, informações. A experiência do fluxo, tão presente no *continuum* das imagens da televisão, apresenta-nos agora uma nova continuidade: a das redes e dos circuitos, a dos conectados. Para Martín-Barbero, a televisão e o computador doméstico transformam a experiência cotidiana num *território virtual des-espacializado* e submetido ao regime geral da velocidade. Já não se espera que o futuro traga-nos esta cidade virtual: ela já é, no presente, o cenário das nossas experiências cotidianas, a contemporaneidade das nossas vivências de tempo e de espaço.

Essas transformações associadas à cultura tecnológica trazem uma nova experiência audiovisual derivada das tecnologias de uso doméstico. A *téchné* do homem pós-moderno cada vez menos atrela-se ao domínio da natureza pelas máquinas e cada vez mais volta-se ao "desenvolvimento da informação e da comunicação do mundo como imagem".[9] Há uma

---

[8] Jesús Martín-Barbero, *Dos meios às mediações: comunicação, cultura e hegemonia*, cit.

[9] Jesús Martín-Barbero, "Arte/comunicação/tecnicidade no final do século", em *Margem*, nº 8, Educ/Fapesp, São Paulo, dezembro de 1998, p. 19.

revalorização cognitiva da visualidade e da oralidade, ameaçando aquele tipo de representação e saber sustentados pela cultura letrada.

Juventude digital: novas vivências, percepções e linguagens

Nesse cenário constituído pela cultura tecnológica, destacam-se as sensibilidades juvenis que, sem dúvida, são as mais atingidas pelas aceleradas transformações pelas quais a sociedade tem passado. As transformações relativas ao consumo cultural atingem diretamente as relações e o comportamento familiares, alterando especialmente o cotidiano dos jovens dentro de suas famílias.

Está claro que esses jovens estão cada vez mais ligados ao universo televisivo e às redes de informação, mas vale a pena ressaltar que esse acesso à TV e aos computadores tem-se dado, de modo crescente, na intimidade dos quartos ocupados pelos jovens. Segundo a pesquisa "Dossiê universo jovem" realizada pela MTV brasileira em 2000,[10] os quartos do adolescente e dos jovens são, cada vez mais, câmaras de conexão com o mundo: 57% dos jovens têm televisão no seu próprio quarto e 24% têm computador nas mesmas condições. Isso significa uma grande autonomia no uso desses meios, inclusive em relação ao tempo e à forma de uso.

Os jovens do novo milênio apresentam "uma plasticidade neuronal que os dota de uma grande facilidade para os idiomas da tecnologia".[11] Esses idiomas não se esgotam no domínio da linguagem, mas ampliam-se na facilidade de relacionamento com as tecnologias audiovisuais e informáticas. Nestas tecnologias – com sua narrativa imagética, suas sonoridades, fragmentação e velocidade –, os jovens vão buscar sua forma de expressão e seu ritmo. A simultaneidade e o fluxo contínuo transformam-se em modos de expressão, criação e comunicação que encontram nas populações juvenis o campo mais fértil para o seu desenvolvimento.

---

[10] Pesquisa realizada com jovens entre 12 e 21 anos das classes A, B e C.

[11] Jesús Martín-Barbero, *Dos meios às mediações: comunicação, cultura e hegemonia*, cit.

Como *consciência prática*,[12] a linguagem deve ser pensada como uma forma de expressão das relações cotidianas. Existe, portanto, no âmbito da cibercultura, uma linguagem digital construída nas práticas cotidianas que envolve tanto a forma quanto o conteúdo das produções culturais relativas a esse universo simbólico. O ambiente por excelência do desenvolvimento dessa linguagem digital verbal são os chats. Segundo a mesma pesquisa da MTV, 26% dos jovens entre 12 e 30 anos das classes A/B usam a internet principalmente para freqüentar as salas de bate-papos; pode-se dizer, a partir desses dados, que a principal utilidade da rede, para essa camada da população, é fazer amigos ou simplesmente conhecer alguém. Uma nova linguagem escrita marca essa nova forma de estar junto: *tc* para teclar, *vc* para você, :-) é felicidade, :-(é tristeza, ;-) convida para uma paquera e [ ]'s manda beijos, entre inúmeros outros. Quanto mais se domina essa linguagem, mais aceitação se terá nesses ambientes virtuais. Como qualquer gíria, a linguagem construída no interior da rede pretende excluir da comunidade os não iniciados e, ao mesmo tempo, busca aproximar aqueles que já se credenciaram – simbolicamente – para usufruir do fluxo de informações desse espaço virtual. Como já foi colocado, a tecnologia não é apenas um instrumento, mas uma forma de expressão, de criação. Sem dúvida, a forma como os jovens têm usado a rede vêm criando novas escrituras e novas linguagens assentam-se nas novas experiências de percepção e de vivência; as novas formas de produção geram produtos híbridos elaborados dentro de uma nova espacialidade e temporalidade.

Essa *convergência das mídias*[13] implica também convergência das linguagens. As culturas juvenis são, sem dúvida, as mais próximas dessas novas linguagens que misturam imagens estáticas e em movimento, textos e seqüências sonoras, palavras e gráficos formando um sistema integrado composto por um "sistema de nós ligados por conexões"[14] chamado hipertexto ou hipermídia. Essa mistura de códigos, referências,

---

[12] Raymond Williams, *Marxismo e literatura*, cit.

[13] Derrick de Kerckhove, *A pele da cultura* (Lisboa: Relógio D'Água, 1997).

[14] Pierre Lévy, *As tecnologias da inteligência: o futuro do pensamento na era da informática* (São Paulo: Editora 34, 1994).

plataformas e suportes gera uma linguagem calcada na visualidade e impregnada da fragmentação e da simultaneidade da vivência cotidiana.

O *nomadismo* característico das culturas juvenis[15] não está apenas na circulação constante pela cidade e na apropriação de múltiplos espaços urbanos, mas também no consumo cultural, nas expressões da religiosidade e, principalmente, na percepção simultânea e fragmentada do mundo sensível.

O desenvolvimento dos meios de comunicação de massa conectou os pólos mais diversos do planeta, proporcionando a segmentação e a diversificação da apropriação e produção culturais. Essa *estética da diversidade*[16] gera um *empório de estilos* bastante típico das populações juvenis; é uma linguagem nômade repleta de citações mundiais, num ecletismo histórico e geográfico que mistura os tempos e embaralha os espaços. Os jogos de RPG e os *games* eletrônicos, por exemplo, não raro misturam as mais antigas tradições ocidentais (cinderelas, torres, dragões e cavaleiros) às modernas formas digitais e interativas. São temas épicos mesclados à violência exacerbada usualmente ligada ao cinema de ação e aventura.[17] Lendas centenárias são revividas lado a lado com seres interplanetários e naves futurísticas.

Nessa nova experiência temporal, é possível "reprogramar constantemente o início, o final e a duração e ritmo de uma determinada atividade: cria-se um autêntico tempo virtual cuja realidade depende do âmbito no qual se produz".[18] Análoga ao relógio digital, a chamada *geração @* vive numa concepção digital de tempo na qual a possibilidade de reinício reverte o inexorável caminho para a morte que tanto aflige o *Homo sapiens*; a simultaneidade do tempo marca sua desnacionalização e sua globalização, criando uma linguagem babélica absolutamente mundializada e conectada.

---

[15] Jesús Martín-Barbero, "Jóvenes: des-orden cultural y palimpsestos de identidad", em Humberto J. Cubides *et al.* (orgs.), *Viviendo a toda: jóvenes, territorios culturales e nuevas sensibilidades* (Bogotá: Siglo del Hombre/Diuc Universidade Central, 1998).

[16] David Harvey, *A condição pós-moderna* (São Paulo: Loyola, 1994).

[17] Fátima Cabral, "Jogos eletrônicos: técnica ilusionista ou emancipadora?", em *Revista USP*, nº 35, São Paulo, set.-nov. de 1997.

[18] Carlos Feixa, "Generación @: la juventud en la era digital", em *Revista Nômadas*, nº 13, DIUC, Bogotá, outubro de 2000.

O tão propalado acesso universal às novas tecnologias da comunicação, entretanto, ainda não se confirmou. Existem, isso sim, novas formas de exclusão social, agora em escala planetária. Se, por um lado, as populações juvenis são as mais adaptadas e integradas à cultura tecnológica, por outro (e contraditoriamente), são os jovens os que mais sofrem a perversa situação de falta de acessibilidade a esses meios. Em recente estudo sobre a inclusão digital nas escolas públicas da Grande São Paulo,[19] verifica-se a difícil situação dos jovens da periferia quando o assunto é tecnologia digital. As escolas da rede pública de ensino encontram-se despreparadas para atender às necessidades de inclusão tecnológica dessa juventude que convive diariamente com a violência, a falta de empregos, de perspectivas e de lazer gratuito em seus locais de moradia. É sobre essa parcela da população que recai o maior peso da exclusão digital: privados dessa tecnologia, esses meninos e meninas da periferia se vêem excluídos do acesso às linguagens digitais, especialmente quando falamos nos meios de produção dessas linguagens. A grande maioria desses jovens nem sequer teve contato com o computador. Esse é, sem dúvida, o maior desafio: tornar universal o acesso a essa *téchné*, não para que todos possam comprar e consumir os últimos modismos mundiais, mas para que estejam aptos a usar e produzir linguagens em igualdade de condições com aqueles que hoje pensam e usam a tecnologia para difundir seus valores e visões de mundo.

> [...] pense e estude, exija dos seus pais caderno, livros, materiais [...] as escolas estão precisando de paz [...] pagamento dos professores tem que ser digno de vida pois ganha mixaria chega aqui nada ensina cadê os computadores nas escolas não existe o governo tem que agir mostrar às crianças como transmitir mensagens notícias do jeito que acontece em todo o mundo [...][20]

---

[19] Nilton César Rosa, "O não-clique: design social e a inclusão digital nas escolas", memorial descritivo do trabalho de graduação do curso de Tecnologia em Design de Multimídia da Faculdade Senac de Comunicação e Artes, São Paulo, 2002.

[20] "Informação, autovalorização", grupo Provérbios do Rap, Francisco Morato, periferia da Grande São Paulo.

Introdução à net.art (1994-1999)*

ALEXEI SHULGIN
NATALIE BOOKCHIN

---

* Disponível em http://www.easylife.org/netart/catalogue.html. Tradução de Luís Carlos Borges.

1. A net.art em um olhar

A. O MODERNISMO EXTREMO

1. Definição

a) "net.arte" é um termo que definiu a si próprio, criado a partir do mau funcionamento de um software, originalmente usado para descrever atividades de arte e comunicações na internet.

b) Os net.artistas buscavam romper com as disciplinas autônomas e classificações ultrapassadas impostas a várias práticas ativistas.

2. 0% de concessão

a) Mantendo a independência diante de burocracias institucionais.

b) Trabalhando sem marginalização e conseguindo público, comunicação, diálogo e diversão substanciais.

c) Encontrando maneiras de escapar de valores arraigados decorrentes do sistema de teorias e ideologias estruturado.

d) TAZ (Zona Autônoma Temporária) do fim da década de 1990. Anarquia e espontaneidade.

3. Predomínio da realização em relação à teorização

a) O objetivo utópico de transpor a distância cada vez maior entre a arte e a vida cotidiana, talvez, pela primeira vez, foi alcançado e tornou-se uma prática real, cotidiana e até mesmo rotineira.

b) Para além da crítica institucional: o artista/indivíduo poderia ser igual e do mesmo nível que qualquer instituição ou corporação.

c) A morte prática do autor.

B. CARACTERÍSTICAS ESPECÍFICAS DA NET.ART

1. Formação de comunidades de artistas de diferentes nações e disciplinas.

2. Investimento sem interesse material.

3. Colaboração sem deliberar sobre a apropriação de idéias.

4. Privilegiar a comunicação em relação à representação.

5. Imediaticidade.

6. Imaterialidade.

7. Temporalidade.

8. Ação baseada em processos.

9. Jogo e performance sem preocupação nem medo das conseqüências históricas.

10. O parasitismo como estratégia.

a) Movimento inicial a partir do território fértil da net.

b) Expansão para as redes de infra-estruturas da vida real.

11. Desaparecimento de fronteiras entre o privado e o público.

12. Tudo em Um:

a) A internet como meio para produção, publicação, distribuição, promoção, diálogo, consumo e crítica.

b) Desintegração e mutação do artista, curador, correspondente, público, galeria, teórico, colecionador de arte e museu.

2. Breve guia "faça você mesmo" para net.art

A. PREPARANDO SEU AMBIENTE

1. Obtenha acesso a um computador com a seguinte configuração:

a) Macintosh com processador 68040 ou acima (ou PC com processador 486 ou acima)

b) Pelo menos 8 MB RAM

c) Modem ou outra conexão de internet

2. Software necessário

a) Editor de texto

b) Processador de imagem

c) Pelo menos um dos seguintes navegadores de internet: Netscape, Eudora, Fetch, etc.

d) Editor de som e vídeo (opcional)

B. MODO ESCOLHIDO

1. Baseado em conteúdo

a) Formal

b) Irônico

c) Poético

d) Ativista

C. GÊNERO ESCOLHIDO

1. Subversão

2. A net como objeto

3. Interação

4. *Streaming*

5. Diário de viagem

6. Colaboração telepresente

7. Ferramenta de busca

8. Sexo

9. Narração de histórias

10. Brincadeiras e construção de identidades falsas

11. Produção e/ou desconstrução de interface

12. ASCII Art

13. Browser Art, On-line Software Art

14. Form Art

15. Ambientes interativos de múltiplos usuários

16. CUSeeMe, IRC, E-mail, ICQ, Mailing List Art

D. PRODUÇÃO

3. O que você deve saber

A. STATUS ATUAL

1. A net.art está assumindo importantes transformações como resultado de seu recém-descoberto status e reconhecimento institucional.

2. Portanto, a net.art está metamorfoseando-se em uma disciplina
autônoma, com todos seus acessórios: teóricos, curadores, museus,
departamentos, especialistas e equipe de diretores.

B. MATERIALIZAÇÃO E MORTE

1. Movimento a partir da impermanência, da imaterialidade e da
imediaticidade para a materialização.

a) A produção de objetos, a exibição em galeria

b) Arquivamento e preservação

2. Interface com instituições: o ciclo cultural

a) Trabalho fora da instituição.

b) Afirmação de que a instituição é má.

c) Desafio à instituição.

d) Subversão da instituição.

e) Transformação de si mesmo em instituição.

f) Atrair a atenção da instituição.

g) Repensar a instituição.

h) Trabalhar dentro da instituição.

3. Interface com corporações: upgrade

a) A exigência de acompanhar a trilha da produção corporativa
para permanecer atualizado e visível.

b) A utilização de estratégias artísticas radicais para a promoção
de produtos.

4. Dicas e truques críticos para o net.artista moderno bem-sucedido

A. TÉCNICAS PROMOCIONAIS

1. Comparecimento e participação em festivais, conferências e exposições de arte.

   a) Físicos

   b) Virtuais

2. Não admita, sob nenhuma circunstância, pagar entradas, despesas de viagem ou acomodação em hotel.

3. Evite formas tradicionais de publicidade, como cartões de visita.

4. Não admita prontamente nenhuma afiliação institucional.

5. Crie e controle sua própria mitologia.

6. Contradiga-se periodicamente por e-mail, artigos, entrevistas e conversa informal *off the record*.

7. Seja sincero.

8. Choque.

9. Subverta (a si e aos outros).

10. Mantenha coerência entre imagem e trabalho.

B. INDICADORES DE SUCESSO: UPGRADE 2

1. Amplitude de faixa.

2. Namoradas ou namorados.

3. Ocorrências nas ferramentas de busca.

4. Ocorrências nos seus sites.

5. Links para o seu site.

6. Convites.

7. E-mail

8. Passagens de avião.

9. Dinheiro.

5. Apêndice utópico (após a net.art)

A. EM VEZ DA AFILIAÇÃO A QUALQUER MOVIMENTO ARTÍSTICO SENSACIONALISTA, AS ATIVIDADES CRIATIVAS INDIVIDUAIS TORNAM-SE MAIS VALIOSAS.

1. Resultando, em boa parte, da distribuição de informação na internet ser predominantemente mais horizontal do que vertical.

2. Desautorizando, portanto, que uma voz dominante erga-se acima de expressões múltiplas, simultâneas e diversas.

B. A ASCENSÃO DE UM ARTESÃO

1. A formação de organizações que evitem a promoção de nomes próprios.

2. A indiscriminação entre instituições artísticas e o alvo direto de produtos corporativos, mídias dominantes, sensibilidades criativas e ideologias hegemônicas.

    a) Não anunciadas

    b) Não convidadas

    c) Não esperadas

3. Não mais precisando dos termos "arte" ou "política" para legitimar, justificar ou desculpar suas atividades.

C. A INTERNET APÓS A NET.ART

1. Um shopping, uma loja pornô e um museu.

2. Um recurso, ferramenta, local e ponto de encontro útil para o artesão.

    a) Que modifica e transforma tão rápida e engenhosamente quanto aquele que procura consumi-la.

    b) Que não teme nem aceita rotular ou desrotular.

    c) Que trabalha livremente, em formas completamente novas, juntamente com formas mais velhas e tradicionais.

    d) Que compreende a urgência continuada da comunicação de mão dupla e de "muitos para muitos" em relação à representação.

O embarque para Cíber: mitos e realidades da arte em rede[*]

EDMOND COUCHOT

---

[*] Publicado anteriormente em Edmond Couchot, "L'embarquement pour Cyber. Mythes et réalités de l'art en réseau", em Anne Cauquelin (org.), *La revue d'Esthétique*, nº 39, Paris, 2001. Disponível em http://www.criticalsecret.com/n5. Tradução de Eric Roland Rene Heneault.

Aos olhos de numerosos artistas, as redes surgem como uma nova ilha, ou até como um arquipélago sem limites, envolvendo o planeta inteiro, que muito lembra, dos tempos míticos, a famosa ilha de Citera, em que vivia Afrodite, a deusa do amor. Embarcar para Citera era assegurar uma longa vida amorosa e a eterna felicidade. Uma vez lá, o destino das almas era fundir-se em uma só, numa harmonia perfeita. Nascida das ondas do mar, móvel e instável como elas, Afrodite é uma figura ambígua. Pode inspirar tanto o amor feliz como o amor louco; pode preservar a união dos casais, mas pode também seduzir e enganar – para tanto ela usa um engodo mágico: uma faixa de tecido (*sophron*) de cores mutáveis. Da mesma maneira, o arquipélago Cíber promete o amor na sua forma mais absoluta: a união, não mais somente dos casais, mas de todos com todos, a comunicação universal, a troca e a partilha da totalidade dos conhecimentos, das idéias, das culturas, dos afetos, das subjetividades: um novo mundo ideal – Pierre Lévy[1] fala do "casamento do Oriente com o Ocidente" (Afrodite não vinha também do Oriente?). Da mesma forma, e ao contrário, para muitos, longe de cumprir suas promessas, Cíber não é mais do que um engodo cintilante, uma lixeira de tamanho planetário onde circula o que há de pior, o próprio instrumento da globalização, da

---

[1] Pierre Lévy, *World Philosophie* (Paris: Odile Jacob, 2000), pp. 153 e ss. O autor também fala freqüentemente de amor neste livro resolutamente otimista.

perda de identidade, da destruição das culturas e do aniquilamento da arte. Qual será a verdade? Entre as visões sedutoras de uns e o apocalipse de outros, onde se esconde a realidade? O que esse novo mundo tem de verdadeiramente novo?

Um terreno de aventura com as dimensões do mundo

Para os artistas que embarcam para Cíber – e o número cresce a cada dia –, as redes e, sobretudo, a rede das redes, a internet, com sua conhecida ferramenta de navegação, a web, ou a teia (www), apresentam-se como um terreno de aventura, selvagem e sem limites, com as dimensões do mundo, mas de fácil acesso. Cada um, com pouco dinheiro (embora tudo seja relativo) e sem de fato se deslocar, pode entrar, viajar e se mostrar. A www promete experiências artísticas inéditas ao alcance de todos e convida à exploração de novas formas sensíveis (hibridação de textos, imagens e sons que fazem lembrar o *sophron* colorido de Afrodite). Embarcar para Cíber é também ir à conquista de um novo público, e de novas relações entre o público, as obras e seus autores. E sem dúvida, e acima de tudo, é poder criar um novo mundo da arte à margem da arte institucional regional ou mundial e de suas redes (museus, galerias, colecionadores, escolas, etc.), de sua crítica especializada e de sua economia. A web se quer aberta a todos, pública, universal. Sua originalidade está no fato de disponibilizar informações de todos os tipos (técnicas, científicas, jornalísticas, econômicas). Originalmente não era destinada à arte; não foi concebida especialmente para os artistas. Portanto, a www abre espaços virgens, vivos e heterogêneos como a rua, a vida, fora dos lugares convencionais da arte, longe da atmosfera rarefeita dos museus.

Daí seu caráter utópico nos dois sentidos da palavra, etimológico e ideológico. A www é um não-lugar, é um espaço sem topos, sem substrato material. Dizer que é imaterial e abstrato é apenas realçar um dos seus aspectos. É sobretudo um espaço calculado, totalmente automatizado como qualquer espaço digital: virtual. Todas as operações ali produzidas são o

O EMBARQUE PARA CÍBER: MITOS E REALIDADES DA ARTE EM REDE

resultado de cálculos gerados por programas complexos e por meio de milhares de computadores, todos conectados entre si. Se existe uma comunicação entre as máquinas, é apenas uma simulação de comunicação. Uma mensagem eletrônica não tem nada a ver com uma carta de correio. Cada mensagem é decomposta em uma multidão de fragmentos que utilizam caminhos diferentes, pelo mundo inteiro, ao acaso da configuração da rede, para se encontrarem, como por milagre, na sua caixa de mensagens. Virtual, o correio eletrônico é uma simulação de correio. Cada palavra, cada letra, flutua em um oceano de cálculos e programas. É assim também para todas as informações que transitam pela rede (visuais, sonoras ou textuais). A www também é, para muitos, uma utopia: um mundo imaginário em que todas as contradições sociais desapareceram ou estão em via de desaparecer, onde a liberdade é quase total. Em suma, um modelo de sociedade ideal. Ela cristaliza correntes ideológicas diversas, que vão do anarco-libertário ao neofascista, passando pelo neoliberal. A www tece um novo mundo: o cibermundo.

Mas as experiências artísticas propostas na www, apesar de serem novas em alguns aspectos, dão continuidade, muitas vezes, a outras experiências artísticas, mais antigas. Lembraremos os *Telephonbilder* de Moholy-Nagy (1922) – quadros realizados a distância por um técnico que executava ordens do autor, transmitidas por telefone –; a mail art, ou arte postal, durante os anos 1960, que utilizava a rede postal e telegráfica, e à qual aderiram alguns membros do grupo Fluxus; e, a partir dos anos 1970, os trabalhos de Galloway e Rabinowitz com a transmissão de imagens de vídeo via satélite, os de Forest brincando com o telefone, o rádio ou a televisão, e os de outros artistas, como Ascott, que desde o fim dos anos 1970, muito antes da web, utilizava redes telemáticas para fins de "comunicação" artística. É preciso destacar que essas experiências múltiplas, que avançaram ao longo de vinte anos, são sempre vinculadas à vontade de inventar outros meios de divulgação das obras de arte, outras redes, isto é, outros modos de socialização e de legitimação da arte, que inspiram igualmente os performers, cujas ações são sempre excluídas dos lugares institucionais. Os artistas que organizavam happenings procuravam associar o público a esses eventos artísticos e, ao mesmo tempo, estabeleciam novas redes, espontâneas e efêmeras, fora de qualquer controle institucional e de qualquer lugar específico.

Podemos considerar ainda as práticas muito populares de "arte na rua" como tentativas que prefiguram algumas obras participativas na web, sendo a rua um tipo de rede indireta, em que informações de todo tipo circulam e interferem e que, como na web, não se destinam, *a priori*, a difundir a arte. Se, do ponto de vista tecnológico, existe realmente uma forte ruptura que leva à invenção de novas práticas artísticas, assim como a aparição de um novo espaço para difundi-las, a web não é uma *tabula rasa*. Com certeza, ela favorece a inovação, mas também prolonga práticas que já existem e que, por esse meio, se revitalizam. A arte da rede prolonga e renova experiências iniciadas pela arte da participação e pela arte da (tele)comunicação.

De todos para todos, imediatamente

O espaço utópico da rede se caracteriza por um tipo de ligação sem precedentes entre os usuários: a ligação de todos para todos. Cada receptor pode receber mensagens de qualquer (quaisquer) outro(s) remetente(s) e, por sua vez, lhe(s) enviar mensagens. Trata-se, portanto, de um sistema de comunicação totalmente diferente das mídias de massa (rádio, cinema, televisão), que funcionam em um tipo de ligação de um para todos, em que a resposta imediata de todos a um não é possível. Não há diálogo tecnicamente possível entre um ouvinte e uma estação de rádio (os ouvintes podem até ligar, mas nunca poderão todos participar de um programa direta e sistematicamente), os telespectadores, fora algumas exceções, não poderão enviar suas próprias imagens a um canal de televisão. O telefone (no formato tradicional – já que tudo pode mudar com a digitalização), que não é uma mídia de massa, constitui um caso à parte. Embora permita a ligação de um para um nos dois sentidos, no caso do uso em modo de conferência, as interconexões não podem se estender ao tipo de alguns para alguns.

O EMBARQUE PARA CÍBER: MITOS E REALIDADES DA ARTE EM REDE

Em geral, todas as mensagens que circulam nas redes podem ser, pelo menos a princípio, modificadas por cada um dos cibernautas.[2] Esse modo de intercâmbio é chamado interativo. Não é específico apenas das redes, mas de todos os dispositivos informatizados: a interatividade é uma dimensão essencial da tecnologia digital. Além disso, a velocidade de transmissão das mensagens e de seu tratamento exige uma rapidez máxima. Um site na web, ou um trabalho artístico que se pretenda interativo, será tanto mais apreciado quanto mais imediata for a ligação entre o cibernauta e o site, ou entre o cibernauta e essa obra (em outros termos, ligação em tempo real). O tipo de ligação de todos para todos, associado à interatividade em tempo real (desejada, se não possível), caracteriza um modo de intercâmbio que não obedece mais ao regime das mídias de massa. A rede não é um conjunto de meios de comunicação de massa; não é nem mesmo um meio; não funciona mais no modo da comunicação, mas da comutação.[3] O tempo real, que por motivos técnicos, sobretudo ligados à velocidade das redes, não é sempre possível, mas que é o horizonte temporal desse modo de intercâmbio, acrescenta à ligação de todos para todos a modalidade *imediatamente*.

Diferente das redes midiáticas em sua estrutura e em seu funcionamento, a www também é diferente dessas outras redes de divulgação de arte que são as galerias, os museus, os leilões, as instituições diversas que organizam e controlam o encontro do público com as obras e eventualmente com os artistas. De *todos para todos imediatamente* não é apenas uma característica técnica do ciberespaço, mas contém potencialmente uma estética, tende para formas participativas. A partir do momento em que todos podem trocar mensagens de diversos tipos com todos e de forma quase instantânea, qualquer receptor tende a se tornar remetente e vice-versa.

---

[2] Obviamente, algumas restrições ou proibições são necessárias. Em princípio, pelo menos, não se pode invadir a caixa postal de outro cibernauta.

[3] Na comunicação, o sentido (preestabelecido pelo remetente) é transmitido ao receptor com o menor "ruído" possível, enquanto na comutação o sentido se elabora durante o próprio decorrer do diálogo entre remetente e receptor. Para maior informação, consultar meu livro *La technologie dans l'art: de la photographie à la réalité virtuelle* (Paris: Jacqueline Chambon, 1998), pp. 155-157. Ver também "Medien und Neu 'Medien': Von der Kommunikation zur Kommutation", em *Bield, Medium, Kunst* (Munique: Wilhelm Fink Verlag, 1999).

Cada um é convidado a participar, de maneira mais ou menos intensa, da elaboração das mensagens, que não têm mais um único autor apenas, mas vários. O autor inicial, que está na origem da proposta, delega então alguns de seus privilégios de autor a múltiplos *autores subseqüentes*, que colaboram, conscientemente, com a obra. A obra final é o resultado dessa interação, sem a qual não chegaria a existir. Daí diferentes graus de participação: a simples visita, com suas possibilidades de hiperlinks (ligações programadas pelo autor que conectam o cibernauta a outras informações, ou até a outros sites). O site funciona como um tipo de press-book ou como uma galeria pessoal. A fórmula é adotada por certos artistas, mas sobretudo por instituições, que assim se enriquecem com uma moderna vitrine na web. Trata-se nesse caso de uma simulação de divulgação. Mas seria errado dizer que nada está mudando. De fato, os museus e galerias poderão ver o site como um meio, aliás não desprezível, de aumentar seu público e consolidar suas funções, mas os artistas vão encontrar nele um meio novo e eficaz de fazer com que fiquem conhecidos fora dos circuitos institucionais. Falaremos então de "arte em rede".

A "arte em rede"

Mas o que acontece com a arte que aproveita e tenta levar às últimas possibilidades a especificidade das redes, isto é, da "arte em rede"? Classifica-se essa arte em várias categorias, conforme o grau de envolvimento do cibernauta. Anne Sauvageot e Michel Léglise,[4] a quem se deve o excelente estudo sobre a arte e os artistas da web, propõem quatro categorias. Os *dispositivos de exploração*, que permitem ver a obra, acabada ou em fase de elaboração; os *dispositivos de contribuição*, que supõem que cada um traga uma parte no dispositivo final (parte material ou imaterial, visível ou oculta, ou perdida); os *dispositivos de alteração*, em que os partici-

---

[4] Ver Anne Sauvageot & Michel Léglise, "Culture visuelle et art collectif sur le web", em *Rapport de recherche* (financiado pela Delegação para as Artes Plásticas do Ministério da Cultura e da Comunicação, programa 1998). Esse relatório é uma base documental imprescindível.

O EMBARQUE PARA CÍBER: MITOS E REALIDADES DA ARTE EM REDE

pantes trabalham a obra em comum, respeitando a regras e os procedimentos; e os *dispositivos de alter-ação*, em que os participantes podem
trabalhar em conjunto e coletivamente, em um jogo que quase não tem
regras, mas cujo fundamento é a reação em tempo real às reações dos
outros indivíduos. Por sua vez, Annick Bureaud propõe duas grandes
categorias de obras. As *obras participativas*, baseadas

> [...] na idéia de uma comunidade mundial, sem fronteiras, de indivíduos que
> fazem parte da mesma espécie [...], reunidos para criar uma obra comum,
> imensa colcha de retalhos em que todo mundo participa de forma igual [...] no
> decorrer de uma experiência vivida em conjunto.[5]

E as *obras colaborativas*, em que o público não tem alternativa a não
ser participar, reagindo ao que foi feito por outros, com as próprias ferramentas do artista (o que implica que os participantes freqüentemente
sejam artistas, principalmente quanto às obras musicais).

Essas distinções – existem outras – confirmam sistemas de análise
diferentes, que não se excluem, mas tendem a se completar, focalizando
tal ou tal aspecto da arte em rede. Quando se trata de rede, os exercícios
tipológicos devem ser praticados com cautela, porque todas essas categorias interferem e são ligadas a um certo nível da arte, que por sua vez
depende muito do nível das técnicas. Mesmo assim, a idéia central
subjacente à arte em rede se encontra nessa divisão da autoridade – da
autorialidade, para ser mais justo –, seja esta mais seja menos "distribuída", e que se torna possível pela interatividade digital associada ao tempo real. Assim, as teorias defendidas pelos artistas ou teóricos do
ciberespaço são, como essas tipologias, extremamente variadas. Para
Derrick de Kerkhove,[6] a arte das redes seria uma "arte da inteligência" no

---

[5] Ver Annick Bureaud, "Utopies distribuées. Net.art, Web art", em *Art Press, Internet all over. L'art et
la Toile*, número especial, novembro de 1999, coordenado por Norbert Hillaire, cuja leitura será
proveitosa para o leitor.

[6] Ver Derrick de Kerkhove, *L'intelligence des réseaux* (Paris: Odile Jacob, 2000). Um livro inteligente
sobre a inteligência das redes, em que as análises do autor não se limitam ao campo artístico, mas
se exercem também sobre os campos político, econômico, pedagógico e cultural.

sentido de que a inteligência é antes de tudo uma ligação entre as coisas. Seria uma arte que procura estabelecer relações entre objetos, idéias, indivíduos. Um tipo de "arte da conversação", porém renovada, amplificada, pelas redes. Contudo, Derrick de Kerkhove não faz da rede um super-cérebro, um cérebro global ou coletivo que ultrapassaria em inteligência nossos pequenos cérebros individuais, nem, como alguns pensam, uma hiperconsciência coletiva. Porém, ele vê se desenhar nessas redes uma nova estética – uma estética da inteligência –, e na arte em rede um meio de "opor-se ao niilismo e ao desespero do fim do pós-modernismo" [...] e de derrubar o "declínio mortífero que caracterizou a arte do fim do último milênio" – termo que ele empresta de Roy Ascott.

Roy Ascott, pioneiro teórico e prático das redes, defende por sua vez a idéia de uma consciência planetária que ele denomina telenóia, e que constituiria o fundamento de uma cultura que rompesse com a cultura paranóica tradicional, centrada no eu do artista, preocupado, sobretudo, em afirmar unicamente sua presença. Segundo Ascott, com as redes a função de autor não é mais assumida por individualidades separadas do resto do mundo, mas "se distribui" entre os participantes. Ele fala em "autor distribuído". "A nova arte", diz ele, "é feita para ser construída de dentro. Ou você está dentro da rede, ou não está em lugar nenhum. E se está dentro da rede, encontra-se em todos os lugares."[7]

Para Jean-Pierre Balpe:

> O que a rede muda é a inscrição imediata de todo fazer artístico no conjunto dos fazeres artísticos. A arte da rede constrói uma arte-rizoma. Uma arte sem centro nem periferia, em que permanentemente se confrontam as abordagens transculturais. Uma criação sem direção nem orientação, sem escolas nem autoridades, em que qualquer componente, que pode seguir sua própria trajetória, é ao mesmo tempo independente e totalmente dependente, porque às vezes, sem que saiba, essa criação se encontra em reconfigurações permanentes de links que asseguram sua visibilidade. Aí, entidades culturais se criam e

---

[7] Ver Roy Ascott, "Télénoïa", em *Esthétique des arts médiatiques*, tomo II (Quebec: Presses de l'Université du Quebec, 1995), sob a direção de Louise Poissant.

se metamorfoseiam sem parar. Nesse sentido, a rede se torna em si uma proposta de arte.[8]

O que vai ao encontro das posições de André Moreau, ciberartista, que declara: "Para mim, a verdadeira obra na internet é a rede em si. Para mim, a internet é a obra, a arte".[9]

A rede, como lugar de mutações que atingem inúmeros setores da atividade cultural, inspira experiências que devem sair do campo estritamente artístico. Assim, a manifestação *Avignonumérique/Les Mutalogues*, concebida e organizada por Louis Bec, no ano 2000, em vez de expor exclusivamente sites artísticos ou obras, se dedicou, na forma de um espaço interativo global e flexível, a tornar legível, visível, tateável e audível o impacto das tecnologias da informação sobre os modos de expressão, os campos do conhecimento e as mutações sociais em curso. Tentou, com sucesso, mas não sem suscitar reações, abrir um debate essencial sobre a evolução e os efeitos da cultura técnica, envolvendo, de um lado, artistas, críticos, teóricos, escolhidos por suas pesquisas, ateliês, laboratórios, espaços artísticos experimentais, museus virtuais espalhados pelo mundo inteiro, representantes políticos e culturais, empresários e, de outro lado, a população da região diretamente implicada, tanto no seu modo de viver como nos seus comportamentos simbólicos, individuais e coletivos. Suas ações tomaram a forma de workshops, de laboratórios tecnológicos, de performances interativas, de coreografias on-line, de espetáculos tecnológicos, de exposições, que hibridizam trabalhos artísticos científicos, debates, seminários, colóquios. Em suma, uma tentativa de "não-evento", ao contrário de outras manifestações culturais amplamente patrocinadas e midiatizadas – uma "festa da inteligência", do pensamento em rede.

---

[8] Ver Jean-Pierre Balpe, *Contextes de l'art numérique* (Paris: Hermès, 2000), p. 181. Nessa abordagem fundada nas hipóteses originais (a arte como produção de objetos de semiose), o autor apresenta de forma pertinente as principais mudanças trazidas pelo numérico no campo artístico.

[9] Ver Anne Sauvageot & Michel Léglise, "Culture visuelle et art colledif sur le web", cit., p. 57.

Arte da conversação e da inteligência, arte da interação coletiva, ou da alter-ação, da conexão, da criação distribuída e compartilhada a distância, arte colaborativa, arte pública, arte on-line, ciberarte, webarte, net arte, etc., a arte em rede quer ser tudo, imediatamente; coloca no centro de suas preocupações a idéia da participação magnificada pelos sistemas digitais e – trata-se de um ponto decisivo – aumentada pela potência dos automatismos calculados, sem limite no espaço, sem espera, sem intermediário, fora de qualquer instituição.

Decepções e paradoxos

Sem querer esfriar o entusiasmo dos artistas que se consagram à WWW, parece-me todavia honesto destacar alguns pontos de decepção e alguns paradoxos. Em primeiro lugar, relativamente às próprias formas (visuais, sonoras e textuais) produzidas e veiculadas na WWW. Certo, são as ligações, as relações, as hibridações entre as formas, o entremeio, que prevalecem sobre as formas, mas a verdade é que os meios de produção dessas formas ainda são primários e sua sensorialidade, medíocre. A tela do computador permanece um espaço pobre, pouco definido, em comparação à pintura, à fotografia ou ao cinema, e extremamente limitado. As imagens animadas são raras. As seqüências se repetem em ciclos curtos (fraqueza que às vezes é utilizada de forma inteligente). As imagens tridimensionais são sem texturas, esquemáticas, pouco ou nada interativas, salvo em caso de acesso à banda larga. E são pouquíssimas. A situação dos sons é melhor, mas as propostas musicais interativas verdadeiramente participativas são raríssimas; em matéria de som, o *todos para todos* ainda permanece quimérico. Na configuração multimídia, é o texto que tem o melhor desempenho. As obras literárias talvez sejam as mais bem-sucedidas da arte em rede. É verdade que o tratamento gerador de textos exige muito mais "competências" (notadamente lingüísticas) que a imagem. Volto a dizer, de forma mais eufemística, que a realização de uma imagem obedece a menos obrigações (exteriores ao artista) que a redação de um texto, que, em primeiro lugar, deve satisfazer aos códigos (aceitos por todos) da sintaxe e da gramática.

O EMBARQUE PARA CÍBER: MITOS E REALIDADES DA ARTE EM REDE

Decepção ainda do ponto de vista da interatividade. Se as interfaces de saída são pobres, as interfaces de entrada não são melhores: existem apenas o teclado e o mouse como meios de entrada e de ação na rede. O que reduz consideravelmente as possibilidades de diálogo. Os dispositivos de entrada habitualmente utilizados como dispositivos off-line exigem altos desempenhos em velocidade de acesso e processamento. As redes para o grande público estão saturadas, e o tempo real freqüentemente não é nada mais que um horizonte de espera.

Uma decepção acompanhada por um paradoxo, quando consideramos a ligação de todos para todos. A ambição de universalidade proclamada pela maioria dos autores infelizmente é desmentida pela realidade. Se o princípio técnico do funcionamento da WWW é mesmo esse, a prática é bem diferente. O público, ou pelo menos o público esperado, não participa. Valéry Grancher colocou contadores de acesso em seu site. Assim, sabe quantos internautas participam de suas experiências. Ela reconhece que a maior parte do tempo são pessoas ligadas ao mundo da arte.

> O mundo da internet [acrescenta] não se pode dizer que seja o grande público, ainda não. É o que me incomoda um pouco. Sabe-se que o alvo são as pessoas de mais de 25 anos, da faixa de renda média superior a 220 mil dólares líquidos por ano, se seguirmos os estudos americanos. Portanto, uma classe bastante jovem, 25-35 anos, com bastante dinheiro, e com gostos de consumo muito pronunciados. Não se trata de um painel muito amplo, há ausências importantes.[10]

As "comunidades virtuais" são, de fato, microcosmos. A www reproduz também as redes tradicionais, seu conformismo e seus hábitos culturais; nelas, as práticas tribais não desaparecem, mas freqüentemente se fortalecem. Estamos muito longe do que Pierre Lévy[11] promete: "A unificação de todos os textos em um só hipertexto, a fusão de todos os autores em um único autor coletivo, múltiplo e contraditório". Estamos longe de uma sociedade "noosférica", em que existiria apenas "um só texto; o texto humano".

---

[10] *Ibid.*, p. 44.

[11] Pierre Lévy, *World philosophie*, cit., p. 162.

De fato, também se criam novas conexões, e, portanto, um artista que deseja utilizar a rede como meio de divulgação poderia até mesmo ficar conhecido. Infelizmente, os sites de artistas freqüentemente não são mais excitantes que as galerias e os museus. Por outro lado, é difícil e caro manter um site atualizado, uma obra em rede. Rapidamente os sites se tornam obsoletos. O ciberespaço está perpetuamente em criação e de-composição. A vida aí é intensa, borbulhante, mas efêmera. Mais um paradoxo, e um dos maiores: os sites freqüentemente são hospedados pelas próprias instituições das quais querem escapar (ministérios, universida-des, administrações e empresas).

A conquista de um novo espaço público, fora das instituições, não acontece sem problemas. É necessário que haja debate, reflexão, troca de idéias, de apreciações, discussão e consenso sobre as obras, as experiên-cias, debate e confronto entre todos para que haja público e, portanto, se não legitimação, pelo menos avaliação da arte em rede por outras vias. Entre todos, isto é, não somente entre os próprios participantes, mas en-tre estes e os autores, mesmo que, como pensam alguns, como, por exem-plo, Valéry Grancher, a noção de autor seja ultrapassada e deva ser subs-tituída pela de "operador". Ora, sabemos que a crítica de arte institucional ignora soberbamente essa área. A arte em rede não faz parte da arte con-temporânea. Não é de surpreender, já que a participação interativa na elaboração das obras muda profundamente a função da crítica. O crítico da arte em redes deve aceitar fazer obra e compartilhar os riscos da cria-ção. Deve relatar uma experiência única, que não pode se repetir, da qual ele é o autor ou um dos co-autores, e da qual eventualmente outras pes-soas são as testemunhas críticas. Isso exige um comportamento muito diferente. Não tratarei aqui da questão, aliás muito complexa, da crítica, mas ela continua capital. A arte em rede permanecerá perpetuamente fechada sobre si mesma, "ciberguetizada", se não redefinir as novas fun-ções da crítica.[12]

---

[12] Tratei do problema em "La critique face à l'art numérique: une introduction à la question", em *La notion d'œuvre aujourd'hui*, obra coletiva a ser editada na coleção L'Université des Arts, Edições Klincksieck. Este artigo também está disponível on-line no fórum do site do CICV: http://www.cicv.fr.

O caso Linux

As situações mais paradoxais podem acontecer. É o caso do primeiro prêmio Ars Electronica na categoria Art.net, concedido em 1999 a Linus Thorvald pela criação de seu famoso software Linux. O brilhante autor desse software recebeu um prêmio artístico, enquanto seu trabalho não tinha vocação nenhuma para ser considerado arte.[13] A obra de Thorvald não tinha sido, como o dizem Dickie ou Genette, "candidata à apreciação" artística. Thorvald não tinha pedido nada, e declarou-se, aliás, "surpreso e divertido" por ter sido escolhido. Derrick de Kerkhove explica que o júri justificou parcialmente sua decisão pelo fato de que os sites candidatos não mereciam o prêmio. O júri destacou que a invenção se desenvolvia em outra área, particularmente na indústria. (O que registro como parte das decepções: existem de fato poucas propostas artísticas interessantes na web.) O júri, segundo Derrick de Kerkhove, que era membro, "justificou sua decisão realçando o valor criativo do software e seu poder de estimular a criatividade de outros programadores e criadores no mundo, entre eles, os artistas". Enfim, Linus Thorvald foi escolhido pelo fato de simbolizar o anti-Bill Gates, presidente da Microsoft – um tipo de super-herói.

Chegamos então a uma confusão infeliz entre os gêneros. Em primeiro lugar, por que conceder a qualquer preço um prêmio, e uma primeira colocação, quando as candidaturas da categoria Art.net não estavam à altura? Será que, dessa forma, o júri não tenta permanecer como instituição, evitando refletir sobre o problema da pobreza das obras? Aliás, será que não se trata de uma maneira de reintroduzir um sistema de legitimação da arte (dessa arte, que é a arte em rede) baseado na hierarquia de recompensas, sistema mais característico das instituições acadêmicas contra as quais se revolta a maior parte dos artistas? E depois, que benefício pode resultar da confusão entre arte e técnica, ou mesmo entre arte e ciência? Claro, a técnica e a ciência são estimuladoras da criatividade, do imaginário de forma geral, como afirma Derrick de Kerkhove por meio

---

[13] O fato é relatado por Derrick de Kerkhove em *L'intelligence des réseaux*, cit., p. 254 e ss.

de sua nota. Porém, tanto quanto a filosofia, os jogos, as relações amorosas, a economia (por que não?) ou muitas outras atividades. Enfim, será que esse julgamento não introduz a temível idéia de uma técnica, e portanto de uma arte, na medida em que as duas se confundem, *politicamente correta?*[14]

É difícil relacionar e responder aqui a todas as perguntas relativas à arte em rede. Por exemplo, não discuti a questão da volta da tecnicidade à arte. Seria a arte em rede, como pensam muitos autores desapontados pela pobreza das linguagens informáticas (mais uma pergunta), uma arte da programação? Questão que já foi colocada e continua atual em relação a qualquer obra que implica uma tecnologia digital. Se a arte em rede é uma arte reconhecida como experimental, em pesquisa permanente, deve se limitar à experimentação? Como ultrapassar esse nível para fazer a "obra", considerar a obra em suas novas relações com o artista e o público? Que tipo de instituição a www propõe reintroduzir por seus próprios limites (abordamos o problema com Ars Electronica)? Notamos, por exemplo, que os *demomakers*, que têm algumas idéias e experiências originais nesse assunto, nunca são citados pelos críticos, nem pelos estudos especializados.[15] Que tipo de legitimação ainda reintroduz? Será que o próprio conceito de legitimação continua a ter sentido? Submetida a uma constante obsolescência tecnológica e muito dependente da tecnologia, quais são as chances da arte em rede de se estabelecer e permanecer? Até onde podem ir as mudanças radicais que afetam as relações do autor, da obra e do espectador, principalmente quando inúmeros espectadores são convidados a participar do jogo? O que acontece com o "sujeito", sua singularidade, seu relacionamento com o coletivo, quando

---

[14] Questão que, de certo ponto de vista, não diminui o interesse social e político do trabalho de Thorvald.

[15] Os *demomakers* se dedicam essencialmente a explorar as especificidades intrínsecas do computador (as armadilhas da programação, a mistura de imagens animadas em 3D e música, etc.). Eles criam programas (os demos) que são executados em tempo real. Trabalham em grupo (programadores, artistas gráficos, músicos; a música ocupa um lugar importante nos demos). Comunicam-se pela internet – em File Transfer Protocol (FTP) – e se reúnem em freqüentes manifestações internacionais, nas quais rivalizam na arte do *demomaking*.

está em interface com tais redes? Aonde nos leva a experiência cada vez mais banalizada do tempo real próprio à interatividade digital?

Apesar de todas as decepções que a arte em rede possa provocar, e de seus paradoxos, mas graças também a uma série de obras e tentativas realmente promissoras, essa arte balbuciante consegue penetrar e questionar com impertinência os recônditos mais sensíveis de nossas sociedades. Sejam quais forem as reservas em relação a seus projetos e suas ambições, deve-se reconhecer que há muito tempo não se vê, no mundo afetado da "arte contemporânea", uma tal impetuosidade, um tal sentimento de liberdade otimista e alegre, tomadas de posição tão combativas e convictas, uma tal vontade de diferença. Manifestamente, para aqueles que embarcam para Cíber, o essencial consiste, em primeiro lugar, em largar as amarras e deixar o quanto antes as margens do velho continente.

Poéticas do ciberespaço

Lucia Leão

Introdução

Net arte, web arte, ciberarte, arte telemática, poética das redes... Muitos nomes borbulham em torno dos trabalhos que vêm despontando e nos fazendo repensar a WWW, a internet e, por que não dizer, o próprio ciberespaço.

A qualidade estética de vários desses projetos é tão grande que muitos dos mais renomados museus estão abrindo suas portas e investindo na aquisição de obras de net arte. Entre os espaços institucionais que apresentaram obras de net arte destacam-se: Bienal de Veneza; Documenta de Kassel; Bienal de Whitney e o portal de Net Art da Whitney – ArtPort;[1] Bienal de São Paulo;[2] Museu de Arte Moderna de São Francisco (SFMOMA);[3] Walker Art Center;[4] Tate Gallery;[5] Museu Guggenheim[6] e o MASS MoCA[7] (North Adams, Estados Unidos), entre outros.

---

[1] Ver http://artport.whitney.org/.

[2] Ver http://www.bienalsaopaulo.terra.com.br/.

[3] Ver http://www.010101.sfmoma.org/.

[4] Ver http://www.walkerart.org/.

[5] Ver http://www.tate.org.uk/netart/default.htm.

[6] Ver http://www.guggenheim.org/internetart/welcome.html.

[7] Ver http://www.massmoca.org/visual_arts/gameshow/.

Entre as exposições que marcaram época, podemos citar a Documenta de Kassel X, realizada em 1997.[8] O curador do projeto Internet, Simon Lamunière, recebeu inúmeras críticas quanto à sua iniciativa e respondeu com uma frase memorável: "Eu estou vendendo arte, não a internet". Lamunière quis dizer que o seu interesse era projetar trabalhos experimentais e não tecnologia. Na mostra estavam presentes: Joachim Blank e Karl Heinz Jeron, "Without Addresses"; Heath Bunting, "Visitors Guide to London"; Jordan Crandall e Marek Walczak, "Suspension"; Holger Friese, "Unendlich, fast..."; Hervé Graumann, "l.o.s.t."; Joan Heemskerk e Dirk Paesmans, "jodi.org"; Felix S. Huber, Udo Noll, Philip Pocock e Florian Wenz, "A Description of the Equator and Some OtherLands"; Martin Kippenberger, "METRO-Net"; Matt Mullican, "Up to 625"; Antoni Muntadas, "On Translation"; Marko Peljhan, "Makrolab"; e Eva Wohlgemuth e Andreas Baumann, "Location Sculpture System".

Muitos nomes, muitas propostas

Vamos começar nosso exame a respeito das poéticas das redes falando sobre nomenclatura. Se olharmos para os vários conceitos que cintilam no mundo da net, nas listas de discussão e *e-zines*, veremos que não existe consenso quanto à essa terminologia.

"Arte telemática" foi o termo proposto por Roy Ascott na década de 1980 para as pesquisas artísticas que envolviam arte, telecomunicações e informática. O vocábulo "telemática" foi cunhado em 1978 por Simon Nora e Alain Minc. Em síntese, significa telecomunicações mediadas por computador ou transmissão automática de informação.

Entre os projetos pioneiros em arte telemática organizados por Ascott[9] destacam-se: "Arte, tecnologia e ciências da computação", apresentado na Bienal de Veneza (1986), e "Aspects of Gaia: Digital Pathways Across

---

[8] Ver http://www.ljudmila.org/~vuk/dx/.

[9] Ver artigo de Ascott, neste livro, a respeito de seu trabalho pioneiro "La plissure du texte", de 1983.

the Whole Earth", apresentado no Ars Electronica (1989). Para esse trabalho, Ascott convidou artistas, cientistas e músicos do mundo todo para contribuirem na realização de uma representação digital da Terra-Gaia através das redes de telecomunicações.

A pergunta inspiradora de Ascott, "Is there love in the telematic embrace?"[10] (1990) semeou muitas reflexões e projetos poéticos. Entre seus mais radiantes frutos está a exposição curada por Steve Dietz, "Telematic Connections: the Virtual Embrace"[11] (2001-2002). A exposição percorreu várias cidades e apresentou alguns clássicos em arte telemática: Eduardo Kac, "Teleporting an Unknown State"; Paul Sermon's, "Telematic Vision"; Bureau of Inverse Technology, "BangBang"; Victoria Vesna, "Community of People with No Time"; Steve Mann, "SeatSale"; e Maciej Wisniewski, "Netomatheque".

Agora vamos para os próximos termos. O que é net arte? Andreas Brøgger, em artigo de 2000 escrito para a revista eletrônica *On Off*,[12] fala das diferenças entre os termos "net arte", "web arte", "arte on-line " e "net.art". O primeiro, net arte, é mais amplo e, muitas vezes, abarca os outros três. Web arte, por sua vez, relaciona-se aos protocolos da WWW, ou seja, aos browsers (Explorer e Netscape) e https. Já o termo arte on-line confere um sentido mais estrito para as poéticas das redes, pois coloca a questão de estar on-line como requisito. Nessa categoria, um trabalho só pode receber o título de arte on-line se sua existência deixa de ser possível em uma experiência off-line. Vários projetos de Mark Napier se enquadram nessa categoria à medida que exploram a própria navegação na WWW e um tipo de interatividade multiusuário. Trabalhos que podem ser experienciados em outros suportes, como o CD-ROM, já não podem receber essa denominação. Quando falamos em net.art – observem o ponto entre as duas palavras –, estamos nos referindo a um tipo

---

[10] Ver esse artigo no livro com textos de Ascott editado por Edward A. Shanken: Roy Ascott, *Telematic Embrace: Visionary Theories of Art, Technology, and Consciousness* (Los Angeles: University of California Press, 2003).

[11] Ver http://telematic.walkerart.org/.

[12] Andreas Brøgger, "Net Art, Web Art, Online Art, net.art", em *On Off*, dezembro de 2000. Disponível em http://www:afsnitp.dk/onoff/Texts/broggernetart,we.html/.

particular de estética que corresponde às primeiras experiências artísticas com a internet.

Conforme nos conta Alexei Shulgin, em dezembro de 1995, Vuk Cosic recebeu uma mensagem anônima em seu e-mail. Devido a uma incompatibilidade de software, o texto, ao ser aberto, apresentou uma aparência quase que totalmente ilegível. O único trecho que fazia algum sentido formava a palavra: net.art. Algo mais ou menos assim:

[...] JB~g#]\|;Net.Art{-^s1{[..}

Alexei fala que Vuk ficou totalmente maravilhado, pois a net, ela mesma, havia dado a ele um nome para a atividade com a qual ele estava envolvido!

Para o curador Steve Dietz, net.art se relaciona a um tipo de expressão artística na qual a internet é, ao mesmo tempo, condição suficiente e necessária para visualizar, expressar e participar do projeto.

Em texto de 1997, Robert Adrian faz um panorama das discussões que estavam acontecendo na Nettime[13] em torno da definição ou não de um termo para todas as investigações estéticas que estavam emergindo:

> Todos parecem concordar que há alguma coisa acontecendo nas redes que está, de alguma forma, conectada à arte do século XX. Todos também parecem estar de acordo que, o que quer que seja ou seja qual for o seu nome, trata-se de um fenômeno bastante empolgante. Quase todos parecem concordar que não se trata simplesmente de simulações de algo feito para as versões virtuais das paredes brancas dos museus. As divergências parecem começar com a questão de que se esse fenômeno tem um nome, se esse nome não iria imobilizá-lo de alguma forma, tal qual uma borboleta presa com alfinetes a uma tela, como um outro "ismo" qualquer no catálogo de um historiador da arte.[14]

---

[13]. A Nettime é uma das mais antigas listas de discussão sobre estética, política e ética nas redes. Ativa desde 1995, a partir de um projeto que aconteceu durante a Bienal de Veneza, seus arquivos podem ser encontrados em http://www.nettime.org.

[14] Robert Adrian, "net.art on nettime, an introduction", 1997. Disponível em http://www.ljudmila.org/nettime/zkp4/37.htm/.

POÉTICAS DO CIBERESPAÇO

No site ZKP4,[15] estão arquivadas várias das discussões históricas da Nettime e as respostas de vários net-artistas, tais como David Garcia, Olia Lialina, Alexei Shulgin, Rachel Baker, Josephine Bosma, Dirk Paesmans e Joan Heemskerk, Lennart van Oldenborgh, Jeremy Welsh, Robert Adrian e John Hopkins. Além disso, nesse mesmo endereço podemos encontrar o ontológico "What is Net.art :-)?",[16] de Joachim Blank (1997), que coloca a questão fundamental da época: definir net arte em oposição à arte na net (Netart *vs.* Art on the Net).

A importância da Nettime para a efervescência dessas discussões foi crucial. Como já foi dito por vários críticos, o net-artista é antes e acima de tudo um ser apaixonado pela comunicação. A existência de uma ágora que reúna pensadores é fundamental para incitar esse tipo de artista a produzir seus inúmeros questionamentos. Nesse sentido, a Nettime acaba por reatualizar os antigos e estimulantes ambientes dos cafés:

> [A Nettime] não é simplesmente uma lista de discussão, mas uma tentativa de formular um discurso conectado internacional, que nem fomenta a euforia dominante (com o objetivo de vender algum produto) nem dá continuidade a um pessimismo cético espalhado por jornalistas e intelectuais que trabalham na "velha" mídia, que ainda fazem afirmações generalizadas sem nenhum conhecimento mais profundo de aspectos específicos de comunicação da chamada "nova"mídia.[17]

Voltando a buscar definições para net arte, vemos que, para Andreas Broeckmann,[18] a principal ferramenta da net.art é o hiperlink e o fato de que um documento pode se linkar a princípio com qualquer outro da internet.

---

[15] Ver http://www.ljudmila.org/nettime/zkp4/.

[16] Joachim Blank, "What is Net.art :-)?", 1997. Disponível em http://www.ljudmila.org/nettime/zkp4/41.htm/.

[17] Ver http://www.nettime.org/.

[18] Andreas Broeckmann, "Networked Agencies", 1998. Disponível em http://www.v2.nl/~andreas/texts/1998/networkedagency-en.html/.

No clássico artigo "Introduction to net.art (1994-1999)",[19] da dupla Alexei Shulgin e Natalie Bookchin, temos uma carta-manifesto com os princípios que iriam nortear e balizar esse tipo de investigação estética. Para a dupla de autores, os paradigmas da net.art se definem como uma espécie de modernismo definitivo, ou ainda, a net.art se configura como um último canto das vanguardas. Essa idéia foi retomada em recente palestra proferida por Lisa Jevbratt.[20] Em "Net Art and Supermodernism", a net-artista confirma e amplia essa discussão, traçando paralelos com as teorias de supermodernismo de Marc Auge.

Por outro lado, vários pensadores apontavam para os perigos de se pensar a rede apenas como um suporte para veiculação de obras tradicionais:

> O problema com a idéia de "arte que aparece na net por acaso" é a implicação de que as redes eletrônicas sejam apenas um outro local para a prática da arte tradicional, e que as diferenças estejam mais nas questões de estilo do que de substância, o que abre portas para o "perigo de reduzir a idéia da net como mero meio de distribuição".[21]

Em busca de uma definição

Conforme vimos, as polêmicas que orbitam em torno da nomenclatura são, ao mesmo tempo, fascinantes e pertinentes. Mas, para avançarmos em nossas discussões, teremos que delinear o conceito com maior clareza. Rachel Greene, co-fundadora e editora de outra lista de discussão muito ativa e influente, a Rhizome, escreveu um artigo, em 2000, que passaria a ser referência. Segundo ela, net.art é um termo com uso particular e descreve uma fase específica do início da arte na internet.[22] As

---

[19] Ver artigo de Shulgin e Bookchin, "Introdução à net.art (1994-1999)", neste livro. Originalmente publicado em http://www.easylife.org/netart/catalogue.html.

[20] Ver http://cadre.sjsu.edu/jevbratt/presentations/supermodernism.html.

[21] Benjamin Weil, "Re: art on net.", em *Nettime*, 10-4-1997, http://nettime.org/.

[22] Rachel Greene, "Web Work – a History of Internet Art", em *ArtForum*, maio de 2000.

obras desse período se caracterizam por trabalhos criados para redes de bandas estreitas, em geral apenas com https puros. Entre os artistas dessa categoria estão os pioneiros Vuk Cosic (eslovênio), Alexei Shulgin (russo), Heath Bunting (britânico) e a dupla Jodi (Joan Heemskerk e Dirk Paesman).

Lev Manovich,[23] em "Flash Generation", nos fala que muito dessa estética inicial foi perdido e se transformou a partir da utilização de Shockwave, Javascript, Java ou outros formatos de multimídia para WWW.

Mas voltemos a Rachel Greene. O mapa criado por essa autora nos apresenta a evolução da net arte de forma clara e paulatina. Entre os trabalhos clássicos da fase que vai do ano de 1994 a 1995 estão os sites Irational.org, Jodi.org e äda'web (de Benjamin Weil).

Em maio de 1996, um grupo de net-artistas se reuniu em Trieste, Itália, em uma conferência de nome Net.art Per Se.[24] A partir de 1997, a net arte já está bem estabelecida e com trabalhos que instigam e problematizam as redes em seu triplo sentido: isto é, como rede de máquinas, de softwares e de seres humanos.

Assim, com o amadurecimento, bem como com o amplo território de discussão que as poéticas das redes já conquistaram, podemos pensar em net arte como trabalhos de experimentação poética que investigam e se apropriam das redes como linguagem. Isso implica olhar para as redes de telecomunicações a partir de uma perspectiva semiótica.

Curt Cloninger[25] nos fala que a "web roda na tecnologia computacional [...] mas a web não é tecnologia computacional; a web é formada por pessoas se comunicando com as outras através de tecnologias computacionais". Ou seja, a web é um meio emergente de comunicação.

Para adentrar nesse território emergente, Cloninger traça paralelos com as mídias tradicionais e propõe seis características da web. Já no início

---

[23] Lev Manovich, "Flash Generation", 2002. Disponível em http://www.manovich.net/DOCS/generation_flash.doc/.

[24] Ver: www.ljudmila.org/naps e www.ljudmila.org/naps/cnn/cnn.htm/.

[25] Curt Cloninger, "Understanding the Web as Media", 2001. Disponível em http://www.lab404.com/media/.

de sua argüição, Cloninger nos adverte que embora essas características não sejam exclusividade da web, a web é o único meio de comunicação que reúne todas elas de uma só vez.

A primeira característica se refere ao fato de a WWW permitir uma rede de telecomunicações do tipo "vários a vários" (*many to many*). A analogia dessa característica com as antigas mídias nos remete, entre outras, às teleconferências via telefone. Em segundo, temos a multimídia, que tem como análogo o CD-ROM. Em terceiro, vemos o conceito de banco de dados. Aqui a relação é feita com as bibliotecas. Em quarto, podemos falar em automação, ou programabilidade. Tal característica já estava presente em vários softwares. Como exemplo de aplicação de automação na WWW, temos desde os tradutores automáticos, como, por exemplo, o Babel Fish, até trabalhos de arte automatizados, como o Soda Constructor. Falaremos sobre esse projeto a seguir. Como quinta característica podemos falar na mudança de paradigma temporal e no conceito de "ao vivo". Tais qualidades estão presentes em mídias como rádio e TV e se traduzem na WWW na forma de leilões eletrônicos, entrevistas e conversas em chats, entre outros. Finalmente, para pensarmos na WWW como mídia, temos que verificar também os aspectos de localização independente e/ ou equipamento independente. Entre os equipamentos portáteis que nos oferecem essas qualidades, temos os celulares, palms, laptops, etc. Na WWW, um exemplo interessante é o webmail, que permite que se acesse informações de qualquer computador conectado.

Agora que compreendemos as amplas características que impregnam as redes como linguagem, podemos olhar para os trabalhos poéticos que estão emergindo e verificar as interfaces que esses projetos criam com outros territórios de investigação. Para mapear algumas das propostas estéticas que vêm surgindo, proponho algumas categorias. Mesmo sabendo do caráter de incompletude que acompanha essa empreitada, uma primeira cartografia das poéticas das redes se justifica pela importância de estar organizando, documentando e analisando obras de extrema ousadia e criatividade.

Três poéticas

POÉTICAS DA PROGRAMAÇÃO

Nessa categoria estão trabalhos cujo foco de atenção é o software. Entre os artistas que atuam nessa abordagem estão os que questionam e ironizam softwares preexistentes, revivendo a postura duchampiana em relação aos *readymades*. Outros atuam diretamente nos códigos de programação, criando aplicativos que fazem pensar e/ou que estimulam a interatividade e o lado lúdico do usuário.

O primeiro caso tem raízes nas propostas da arte conceitual e também na filosofia hacker. Hacker aqui compreendido como um pensamento que atua nos sistemas computacionais e, com isso, critica e revela fragilidades e imposições desse sistema. Os hackers também trazem à tona questões políticas. Por que precisamos aceitar um software fechado, muitas vezes com vários bugs? Por que precisamos comprar pacotes e mais pacotes de aplicativos? Muitos desses artistas/designers/programadores são árduos defensores do código aberto e contra as leis de copyrights.

No segundo caso, os artistas, designers e/ou engenheiros geram sistemas computacionais sem vinculação pragmática direta. O usuário pode interagir de forma criativa com o sistema. A maioria dos projetos é bastante lúdica e funciona como um tipo de arte potencial no qual os elementos constitutivos da obra estão empilhados e o interagente é que vai propor uma configuração provisória. Cada projeto de software art permite várias atualizações e o interesse estético reside na elaboração do software, nas lógicas operacionais que residem internamente no projeto. Pode-se dizer que essa linha de investigação tem raízes na arte conceitual e na já citada arte potencial.[26] Além disso, a software art coloca questões referentes à produção cultural, autoria, propriedade intelectual, etc.

Conforme nos falam Florian Cramer e Ulrike Gabriel,[27] se considerarmos software art tanto a arte que se foca na escrita formal do código como

---

[26] Para mais detalhes sobre arte potencial, ver Lucia Leão, *O labirinto da hipermídia* (São Paulo: Iluminuras, 1999), pp. 34-36.

[27] Florian Cramer & Ulrike Gabriel, "Software Art", 2001. Disponível em http://userpage.fu-berlin.de/%7Ecantsin/homepage/writings/software_art/transmediale/software_art_-_transmediale.html.

aquela que propõe uma reflexão cultural sobre o software, muitos trabalhos de net arte podem ser incluídos nessa categoria, a começar pelas peças do Jodi. Vejamos agora alguns exemplos interessantes nessa área.

Soda Construction[28] (1999) é um aplicativo que permite a criação de figuras em wireframes animados. A interface do projeto é clara, fácil de navegar e repleta de explicações sobre a maneira de construir seu elemento dinâmico. As opções são muitas: você pode construir seu "soda" com massa fixa ou não, com músculos, pode inserir gravidade, etc. Apesar de não ser muito simples construir "sodas" interessantes logo de início, com um pouco de prática vai ficando mais fácil. É possível conhecer animações criadas pelos usuários na galeria (*sodazoo*). O site oferece também a possibilidade de brincar com sodas já prontos (*soda play*).

Apartment[29] (2000), de Marek Walczak e Martin Wattenberg, é um trabalho que instiga o visitante a criar. Logo ao entrar no site, vemos uma caixa com espaço para textos. Começamos a interagir e percebemos que, para cada palavra digitada, um espaço é criado em uma planta baixa. Assim, para a palavra *book*, vemos surgir uma *library*, para *milk*, surge a *kitchen*, e assim continuamos as nossas divertidas descobertas. Baseado em um sistema de associação semântica, uma série de espaços diferentes são criados. Esses apartamentos são depois acoplados a cidades e podem ser visualizados em 3D.

Vários trabalhos de Mark Napier podem ser classificados como investigações em software art. Digital Landfill,[30] Feed[31] e The Distorted Barbie[32] são alguns dos trabalhos desse inventivo net-artista que merecem ser conhecidos.

Amy Alexander, Matthew Fuller, Thomax Kaulmann, Alex, McLean, Pit Schultz são outros nomes que vêm investigando essas poéticas. Vários festivais de arte e novas mídias têm dado destaque para a software art. O Read_me 1.2,[33] que aconteceu em 2002 em Moscou, por exemplo, premiou

---

[28] Ver http://www.sodaplay.com/.

[29] Ver http://turbulence.org/Works/apartment/.

[30] Ver http://www.potatoland.org/landfill/.

[31] Ver http://www.potatoland.org/.

[32] Ver http://users.rcn.com/napier.interport/barbie/barbie.html/.

[33] International Software Art Festival, "Read_me 1.2". Ver http://www.macros-center.ru/read_me/abouten.htm

algumas propostas que valem a pena ser conferidas: DeskSwap, ScreenSaver e Textension.

DeskSwap,[34] de Mark Daggett, é um trabalho voyerístico que permite a comparação de desktops de pessoas em várias partes do mundo. A idéia é discutir globalização e padronização estética.

ScreenSaver,[35] de Eldar Karhalev e Ivan Khimin, é um trabalho que ironiza e questiona as estéticas e os códigos pré-programados. A peça consiste em um tutorial que explica como reconfigurar o sistema de salva-telas do Windows. Nesse sentido, o trabalha se torna pós-moderno e brinca com citações e contaminações. Enfim, ScreenSaver é um projeto de metassoftware, ou seja, um software que desestrutura, corrompe e reorganiza um software já existente. E, além disso, ao estimular para que não-programadores passem por uma experiência anárquica, ScreenSaver se transforma também em um trabalho político.

Textension,[36] de Joshua Nimoy, é um trabalho de grande apelo estético. Inspirado nas antigas máquinas de escrever, a peça é composta por uma coleção de dez conjuntos de textos dinâmicos com links entre si. Quando digitamos caracteres, o aplicativo gera textos animados que percorrem trajetórias em forma de bolhas de sabão e estruturas helicoidais. Joshua Nimoy[37] tem vários outros trabalhos nessa linha de investigação, na qual a interação do usuário gera animações lúdicas.[38] Entre seus trabalhos, destaca-se também o N0time.[39] Realizado em conjunto com Victoria Vesna, N0time reúne vários conceitos e questionamentos sobre as redes, tempo, memes, etc.

POÉTICAS DA NAVEGAÇÃO

Nesse grupo estão projetos que comentam ou se apropriam da navegação para seus questionamentos. Na crítica especializada em novas mídias, esses trabalhos são muitas vezes denominados *browser art*.

---

[34] Ver http://www.deskSwap.com/.

[35] Ver http://www.karhalev.net/desoft/.

[36] Ver http://textension.jtnimoy.com/.

[37] Ver http://www.jtnimoy.com/.

[38] Ver http://www.hvedekorn.dk/2_02/202-joshuanimoya.html/.

[39] Ver http://notime.arts.ucla.edu/notime3/.

O projeto WonderWalker[40] (2000), de Martin Wattenberg e Marek Walczak, é um aplicativo que permite que os usuários possam selecionar e gravar seus sites favoritos na forma de ícones. Espécie de bookmark (lista de favoritos), o WonderWalker ainda permite que os usuários compartilhem suas preferências a partir dos mapas criados.

Outro projeto bastante interessante é o Webstalker (1997), do I/O/D. Esse trabalho funciona como um browser alternativo. Cada vez que o usuário visita uma página, o Webstalker oferece várias opções de visualização, entre elas podemos ver a estrutura de links do site, por meio de um diagrama.[41]

Shredder[42] (1998), de Mark Napier, é um browser que desconstrói as páginas da WWW. Muito lúdico, leva-nos à reflexão sobre a tão falada "estética da desaparição".

Babel,[43] de Simon Biggs (2001), é um *data browser* que explora a metáfora do sistema clássico de indexação das bibliotecas – Classificação Decimal Dewey (CDD). No projeto Babel, temos um espaço de informação 3D multiusuário construído a partir desse sistema.

The Freud-Lissitzky Navigator[44] (1999), de Manovich e Norman Klein, é um protótipo de videogame. O projeto apresenta diferentes interfaces para navegar na história do século XX. Na opção de navegação pelo game, temos várias fases, temos Freud se encontrando com Lissitzky, a fase com Eisenstein, o episódio de Praga, etc. Na opção de navegar pela narrativa, uma barra lateral esquerda apresenta as datas. Nesse caso, ao clicar em uma década, aparece o texto correspondente no frame central e o usuário pode ler as passagens do período histórico.

Um outro trabalho que explora as poéticas da navegação é 1:1 (2),[45] de Lisa Jevbratt/C5[46] (1999). No projeto foi criado um banco de dados com

---

[40] Ver http://wonderwalker.walkerart.org/.

[41] Para mais detalhes sobre esse projeto, ver Lucia Leão, *A estética do labirinto* (São Paulo: Anhembi-Morumbi, 2002), pp. 83-85. O endereço do projeto é http://www.backspace.org/iod/.

[42] Ver http://potatoland.org/shredder/.

[43] Ver http://www.babel.uk.net/.

[44] Ver http://www.manovich.net/FLN/.

[45] Ver http://cadre.sjsu.edu/jevbratt/c5/onetoone/2/index_ng.html/.

[46] C5, corporação fundada em 1998 na Califórnia, realiza pesquisas sobre artes, mapeamentos e

os endereços de IP de todos os servidores da WWW. Cinco interfaces diferentes (Migration, Hierarchical, Every, Random e Excursion) permitem navegações inusitadas e abstratas, gerando uma outra topologia.

POÉTICAS DOS BANCOS DE DADOS

O pensador que tem colocado a questão da estética dos bancos de dados como fundamental na compreensão da linguagem das novas mídias é Lev Manovich. Em "Database as a Symbolic Form", Manovich[47] nos fala da lógica dos bancos de dados. Segundo ele, tanto o romance como o cinema privilegiaram a narrativa como a forma-chave de expressão cultural da era moderna. O computador introduz uma outra forma de expressão: o banco de dados. A maioria dos objetos em novas mídias não nos conta nenhuma história, não tem começo nem fim e não se desenvolve tematicamente como seqüência. O modelo desses objetos se encontra nas bibliotecas.

File Room[48] (1993), de Antonio Muntadas, é um grande arquivo que contém casos de censura cultural enviadas por internautas do mundo todo.

Map of the Market[49] (1998), de Martin Wattenberg, é um mapa interativo e dinâmico com informações da Bolsa de Valores dos Estados Unidos. A interface é minimalista e permite visualizações diversas. Um trabalho que organiza a informação de forma clara e espacial e, nesse sentido, reatualiza o conceito de mapa de Deleuze e Guattari.

Anemone[50] é um programa que tem por objetivo visualizar as mudanças estruturais de um web site. O interessante é que, por se tratar de um projeto de informação orgânica ("organic information design"), as imagens produzidas lembram formas da natureza. Além disso, o software

---

redes sociais. O presidente da C5 é Joel Slayton e Lisa é um dos membros do grupo. As pesquisas atuais do C5 dedicam-se a explorar conceitos como paisagens da informação, visualização de dados e GPSs.

[47] Lev Manovich, "Database as a Symbolic Form", 2000. Disponível em http://textz.gnutenberg.net/textz/manovich_lev_database_as_a_symbolic_form.txt/.

[48] Ver http://www.thefileroom.org/FileRoom/documents/newhome.html/.

[49] Ver http://www.smartmoney.com/marketmap/.

[50] Ver http://acg.media.mit.edu/people/fry/anemone/applet/.

permite que se visualize as dinâmicas dos dados. Esse projeto corresponde à parte experimental da tese de mestrado de Benjamin Fry.

Carnivore[51] é outro excelente exemplo de estética do banco de dados. Conforme nos explica o texto do grupo Radical Software Group (RSG),[52] o projeto se inspirou no programa do FBI com o mesmo nome. No centro do projeto está um software que monitora todo o tráfico de internet em uma rede específica. Essa informação é enviada para "clientes", que são as interfaces criativas do projeto. Cada um desses clientes anima, diagnostica e interpreta os dados recebidos de forma variada.

They Rule[53] também atua como um grande banco de dados com informações extraídas da revista *Fortune*. O banco de dados foi criado a partir das cem mais importantes empresas dos Estados Unidos no ano de 2001. Os usuários podem interagir com esse banco de dados criando mapas e visualizando mapas criados por outros usuários. Manovich[54] percebeu a força política desse projeto. Segundo ele, em vez de apresentar uma mensagem empacotada, o grupo Futurefarmers[55] nos deu os dados para serem analisados. "Eles sabem que somos inteligentes o suficiente para tirarmos nossas próprias conclusões." Assim, o projeto propõe uma "nova retórica da interatividade". Ou seja, nós nos convencemos não por recebermos uma mensagem pronta, mas por meio de um envolvimento ativo com os dados: "organizando-os, estabelecendo conexões e nos tornando conscientes das correlações que existem entre eles".

OUTRAS PROPOSTAS

Na linha de pesquisa que explora modelos híbridos para representação digital do conhecimento estão os projetos do grupo austríaco-alemão Knowbotic Research. Anonymous Muttering,[56] de 1996, constrói uma rede complexa de inter-relações pessoais na qual estão presentes DJs,

---

[51] Ver http://rhizome.org/carnivore/.

[52] Pertence a esse grupo Alex Galloway.

[53] Ver http://www.theyrule.net/.

[54] Lev Manovich, "Flash Generation", cit.

[55] Ver http://www.futurefarmers.com/.

[56] Ver http://www.khm.de/people/krcf/AM/ .

visitantes de um espaço físico e visitantes da WWW. Em IO_dencies,[57] de 1997, aspectos antropológicos, culturais e sociais são postos em questão. O projeto consistiu em um site e uma instalação. Através de uma interface em Java, os visitantes (tanto do espaço físico como da WWW) podiam interagir. Essas intervenções se concretizavam no espaço físico, na chamada "zona de efeitos".

Muitos artistas adentram nos territórios das poéticas telemáticas ao explorarem os potenciais de transmissão de imagens a distância em tempo real. São projetos que inter-relacionam net arte e telepresença. O trabalho de Jeffrey Shaw, Distributed Legible City, de 1998, é uma investigação de net arte que inclui espaços reais e interação multiusuário. Desenvolvimento da instalação anterior The Legible City (1989), na qual apenas um usuário podia interagir com um espaço digital formado por letras, neste projeto, Shaw incluiu o elemento "net". Assim, a obra possibilita que usuários pedalem bicicletas em cidades diferentes e se encontrem no espaço virtual.[58]

Entropy8Zuper[59] é um projeto no qual as propriedades da telepresença se associam às das performances. Nesse trabalho, a redes são meios de distribuição de eventos e elementos que perturbam antigas convenções de tempo e lugar.

Outra proposta de apropriação poética das redes de telecomunicações é Grandfather Gets a House,[60] um trabalho que explora um dos recursos mais usados da internet: o e-mail. Nesse trabalho, a história de um artista canadense que viajou para a Transilvânia é contada na forma de diários enviados por e-mail. As tristezas e dificuldades de uma família pobre cigana são apresentadas de forma documental. Fotos e registros complementam o projeto, que pode ser navegado de várias maneiras, inclusive a partir de um banco de dados onde todos os e-mails estão arquivados.

---

[57] Ver http://io.khm.de/.

[58] Ver artigo e biografia de Shaw, "O cinema digitalmente expandido: o cinema depois do filme", neste livro.

[59] Ver http://www.entropy8zuper.org/.

[60] Ver http://www.fishbreath.net/.

Caminhando em um terreno próximo da telepresença, mas com características próprias, estão os projetos de telerrobótica. Nessas obras, o usuário controla um robô através da internet. As obras de Ken Goldberg[61] (Telegarden, entre outras) são exemplos primorosos desse tipo de investigação.

Também nessa linha se destacam os projetos de Rafael Lourenzo-Hammer. O jovem artista mexicano vem trabalhando com instalações interativas há vários anos. O projeto Re:Positioning Fear, Relational Architecture nº 3 apresentado na III Bienal Internationale de Film+Architektur, Graz, Austria, em novembro de 1997,[62] envolveu intervenção em espaço urbano e interação de vários participantes a distância. Os participantes da WWW discutiam em um chat a respeito dos medos contemporâneos. Os textos enviados para o chat eram projetados em tempo real nas paredes do Landeszeughaus, um antigo depósito de arsenal militar.

A série Alzado Vectorial[63] continua a mesma abordagem e permite que usuários controlem vários canhões de luz dispostos em pontos estratégicos (o primeiro ocorreu na praça Zócolo, no centro da Cidade do México, em 2000). O controle dos desenhos criados pelos canhões de luz é feito a partir de uma interface. No site é possível ver imagens das intervenções que já ocorreram.

Uma outra importante linha de investigação associa net arte a projetos de autoria distribuída. Exquisite Corpse[64] é um projeto de escrita colaborativa na WWW. Na equipe que criou o projeto estão Sharon Denning e Ken Ficara. A história se inicia a partir de um trecho extraído do livro de Ítalo Calvino: "Se um viajante numa noite de inverno". O usuário tem várias possibilidades de navegação e pode continuar a história de vários pontos. O trecho criado é publicado e outras pessoas da WWW podem continuar a história.

---

[61] Ver artigo de Goldberg, "O fenômeno único de uma distância", neste livro.

[62] Ver http://rhizome.org/object.rhiz?2398 e http://xarch.tu-graz.ac.at/home/rafael/fear/.

[63] Ver http://www.alzado.net/.

[64] Ver http://www.repohistory.org/circulation/exquisite/ec.php3/.

Na vertente que associa WWW e hipertexto, muitos projetos de net arte se concentram em trabalhar com complexas estruturas não-lineares e hiperlinks. Outros buscam alternativas hipermidiáticas para suas narrativas. Nessa categoria estão os trabalhos de Mark Amerika.[65] Filmtext 2.0 (2002), Filmtext 1.1 (2001-2002), Grammatron (1993-1997), Alt-X (1993-Present), PHON:E:ME (1999), entre outras de suas obras em net arte, propõem narrativas hiperlinkadas, nas quais o sentido emerge sempre renovado.

Judy Malloy[66] é outro nome que atua nessa vertente há vários anos. Sempre sintonizada com questões políticas e com raízes nas tradições do hipertexto, Malloy tem também vários trabalhos colaborativos, como, por exemplo, Name Is Scibe.[67]

Na interface WWW e ciência, temos os trabalhos de arte transgênica de Eduardo Kac,[68] as pesquisas com vida artificial de Christa Sommerer e Laurent Mignonneau (Life Spacies, 1997)[69] e Diana Domingues,[70] entre vários outros artistas.

Enfim, nossa cartografia poderia se estender para vários outros territórios, pois a WWW, a Net e o ciberespaço estão constantemente em mudança e suas transformações geram, ao mesmo tempo que possibilitam, novos questionamentos e espaços para a investigação artística.

Referências bibliográficas

KAC, Eduardo. "Novos rumos na arte interativa". Em LEÃO, Lucia (org.), *Interlab: labirintos do pensamento contemporâneo*. São Paulo: Iluminuras, 2002.

PRADO, Gilbertto. "Experimentações artísticas em redes telemáticas e web". Em LEÃO, Lucia (org.), *Interlab: labirintos do pensamento contemporâneo*. São Paulo: Iluminuras, 2002.

---

[65] Ver http://www.markamerika.com/.

[66] Ver http://www.well.com/user/jmalloy/cyberagora.html/.

[67] Ver http://www.well.com/user/jmalloy/scibe/story.html/.

[68] Ver artigo de Kac, "Gênesis", neste livro. Ver também www.ekac.org/.

[69] Ver http://www.ntticc.or.jp/~lifespacies/.

[70] Ver http://www.artecno.ucs.br/diana.htm/.

Sites

CRAMER, Florian *et al.* "Transmediale.01 Statement of the Software Art Jury", 2001. Disponível em http://userpage.fu-berlin.de/~cantsin/homepage/writings/software_art/transmediale//jury_statement.txt/.

_____. "Concepts, Notations, Software, Art", 2002. Disponível em http://www.macroscenter.ru/read_me/teb2e.htm/.

DIETZ, Steve. "Beyond Interface", 1998. Disponível em http://www.walkerart.org/gallery9/beyondinterface/

MANOVICH, Lev. "Learning from Prada", 2002. Disponível em http://textz.gnutenberg.net/textz/manovich_lev_learning_from_prada.txt/.

MIRAPAUL, Matthew. "Museum Puts Internet Art on the Wall", em *The New York Times*, 1999, Arts@Large. Disponível em http://www.nytimes.com/library/tech/99/09/cyber/artsatlarge/16artsatlarge.htm/.

ROSS, David. "21 Distinctive Qualities of Net.Art", 1999. Disponível em http://switch.sjsu.edu/web/v5n1/ross/index.html/.

STALBAUM, Brett. "Database Logic(s) and Landscape Art". Em *Noemalab – Tecnologie & Società*, fevereiro de 2003. Disponível em http://www.noemalab.com/index2.asp/.

APÊNDICE
Resenhas de livros na área

Dez textos essenciais sobre a arte em novas mídias – 1970-2000[*]

Lev Manovich

Gene Youngblood, *Expanded Cinema* (Nova York: Dulton, 1970).

Jasia Reichardt, *The Computer in Art* (Londres: Van Nostrand Reinhold, 1971).

Cynthia Goodman, *Digital Visions: Computers and Art* (Nova York: Harry N. Abrams, 1987).

Friedrich Kittler, *Discourse Networks* (Stanford: Stanford University Press, 1990). Edição original alemã de 1985.

Michael Benedikt (org.), *Cyberspace: First Steps* (Cambridge: MIT Press, 1991).

Marina Grzinic *et al.*, *Artinctact 1: Artists' Interactive CD-ROMagazine*, ZKM Series (Karlsruhe: Cantz, 1994).

Minna Tarkka *et al.* (orgs.), *The 5th International Symposium on Electronic Art Catalogue* (Helsinki: Isea, 1994.)

Peter Weibel *et al.* (orgs.), Catálogo do *Wired Mythos Information: Welcome World. Ars Electronica 1995 Festival* (Viena/Nova York: Springer/Verlag, 1995).

Espen Aarseth, *Cybertext: Perspectives on Ergodic Literature* (Baltimore: John Hopkins University Press, 1997).

Ulf Poshardt, *DJ Culture* (Londres: Quartet Books, 1998). Edição original alemã de 1995.

A tarefa de selecionar "trabalhos escritos considerados importantes para a história da arte digital, da cultura e da tecnologia" revelou ser bem difícil. Em contraste com outros campos artísticos, a memória curta do campo da arte digital é curta demais, enquanto sua memória de longo

---

[*] Tradução de Luís Carlos Borges.

prazo é praticamente inexistente. Como resultado, muitos artistas que trabalham com computadores, além de curadores e críticos que exibem esses artistas e escrevem sobre eles, continuam a reinventar a roda o tempo todo. E, enquanto outros campos geralmente têm textos críticos/teóricos conhecidos por todos e que geralmente atuam como pontos de partida para os novos argumentos e debates, o campo da arte digital não tem nada assim. Nenhum texto crítico sobre a arte digital alcançou uma condição de notoriedade que possa ser comparada com a dos artigos clássicos de Clement Greenber e Rosalind Krauss (arte moderna) ou de André Bazin e Laura Mulvey (cinema). Então, o que significa selecionar "trabalhos escritos considerados importantes para a história da arte digital"? O campo realmente produziu muitos textos substanciais que foram importantes para ela em momentos históricos específicos, mas, como esses textos não são lembrados, não exercem nenhuma influência sobre seu presente desenvolvimento.

Se acham que estou sendo exagerado em meu argumento, considerem o seguinte exemplo. Pensem nas importantes exposições de museus e catálogos que atuam como pontos de referência no campo da arte moderna. Quantos, dentre os que visitaram a Bitsreams (The Whitney Museum, 2001) e a 010101: Art in Technological Times (SFMOMA, 2001), sabiam que, trinta anos antes, os principais museus de arte de Nova York e Londres apresentaram toda uma corrente de mostras sobre os tópicos da arte e da tecnologia? Consideradas em conjunto, essas mostras foram mais radicais e mais interessantes conceitualmente do que as presentes tentativas dos museus de arte de dar conta das novas mídias. Eis algumas delas: Cybernetic Serendipity (ICA, curadoria de Jasia Reichardt, 1968), The Machine as Seen at the End of the Mechanical Age (MoMA, curadoria de K. G. Pontus Hulten, 1968), Software, Information Technology: its Meaning for Art (Jewish Museum, Nova York, curadoria de Jack Burnham, 1970), Information (MoMA, curadoria de Kynaston McShine, 1970), Art and Technology (LACMA, curadoria de Maurice Tuchman, 1970).

Embora as várias exposições on-line organizadas por Steve Dietz no Walker, as recentes exposições no Z Lounge do New Museum de Nova

York (Anne Barlow e Anne Ellegood), as mostras/eventos com curadoria de Christiane Paul no Whitney e de Jon Ippolito no Guggenhcim sejam todos bastante refinados, são também acontecimentos de pouco vulto. Em termos de levantamentos de grande escala recentes em museus, apenas um, no SFMOMA (2001), pode ser comparado com as exposições de trinta anos atrás. Foi uma tentativa ambiciosa de colher uma amostragem de toda a paisagem da cultura contemporânea para apresentar como artistas e designers de várias disciplinas envolvem-se com a computação em uma variedade de níveis: como ferramenta, veículo, iconografia, fonte de novas habilidades e hábitos perceptivos, cognitivos e comunicativos. Em comparação, a mostra no Whitney foi um acontecimento verdadeiramente reacionário. Ali estava uma mostra sobre a arte em novas mídias que não incluía computadores nem obras interativas. Em vez disso, as novas mídias reduziam-se a imagens planas nas paredes: stills apresentados como estampas digitais ou imagens em movimento apresentadas com projetores ou telas de plasma. As descrições das obras posicionavam-nas dentro das narrativas e categorias conhecidas e bem ensaiadas dos livros-padrão de arte do século XX. Em resumo, as novas mídias foram neutralizadas, diluídas, tornadas inofensivas, da mesma maneira pela qual a cultura comercial assume a maioria dos novos desenvolvimentos culturais radicais, do hip hop ao tecno.

Em contraste, basta ler os títulos das exposições ocorridas há trinta anos para perceber que elas estavam envolvidas com as novas categorias e dimensões da tecnocultura emergente. Em termos de obras e projetos apresentados, os museus, da mesma maneira, não tinham medo de convidar novas tecnologias e novos tipos de prática artística para os seus espaços.[1] Por exemplo, a exposição The Machine as Seen at the End of the Mechanical Age apresentou obras de cem artistas, entre elas colaborações de artistas e engenheiros, comissionadas sob os auspícios da EAT[*] (comparem isso com

---

[1] Para mais informações sobre essas mostras e outros marcos importantes na história de cinqüenta anos da arte do computador e das telecomunicações, ver a excelente Telematic Timeline, produzida como parte da mostra sob curadoria de Steve Dietz (disponível em http://telematic.walkerart.org/timeline/).

[*] Experiments in Art and Technology, Inc., instituição fundada por Billy Klüver em 1966. (N. da O.)

a prática corrente dos museus de arte americanos de patrocinar "arte para a rede", que pode ser confortavelmente escondida nos sites de museus em vez de apresentadas nas galerias propriamente ditas).

A exposição Software incluía vários trabalhos que usavam o computador PDP-8 do museu, enquanto a exposição Information envolvia-se com a revolução da informação e comunicação em um nível conceitual ao apresentar vários projetos que pediam que os visitantes interagissem com os cenários de comunicação específicos construídos por artistas, entre eles Vito Acconci e Hans Haacke.

Dada a sistemática ausência de uma memória de longo prazo no campo da arte digital, dez textos apenas não seriam suficientes para reconstruir sua rica história de cinqüenta anos. Portanto, eis o algoritmo de seleção que acabei por seguir:

1) Dado o limite de dez textos, decidi ser um pouco subjetivo e dar peso aos textos que foram particularmente importantes para mim desde o início de meu contato com a arte digital.

2) Dado que o campo da arte digital não possui realmente um conjunto de textos críticos "canônicos", selecionei alguns textos que, em diferentes décadas, atuaram como revisões essenciais do campo (*The Computer in Art*, 1971; *Expanded Cinema*, 1970; *Digital Visions*, 1987).

3) Como os festivais/exposições anuais como o Ars Electronica, Isea e o Siggraph desempenharam o papel central no desenvolvimento desse campo de pesquisa, incluí em seguida dois catálogos representativos dos encontros particularmente importantes (Isea 1994, Ars Electronica 1995).

4) Acrescentei então a primeira publicação da série *Artinctact* da ZKM (Artinctact 1, 1994). Bem cedo, a ZKM solucionou os dois problemas centrais do campo da arte digital – a distribuição e a crítica – de uma maneira particularmente elegante e eficiente. Todos os anos, desde 1994, a ZKM publica um CD-ROM/livro. O CD-ROM costumava conter três projetos artísticos interativos e o livro três textos críticos a respeito de cada um dos projetos (hoje, a ZKM continua esse formato bem-sucedido com a nova série, que usa o DVD-ROM

DEZ TEXTOS ESSENCIAIS SOBRE A ARTE EM NOVAS MÍDIAS – 1970-2000 **557**

em vez do CD-ROM). Ao seguir o formato de livro e estabelecer parceria com um importante editor alemão, a ZKM garantiu que a Artinctact seria distribuída por meio dos canais-padrão de distribuição de livros. (O Whitney precisou de apenas oito anos para recuperar o atraso: o catálogo da bienal de 2002 do Whitney 2002 incluiu, da mesma maneira, um CD-ROM anexo à capa).[2]

5) Embora o campo da arte digital não tenha um cânone de textos críticos a respeito da arte em si, a maioria das pessoas dentro dele está familiarizada com, pelo menos, alguns textos teóricos que lidam com tópicos maiores, como tecnologia digital/cultura/sociedade. Penso que, na verdade, muitos desses textos teóricos atuam como equivalentes de textos críticos canônicos em outros campos artísticos. Como tinha o limite de dez textos, só pude incluir uma pequena amostra de tais obras teóricas. Escolhi *Discourse Networks*, de Friedrich Kittler (1985; edição inglesa 1990); *Cyberspace: First Steps*, organizado por Michael Benedikt (1991); *DJ Culture*, de Ulf Poshardt (1995; edição inglesa 1998); e *Cybertext*, de Espen Aarseth (1997). Poderia, contudo, ter igualmente selecionado livros de Katherine Hayles, Sherry Turkle, W. J. T. Mitchell, Paul Virilio, Peter Lunenfeld, Jay David Bolter, Pierre Lévy, Geert Lovink, Norman Klein, Vivian Sobchack, Peter Weibel, Slavoj Zizek, Erkki Huhtamo, Margaret Morse, Alex Galloway, Mathew Fuller, e muitos outros (e estas são apenas as pessoas que escrevem em inglês ou que têm trabalhos traduzidos para o inglês; internacionalmente, a lista de comentaristas brilhantes da tecnocultura prossegue indefinidamente).[3]

Penso que cada um dos quatro livros teóricos que selecionei tem algo de único. A coletânea organizada por Benedikt, um grande best-seller, é exemplar ao reunir teóricos, artistas e designers digitais ou ciberespaços

---

[2] Em 2002, a Hatje Cantz Publishers publicou *The Complete Artinctact 1994-99 CD-ROMagazine* em DVD-ROM.

[3] Decidi não incluir na minha lista final dos "dez mais" nenhum trabalho de meus colegas do sul da Califórnia: Hayles, Lunenfeld, Klein e Sobchack. Por que estou sendo tão ingênuo? O pessoal de Nova York só faz curadoria e publica a si mesmo o tempo todo...

iniciais como o *Habitat* – e, de certa maneira, forçar os designers a escrever descrições claras e teoricamente refinadas de seus projetos e programas de pesquisa. As melhores antologias e conferências sobre artes digitais e a cultura das novas mídias tentam criar tal mistura, mas poucas conseguem fazer isso como fez *Cyberspace: First Steps*.

Kittler é provavelmente o mais importante teórico da mídia depois de McLuhan, e em sua obra-prima, *Discourse Networks*, consegue realizar outro difícil truque de "convergência" – reunir "o melhor" daquilo que, nos Estados Unidos, é chamado "teoria crítica" (neste caso, Lacan e Foucault), com suas próprias e brilhantes idéias a respeito dos efeitos das redes de comunicação e das tecnologias das mídias (registro/armazenagem/acesso) sobre a cultura. Novamente, esse é um tipo de "convergência" que muitos tentam realizar mas, até agora, provavelmente, apenas Kittler teve êxito.

Muitos concordariam que as duas áreas da cultura em que a nova lógica da computação digital sempre se manifesta significativamente mais cedo do que em outros campos são os jogos de computador e a música eletrônica. Embora eu não saiba praticamente nada sobre música eletrônica popular, acho a cultura DJ uma brilhante mistura de ampla história social, cultural e tecnológica do campo e especulações teóricas provocantes. Muitos livros e antologias sobre música eletrônica fazem dormir com a profusão de detalhes sobre este ou aquele item de tecnologia – a cultura DJ consegue concentrar-se nos conceitos. Em seus escritos, Ulf Poshardt, de Munique, também consegue integrar um estilo de exposição inspirado no "remix" e uma estrutura histórica mais tradicional que nos mantém no caminho ao longo desse livro inspirador.

Finalmente, no seu breve, mas denso, *Cybertext*, Espen Aarseth oferece uma solução particularmente elegante para uma questão central nos campos das artes e da cultura digital: como separar as novas e as velhas mídias? Apesar de se concentrar na escrita, sua abordagem pode ser estendida a outras mídias, fornecendo um rico paradigma para se pensar as relações entre as velhas e as novas mídias. Leiam esse livro, se vocês ainda não o fizeram! (Não quero ser injusto com o autor tentando resumir seus argumentos complexos e claros em duas sentenças...)

No fim, provavelmente é bom que os argumentos nas artes digitais não retornem sempre e indefinidamente aos mesmos textos "mestres", como muitas vezes acontece no mundo da arte e nas humanidades. Como disse certa vez Norman Klein, "pintar com um computador é pintar com uma metralhadora" – querendo dizer que o computador digital não tem precedentes por ser a máquina-chave da economia moderna, a tecnologia fundamental de controle e comunicação das sociedades modernas e também sua máquina de representação central. Dada essa "convergência" sem precedentes, qualquer reflexão séria sobre as dinâmicas sociais e culturais de nosso tempo tem de se envolver com a computação digital.

O fato de que os textos teóricos que tratam das questões gerais da tecnocultura – o novo funcionamento do espaço e do tempo, a info-subjetividade, as novas dinâmicas da produção e do consumo cultural, etc. – sejam mais importantes para os artistas e designers digitais do que a crítica da arte digital *per se* é, no fim, muito saudável. Significa que as pessoas em nosso campo têm um agudo interesse em como a informatização afeta a sociedade e a cultura em geral, em vez de estarem interessadas apenas na história estrita de seu próprio campo. Portanto, embora devamos todos nos familiarizar mais com essa história, não vamos fazer dela um fetiche.

Textos sobre escrita eletrônica

Jorge Luiz Antonio

Os adjetivos "eletrônico" e "digital" têm modificado substantivos como "texto", "escrita", "literatura", "poesia", "arte", entre outros. É claro que não se trata apenas de uma questão gramatical, mas de um conteúdo que precisa ser estudado para tornar-se claro àqueles que trabalham com a criação nessas novas tecnologias.

Este artigo tem o objetivo de indicar um conjunto de obras e apresentar um resumo indicativo sobre cada uma delas, para que o leitor possa vir a se interessar pela escrita eletrônica, literatura e poesia que circulam nos meios eletrônico-digitais.

Por escrita eletrônica queremos nos referir aos traços que caracterizam a palavra digital: "união de unidades de texto, gráficos ou sons em estruturas que só têm se tornado possíveis dentro do simbólico espaço dos computadores modernos".[1] Essa mesma palavra digital faz parte de um "completo ambiente textual que traz consigo uma rede de computadores, uma armazenagem de dados, pesquisa e programas de análise, editoração eletrônica, escaneamento, e grandes monitores de grande resolução com múltiplas janelas".[2] Trata-se do texto elaborado com base nos recursos de

---

[1] George P. Landow & Paul Delany (orgs.), *The Digital Word: Text-Based Computing in the Humanities* (Cambridge: MIT Press, 1993), p. xi.

[2] *Ibid.*, p. 5.

um computador, aquilo que, em inglês, fica facilmente entendido pela expressão *text-based computing*.

Também pode ser visto como um texto eletrônico com certas qualidades aquele que é pesquisável com certa facilidade, é transmissível, está próximo e não tem tamanho físico, se parece com um antitexto (há em quantidade tão numerosa que muitas vezes dificulta o nosso acesso e entendimento), pode ser manipulado. Ele age como um corpo, um ponto de apoio ou articulação, como algo crescente e fértil.[3]

Esta seleção de referências bibliográficas impressas e eletrônicas não tem a intenção de esgotar o assunto, mas apenas a de apresentar um panorama através da escolha de alguns autores que tratam da questão da escrita eletrônica.

1. Pedro Barbosa, *A ciberliteratura: criação literária e computador* (Lisboa: Cosmos, 1996).

O livro, com 408 páginas, é composto de seis partes: "Esboço de uma teoria do texto computacional", "Percursos textuais", "A aventura de uma construção", "Apêndices de informática", "Notas" e "Bibliografia".

Trata-se de um estudo histórico, teórico e prático sobre os primórdios da poesia e narrativa computacionais, com base em programas que estocam palavras e produzem textos de forma aleatória. Trata-se também de uma escrita eletrônica, cujo resultado final passa pelo crivo do poeta e se transforma, ainda, em poesia impressa, mas resultado de um processo maquínico.

O autor, que trabalhou com Abraham Moles na Universidade de Estrasburgo, é doutor pela Faculdade de Ciências Sociais e Humanas da Universidade Nova de Lisboa e leciona em Portugal.

2. Sérgio Luiz Prado Bellei, *O livro, a literatura e o computador* (São Paulo/Florianópolis: Educ/UFSC, 2002).

Em 176 páginas, com uma linguagem bastante clara, o autor aborda a biblioteca eletrônica e o trauma do fim do livro, um estudo do texto ao (hiper)texto, estudos literários e bibliotecas hipertextuais, práticas

---

[3] Loss Pequeño Glazier, *Digital Poetics: the Making of E-Poetries* (Tuscaloosa: The University of Alabama Press, 2002).

TEXTOS SOBRE ESCRITA ELETRÔNICA

discursivas hipertextuais, e questões de tecnologia, política e poder. Trata-se, de modo geral, do impacto causado pelo uso generalizado do computador em práticas culturais relacionadas, principalmente, ao livro, à literatura e ao uso de bibliotecas virtuais.

O autor, com doutorado nos Estados Unidos, dedica-se ao ensino e à pesquisa em universidades brasileiras, nas áreas de literatura, estudos culturais e teoria literária, e atualmente leciona na Universidade Federal de Santa Catarina.

3. Augusto de Campos, *Despoesia* (São Paulo: Perspectiva, 1994).

O livro, de 142 páginas, é composto das seguintes partes: "Expoemas", "Intraduções", "Profilogramas" e "Despoemas"; e representa as incursões do poeta na poesia feita com os recursos de um computador, mostrando uma "natural" adaptação.

O autor, que tem uma forte carga criativa, um dos três teóricos e fundadores da poesia concreta no Brasil, é um exemplo da inclusão da poesia impressa nos meios digitais, não só com esse livro, mas também em seu site Biografias/Obras/Poemas/Sons/Textos/Links, resultado de uma aprendizagem competente, criativa do autor, disponível em http://www.uol.com.br/augustodecampos/.

4. Sérgio Capparelli & Ana Cláudia Gruszynski, *Poesia visual* (São Paulo: Global, 2001).

O livro, com 33 páginas, apresenta as experiências dos autores no campo da poesia e do design gráfico, e representa, no meio impresso, uma escrita inovadora.

Os autores, que são professores universitários em Porto Alegre, também fizeram suas incursões na ciberpoesia – http://www.ciberpoesia.com.br/ – e se mostram como exemplos brasileiros da escrita poética eletrônica.

5. E. M. de Melo e Castro, *Poética dos meios e arte high tech* (Lisboa: Vega, 1988).

Trata-se de um estudo pioneiro, resultado de uma série de palestras que o autor proferiu no México, dentro dos conceitos do final da década de 1980, mas com enforques inovadores e originais, abordando a arte e a poesia que se iniciavam a circular nos meios eletrônico-digitais.

Eis alguns dos temas abordados: arte e tecnologia avançada, infoarte, infopoesia, videopoesia (na qual o autor é pioneiro em Portugal), holopoesia, estética fractal (que o autor vem desenvolvendo atualmente), poética de gravidade zero, desmaterialização, telearte, robótica, etc.

O autor, atualmente lecionando no Porto e em Lisboa, viveu muitos anos no Brasil, lecionou na PUC-SP e na USP, e é autor de inúmeros livros de poesia e de crítica literária, como *O fim visual do século XX e outros textos críticos*,[4] *Algorritmos*,[5] entre outros, e mantém o site Infopoesias: produções brasileiras, disponível em http://hosts.nmd.com.br/users/meloecastro/.

6. Roger Chatier, *A aventura do livro: do leitor ao navegador. Conversações com Jean Lebrun*, trad. Reginaldo Carmello Corrêa de Moraes (São Paulo: Imesp/Unesp, 1999).

Com um grande número de ilustrações, o livro aborda a questão do autor, do texto, do leitor, da leitura, da biblioteca e do numérico, sempre num paralelo entre o livro impresso e o livro eletrônico.

O autor, historiador francês e orientador de estudos na École de Hautes Études em Sciences Sociales,[6] em Paris, é especialista em história do livro e da leitura.

Jean Lebrun, *agregé*[7] de história, é produtor do programa Culture Matin na France Culture.

7. José Afonso Furtado, *O livro* (Lisboa: Difusão Cultural, 1995).

De forma abrangente e sintética, o autor discorre sobre o livro impresso e faz comentário sobre o livro eletrônico.

Com 178 páginas e quatro capítulos, Furtado fala sobre o que é o livro, faz uma abordagem histórica, aprecia o livro como mercadoria, e discorre sobre o seu futuro.

---

[4] Nádia Battela Gotlib (org.), *O fim visual do século XX e outros textos críticos* (São Paulo: Edusp, 1993).

[5] E. de Melo e Castro, *Algorritmos* (São Paulo: Musa, 1998).

[6] Escola de Estudos Superiores em Ciências Sociais em Paris.

[7] Em francês: professor aprovado em concurso.

O autor é licenciado em filosofia pela Faculdade de Letras da Universidade de Lisboa, foi presidente do Instituto Português do Livro e da Leitura, é professor nos Cursos de Especialização em Ciências Documentais e no Curso de Especialização de Técnicas Editoriais, ambos da Faculdade de Letras da Universidade de Lisboa.

8. Loss Pequeño Glazier, *Digital Poetics: the Making of E-Poetries* (Tuscaloosa: The University of Alabama Press, 2002).

Em um livro de 218 páginas distribuídas em nove capítulos, o autor examina três principais formas da textualidade eletrônica: hipertexto, texto visual/cinético e trabalhos com meios programáveis. Ele considera as poéticas de vanguarda e suas relações com a era on-line, a relação entre páginas web e a tecnologia do livro, e a maneira na qual certos tipos de construções da web são nelas e delas mesmas um tipo de escrita.

O autor é diretor do Electronic Poetry Center (EPC) e professor associado adjunto de inglês na State University of New York (Suny) em Buffalo, Estados Unidos.

9. Andréa Havt *et al.*, *Labirinto: me encontro nas coisas perdidas do mundo*. Disponível em: http://www.patio.com.br/labirinto/.

Os autores apresentam os conceitos de labirinto, fazendo com que o site se torne também um labirinto e um hipertexto.

A homepage do site, sob a ilustração de um labirinto (um mosaico que representa Teseu e Minotauro), abre caminhos para o mito, o projeto, os integrantes, textos e hipertextos, uma lista de discussão e para que se entre num labirinto.

Os autores são estudantes de pós-graduação em diversas universidades brasileiras.

A navegação do site enseja uma leitura de *O labirinto na hipermídia* e *A estética do labirinto*, ambos de Lucia Leão.[8]

---

[8] Lucia Leão, *O labirinto na hipermídia* (São Paulo: Iluminuras/Fapesp, 1999); e *A estética do labirinto* (São Paulo: Anhembi Morumbi, 2002).

10. Omar Khouri & Fábio Oliveira Nunes (orgs.), *Sígnica: um balaio da era pós-verso (apesar do verso)*. Disponível em http://signica.vilabol.com.br/home.htm.

Trata-se de uma revista on-line de poesia coordenada pelo poeta e professor Omar Khouri e inicialmente produzida pelos designers Fábio Oliveira Nunes e Felipe Machado. No mês de dezembro de 2000, a primeira versão é apresentada na rede internet com onze experimentações poéticas/visuais de jovens artistas e escritores. Em 2001, o designer Felipe Machado afasta-se da equipe. Mais tarde, no decorrer dos anos de 2001 e 2002, a revista ganha mais nove experimentações, obedecendo à proposta inicial de ser "mutante e crescente", assim como a própria rede.

Omar Khouri, poeta visual e professor universitário, autor de inúmeros artigos sobre poesia visual, defendeu sua tese de doutorado no Programa de Comunicação e Semiótica da PUC-SP sob o título de *Poesia visual brasileira: uma poesia na era pós-verso*.[9]

Fábio Oliveira Nunes é designer e artista multimídia, formado em artes plásticas pela Unesp, mestre pelo Instituto de Multimeios da Unicamp. Tem trabalhos poéticos na web, como o On Operating System (Onos), que está disponível em http://www.onos.cjb.net/.

11. Ângela Lago, *A leitura não-linear e o uso de códigos simultâneos no códice, no livro de imagem e na internet*. Disponível em http://www.ici.org.br/literatura/Angela_Lago.htm/.

O site dá exemplos bem claros para a leitura linear antes e depois da web, para, em seguida, exemplificar um hipertexto interativo para crianças: o Ciber-espacinho (http://www.angela-lago.com.br/index2.html) e ABCD (http://www.angela-lago.com.br/ABCD.html).

Uma escrita eletrônica explicada e exemplificada.

12. George P. Landow & Paul Delany (orgs.), *The Digital Word: Text-Based Computing in the Humanities* (Cambridge: MIT Press, 1993).

Trata-se de um livro composto de quatro partes ("Introdução", "O gerenciamento do texto", "Fontes textuais e comunicação" e "Trabalhan-

---

[9] Omar Khouri, *Poesia visual brasileira: uma poesia na era pós-verso* (São Paulo: PUC/COS, 1996).

do com textos"), contendo dezesseis artigos de vários autores. É uma obra necessária para a compreensão da escrita eletrônica, que também é formada de palavras digitais que, diferentemente das palavras impressas, são recodificadas e projetadas num "espaço virtual" eletrônico, transformando-se num ambiente textual, "que traz consigo a rede de computadores, o estoque de uma massa de informações, pesquisas e programas de análise, editoração eletrônica, escaneamento, e monitores de grande resolução com múltiplas janelas". (p. 5)

Uma leitura dos títulos ajuda a entender a importância da obra: "Trabalhando com a palavra digital: o texto na era da reprodução eletrônica"[10] (Paul Delany & George P. Landow), "Lendo e trabalhando com textos na estação da Bibliothéque de France" (Jacques Virbel), "O projeto dos textos livres: recuperação de informações pessoais em larga escala" (Mark Zimmermann), "Software de gerenciamento de texto: uma taxonomia" (Sue Stigleman), "Sistemas de marcação e o futuro do processo de texto de estudo" (James H. Coombs *et al.*), "Os sistemas de marcação no presente" (Steven J. DeRose), "Serviços emergentes de biblioteca eletrônica e a idéia de locação independente" (Christinger Tomer), "O uso nacional do corpus britânico" (Jeremy H. Clear), "Da biblioteca acadêmica ao documento eletrônico pessoal" (Paul Delany), "A Academia on-line" (Allen H. Renear & Geoffrey Bilder), "Duas teses sobre a nova comunicação acadêmica" (Allen H. Renear & Geoffrey Bilder), "As conferências eletrônicas e a textualidade Samiszadat: o exemplo da tecnocultura" (George P. Landow), "Vendo através da interface: computadores e o futuro da composição" (Nancy Kaplan & Stuart Moulthrop), "Redefinindo edições críticas" (Peter M. W. Robinson), "Análise crítica assistida por computador: o estudo de caso de *Handmai's Tale*,[11] de Margaret Atwood" (Ian Lancashire), "Além da palavra: a leitura e o computador" (David S. Miall).

---

[10] A tradução é do resenhista.

[11] Tradução: O conto da criada.

13. Roger Laufer & Domenico Scavetta, *Texto, hipertexto, hipermedia*, trad. Conceição Azevedo (Porto: Rés, s/d.).

Numa linguagem simples, bastante didática, os autores estabelecem semelhanças e diferenças entre texto, hipertexto e hipermídia, com capítulos sobre as escritas eletrônicas imprensa, livro, revista, automatização de escritório, dados e dispositivos eletrônicos, videografia e redes, armazenamento de dados, computadorização, condensação e compactação de dados, fundamentos e utensílios do hipertexto, a escrita hipertextual, e aplicações.

14. Lucia Leão (org.), *Interlab: labirintos do pensamento contemporâneo* (São Paulo: Iluminuras/Fapesp, 2002).

O livro organizado por Lucia Leão contém quatro partes gerais ("Pensando o mundo digital", "Pensando a arte e a interatividade", "Pensando o corpo" e "Repensando as representações, os signos e as cognições"), com muitos artigos de vários autores.

Eis alguns textos que abordam a questão da escrita eletrônica: "Vistas prazerosas: os jardins do hipertexto" (Mark Bernstein), "As formas do futuro" (Michael Joyce), "A estrutura da atividade hipertextual" (Jim Rosenberg), "Os gêneros no contexto digital" (Irene A. Machado), "Padrões do hipertexto" (Mark Bernstein) e "Criação em hipertexto: vanguardas e territórios mitológicos" (Lucio Agra & Renato Cohen).

15. Pierre Lévy, *O que é o virtual?*, trad. Paulo Neves (São Paulo: Editora 34, 1996).

Com 162 páginas, numa leitura de fácil entendimento, o livro conceitua a virtualidade.

O terceiro capítulo, "A virtualização do texto", traz de forma muito lúcida assuntos como a leitura, ou a atualização do texto, a escrita, ou a virtualização da memória, a digitalização, ou a potencialização do texto, o hipertexto: virtualização do texto e virtualização da leitura, o ciberespaço, ou a virtualização do texto, rumo a um novo impulso da cultura do texto.

16. Abraham Moles, *Arte e computador*, trad. Pedro Barbosa (Porto: Afrontamento, 1990).

Esta obra traz contribuições importantes para o entendimento da estética informacional ou teoria estrutural da obra de arte, da arte e ciberné-

TEXTOS SOBRE ESCRITA ELETRÔNICA

tica na sociedade de consumo, da visualização temática do mundo, das atitudes estéticas do homem diante do computador, da arte permutacional, da poética como literatura e informação, da arte dos sons, das relações entre a imagem fixa, móvel e o computador.

Com nove capítulos em 274 páginas, o livro apresenta inúmeros exemplos dessa nova escrita eletrônica.

O autor foi professor da Universidade de Estrasburgo e dirigiu o Instituto de Psicologia Social e das Comunicações, e fez pesquisas sobre a psicologia do espaço e a análise dos labirintos urbanos por computador.

17. Dênis de Moraes, *O concreto e o virtual: mídia, cultura e tecnologia* (Rio de Janeiro: DP&A, 2001).

O livro contém duas partes: a primeira aborda a mídia como ação estratégia e mercado global, enquanto a segunda trata do ciberespaço e das mutações socioculturais.

É na segunda parte que se encontra o capítulo "Vida literária on-line", que analisa a migração da literatura para os meios digitais, antes de se tornar literatura digital.

O capítulo "Novos paradigmas da comunicação virtual" também facilita a compreensão da escrita eletrônica como um fenômeno cultural advindo com as novas tecnologias.

O autor leciona no Programa de Pós-Graduação em Comunicação da Universidade Federal Fluminense.

18. Julio Plaza & Monica Tavares, *Processos criativos com os meios eletrônicos: poéticas digitais* (São Paulo/Salvador: Hucitec/Fapesp/Uneb, 1998).

Trata-se de um estudo teórico sobre os processos criativos com os meios eletrônicos, com estudos teóricos sobre arte e ciência, mudança de paradigma na criação de imagens, um estudo sobre as imagens digitais.

Os autores apresentaram um elenco significativo de ilustrações de obras e um mapeamento de artistas e poetas em suas atividades criativas no meio eletrônico-digital.

Julio Plaza foi professor titular da USP e artista multimídia.

Monica Tavares é arquiteta e professora na Universidade do Estado da Bahia (Uneb), desenvolve trabalhos criativos e teóricos no cruzamento das artes com as novas tecnologias da comunicação.

19. Antonio Risério, *Ensaio sobre o texto poética em contexto digital* (Salvador: Fundação Casa de Jorge Amado/Copene, 1998).

Em 206 páginas, num estilo agradável, o autor nos apresenta um possível percurso da poesia que vai se vinculando às novas tecnologias, apresentando exemplos e momentos históricos. Com dezessete capítulos sem títulos nem referências bibliográficas, essa obra é de leitura necessária para entender a escrita eletrônica em vários países, pois trata das relações entre criação textual e ambiente tecnológico, para examinar, de modo ao mesmo tempo claro e erudito, a questão da poesia na cultura informática.

Antonio Risério é escritor, poeta e antropólogo.

20. André Vallias, *Antilogia Laboríntica [poema em expansão]*, Rio de Janeiro, 1996. Disponível em http://www.refazenda.com.br/aleer/.

_____, *Círculo poético*, São Paulo, 2002. Disponível em: http://edgarmorin.sescsp.org.

_____ & Friedrich Block (curadores), *Poesis: an International Digital Poetry Exhibition*. Kassel/Rio de Janeiro, 2000. Disponível em: http://www.p0es1s.com/.

As obras do autor são exemplos da escrita poética eletrônica, que também teorizou no ensaio "We Have Not Understood Descartes" ("Nós não entendemos Descartes"), publicado na revista *Visible Language*, 30 (2), em 1996.

Antilogia Laboríntica é um poema diagramático, que tem por base o uso do hipertexto como forma de expansão de imagens e textos poéticos e enciclopédicos; *Poesis* representa uma poesia na internet que se utiliza de textos híbridos que conjugam palavra, imagem e sons que só podem ser eletronicamente produzidos e fruídos; e o *Círculo Poético* é um espaço de interação onde o leitor é convidado a ser autor; o autor, a ser leitor de seus leitores/autores e vice-versa: co-partícipes na construção de um texto sem fim.

André Vallias é designer gráfico e vem atuando nas áreas da multimídia, poesia visual e arte eletrônica. Participou de diversas exposições no Brasil e na Alemanha, país onde residiu de 1987 a 1994. De volta ao Brasil, abriu em 1995 o estúdio de multimídia André Vallias – Criação Digital.

Friedrich W. Block é professor na Universidade de Kassel, Alemanha, desde 1997, curador da Brückner-Kühner-Foundation e da Kunsttempel Gallery. Desde 1986 tem realizado inúmeras exposições e publicações de poesia intermídia. Sua pesquisa está atualmente concentrada nas teorias da literatura e mídia, estudos de interarte, e cultura midiática de humor. A sua obra *I/O poesis digitalis* tem versão hipermídia (CD-ROM) e impressa.

21. Regina Vater (curadora), *Brazilian Visual Poetry: 53 Brazilian Visual Poets and Camões' Feast*, Austin, Texas, Estados Unidos, 2001. Disponível em: http://www.imediata.com/BVP/.

O site acima reúne 53 poetas visuais numa exposição internacional sob a curadoria de Regina Vater, com estudos teóricos de Regina Vater, Omar Khouri, Haroldo de Campos, Augusto de Campos, Wlademir Dias Pino, J. Medeiros, entre outros.

É mais um exemplo de poesia visual que se transmigra para o meio digital através de um site bem elaborado e de fácil navegação.

Trata-se de uma exposição realizada no Mexic-Arte Museum, em Austin, Texas, Estados Unidos, ocorrida de 18 de janeiro a 18 de março de 2002. Com as poesias visuais, foi exibida a instalação *O Festim de Camões*, de Regina Vater, com poemas de Affonso Romano de Sant'Anna, Antônio Cícero, Caetano Veloso, Frederico Barbosa, Haroldo de Campos, Manoel de Barros, Olga Savary e Sérgio de Castro Pinto.

Trata-se de um exemplo de escrita visual e eletrônica.

A curadora nasceu no Rio de Janeiro, estudou três anos de arquitetura e, até mudar-se para os Estados Unidos, em 1980, trabalhou como artista gráfica para poder sustentar suas experiências artísticas. Como poeta visual possui um trabalho na maior e mais importante coleção de poesia visual dos Estados Unidos: "The Ruth and Marvin Sackner Collection". Ela é um exemplo do livre trânsito nas escritas visual e eletrônica, o que está disponível em http://www.imediata.com/sambaqui/1ed/regina_vater/index.html/.

22. Eduardo Kac (org.), "New Media Poetry: Poetic Innovation and New Technologies", em *Visible Language*, 30.2, Providence, jan.-maio-set. de 1996, pp. 95-242.

"A nova poesia das mídias: a inovação poética e as novas tecnologias" é o título da edição 30.2 de *Visible Language*, uma revista da Escola de Design de Rhode Island, em Providence, Estados Unidos, que reúne dez ensaios de oito autores, organizados e introduzidos por Eduardo Kac, e seguidos de uma web-bibliografia a respeito de uma poesia que surge para estabelecer uma conexão entre as poesias sonora, verbal e visual existentes, ou seja, a poesia das novas mídias, que passou a existir a partir da segunda metade do século XX. Essa antologia de textos representa uma reflexão sobre as experiências de poetas, artistas e teóricos (Jim Rosenberg, Philippe Bootz, E. M. de Melo e Castro, André Vallias, Ladislao Pablo Györi, John Cayley, Eduardo Kac e Eric Vos) de vários países (Estados Unidos, França, Portugal, Brasil, Argentina, Inglaterra, e Holanda).

Diversos caminhos do estudo são indicados pelos temas de cada autor: "A sentença-diagrama interativa: o hipertexto como um meio de pensamento" (Jim Rosenberg), "As maquinações poéticas" (Philippe Bootz), "Videopoesia" (E. M. de Melo e Castro), "Nós não entendemos Descartes" (André Vallias), "Poesia virtual" (Ladislao Pablo Györi), "Além do código do espaço: potencialidades do cibertexto literário" (John Cayley), "Holopoesia" (Eduardo Kac), "A poesia dos novos meios: teoria e estratégias" (Eric Vos) e "Uma web-bibliografia" (Eduardo Kac).

O termo "poesia das novas mídias" (*new media poetry*) abrange os diferentes sentidos dados pelos oito autores dessa antologia, e isso representa diferentes maneiras individuais de abordar o fenômeno estético contemporâneo: as simultaneidades de Rosenberg, o texto multimídia de Vallias, a holopoesia e poesia digital de Kac, o cibertexto de Cayley, a leitura singular de Bootz, a virtualidade de Györi e a videopoesia de Melo e Castro, tudo isso numa ordenada introdução de Eduardo Kac, enfeixada por uma análise geral e concatenada de Eric Vos.

TEXTOS SOBRE ESCRITA ELETRÔNICA

23. Ivete Lara Camargos, Walty *et al.*, *Palavra e imagem: leituras cruzadas* (Belo Horizonte: A Autêntica, 2000).

As autoras abordam as questões do livro, como palavra e imagem, nos meios impressos e eletrônicos, as imagens da leitura e na leitura, as leituras da imagem, da palavra e de ambas, enfim, apresentam a escrita contemporânea, que é também eletrônica.

As autoras lecionam em cursos de graduação e pós-graduação.

Oito livros sobre arte e novas mídias

Lucia Leão

1. Neil Spiller (org.), *Cyber Reader: Critical Writings for the Digital Era* (Londres: Phaidon, 2002).
2. Randall Packer & Ken Jordan (orgs.), *Multimedia: from Wagner to Virtual Reality* (Nova York: W. W. Norton and Company, 2001).
3. Lev Manovich, *The Language of New Media* (Leonardo Books) (Cambridge: MIT Press, 2001).
4. Peter Lunenfeld (org.), *The Digital Dialectic: New Essays on New Media* (Cambridge: MIT Press, 1999).
5. Stephen Wilson, *Information Arts: Intersections of Art, Science, and Technology* (Cambridge: MIT Press, 2001).
6. Hans-Peter Schwarz (org.), *Media-Art-History: Media Museum – ZKM – Center for Art and Media Karlsruhe* (Munique/Nova York: Prestel, Verlag & KML, 1997).
7. Oliver Grau, *Virtual Art: From Illusion to Immersion* (Cambridge: MIT Press, 2003).
8. Ken Goldberg, *The Robot in the Garden: Telerobotics and Telepistemology in the Age of the Internet* (Cambridge: MIT Press, 2001).

Toda seleção de livros é algo difícil porque envolve escolher não só os livros dos quais falamos, mas, principalmente, os livros dos quais não falamos. Como apaixonada por essa área de investigação, gostaria, com certeza, de poder falar de vários outros livros. Porém, acabei optando pelo número oito, que simboliza o infinito, pois assim comunico que minha lista, na verdade, não tem fim, está permanentemente incompleta.

O recorte que tracei revela um olhar que parte dos textos dos precursores e avança para investigações no campo da mídia-arte e das telecomunicações. Para não me sentir muito frustrada por todos os livros maravilhosos que não estou comentando no momento, prometo a mim mesma que continuarei a elaborar outras listas que revelem outros temas, outras escolhas e outros mapas nesse vasto e movediço território de investigação.

1. Neil Spiller (org.), *Cyber Reader: Critical Writings for the Digital Era* (Londres: Phaidon, 2002).

Cyber Reader é uma antologia que reúne alguns dos mais importantes textos que orbitam em torno do tema do ciberespaço. Com organização cronológica e abordagem interdisciplinar, a coletânea organizada por Neil Spiller traz textos da área das ciências da computação, da ficção científica, da filosofia, das artes, da sociologia, entre outros campos. O artigo "Of the Analytical Engine", que inicia a coletânea, é um trecho extraído da autobiografia de Charles Babbage, *Passages from the Life of a Philosopher*, de 1864. Considerado por muitos como o avô da computação, Babbage tinha por objetivo desenvolver uma máquina matemática que pudesse calcular com rapidez logaritmos e produzir mapas.

Em seguida temos o conto de ficção científica de E. M. Forster, "The Machine Stops", de 1906. Forster nos descreve um mundo futurístico no qual as máquinas dominam. Esse conto antecipou um dos pesadelos mais populares da nossa era, o *virtual reality pod*, que fala de um corpo humano que fica passivo enquanto a mente atua no ciberespaço.

Cyber Reader inclui textos de vários pioneiros da computação, da cibernética e da internet e um fragmento do famoso "As We May Think", de Vannevar Bush. Entre os filósofos estão Virilio ("A estética da desaparição", 1980), Deleuze & Guattari ("Rizoma", 1980). Entre as ciberfeministas que discutem as políticas de identidade e sexo estão Donna Haraway, Sherry Turkle e Karen Franck. O pensamento dos ciberpunks também está presente nos textos de William Gibson ("Neuromancer", 1984), Neal Stephenson ("Snow Crash", 1992) e Jeff Noon ("Stash Riders", 1993). Cada texto é precedido por uma introdução que contextualiza o autor e a obra.

Além desses autores, Spiller nos brinda com pérolas de Marshall McLuhan, Howard Rheingold, Manuel de Landa, Daniel C. Dennett, William Mitchell, Nicholas Negroponte, John Perry Barlow, Mark Dery, Hans Moravec e Margaret Wertheim.

2. Randall Packer & Ken Jordan (orgs.), *Multimedia: from Wagner to Virtual Reality* (Nova York: W. W. Norton and Company, 2001).

Multimídia, na opinião dos organizadores desta coletânea, está emergindo como o meio que definirá o século XXI. O objetivo desse volume é traçar a história dessa nova mídia. O recorte proposto por Packer e Jordan, no entanto, vai muito além da invenção dos computadores e da internet. O livro apresenta um prefácio de William Gibson ("Geeks and Artboys") e inicia com um excerto de Richard Wagner, de 1849. Em "Outlines of the Artwork of the Future", Wagner apresenta seu conceito de obra de arte total, *Gesamtkunstwerk*. Nessa proposta de Wagner, haveria uma integração de todas as artes. Em 1876, no *The Festpielhaus* em Bayreuth, Alemanha, Wagner aplicou seus conceitos e suas inovações apresentando um espetáculo de ópera em uma sala escura, com som estéreo e que revitalizava a tradição grega na qual o anfiteatro estimulava o foco de atenção da platéia para o palco. Pode-se ver que o efeito sensorial buscado por Wagner muito se assemelha aos ambientes imersivos de nossa época e já era a semente dos futuros projetos em realidade virtual. A coletânea traz vários outros textos seminais como o Manifesto Futurista de 1916 sobre cinema, no qual Marinetti, Bruno Corra, Emilio Settimelli, Arnaldo Ginna, Giacomo Balla e Remo Chiti declaram que uma nova mídia iria unir todas as mídias e substituir o livro. Também estão presentes: László Moholy-Nagy, "Theater, Circus, Variety"; Richard Higgins, "Intermedia"; Billy Klüver, "The Great Northeastern Power Failure"; Nam June Paik, "Cybernated Art" e "Art and Satellite"; Norbert Wiener, "Cybernetics in History"; J. C. R. Licklider, "Man-Computer Symbiosis"; Douglas Engelbart, "Augmenting Human Intellect: a Conceptual Framework"; John Cage, "Diary: Audience 1966"; Roy Ascott, "Behaviourist Art and the Cybernetic Vision" e "Is There Love in the Telematic Embrace?"; Myron Krueger, "Responsive Environments"; Alan

Kay, "User Interface: a Personal View"; Vannevar Bush, "As We May Think"; Ted Nelson, "Computer Lib/Dream Machines"; Alan Kay & Adele Goldberg, "Personal Dynamic Media"; Marc Canter, "The New Workstation: CD-ROM Authoring Systems"; Tim Berners-Lee, "Information Management: a Proposal"; George Landow & Paul Delany, "Hypertext, Hypermedia and Literary Studies: the State of the Art"; Morton Heilig, "The Cinema of the Future"; Ivan Sutherland, "The Ultimate Display"; Scott Fisher, "Virtual Interface Environments"; William Gibson, "Academy Leader"; Marcos Novak, "Liquid Architectures in Cyberspace"; Daniel Sandin, Thomas DeFanti & Carolina Cruz-Neira, "A Room with a View"; William Burroughs, "The Future of the Novel"; Allan Kaprow, "Untitled Guidelines for Happenings"; Bill Viola, "Will There Be Condominiums in Data Space?"; Lynn Hershman, "The Fantasy Beyond Control"; Pavel Curtis, "Mudding: Social Phenomena in Text-Based Virtual Realities"; e Pierre Lévy, "The Art and Architecture of Cyberspace".

3. Lev Manovich, *The Language of New Media* (Cambridge: MIT Press, 2001).

Manovich parte de teorias do cinema, da história da arte e da teoria literária para apresentar um instigante olhar a respeito da linguagem das novas mídias. A apresentação do livro é de Mark Tribe, fundador do Rhizome.[1] No "Prólogo", Manovich nos surpreende: o filme de Vertov, *O homem e a câmera de cinema*, será modelo e guia para o estudo a ser apresentado. O charme é que esse mesmo prólogo funciona como uma espécie de índice visual das principais idéias discutidas no livro, ou como afirma Manovich, as imagens resumem princípios particulares das novas mídias.

O livro como um todo se divide em seis capítulos, além da "Introdução". Nela, Manovich apresenta uma cronologia pessoal, "a teoria de um presente", o método de mapeamento e organização das novas mídias e os termos usados (linguagem, objeto e representação).

O capítulo 1, "O que são novas mídias", inicia-se com uma discussão de como as mídias se tornaram novas. Nesse capítulo, Manovich apre-

---

[1] Ver http://www.rhizome.org/.

senta os cinco princípios das novas mídias: representação numérica, modularidade, automação, variabilidade e transcodificação. Na seqüência, Manovich mapeia o que as novas mídias não são. Esse tópico se divide em cinema como novas mídias; o mito do digital e o mito da interatividade.

A parte 2 examina o conceito de interface. Esse tópico se divide em dois subtemas: "Linguagens de interfaces culturais" (mundo impresso, cinema e HCI –[2] interfaces homem-máquina) e "A tela e o usuário" (a genealogia da tela; a tela e o corpo; representação *versus* simulação).

Na terceira parte, "Operações", Manovich aborda inicialmente temas como menus, filtros e plug-ins. Nesse subtópico, Manovich propõe uma interessante associação entre pós-modernismo e o software Photoshop. A seguir, examina o tema da composição. Fazem parte dessa discussão: "Arqueologia da composição no cinema e no vídeo", "Composição digital", e "Composição e novos tipos de montagem". O terceiro assunto desse grupo denomina-se "Teleação". "Representação *versus* comunicação"; "Telepresença: ilusão *versus* ação", "Instrumentos-imagens", "Telecomunicações", "Distância e aura" são alguns dos itens analisados.

Na parte 4, "As ilusões", o pesquisador nos fala de "Tecnologia e estilo no cinema e na animação", "Os ícones da mimesis", e analisa o filme *Jurassic Park*.

Pode-se dizer que o coração do livro pulsa na parte 5, "As formas". Nesse bloco, Manovich fala da "Lógica dos bancos de dados", "Dados e algoritmos", "Banco de dados e narrativa", e apresenta sua instigante reflexão a respeito do "Cinema banco de dados" (nas obras de Vertov e Greenaway). Também nessa parte o pesquisador fala de "Espaços navegacionais", analisa os games Doom e Myst e discorre sobre as poéticas da navegação.

"O que é cinema", título da última parte, inicia-se apresentando o conceito de cinema digital e a história das imagens em movimento. Segundo Manovich, o cinema é a arte do índice. Para finalizar, Manovich nos propõe sua visão sobre a nova linguagem do cinema. Essa nova linguagem

---

[2] HCI: Human Computer Interface.

inclui a associação entre elementos cinemáticos e elementos gráficos, apresenta uma nova temporalidade (através do uso do *loop* como ferramenta narrativa), e se constrói a partir de uma montagem espacial. Temos, assim, o cinema como espaço informacional e o cinema como código.

4. Peter Lunenfeld (org.), *The Digital Dialectic: New Essays on New Media* (Cambridge: MIT Press, 1999).

Esta coletânea reúne onze ensaios de pesquisadores renomados na área e derivou de uma conferência realizada no Centro de Arte da Faculdade de Design, em Pasadena, Califórnia, em 1995.[3] Os artigos reunidos se dividem em quatro grupos: "O real e o ideal"; "O corpo e a máquina"; "O meio e a mensagem"; e "O mundo e a tela". Mais do que títulos temáticos, essa estruturação revela o interesse do organizador em justapor pares dialéticos.

O primeiro bloco apresenta um dos mais antigos pares (o real e o ideal): "Por real categorizamos aquilo que existe independente dos visitantes da experiência sensorial. O ideal é aquilo que existe na mente como modelo perfeito".

Nesse grupo estão os artigos do próprio organizador (Lunenfeld, "Negócios inacabados"); de Michel Heim ("A dialética do ciberespaço"); e o artigo de Carol Gigliotti ("A vida ética da estética digital") que propõe não uma oposição, mas sim um *continuum* holístico entre os dois termos do par dialético. A dialética do ciberespaço de Heim propõe um retorno ao modelo grego de dialética que enfatiza o diálogo e a conversação, e se difere do modelo marxista.

Na parte II, dedicada ao par "Corpo, máquina", Lunenfeld propõe que pensemos o quanto esses dois conceitos têm sido, há vários anos, vistos como opostos. Mas, no século XX, as fronteiras entre os dois têm se diluído. Fala-se agora em um organismo cibernético que integra o biológico e o maquínico. Nesse grupo estão os artigos de K. Hayles ("A condição da virtualidade"); Erkki Huhtamo ("Da cibernação à interação"); e W. Mitchell ("Reposicionando o espaço"). Enquanto Hayles discorre sobre nossa con-

---

[3] The Digital Dialectic: a Conference on the Convergence of Technology, Media, and Theory.

dição de ciborgues, Huhtamo propõe uma arqueologia da interatividade. Mitchell, por sua vez, discute como a www está reconfigurando nosso corpo social e contextos arquitetônicos, propiciando a criação de verdadeiras ágoras eletrônicas.

A parte III rende homenagem a McLuhan e trata do par meio/mensagem. McLuhan, com sua famosa frase "o meio é a mensagem", afirmou que existe relação entre o conteúdo da informação (mensagem) e o modo como essa informação é enviada (meio). Com isso, meio e mensagem deixaram de ser vistos como elementos separados. Nesse bloco, estão presentes os artigos de Florian Brody ("O meio é a memória"); G. Landow ("O hipertexto como escrita-colagem"); e Lev Manovich ("O que é cinema digital"). Brody, diretor do projeto "Livros expandidos" da Voyager,[4] toca na importância da memória para o desenvolvimento de formas midiáticas. O texto de Landow fala de uma especificidade do hipertexto, a linkagem, e como isso cria um tipo de texto sem fim. Ele deu a essa característica o nome de "velcro-text". Landow analisa várias obras hipertextuais, e propõe algumas associações: hipertexto como colagem digital (em analogia aos procedimentos cubistas de Picasso e Braque); e colagem virtual. Landow finaliza afirmando que a escrita hipertextual, embora não coincida inteiramente nem com o conceito de colagem nem com o de montagem cinematográfica, à medida que enfatiza as associações entre os links, se torna inevitavelmente uma arte de assemblage. O texto de Manovich caminha na contramão das tendências dominantes que costumam discutir cinema digital a partir de estruturas arborescentes das narrativas interativas. Manovich propõe que pensemos o cinema digital a partir de um olhar que volte às origens do próprio cinema. Ou seja, a partir de uma arqueologia das imagens em movimento.

A parte IV, "O mundo e a tela", traz artigos de Bob Stein ("Nós poderíamos ser melhores ancestrais: ética e primeiros princípios para a arte na era digital"); e Brenda Laurel ("Meditações e divertimentos na América, ou o que eu fiz nas minhas férias de verão"). Bob Stein, fundador da

---

[4] A Voyager é uma empresa que publica títulos em novas mídias (CD-ROM, laser disc, etc.). Ver o catálogo de CD-ROMs no site http://voyager.learntech.com/cdrom/.

Voyager, coloca questões cruciais sobre arte. Para Stein, a função da arte é enriquecer nossas vidas. Em suas colocações sobre tecnologia, Stein diz que o problema está no uso que fazemos da máquina. Como editor de títulos em multimídia, Stein afirma estar sempre envolvido em um processo contínuo de avaliação sobre o quanto as novas mídias comunicam, assim como o que comunicam. O texto de Laurel é bastante irônico e mescla reflexões sobre a natureza das inovações tecnológicas que a pesquisadora viu na Siggraph 94 e o passeio que realizou na Disney com a filha.

5. Stephen Wilson, *Information Arts: Intersections of Art, Science, and Technology* (Cambridge: MIT Press, 2001).

O grande livro de Wilson apresenta vários artistas internacionais que atuam na interface arte/ciência/técnica. Temas centrais no debate contemporâneo, tais como inteligência artificial, biologia, telecomunicações, fazem parte da matéria-prima desses artistas pesquisadores.

Outro grande mérito desse livro é a lista bem vasta de fontes de pesquisa (organizações, publicações, conferências, museus, centros de pesquisa, sites de autores e artistas, etc.)

Information Arts inicia com o prefácio de Joel Slayton e se organiza em oito grandes categorias. Na primeira, Wilson trata das questões teóricas, de definições e da metodologia. Na segunda, o autor apresenta experimentos artísticos no campo da biologia. A terceira categoria traz poéticas que se apropriam de pesquisas da física, sistemas não-lineares, nanotecnologia e astronomia. A quarta se dedica às pesquisas no campo da matemática e algoritmos. Na categoria cinco estão os experimentos em cinética e robótica. A sexta categoria se dedica às telecomunicações. Na sétima, Wilson discute os sistemas de informação digital e os computadores. Nesse tópico estão as pesquisas em realidade virtual e inteligência artificial. A última categoria diz respeito às fontes de pesquisa já mencionadas. Além disso, o livro ainda apresenta índices onomástico e remissivo. Sem dúvida alguma, um livro indispensável para se entender as várias categorias da artemídia.

6. Hans-Peter Schwarz (org.), *Media-Art-History: Media Museum – ZKM – Center for Art and Media Karlsruhe* (Munique/Nova York: Prestel Verlag, 1997).

Livro clássico, panorâmico, básico para se entender a história das novas mídias na arte. Foi publicado por ocasião da abertura do Media Museum do ZKM, em outubro de 1997. Acompanha um CD com imagens das obras. O livro apresenta vários tópicos de interesse a começar pela introdução de Hans-Peter Schwarz que discute o conceito de museu e das transformações que esse conceito sofre ao se pensar em um museu de novas mídias. O capítulo seguinte ("MediaNet") inicia com uma citação do pioneiro em arte telemática, Roy Ascott. Para estimular discussões sobre as poéticas das redes, o Media Museum tem uma seção especial, o Salon Digital. Entre os artistas comentados nesse capítulo estão: Bernd Lintermann (Morphogenesis, 1997); Toshio Iwai (Music Insects, 1990); e Lynn Hershman (Difference Engine).

O capítulo 3 é dedicado aos "MediaGames". As obras discutidas são Com/FIGURING the Cave, de Jeffrey Shaw, Agnes Hegedüs e Bernd Lintermann; os games DOOM e Licence to kill, Labyrinthos, de Frank den Oudstein; e Piano, de Toshio Iwai.

"MediaTechnology" é um capítulo que fala sobre várias das descobertas tecnológicas. Entre as obras analisadas estão: Shutter, fotocolagem de Lynn Hershman; o monumento da III Internacional Socialista, de Wladimir Tatlin; o Sensorama, de Morton Heilig (1960); a Dataglove e o Licht-Raum-Modulator, de László Moholy-Nagy.

O capítulo 5, "Mediaspace", fala de arquitetura, de espaço urbano e espaços imersivos. Entre as obras dessa seção temos: Video Place, de Myron Kruger; Place: a User's Manual, de Jeffrey Shaw; Very Nervous System, de David Rokeby; e Virtual World Machine, de Michael Krause.

Em "MediaVisions", a idéia é discutir conceitos como vigilância, telecomunicações e mídias. As obras apresentadas: TV-dé-coll/age nº 1, de Wolf Vostell (1958); Nailed TV Monitor, de Günther Uecker (1963); e Room of One's Own, de Lynn Hershman.

A parte central do livro corresponde ao catálogo com obras de importantes artistas que pertencem ao museu. Além das imagens, o catálogo nos oferece o projeto da obra. O livro ainda apresenta pequenas biografias dos artistas, glossário, relação de festivais na área, bibliografia seleta e índice onomástico na parte final.

7. Oliver Grau, *Virtual Art: from Illusion to Immersion* (Cambridge: MIT Press, 2003).

O livro de Oliver Grau, historiador das novas mídias da Universidade Humboldt de Berlim, oferece uma nova abordagem para o estudo das artes midiáticas. Grau apresenta um estudo comparativo entre a história do ilusionismo na arte e os ambientes imersivos contemporâneos. O mergulho no passado vai até a famosa Vila dos Mistérios de Pompéia, criada em 60 a.C., passa por afrescos barrocos, pelos panoramas e chega até as propostas artísticas em realidade virtual e às caves.

Os capítulos do livro estão organizadas da seguinte maneira: Joel Slayton assina o "Prefácio" com uma das idéias sínteses da obra: "Grau descreve virtualidade como algo essencial no relacionamento entre seres humanos e imagens e demonstra como esse relacionamento é evidente tanto nas antigas como nas novas mídias de ilusão" (p. xi).

No capítulo 1, Grau apresenta seus conceitos de arte virtual, imersão e os objetivos do livro (traçar seu conceito de espaços virtuais imagéticos a partir da sua gênese histórica, incluindo as lacunas desse tipo de experimento, por meio dos vários estágios da história da arte ocidental). Na introdução fica clara que a intenção de Grau é se concentrar em imagens de 360 graus, tais como as salas de afrescos, panoramas, cinemas circulares e caves.

Os capítulos 2, 3 e 4 são dedicados aos espaços históricos de ilusão. No capítulo 5, Grau analisa o projeto Osmose de Char Davies. Em "Espaços de conhecimento", capítulo 6, vários artistas são analisados, entre eles: Agnes Hegedüs, Knowbotic Research, Jeffrey Shaw, Maurice Benayoun e Michael Naimark. O capítulo 7 examina experimentos em telepresença. Em "Evolução", o capítulo seguinte, Grau tece interessantíssimas análises das obras de Eduardo Kac e Christa Sommerer e Laurent Mignonneau. O capítulo final aborda "Perspectivas".

OITO LIVROS SOBRE ARTE E NOVAS MÍDIAS

8. Ken Goldberg, *The Robot in the Garden: Telerobotics and Telepistemology in the Age of the Internet* (Cambridge: MIT Press, 2001).

O livro editado por Ken Goldberg,[5] é composto de dezoito capítulos. Entre seus autores estão artistas, filósofos, engenheiros, historiadores e pesquisadores de novas mídias. O livro está dividido em quatro sessões: filosofia; arte, história e crítica teórica; engenharia; interface e design de sistema. O livro ainda apresenta como texto final um ensaio de Maurice Merleau-Ponty, de 1945, "O filme e a nova filosofia". O interesse central do livro está focado nas implicações epistemológicas do desenvolvimento de robôs, câmeras e outros aparatos tecnológicos que podem ser manipulados a distância. O título do livro *O robô no jardim* faz alusão ao projeto de Goldberg no qual usuários da internet podiam plantar sementes em um jardim da Áustria por meio de um robô.

No primeiro grupo, as discussões concentram-se na questão filosófica: que tipo de conhecimento é possível a distância? Nesse bloco estão, entre outros, os artigos de Hubert Dreyfus ("Telepistemology: Descartes' Last Stand"); e Jeff Malpas ("Acting at a Distance and Knowing from Afar: Agency and Knowledge on the Internet"), um artigo que examina a ontologia do uso da internet.

No segundo bloco destacam-se dois artigos, o "The Speed of Light and the Virtualization of Reality", de Martin Jay, e o de Machiko Kusahara, "Presence, Absence, and Knowledge in Telerobotic Art". No primeiro, discute-se a relação entre realidade virtual e simulacro. No segundo, temos análises de várias instalações interativas que se utilizam de telerrobótica. Um outro artigo fantástico é o escrito por Thomas J. Campanella: "Eden by Wire: Webcameras and the Telepresent Landscape". Como o título já prenuncia, a pesquisa de Campanella discorre sobre o poder das webcams de permitir que se visualize espaços reais a distância. E acrescenta algo muito interessante: a telepresença é algo recíproco, isto é, envolve tanto o observador como o observado.

---

[5] A introdução desse livro apresenta um resumo de cada capítulo e esta faz parte da presente coletânea. Assim sendo, esta resenha irá destacar alguns capítulos que considero mais marcantes. Para maiores detalhes ver "The Unique Phenomenon of a Distance".

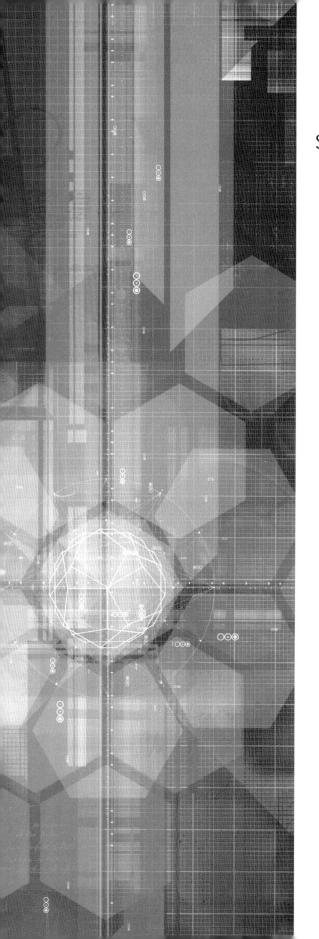

Sobre os autores

ADRIAN MILES

Professor de teoria e prática do hipertexto no RMIT, Universidade de Melbourne, Austrália. Pesquisador de novas mídias no Intermedia, na Universidade de Bergen, Noruega. Apresenta palestras internacionalmente sobre hipertexto desde 1995. Suas teorias associam hipertexto e cinema à luz do pensamento de Gilles Deleuze. Seu mais recente projeto, "video blog: vog", combina teoria e prática. Pode ser acessado em http://hypertext.rmit.edu.au/vog/vlog/.

ALEXEI SHULGIN

Artista, músico, professor e curador. Nasceu em 1963 em Moscou, onde vive e trabalha. Em 1997, criou o Form Art[1] e, em 1998, iniciou o site Easylife.[2] Participou de várias exposições e simpósios internacionais em arte, fotografia e novas mídias. Seu trabalho explora as fronteiras entre arte, cultura e tecnologia e seus efeitos em relação à vida real.

EDMOND COUCHOT

Diretor de pesquisas e professor emérito da Universidade Paris VIII. Suas investigações concentram-se nas relações entre artes e tecnologias

---

[1] Ver http://www.c3.hu/collection/form/.

[2] Ver http://www.easylife.org/.

da imagem. Autor de dezenas de artigos e dos livros *Images: de l'optique au numérique* (1988); *La technologie dans l'art: de la photographie à la réalité virtuelle* (1998); e *L'art numérique*, com N. Hillaire (2003). Artista plástico, Couchot realizou diversos trabalhos pioneiros na experimentação com novas mídias.

EDSON DO PRADO PFÜTZENREUTER
Doutor em comunicação e semiótica pela PUC-SP e professor no Centro Universitário Senac e na PUC-SP.

EDUARDO CARDOSO BRAGA
Artista e designer. Mestre em filosofia pela FFLCH-USP e professor no Centro Universitário Senac.

EDUARDO KAC
Artista e pesquisador interdisciplinar. Professor associado do Departamento de Arte do The School of the Art Institute of Chicago. Suas obras têm sido exibidas internacionalmente em importantes espaços, como no InterCommunication Center (ICC), de Tóquio, Japão, e no Ars Electronica em Linz, Áustria. Entre os prêmios que recebeu destaca-se Leonardo Award for Excellence (São Francisco). Imagens e mais informações sobre a sua obra podem ser encontradas em http://www.ekac.org/.

ERNESTO G. BOCCARA
Artista plástico, arquiteto, designer e pesquisador. Professor no Centro Universitário Senac e na Unicamp.

FRIEDRICH KITTLER
Professor de história das mídias e estética na Universidade Humboldt, em Berlim. Um dos mais influentes pensadores nessa área, Kittler é autor de dezenas de artigos e vários livros, entre eles: *Discourse Networks 1800/1900* (1985), e *Grammophon Film Typewriter* (1986). Em 1993, Kittler recebeu o prêmio de teoria em *media art* do ZKM Karlsruhe (Zentrums für Kunst und Medientechnologie).

SOBRE OS AUTORES

HOWARD RHEINGOLD

Pesquisador e escritor que vem contribuindo para as reflexões sobre computação e ciberespaço há várias décadas. Já nos anos 1980, escreveu *Tools for Thought*, um livro brilhante que presta tributo a J. C. R. Licklider, Douglas Engelbart, Bob Taylor e Alan Kay e apresenta o computador como ferramenta para amplificar o pensamento e a comunicação (uma nova edição atualizada foi lançada pelo MIT Press em 2000). *The Virtual Community: Homesteading on the Electronic Frontier* (MIT Press, 2000), um outro livro seu, descreve sua experiência no sistema de conferência The Well e sobre as implicações políticas e culturais dos novos meios de comunicação. Sua mais recente pesquisa, *Smart Mobs: the Next Social Revolution* (Perseus Publishing, 2002), fala dos impactos sociais causados pela utilização de tecnologias de comunicação móveis. Figura bastante ativa na WWW, Rheingold mantém um projeto de discussão on-line denominado *The Brainstorms Community*. Informações em www.rheingold.com/.

JEFFREY SHAW

Um dos mais renomados artistas na área de arte e novas tecnologias. É diretor fundador do Institute for Visual Media do ZKM Karlsruhe (Zentrums für Kunst und Medientechnologie (Centro para Arte e Novas Mídias em Karlsruhe, Alemanha). É professor de artes midiáticas da Universidade de Media Arte e Design de Karlsruhe (Hochschule für Gestaltung) desde 1995; professor visitante no College of Fine Arts; e co-diretor do Center for Interactive Cinema Research (iCINEMA) na University of New South Wales em Sydney, Austrália. É um dos organizadores do livro *Jeffrey Shaw – a User's Manual/Jeffrey Shaw – Eine Gebrauchsanweisung: From Expanded Cinema to Virtual Reality/Vom Expanded Cinema Zur Virtuellen Realitat*. Entre seus mais recentes projetos estão a instalação *Web-of-life* (2001-2003) e a curadoria (com Peter Weibel) da exposição Future Cinema (2002-2003). Site http://www.jeffrey-shaw.net/.

JORGE LUIZ ANTONIO

Mestre em comunicação e semiótica da PUC-SP e doutorando no mesmo programa, desenvolve pesquisa sobre a arte da palavra no meio digital. Vem catalogando a arte e a poesia digitais brasileiras sob o título de Brazilian Digital Art and Poetry on the Web (http://www.vispo.com/misc/DigitalPoetry.htm), a convite do poeta digital canadense Jim Andrews (ver em http://www.vispo.com). Realizou algumas experiências de infopoesia individualmente e em co-autoria com Regina Célia Pinto (Lago mar algo barco chuva, ver em http://lagoalgo.cjb.net) e com Fatima Lasay, da Universidade das Filipinas (Imaginero, ver em http://www.geocities.com/imaginero/poetry/, e E-m[ag]inero, ver em http://digitalmedia.upd.edu.ph/digiteer/gegenort/). Professor no Centro Universitário Senac e na Universidade São Judas Tadeu.

JULIO CÉSAR DE FREITAS

Mestre em artes pela ECA-USP. Professor no Centro Universitário Senac e na Faap.

KEN GOLDBERG

Artista e professor de engenharia industrial, engenharia elétrica e cências da computação na Universidade da Califórnia, Berkeley. Suas pesquisas concentram-se em robótica e automação industrial. Entre seus projetos artísticos de telerrobótica, destacam-se The Tele-Actor (2001) e The Telegarden (1995). É autor de dezenas de artigos e organizador da coletânea *The Robot in the Garden: Telerobotics and Telepistemology in the Age of the Internet* (MIT Press, 2000).

LEV MANOVICH

Artista, teórico de novas mídias e professor associado no Departamento de Artes Visuais da Universidade da Califórnia, em San Diego. Manovich trabalha como artista midiático, programador e designer desde 1984. Seus projetos artísticos incluem Freud-Lissitzky Navigator, um software conceitual que navega na história do século XX; Anna and Andy, uma

SOBRE OS AUTORES

adaptação para a www de *Anna Karenina*, e o projeto de filme digital *Soft Cinema*. Como escritor tem dezenas de artigos publicados e os livros *The Language of New Media* (MIT Press, 2001) e *Tekstura: Russian Essays on Visual Culture* (Chicago University Press, 1993). Atualmente trabalha em seu novo livro *Info-aesthetics*. Site http://www.manovich.net/.

LUCIA LEÃO

Artista interdisciplinar, doutora em comunicação e semiótica e em tecnologias da informação pela PUC-SP. Autora de dezenas de artigos sobre arte e novas mídias e dos livros *O labirinto da hipermídia: arquitetura e navegação no ciberespaço* (Iluminuras, 1999) e *A estética do labirinto* (Anhembi Morumbi, 2002). Organizou as coletâneas, com artigos internacionais, *Interlab: labirintos do pensamento contemporâneo* (Iluminuras, 2002), com indicação para o Prêmio Jabuti; *Cibercultura 2.0* (Nojosa, 2003); e *Derivas: cartografias do ciberespaço* (Annablume, 2004). É professora na PUC-SP e no Centro Universitário Senac. Como artista expôs, entre outros lugares, no Isea 2000, Paris; no Museu de Arte Contemporânea de Campinas (MACC); na XV Bienal Internacional de São Paulo; na II Bienal Internacional de Buenos Aires; e no ArtMedia, Paris. Seu trabalho está catalogado no Rhizome. Site http://www.lucialeao.pro.br/.

LUCIA SANTAELLA

Doutora em letras (literatura) pela PUC-SP, em 1973, e professora livre-docente em comunicação (teoria e pesquisa) pela ECA-USP, em 1993. Professora do curso de pós-graduação em semiótica da PUC-SP. Diretora do Centro de Investigação em Mídias Digitais (Cimid). Autora de dezenas de livros, entre eles: *Cultura das mídias* (1992); *Percepção: uma teoria semiótica* (1993); *Estética de Platão a Peirce* (1994); *Teoria geral dos signos* (1995); *Imagem, cognição, semiótica, mídia* (1998); e *Matrizes da linguagem e pensamento* (2002), em co-autoria com Winfried Nöth. Santaella orientou dezenas de teses de doutorado sobre novas mídias e recebeu o Prêmio Jabuti em 2002. Site http://www.pucsp.br/~lbraga/.

MARK AMERIKA

Pesquisador em novas mídias, escritor e professor de arte digital na Universidade de Colorado. Pela sua atuação, Amerika foi nomeado um dos cem mais influentes inovadores pela revista *Time*. Seu trabalho em net arte recebeu duas grandes retrospectivas: uma no Media Arts Plaza (ACA), em Tóquio, Japão; e outra no Institute for Contemporary Arts de Londres (ICA). Entre seus trabalhos de net arte destacam-se: Filmtext 2.0 (2002); Filmtext 1.1 (2001-2002); Grammatron (1993-1997), apresentado na Bienal de Whitney, 2000; Alt-X (1993-atualmente); Holo-X (1998), apresentado na retrospectiva de Tóquio; e PHON:E:ME (1999), patrocinado pelo Walker Art Center. Site http://www.markamerika.com/.

MARK BERNSTEIN

Cientista chefe da Eastgate Systems, que produz o Storyspace, uma das ferramentas mais utilizadas para hiperficção, e o Tinderbox, um assistente pessoal de administração de informação. Autor de dezenas de publicações sobre hipertexto e WWW, os escritos de Bernstein reúnem tanto o lado prático como a reflexão e a análise. Site http://www.markbernstein.org/.

MICHAEL NAIMARK

Artista midiático independente, escritor e pesquisador há mais de vinte anos, teve suas obras apresentadas em prestigiosas instituições como Exploratorium, ZKM, Banff Centre, entre outros. Na década de 1970, participou da equipe fundadora do Media Lab do MIT. Recebeu diversos prêmios, entre eles o World Technology Award for the Arts de 2002. Site http:// www.naimark.net/.

NATALIE BOOKCHIN

Artista que trabalha com internet, games e arte. Seus projetos mais recentes incluem organizar o evento <net.net.net>, uma série de palestras workshops no California Institute of the Arts, Museu de Arte Contemporânea de Los Angeles, Laboratorio Cinematek em Tijuana, México. Vive em Los Angeles e é membro da faculdade no California Institute of the Arts. Entre seus trabalhos artísticos destacam-se The Intruder, uma adaptação para videogame do conto de Jorge Luis Borges. Site http://www. creative-capital.org/artists/emerging/bookchin_natalie/bookchin_natalie.html/.

PETER LUNENFELD
Diretor do Instituto de Tecnologia e Estética (Institute for Technology and Aesthetics –ITA) e fundador do grupo de pesquisas Mediawork: the Southern California New Media. É coordenador do curso de pós-graduação em comunicação e novas mídias e professor do curso de mídia design do Art Center College of Design de Los Angeles (http://www.artcenter.edu). É autor dos livros *USER* (2003); *Snap to Grid: a User's Guide to Digital Arts, Media & Cultures* (2000); *The Digital Dialectic: New Essays in New Media*, organizador (1999). Lunenfeld é também diretor editorial da série *Mediawork Pamphlet* do MIT Press. www.mitpress.mit.edu/mediawork/.

PETER WEIBEL
Artista, escritor, curador, um dos pioneiros na experimentação com arte e novas tecnologias. Nascido em 1944, em Odessa, estudou literatura, medicina, lógica, filosofia, cinema e artes. Autor de dezenas de artigos e organizador dos livros *Net_Condition: Art and Global Media*, com Timothy Druckrey; *Iconoclash: Beyond the Image Wars in Science, Religion and Art*, com Bruno Latour; e *Olafur Eliasson: Surroundings Surrounded: Essays on Space and Science*; entre outros. Weibel recebeu inúmeros prêmios e é diretor do prestigioso mediacenter ZKM Karlsruhe (Zentrums für Kunst und Medientechnologie), na Alemanha. Site http://on1.zkm.de/zkm/personen/weibel/.

PRISCILA ARANTES
Doutora em comunicação e semiótica pela PUC-SP. Professora da PUC-SP. Dedica-se à pesquisa de assuntos ligados à história da arte, artes plásticas, estética e arte digital.

RANDALL PACKER

Compositor, artista de novas mídias e escritor. Professor de arte eletrônica e diretor do Centro de Novas Mídias do Maryland Institute College of Art, Baltimore. Desde 1988, Packer dirige o Zakros InterArts (New Music Theatre de São Francisco) que produziu, entre outras, as peças teatrais *Sur Scene*, de Mauricio Kagel (1988); *Theater Piece*, de John Cage (1989); e *Originale*, de Karlheinz Stockhausen (1990).

RITA DE CÁSSIA ALVES OLIVEIRA

Antropóloga e doutora pela PUC-SP. Professora no Centro Universitário Senac, atualmente participa da pesquisa "Jovens urbanos, concepções de vida e morte, experimentação da violência e consumo cultural", desenvolvida pelo Programa de Estudos Pós-Graduados em Ciências Sociais da PUC-SP.

ROGER TAVARES

Mestre em educação, arte e história da cultura pela Universidade Mackenzie; e doutorando em comunicação e semiótica pela PUC-SP. Professor no Centro Universitário Senac. Participa do grupo de estudos em cibercultura e novas mídias do Senac. Suas pesquisas estão baseadas na semiose do ser humano numérico. Site http://www.rogertavares.com/bioraster/biodesign.htm/.

ROSE DE MELO ROCHA

Pós-doutora em ciências sociais pela PUC-SP. Professora da PUC-SP e no Centro Universitário Senac (Faculdade Senac de Comunicação e Artes, onde coordena o grupo de estudos de design). É co-autora de livros na área da comunicação, tendo ainda publicado diversos artigos. Atualmente é pesquisadora no Filocom (ECA-USP) e no Complexus (PUC-SP).

ROY ASCOTT

Artista interdisciplinar, pesquisador e professor. Atualmente é diretor do Centre for Advanced Inquiry in the Interactive Arts (CaIIA); da Newport School of Art and Design, University of Wales; e do Science Technology and Art Research Centre (Star), University of Plymouth. Ascott é um dos pioneiros na utilização de meios tecnológicos em arte. Entre seus mais importantes projetos, destacam-se: *Terminal Art* (1980); *La plissure du texte: a planetary fairy tale* (1984); e *Aspects of Gaia* (Ars Electronica, 1989). Site http://caiiamind.nsad.newport.ac.uk/roya.html/.

SIEGFRIED ZIELINSKI

Um dos mais influentes pensadores na área da teoria das mídias. Especialista em história, teoria e prática das mídias audiovisuais, sua pesquisa destaca-se como a arqueologia das mídias e hermenêutica dos meios eletrônicos. Diretor da Academia de Mídia Arte (KHM – Kunsthochschule für Medien) na cidade de Colônia, Alemanha, Zielinski é autor de dezenas de artigos e vários livros, entre eles: *Audiovisions: Cinema and Television as Entr'actes in History* (Amsterdam University Press, 1999).

SIMONE ALCÂNTARA FREITAS

Mestre em comunicação na área de criação e produção em comunicação, advogada e radialista. Professora da disciplina legislação e normas no Centro Universitário Senac.

SONIA AVALLONE

Mestre em comunicação na área de criação e produção em comunicação, especialista em *marketing*, jornalista e radialista. Professora no Centro Universitário Senac.

STEPHEN WILSON

Artista interdisciplinar, professor de artes informacionais no Departamento de Arte da San Francisco State University. Autor de vários artigos e dos livros *Information Arts: Intersections of Art, Science and Technology* (MIT Press, 2001); *Using Computers to Create Art* (Prentice Hall, 1986); entre outros. Suas pesquisas concentram-se nos campos de telecomunicações, inteligência artificial, arte e tecnologia, entre outros. Site http://online.sfsu.edu/~swilson/.

TIMOTHY DRUCKREY

Curador independente, crítico e escritor. Suas pesquisas concentram-se no impacto social dos meios digitais e nas transformações da representação e da comunicação em ambientes interativos e de rede. Foi organizador de vários simpósios internacionais importantes, como o "Ideologies of Technology" no Dia Center of the Arts. É também organizador de várias coletâneas, entre elas: *Electronic Culture: Technology and Visual Representation, Aperture*; *Iterations: the New Image* (MIT Press, 1994); *Net_Condition: Art and Global Media*, com Peter Weibel (MIT Press, 2001); e *Ars Electronica: Facing the Future: a Survey of Two Decades* (MIT Press, 1999).

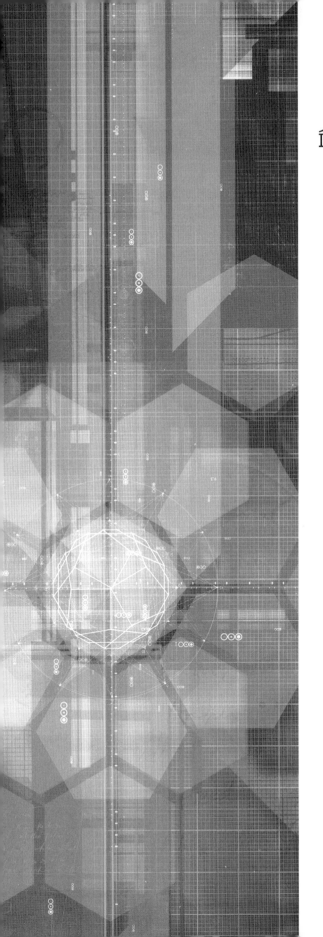

Índice onomástico

A

A. Michael Noll, 264
Abraham Moles, 568
Adele Goldberg, 578
Adrian Miles, 16, 147, 425, 589
Adriano, 84
Aeronaut Mike, 341
Affonso Romano de Sant'Anna, 571
Agnes Hegedüs, 583-584
Aina Smid, 343
Alan Kay, 107, 578, 591
Alan Minc, 421, 534
Alan Sondheim, 326
Alan Turing, 43, 84, 96-98
Albert Borgmann, 403-404
Albert Maysles, 38
Aldo Tambellini, 337
Aldous Huxley, 421
Alex Galloway, 542, 557
Alexei Shulgin, 21, 505, 536-539, 589
Alfred Barr, 380
Alice Ruiz, 316
Alistair Duncan, 228
Allan Kaprow, 578
Allen H. Renear, 567
Alvin Goldman, 404
Ambrósio de Milão, 84
Amy Alexander, 542
Amy Bruckman 445, 451, 453-454, 456, 467-468, 474, 482, 484, 476
Ana Cláudia Gruszynski, 563
André Bazin, 373, 554
André Moreau, 523
André Vallias, 570, 572
Andrea Bowers, 345
Andréa Havt, 565
Andreas Baumann, 534
Andreas Broekmann, 537

Andréas Brøgger, 535
Andreas Gursky, 381
Andy Grove, 139
Andy Warhol, 260, 334, 338
Ângela Lago, 566
Ann Arbor, 337
Anne Barlow, 555
Anne Ellegood, 555
Anne Sauvageot, 520
Annick Bureaud, 521
Annie Abrahams, 326
Ann-Sofi Siden, 341
Antonio Muntadas, 534, 545
Antonin Artaud, 53-54
Antônio Cícero, 571
Antonio Risério, 570
Aquemênides, 82
Aristóteles, 79, 137, 396, 457
Arlindo Machado, 276
Arnaldo Ginna, 577
Arquimedes, 67
Arthur Omar, 265
Artur Matuck, 270, 301
Athanasius Kircher, 60, 62-64, 66
Augusto de Campos, 272, 316, 325, 563, 571
Augusto, 83
Augustos Ferdinand Moebius, 113

B

B. F. Skinner, 201
Barry Kort, 464-466
Bela Julesz, 264
Bem R. Laposky, 258
Benjamin Fry, 546
Benjamin Weil, 539
Bernd Lintermann, 335, 349, 360, 583
Bia Medeiros, 304
Bill Bartlett, 425

Bill Clinton, 268
Bill Gates, 60, 527
Bill Seaman, 18, 347
Bill Viola, 264-265, 578
Billy Klüver, 106, 253, 259-260, 577
Blake Hannaford, 411
Blast Theory, 341
Bob Adrian, 425
Bob Bejan, 19, 372
Bob Stein, 378, 581-582
Bob Taylor, 591
Boulez, 255
Braque, 581
Brenda Laurel, 376, 457, 481, 582
Brendan O'Regan, 417-419
Bruce Nauman, 264-266, 272
Bruce Willis, 379
Bruno Corra, 577
Bruno Ganz, 346
Bruno Latour, 407, 492-493, 595
Bruno Munari, 175-177
Buckminster Fuller, 417-418
Burt Barr, 341-345

C
C. Fourier, 422
Caetano Veloso, 571
Carl Gustav Jung, 117, 418
Carlos Fadon Vicente, 300
Carol Gigliotti, 580
Carolina Cruz Neira, 578
Carolyn Guertin, 327
Caspar Schott, 62
Catherine Deneuve, 70
Catherine Wilson, 403
Cecil B. De Mille, 433
César, 255
Cesare Lombroso, 68
Cézanne, 252
Chantal Ackerman, 266
Char Davies, 584
Charles Babbage, 97, 576
Charles Baudelaire, 299
Charles Sanders Peirce, 422
Charles Tart, 418
Charlie Chaplin, 367-368
Chris Dodge, 350
Christa Sommerer, 549, 584
Christian Metz, 157
Christiane Paul, 555
Christine Mello, 276
Christinger Tomer, 567
Christoph Scheiner, 61, 65-66
Cindy Sherman, 381
Claude Chappe, 90
Claudia Giannetti, 267, 276
Clement Grenber, 554
Curt Cloninger, 539
Cynthia Goodman, 553

D
D. M. Armstrong, 404
Dan Chan, 199
Dan Waber, 322
Daniel Buren, 269
Daniel C. Dennett, 577
Daniel Hillis, 491-492
Daniel Sandin, 578
Daniela Kustchat, 306
David Balcom, 151
David Bordwell, 154
David Garcia, 537
David Hunt, 409
David Knoebel, 323
David Pescovitz, 409
David Rokeby, 583
David S. Miall, 567
David Scott, 328
David Tudor, 260
Décio Pignatari, 272, 315-316, 325
Denis de Moraes, 569
Denise Dantas, 175
Dennis Oppenheim, 264
Derrick de Kerkhove, 521-522, 527
Descartes, 62, 396-397, 402, 412
Diana Domingues, 271, 276, 304-305, 549
Diller Scofidio, 409
Dirk Paesmans, 534, 537, 539
Domenico Scavetta, 568
Don Burgy, 420
Don Foresta, 430
Donald Davidson, 412
Donna Haraway, 396, 576
Doug Aitken, 341, 345
Douglas Davis, 408, 420-421
Douglas Engelbart, 50, 420, 577, 591
Douglas Gordon, 340, 344-346
Dryden Goodwin, 341
Dziga Vertov, 144-145, 154, 578-579

E
E. M. de Melo e Castro, 305, 322, 324-325, 563, 572
E. M. Forster, 576
Ed Bennett, 400
Ed Emshwiller, 264
Edgar Mitchell, 417
Edgard Morin, 213
Edmond Couchot, 21, 513, 589-590
Edmond Jabès, 139
Edmund Gettier, 405
Edson do Prado Pfützenreuter, 16, 165, 590
Eduardo Cardoso Braga, 15, 123, 590
Eduardo Kac, 18, 225, 254, 270, 272, 276, 281, 309-400, 408-409, 535, 549, 572, 584, 590
Eija-Liisa Ahtila, 341-342
Eisenstein, 544
Eldar karhalev, 543
Eleanor Antin, 420
Elisabeth Bronfen, 342
Elizabeth Diller, 408

ÍNDICE ONOMÁSTICO

Emilio Settimelli, 577
Emily Hartzell, 408
Epimeteu, 231
Eric Paulos, 400, 408, 411-412
Eric Vos, 572
Erich Berger, 408
Erkki Huhtamo, 256, 259, 344, 557, 580-581
Ernesto G. Boccara, 15, 109, 590
Ernst Cassirer, 411
Esa Saarinen, 151
Espen Aarseth, 553, 557-558
Etienne Jules Marey, 63, 67-69
Euler, 93
Eurípides, 83
Eva Wohlgemuth, 534

F
Fábio Oliveira Nunes, 566
Fatima Lasay, 323, 592
Felipe Machado, 566
Felix Guattari, 158-159, 389-390, 545, 576
Felix S. Huber, 534
Fernando Savater, 214
Flávio Motta, 167-168
Florian Brody, 581
Florian Cramer, 541
Florian Wenz, 534
Michel Foucault, 421, 558
Francis Bacon, 62
Francis Ford Coppola, 345-346
Francis Galton, 226
Francis Thompson, 336
François Truffaut, 419
Frank den Oudstein, 583
Frank Fietzek, 18, 347
Frank Gillette, 264
Frank Popper, 20, 270, 423
Frank Shipman, 152
Fred Alan Wolf, 418
Fred Zinnemann, 345
Frederico Barbosa, 571
Frieder Nake, 264
Friedrich Kittler, 14, 71, 553, 557-558, 590
Friedrich W. Block, 571
Fritjof Capra, 418

G
G. Bateson, 421
G. Debord, 396
Gabriele Leidloff, 345
Galileu Galilei, 61, 65, 310
Gary Zukav, 418
Gaston Bachelard, 116
Gaston Lagaffe, 492
Geert Lovink, 557
Gene Youngblood, 553
Genghis Khan, 80
Geoffrey Bilder, 567
Georg Nees, 264
George Berkeley, 396, 402, 412

George Boole, 97
George Fifield, 271
George P. Landow, 16, 127, 149, 155, 161, 333, 344, 566-567, 578, 581
George LeGrady, 345
Georges Bataille, 55, 65, 69
Georges Demeny, 63, 69
Gerd Stern, 336
Gerfried Stoker, 408
Giacomo Balla, 577
Gian Zelada, 324
Gilbertto Prado, 267, 270, 276, 305
Gilles Deleuze, 16, 149, 154, 158-159, 297, 347, 387, 389-390, 545, 576, 589
Giorgio Moscati, 264
Giovanni Battista Della Porta, 57-62
Gisele Beiguelman, 276, 303
Glorianna Davenport, 18-19, 369
Goedel, 97
Gottfried Bach, 425
Graham Bell, 92
Grahame Weinbren, 19, 370-371
Grazia Toderi, 341
Greg Garvey, 408
Greg Ulmer, 151
Gregory Markopoulos, 335
Gui Bonsiepe, 168-169, 171, 173, 180
Günther Uecker, 583
Gunther von Hagens, 229
Gustav R. Hocke, 62
Gutenberg, 85-86, 88

H
H. C. Potter, 357
Hal Foster, 396
Hans Haacke, 556
Hans Moravec, 577
Hans-Georg Gadamer, 152
Hans-Peter Schwartz, 262, 265, 575, 583
Haroldo de Campos, 315, 316, 325, 571
Harry Smith, 333
Heath Bunting, 534, 539
Hegel, 97, 128
Heidegger, 402
Heidi Grundmann, 425
Heike Baranowsky, 341
Heiner Blum, 343
Heinrich Hertz, 93
Heinz von Foerster, 421
Hélio Oiticica, 261
Henry Heyl, 63
Henry Jenkins, 474-476
Henry Peach Robinson, 41
Henry V. Hopwood, 64
Herodoto, 82
Hervé Graumann, 534
Hitchcock, 346
Holger Friese, 534
Honoro d'O, 341
Howard Rheingold, 20, 441, 577, 591

Hsin-Chien Huang, 107
Hubert Dreyfus, 397, 402, 404, 585
Humboldt, 88
Hume, 396

I
Ian Hacking, 402
Ian Lancashire, 567
Idries Shah, 417
Imi Knoebel, 335
Ingmar Bergmann, 343
Irene A. Machado, 568
Isabell Heimerdinger, 345
Italo Calvino, 319-324
Ivan Khimin, 543
Ivan Sutherland, 50, 578
Ivete Lara Camargos, 573

J
J. B. Daniels, 326
J. B. Rhine, 418
J. Baudrillard, 139, 236, 407, 410
J. C. R. Licklider, 50, 577, 591
J. L. Austin, 159, 161
J. Medeiros, 571
J. W. Dunne, 418
Jack Burnham, 554
Jack Sarfatti, 418
Jack Smith, 338
Jackie Cassen, 337
Jackson Polloc, 380
Jacquard, 97
Jacques Derrida, 143, 149, 269, 421, 423
Jacques Elie Chabert, 269
Jacques Vallee, 419-420
Jacques Virbel, 567
James Aspnes, 467-468
James Clerk Maxwell, 93
James H. Coombs, 567
James Seawright, 259
James Turell, 272
Jane Wilson, 340, 380, 382
Jann Assmann, 81
Jasia Reichardt, 553-554
Jasper Johns, 260
Jay David Bolter, 16, 149, 406-407, 557
Jean Baptiste Joseph Fourier, 93
Jean Lebrun, 564
Jean Paul, 97
Jean Piaget, 465
Jean Tinguely, 106, 259
Jean-Antoine Watteau, 21
Jean-François Champollion, 288, 290
Jean-Pierre Balpe, 522
Jeff Malpas, 404, 585
Jeff Noon, 576
Jeff Perkins, 337
Jeffrey Shaw, 18, 47-48, 262-263, 341, 357, 547, 583-584, 591, 353
Jeremy H. Clear, 567

Jeremy Welsh, 537
Jesus Cristo, 57, 63
Jesús Martín-Barbero, 498-499
Jill Walker, 160
Jim Andrews, 322, 325, 592
Jim Pomeroy, 420
Jim Rosenberg, 325, 568, 572
Joachim Blank, 534, 537
Joan Brossa, 313-314
Joan Heemskerk, 534, 537, 539
Joan Jonas, 258
João Clímaco, 56-57
João III (dom), 168
Joel Slayton, 408, 582, 584
Joesér Alvarez, 323
Johan Grimonprez, 340
Johann Heinrich Zedler, 57
Johannes von Raithn, 57
Johannes Kepler, 61, 65
Johannes Zahn, 66
John Baldessari, 264
John Cage, 253, 255, 260, 337, 339, 577, 596
John Canny, 400-412
John Cayley, 151, 572
John Hopkins, 537
John Locke, 76, 396
John Michell, 418
John Perry Barlow, 577, 480-481
John Stewart Bell, 117
John Tolva, 151
John von Neumann, 98-99
Jon Ippolito, 555
Jonas Mekas, 261
Jordan Crandall, 534
Jordon Crandall, 340
Jorge Glusberg, 264
Jorge Luis Borges, 139, 145, 595
Jorge Luiz Antonio, 18, 22, 49, 311, 323, 561, 592
José Afonso Furtado, 564
José Wagner Garcia, 268, 272, 309
Joseph Weizenbaum, 412
Josephine Bosma, 537
Joshua Nimoy, 543
Jud Yalkut, 334, 337
Judith Donath, 412
Judy Malloy, 549
Julia Scher, 340, 408
Julio César de Freitas, 16, 183, 592
Julio Plaza, 269, 272, 315-316, 325, 569
Jun Okamoto, 190
Jurandir Müller, 265, 302

K
K. G. Pontus Hulten, 554
Kafka, 145
Kant, 115, 297, 307, 396, 413
Karen Franck, 576
Karin Westerlund, 341
Karl Heinz Jeron, 534
Karlheinz Stockhausen, 255

ÍNDICE ONOMÁSTICO

Kaspar Schott, 64
Katherine Hayles, 557, 580-581
Katsuhiro Yamaguchi, 264
Keigo Yamamoto, 264
Keith Arnatt, 420
Ken Feingold, 408, 410
Ken Goldberg, 19, 393, 575, 585, 592
Ken Jordan, 14-15, 575, 577
Ken Taylor, 400
Keneth J. Gergen, 476-477
Kenneth Anger, 338
Kiko Goifman, 265, 300-302
Kit Galloway, 268, 408, 517
Klaus Tochtermann, 152
Kohlrausch, 68
Konrad Zuse, 97
Kynaston McShine, 554

L
Lacan, 558
Ladislao Pablo Györi, 325, 572
Ladislaw Galeta, 63
Lady Di, 345
Lakanai, 90
Langdon Winner, 468
Laplace, 96
Lásló Moholy-Nagy, 42, 408, 253, 517, 577, 583
Laura Mulvey, 554
Laurent Mignonneau, 549, 584
Laurie Anderson, 107
Lee de Forest, 94, 517
Leibniz, 86, 91, 292
Lejaren Hiller, 337
Leni Riefenstahl, 367-368
Lennart van Oldenborgh, 537
Leo Marx, 401
Leonardo, 237
Les Levine, 264, 266
Les Stuck, 361
Lev Kuleshov, 158, 160
Lev Manovich, 13, 22-23, 372, 407, 544-546, 553, 575, 578-579, 581, 592
Lévi-Strauss, 77, 421
Lewis Carroll, 299
Leyden, 62
Lilia P. Romero, 276
Lindsy Van Gelder, 470-472
Linus Thorvald, 527
Lisa Jevbratt, 544, 538
Lissitzky, 45, 544
Loss Pequeño Glazier, 565
Louis Bec, 523
Louise Wilson, 340, 380, 382
Luc Besson, 379
Lucas Bambosi, 265, 308
Lucia Leão, 11, 129, 276, 303, 531, 565, 568, 575, 593
Lucia Santaella, 17, 247, 276, 593
Lúcifer, 66
Lucio Agra, 568
Lucio Fontana, 255, 334

Ludwig Wittgenstein, 55
Luis Buñuel, 70
Luís Carlos Petry, 276
Luisa P. Donati, 276
Luiz Antonio Gasparetto, 418
Lumière, 39, 64
Lyn Hershman, 583
Lynn Hershman Neeson, 266, 408-409, 578, 583
Lyotard, 297

M
Machiko Kusahara, 409, 585
Maciej Wisniewski, 535
Mallarmé, 89, 135
Man Ray, 253
Man Iser, 149
Manfred Eisenbein, 269
Manfred Mohr, 48
Manoel de Barros, 571
Manuel de Landa, 577
Marc Auge, 538
Marc Canter, 578
Marc Guillaume, 172
Marcel Duchamp, 142, 252-253, 308
Marcel Odenbach, 341, 344-345
Marcos Novak, 578
Marek Walczak, 534, 542, 544
Margaret Atwood, 567
Margaret Morse, 557
Margareth Wertheim, 577
Maria Callas, 258
Marie-Jo Lafontaine, 258
Mariella Cantor, 186
Marijke van Warmenrdam, 341
Marin Jay, 585
Marina Grzinic, 343, 410, 553
Marinetti, 577
Mark Amerika, 15, 133, 151, 549, 594
Mark Bernstein, 16, 161, 197, 568, 594
Mark Cox, 400
Mark Daggett, 543
Mark Dery, 577
Mark Napier, 542, 535, 544
Mark Pauline, 408
Mark Taylor, 151
Mark Tribe, 578
Mark Zimmermann, 567
Marko Pelhan, 534
Marshall McLuhan, 14, 99, 121, 157, 368, 396, 446, 558, 577, 581
Martha Carrer Cruz Gabriel, 324
Martin Arnold, 344-345
Martin Jay, 406
Martin Kippenberger, 534
Martin Pawley, 171
Martin Wattenberg, 542, 544-545
Mary Lucier, 341
Masaki Fujihata, 350-351, 408-409
Matt Mullican, 534
Matthew Fuller, 542, 557

Maurice Benayoun, 408, 584
Maurice Merleau-Ponty, 397, 402, 413, 585
Maurice Tuchman, 554
Mauricio Kagel, 596
Maurits Cornelius Escher, 113
Max Whitby, 371-372
James Clerk Maxwell, 93
Mez (Mary-Anne Breeze), 325
Michael Benedikt, 335, 398, 553, 557
Michael Idinopulos, 401, 412
Michael Joyce, 16, 50, 149, 151, 153, 568
Michael Naimark, 20, 263, 408, 431, 584, 594
Michael Rodemer, 408
Michael Rush, 254, 265
Michael Scroggins, 337
Michel Butor, 269
Michel Foucault, 421, 558
Michel Heim, 580
Michel Krause, 583
Michel Léglise, 520
Miekal aND, 326
Millie Niss, 327
Milton Cohen, 337
Minna Tarkka, 553
Mitchel Resnick, 482, 581
Mondrian, 252, 254
Monica Tavares, 316, 569-570
Monika Oechsler, 341-342
Morgan N. Price, 152, 157
Morton Heilig, 578, 583
Mowry Baden, 422
Muybridge, 63, 68, 92
Myron Krueger, 577, 583
Myron W. Krueger, 259

N
N. Hillaire, 590
Nam Jun Paik, 255, 257-258, 264-268, 271, 334, 408, 577
Nancy Kaplan, 567
Napoleão, 80, 83, 90
Natalie Bookchin, 21, 505, 538, 594
Natalie Jeremijenko, 408
Neal Stephenson, 576
Neil Spiller, 575, 576-577
Nelson Brissac Peixoto, 276
Nick Sawhney, 151
Nicholas C. Burbules, 157
Nicholas Negroponte, 370, 577
Nicholas Schöoffer, 259
Nietzsche, 406
Niklas Luhmann, 78
Nina Sobell, 408
Nobert Wiener, 43, 126, 268, 577
Norman Klein, 544, 557, 559
Norman White, 408, 425

O
Octavio Paz, 314
Ole Roemer, 406
Olga Savary, 571

Olia Lialina, 374, 537
Oliver Grau, 410-411, 575, 584
Omar Khouri, 566, 571
Orson Welles, 368, 397
Orwell, 368
Oscar G. Reijlander, 41
Oswald Wiener, 54
Otto Piene, 255, 268, 337
Otto Rossler, 54
Ouspensky, 418

P
Pablo Picasso, 380
Papus, 418
Pascal, 213
Paul Baran, 420
Paul Delany, 566-567, 578
Paul Dourish, 479-480
Paul Sermon, 408, 535
Paul Sharits, 338
Paul Valéry, 411
Paul Virilio, 66, 236, 297, 389, 557, 576
Paulo Leminski, 316
Paulo Neves, 568
Pavel Curtis, 444, 452, 454, 472, 478, 481, 578
Pedro Barbosa, 562, 568
Pedro Xisto, 264
Perry Hoberman, 341, 344, 408
Peter Bruegel, 433-435
Peter Campus, 264
Peter Lunenfeld, 18-19, 365, 557, 575, 580, 595
Peter M. W. Robinson, 567
Peter Mays, 337
Peter Weibel, 18, 47, 54, 271, 331, 333-334, 341, 408, 553, 557, 592, 595, 598
Philadelpho Menezes, 299, 326-328
Philip Pocock, 534
Philippe Bootz, 572
Philippe Perrenoud, 178-179
Philippe Quéau, 297
Picasso, 581
Pierre Huyghe, 341, 345-346
Pierre Lévy, 126, 275, 492, 515, 525, 557, 568, 578
Pierre Schaeffer, 255
Pipilotti Rist, 341, 344
Piranesi, 307
Pit Schultz, 542
Pitágoras, 310
Platão, 220, 396, 405
Polle T. Zellweger, 152
Pollock, 252, 254
Priscila Arantes, 18, 295, 595
Prometeu, 231
Pudovkin, 413

R
R. Goertz, 411
Rachel Baker, 537
Rachel Greene, 538-539
Rafael Lozano-Hammer, 408

ÍNDICE ONOMÁSTICO

Rafael Cardoso Denis, 186
Randall Packer, 14-15, 101, 575, 577, 596
Raul Ruiz, 361
Ray Oldenburg, 480
Raymond Williams, 498
Regina Célia Pinto, 324, 592
Regina Vater, 571
Reginald A. Fessenden, 93
Reginaldo Carmello Corrêa de Moraes, 564
Regis Debray, 391
Reiner Strasser, 326
Rejane Cantoni, 306
Remo Chiti, 577
Renato Cohen, 568
Ricardo Scofidio, 408
Richard Bartle, 444, 451, 457-458, 468-469
Richard Higgins, 577
Richard Lanham, 16, 149, 157
Richard Rorty, 412
Richard Serra, 264
Richard Strauss, 344
Richard Wagner, 577
Richard Wallace, 400, 408, 412
Ridley Scott, 368
Rimbaud, 140, 143
Rirkrit Tiravanija, 408
Rita de Cássia Alves Oliveira, 21, 495, 596
Robert Adrian, 273, 424-425, 536-537
Robert Crumb, 433-434
Robert Flaherty, 138
Robert Freitas, 223
Robert Johansen, 419
Robert Ornstein, 417
Robert Rauschenberg, 106, 259
Robert Whitman, 260, 334, 337
Rodchenko, 42
Rodney Hoinkes, 335
Roger Chatier, 564
Roger Laufer, 568
Roger Tavares, 17, 217, 596
Rogério Bacon, 65
Roland Barthes, 421, 424, 426
Roland Siegwart, 398
Roman Jakobson, 315
Roman Kroitor, 336
Ronald Nameth, 337
Ronaldo Kiel, 307
Rosalind Krauss, 554
Rose de Melo Rocha, 21, 487, 596
Rousseau, 90
Roy Amara, 419
Roy Ascott, 20, 47, 268-269, 408, 415, 426-429, 517, 522, 534-535, 577, 583, 596
Roy Trubshaw, 451
Rudi Stern, 337

S
Sam Taylor-Wood, 341, 343, 380-383
Samir, 341, 345
San Francis, 337

Santo Ambrósio, 88
Saussure, 421
Scott Fisher, 408, 578
Sena Wellesley-Miller, 357
Sérgio Bairon, 276
Sérgio Capparelli, 563
Sérgio de Castro Pinto, 571
Sérgio Luiz Prado Bellei, 562
Seymor Papert, 50
Seymour Chatman, 154, 157
Shakespeare, 476
Shannon, 76-78, 93, 96-97, 100
Shawn Brixey, 408
Sherry Turkle, 454
Sherry Rabinowitz, 268, 408, 517
Sherry Turkle, 557, 576
Shirin Neshat, 341, 343-344
Shuya Abe, 271
Siegfried Zielinski, 14, 51, 597
Sigmund Freud, 56, 60, 99, 544
Silvia Laurentiz, 305
Simon Biggs, 544
Simon Lamunière, 534
Simon Nora, 421, 534
Simon Penny, 408, 410
Simone Alcântara Freitas, 17, 211, 597
Slavoj Zizek, 557
Söke Dinkla, 47
Sol LeWitt, 48
Sonia Avallone, 17, 211, 597
Sonia Sheridan, 242
Stacey Spegel, 335
Stan Brakhage, 333
Stan Douglas, 340
Stan Lim, 465-466
Stan van der Beek, 261, 336
Steina Vasulka, 264
Stelarc, 225, 230, 408, 410
Stendhal, 324
Stephen Wilson, 17, 233, 575, 582, 597
Steve Dietz, 535-536, 554
Steve Dufy, 327
Steve Jobs, 239
Steve Mann, 408, 535
Steve McQueen, 340
Steve Wilson, 408
Steve Wozniak, 239
Steven J. DeRose, 567
Stuart Moulthrop, 151, 567
Sue Stigleman, 567
Sueton, 83
Susan Collins, 408
Suzette Venturelli, 276

T
T. Sheridan, 381-382, 399, 411
Tânia Fraga, 308
Ted Nelson, 50, 578
Ted Warnell, 326-328
Terry Riley, 339

Theo Botschuyver, 357
Thomas Alva Edison, 92-94
Thomas DeFanti, 578
Thomas J. Campanella, 400-401, 585
Thomas Kuhn, 236
Thomax Kaulmann, 542
Tim Beners-Lee, 50
Timothy Druckrey, 19, 385, 595, 598
Tolstói, 19, 370
Tom Sherman, 430
Tony Oursler, 341
Torsten Belschner, 349
Toshio Iwai, 583
Tym Berners Lee, 126, 578

U
Udo Noll, 534
Ulf Poshardt, 553, 557-558
Ulrike Gabriel, 541
Umberto Eco, 62, 422
Ute Friederike Jürß, 341, 344

V
Valery Grancher, 525-526
Vânia Bastos, 270
Vannevar Bush, 49, 105-107, 347, 576, 578
Victoria Vesna, 408, 535, 543
Vilanova Artigas, 168
Vilém Flüsser, 144, 145, 170-172, 251
Vito Acconci, 264, 556
Vivian Sobchack, 557
Vlada Petric, 154
Vladimir Propp, 347, 423, 427
Voltaire, 406

Volz, 411
Vuk Cosic, 539

W
W. J. T. Mitchell, 153, 557, 580
Wagner Garcia, 269, 272
Wagner, 15, 104-105
Waldemar Cordeiro, 264
Walker Evans, 380
Walt Whitman, 477
Walter Benjamin, 95, 125-126, 395-396, 406, 410, 413, 498
Walter Ruttman, 255
Washington Dias Lessa, 173
Wen-Ying Tsai, 259
Wilhelm & Birgit Hein, 333
William Burroughs, 578
William Gibson, 126, 398, 576-578
William James, 417
William Mitchell, 577
William Shatner, 474
William Wegman, 264
Willis Harman, 417
Wilton Azevedo, 299, 328
Winfried Nöth, 594
Wlademir Dias Pino, 571
Wladimir Tatlin, 253, 583
Wolf Vostell, 255-256, 583
Woody Vasulka, 264
Wuk Cosic, 536

Y
Yukihisa Isobe, 337